Helen B. Landgarten

Kunsttherapie als Familientherapie

Ein klinischer Leitfaden mit Falldarstellungen

GERARDI *Verlag für Kunsttherapie*

Aus dem Amerikanischen übersetzt von Heike Warth
unter Mitarbeit von Thurid Stewart (M. A. Clinical Art Therapy / Imm. H. College)

Die amerikanische Originalausgabe erschien unter dem Titel
Family Art Psychotherapy – A Clinical Guide and Casebook
bei BRUNNER / MAZEL, INC., New York

Printed in Germany 2010

Gestaltung: Gerardi-Grafikdesign, Karlsruhe
Satz: Satz- und Reprotechnik GmbH, Hemsbach
Herstellung: Books on Demand GmbH, Norderstedt

GERARDI Verlag für Kunsttherapie, Jägerstraße 7, 76227 Karlsruhe

ISBN 978-3-927948-76-1

www.gerardi-verlag.de

Kunsttherapie als Familientherapie
Ein klinischer Leitfaden mit Falldarstellungen

Gewidmet

*meinem Mann Nate und meinen Kindern Aleda und Marc,
meinen Geschwistern Manuel, Vera und Max,
meiner »Fachfamilie« Saul, Frank, Ellen, Marjorie, Helen,
Zan, Daisy, Tom und Mary*

Inhaltsverzeichnis

Vorwort

Ich halte das vorliegende Buch für einen wichtigen Beitrag zur Familientherapie. Helen Landgarten gibt uns darin hervorragende Beispiele ihrer klinischen Arbeit, ausgewählt aus ihrem umfangreichen Erfahrungsschatz. Die vorliegende Arbeit hat mich im übrigen dazu angeregt, darüber nachzudenken, warum Kunsttherapie und Familientherapie eigentlich eine solch schlüssige Verbindung bilden.

Familientherapie ist offenkundig eine interpersonale Erfahrung im Hier-und-Jetzt. Sie macht es möglich, das wiederzufinden, was im zwischenmenschlichen Bereich einer Familie vielleicht verlorengegangen ist; und sie bietet den Familienmitgliedern die einzigartige Gelegenheit, Beziehungen untereinander neu zu gestalten und sich dabei als Individuen weiterzuentwickeln. Im Familienleben verblaßt die intime emotionale Bindung zwischen den Ehepartnern häufig, die vielleicht zumindest in den Jahren des Werbens einmal sehr tief gewesen ist. Jene Intensität der emotionalen Beziehung ist später im Alltagsleben schwer aufrechtzuerhalten, und es erfordert ständiges Bemühen und stete Aufmerksamkeit, die Nähe zueinander zu bewahren. Unglücklicherweise können komplexe Lebensumstände, die Belastung durch die Kindererziehung, der Tod der Eltern, ökonomische Kämpfe und nicht erreichte Ziele – die unvermeidlichen »Schicksalsschläge« – frühere leidenschaftliche Gefühle stark beeinträchtigen und eine wechselseitige tiefe Beziehung mit den Jahren aushöhlen. Dies betrifft nicht nur das Ehepaar selbst, sondern natürlich alle Familienmitglieder.

Kindheitsprägungen und frühe Erfahrungen beider Ehepartner können ihre Fähigkeit zu längeren engen Bindungen im Erwachsenenleben einschränken und sich auf ihre elterlichen Fähigkeiten auswirken. Emotionale Defizite oder ungelöste Konflikte eines jeden Partners führen in der Familie zum Ausagieren selbstvernichtender Beziehungsmuster. Der Spielraum dabei ist groß und reicht von ganz offensichtlichen bis hin zu subtilen Formen: das ehemals mißhandelte Kind, jetzt selbst Elternteil, provoziert Interaktionen in der Familie, die die Opfergefühle aus der Kindheit von neuem wachrufen; das einst frühreife Kind sehnt sich jetzt als erwachsener Mensch heimlich nach Abhängigkeit, kann diese jedoch nicht zulassen und übt daher übermäßige Kontrolle über Ehepartner und/oder Kinder aus; das von seinem Gewissen geplagte Kind unterdrückt jetzt im Erwachsenenalter sich selbst und andere – Ehegatten, Kinder, Angestellte und so weiter – durch seine Forderung nach Perfektion. Über solche und unzählige andere Fälle, von denen uns Helen Landgarten etliche so gekonnt in ihrem Buch vorstellt, wurde viel in der

Literatur über Familientherapie geschrieben. Da sich diese verzerrten menschlichen Beziehungen in den Familiensitzungen enthüllen, bieten die Therapiestunden die Gelegenheit und den Rahmen für grundlegende Veränderungen, wenn diese sich auch nicht ganz einfach und nicht immer ohne einige Schmerzen vollziehen; dies um so mehr wegen des unvermeidlichen Kreislaufs von Verhaltensmustern, die sowohl auf die Reaktionen anderer Familienmitglieder zurückgreifen als auch reziproke Reaktionen in diesen hervorrufen.

Viele psychoanalytisch ausgebildete Therapeuten hatten vor der Entwicklung der Familientherapie bereits damit begonnen, die Bedeutung des Hier-und-Jetzt in den therapeutischen Sitzungen hervorzuheben. Sie waren davon überzeugt, daß Emotionen, die hier hervorgerufen und bearbeitet wurden, wichtig für bevorstehende Veränderungen waren. Die Wege der therapeutischen Arbeit mit dem Hier-und-Jetzt entwickelten sich zunächst durch die Konzentration auf interpersonale Beziehungen (nach SULLIVAN), durch die in der Gestaltschule angewandten Handlungstechniken innerhalb der therapeutischen Sitzungen, durch den Begriff der korrektiven emotionalen Erfahrung, entwickelt von FRANZ ALEXANDER, durch die intensiven Erfahrungen im Psychodrama, die so eindrucksvoll von JOHN MORENO und anderen demonstriert wurden, durch die Modalität der Gruppentherapie und durch die Anwendung der psychologischen Theorie und der allgemeinen systemischen Kommunikationstheorie, bezogen auf interpersonale Prozesse. Die Lehren erfahrener Kindertherapeuten, wie FREDERICK ALLEN und DONALD WINNICOTT, die wußten, wie das emotionale Leben eines Kindes in einfache Interaktionen und visuelle Symbole übersetzt werden konnte, durchdrangen alle diese Theorien und fanden Eingang in die Arbeit vieler Therapeuten. Die Kindertherapeuten beziehen notwendigerweise die unmittelbaren Ereignisse innerhalb der Sitzungen in ihre Arbeit mit ein; und für dieses Vorgehen ist der Gebrauch künstlerischer Darstellungsformen (Zeichnen, Puppenspiel, Arbeiten mit Ton) ein traditionelles Hilfsmittel.

In diese Matrix von Theorie und Praxis der sechziger Jahre kam nun eine neue Modalität, die »Kunsttherapie«. HELEN LANDGARTEN, selbst Künstlerin, die sowohl mit Kindern als auch mit Erwachsenen arbeitete, war in der Lage, diese Erfahrungen in das sich neu entwickelnde Feld zu integrieren und es mit ungewöhnlich klaren Zielvorstellungen und einer herausragenden Lehrbefähigung für sich zu erschließen. Damit ihre Arbeit, die sie in diesem Band so überaus klar und beeindruckend darstellt, für Familien klinisch wirksam war, bedurfte es bestimmter, minimaler Voraussetzungen. Dazu hier einige wenige Worte:

Um mit Familien kunsttherapeutisch arbeiten zu können, muß man zutiefst vom Wert dieser Therapiemethode überzeugt sein. Meiner Beobachtung nach bleibt nicht viel Raum für Unschlüssigkeit oder Ambivalenz auf Seiten des Therapeuten. Es handelt sich hierbei um eine autoritative (*keine* autoritäre) sowie um eine erzieherische Behandlungsmethode. Der Kunsttherapeut muß sich der Familie in jeder Sitzung gewissermaßen »bemächtigen« können, um ihr feste Anweisungen zu geben und sie ebenso fest durch diese hindurchzuleiten. Feststellungen darüber, was zwischen den Familienmitgliedern geschieht, welche Mitteilungen gemacht werden, wie Verbindungen geknüpft oder gemieden werden, wer mit wem und gegen wen Bündnisse schließt, können taktvoll, vorsichtig, sogar probeweise mitgeteilt werden. Der erste Schritt in jeder Sitzung, das Zur-Verfügung-Stellen des Materials und das Einleiten der Aktivitäten, bleibt jedoch ein streng organisierter, der der Familie eine unterschwellige Botschaft vermittelt: »Wir sind hier zu einem ernsten Vorhaben zusammengekommen und haben eine gemeinsame Aufgabe zu bewältigen.« Diese Botschaft beschwört in der Familie den Willen zur Veränderung herauf.

Weiter besagt die Botschaft: »Hier besteht die Gelegenheit, zusammen zu sein, zusammen zu arbeiten, auf ehrliche Weise zueinander in Beziehung zu treten und zu erfahren, was uns davon abhält.« Die Familie erlebt, daß sie schwierige Gefühle wie Scham, Schmerz, Wut und auch Liebe ausdrücken und tolerieren kann, statt sie zu meiden und zu verleugnen. Die gemeinsame Arbeit kann, selbst wenn sie manchmal Unbehagen verursacht, Vergnügen und Freude machen, und es entsteht neue Hoffnung.

So werden in der »Feuerprobe« des Hier-und-Jetzt der Familieninteraktion neue Wege für Beziehungen möglich. Gefühle müssen dazu jedoch ausgedrückt werden können. Künstlerische Medien, bei bestimmten Familien eingesetzt, machen dies möglich, wenn sie gekonnt verwendet werden. Das Vorgehen ist visuell und nonverbal; und es greift auf die tiefsten Schichten menschlicher Erfahrungen zurück – den Säugling, der in die Augen der Mutter sieht, das Kleinkind, das Gesichtsausdruck von Mutter und Vater erforscht und überprüft, Erwachsene, die im Mienenspiel ihres Gegenübers nach Anzeichen von Liebe, Haß oder Bedrohung suchen.

Trotz aller Veränderungen unserer sozialen Strukturen im Zeitalter der Technik haben Menschen nach wie vor das Bedürfnis, in einer Familie zu leben. Die wichtigsten Wege zu einem befriedigenden Familienleben beginnen sich uns gerade erst zu erschließen. Vieles gibt es noch zu entdecken. Kunsttherapie, wie sie in diesem Werk vorgestellt wird, dient uns als Mittel, das optimistisch stimmt. Sie hilft uns, voranzukommen und Schmerz und Leid in den familiären Beziehungen zu behandeln und zu verhindern.

Saul L. Brown, M.D.
Director, Department of Psychiatry
Cedars Sinai Medical Center;
Clinical Professor of Psychiatry
University of California
Los Angeles

Danksagung

Vor allem danke ich *meinem Mann Nathan,* der durch seine unermüdliche Unterstützung maßgeblich an der Fertigstellung dieses Buches beteiligt war; ebenso gilt mein Dank *meiner Tochter Aleda Siccardi,* die die künstlerischen Arbeiten der Familien zusammengestellt hat.

Ich danke *Lori Gloyd,* meiner Sekretärin in der Loyola Marymount University, die große Teile des Manuskriptes abgeschrieben und sich mit mir tapfer durch die einzelnen Entwicklungsstadien dieses Buches gekämpft hat, meiner Herausgeberin *Ann Alhadeff* für ihre wertvolle Hilfe und ihr Interesse; und der Bibliothekarin des *Cedars Sinai Medical Center, Louise Lelah,* für ihre Hilfe bei der Beschaffung von Quellenmaterial.

Ebenso möchte ich danken: *John Howells,* Herausgeber des *International Journal of Family Psychiatry,* für die Genehmigung, meinen Artikel »Familien-Kunsttherapie« (veröffentlicht von der *International Universities Press,* New York) aus Band 2, Nummer 3/4, 1981, zu verwenden; *Darcy Lubbers* für das Korrekturlesen der Fahnenabzüge; *Adrienne J. Guss,* die die dreidimensionalen Objekte fotografierte; sowie *Carol Cordier, Janet Munoz, Irene MacLean, Heide Prout* und *Pat Newkirk* für ihre Schreibdienste.

Einleitung

Ich begann meine berufliche Laufbahn 1967 als Familien-Kunstpsychotherapeutin im *Thalians Family Child Department of Psychiatry* im *Sinai Hospital* (jetzt *Cedars-Sinai Medical Center*) in Los Angeles. Trotz meiner zwanzigjährigen Praxis staune ich immer noch darüber, wie exakt sich mit der Kunstpsychotherapie Diagnosen stellen lassen, wie schnell sie während einer Behandlung Wirkung zeigt und als wie wertvoll sich die künstlerischen Produkte in der Schlußphase bei der Rückschau erweisen.

In meinen ersten Buch, *Klinische Kunsttherapie: ein umfassender Leitfaden,* stellte ich Theorie und Praxis der Kunsttherapie für Klienten aller Altersgruppen vor, führte eine Vielzahl von Beispielen aus der Einzel-, Paar-, Familien- und Gruppenarbeit an und machte mit kunsttherapeutischen Vorgehensweisen in den verschiedensten Institutionen bekannt. In diesem Buch, *Kunsttherapie als Familientherapie,* beschreibe ich Diagnose und die Behandlung von Familien, beides an Fallbeispielen dargestellt.

Der Grund, warum ich dieses Buch geschrieben habe, war die Frustration über die spärliche Lehrliteratur zu diesem Thema. Aber ich wollte nicht nur den Kunsttherapeuten einen Text in die Hand geben, sondern ich bin auch der Ansicht, daß es an der Zeit ist, anderen Angehörigen der helfenden Berufe größeren Einblick in diesen Bereich zu verschaffen und ihnen dadurch die Möglichkeit zu geben, ihre Arbeit mit Familien zu verbessern. Zu diesem Ergebnis kam ich bei Vorträgen vor Fachleuten aus der Psychiatrie, die von mir wissen wollten, welche Verbindung zwischen der Familien-Kunstpsychotherapie und den Ansätzen von Ackerman, Bowen, Whitaker, Minuchin, Satir, Haley und anderen bestehe. Es ist daher wichtig, daß die Kunstpsychotherapie als psychotherapeutische Technik verstanden wird, die mit allen bestehenden Theorien der Familientherapie im Einklang steht.

Die hier aufgeführten Fallgeschichten zeigen auf, *warum* und *wie* die klinische Kunsttherapie eine Bereicherung der Familienarbeit bedeutet. Auch wenn Ziele und Behandlungspläne des Kunstpsychotherapeuten denen anderer Therapeuten ähneln, sind doch seine *Mittel* unterschiedlich. Den einzigartigen Aspekt dieses Ansatzes bildet *die künstlerische Gestaltungsaufgabe für die Familie - eine Direktive, so entworfen, daß sie alle Familienmitglieder einbezieht und zugleich als therapeutisches Instrument dient.*

Der Leser wird in diesem Buch keine Erklärungen zu den Theorien der Familientherapie finden, da es primär für diejenigen geschrieben ist, die damit bereits vertraut sind. Neulingen in diesem Bereich empfehle ich dringend einen vorbereitenden Literaturüberblick.

Die in diesem Text dargestellte Familienarbeit befaßt sich mit einer Vielzahl von Problemstellungen für Familienmitglieder unterschiedlichster Altersgruppen. Anhand der Fallgeschichten werden Kurz- und Langzeittherapien beschrieben, letztere ausführlich in den umfangreicheren Kapiteln 5 und 7. In manchen Fällen wurden zusätzlich zu den Familiensitzungen begleitende Einzelsitzungen abgehalten. Alle Fallgeschichten wurden soweit abgeändert, daß die Anonymität der betroffenen Personen gewahrt bleibt.

Ich hoffe, daß der Leser sich klarmacht, daß in den einzelnen Kapiteln nicht jedes Detail wiedergegeben wurde. Es könnte der Eindruck entstehen, daß meine Arbeit einfacher, weniger komplex und weniger engagiert ist, als das in Wirklichkeit der Fall ist. Obwohl dieser Widerspruch nicht beabsichtigt war, bitte ich, ihn im Auge zu behalten.

Kapitel 1, die *Einführung,* stellt die Familien-Kunstpsychotherapie als eine Behandlungsform vor, die auf den verschiedenen Theorien der Familientherapie beruht und mit ihnen synergistisch ist. Die Rolle des künstlerischen Mediums wird außerdem beschrieben.

In Kapitel 2 werden meine *standardisierten Evaluationstechniken* Schritt für Schritt dargestellt, ergänzt durch Kurzbeschreibungen von zwei Fällen. Der erste Fall zeigt eine Mutter und ihr Kind, in deren künstlerischer Arbeit sich sehr schnell die Fehlanpassung der Mutter und ihre sadistischen Neigungen enthüllten. Im zweiten Fall handelt es sich um ein Beispiel für die *Diagnose* einer intakten fünfköpfigen Familie. Die Eltern suchten Hilfe für ihre beiden Jungen im Latenzalter, die ausagierendes Verhalten an den Tag legten. Innerhalb einer einzigen Sitzung machten die gestalterischen Aufgaben bereits die unangemessene Rollenzuteilung in der Familie sichtbar. Dieses Kapitel enthält eine Aufzählung spezifischer Dynamismen, die während der diagnostischen Phase der Behandlung zu beachten und zu deuten sind.

Krisenintervention ist ein wichtiger Teil therapeutischer Arbeit. Bei aller Kürze ist sie häufig eine intensive und unentbehrliche Behandlungsform. In Kapitel 3 beschreibe ich meine Arbeit mit einem achtjährigen Jungen, der von einem Fremden belästigt worden war. Ich arbeitete mit den Eltern, mit dem Kind allein und mit der ganzen Familie an dem Trauma dieses sexuellen Mißbrauchs und der Vorbereitung auf den Gerichtstermin.

Bei steigenden Scheidungsziffern nimmt auch das Thema *elterliche Trennung und Verlust* immer mehr Raum in der Arbeit des Therapeuten ein. Kapitel 4 berichtet von zwei Kindern im Latenzalter, deren Eltern gerade in Scheidung lebten. Die Behandlung hatte die Reaktionen der Kinder auf die bevorstehende Scheidung und ihre Vorbereitung auf ein neues Leben in zwei Kernfamilien zum Mittelpunkt. Enthalten ist der Plan für ein gemeinsames Sorgerecht.

Bei der Behandlung der *Enkopresis* ist eine Familientherapie erforderlich. Mit einem solchen Fall beschäftigt sich Kapitel 5; der Patient war ein neunjähriger Junge. Das Hauptaugenmerk der Familienbehandlung lag auf Kommunikation, Einsicht und Steuerung. Die Einzelbehandlung des designierten Patienten umfaßte: Bewußtheit, Selbststeuerung und den Ausdruck seines zugrundeliegenden Ärgers und seiner Furcht. Bei dieser Fallgeschichte handelt es sich um den *detaillierten Bericht einer Langzeit-Familientherapie.*

Wenn ein Elternteil die Familie verläßt, sind davon alle Mitglieder betroffen. In Kapitel 6 wird von der Kunstpsychotherapie mit Mitgliedern einer Familie berichtet, die als Reaktion auf Wut und Ängste unterschiedliche Symptome entwickelten. Die Mutter, erschöpft und deprimiert, wurde handlungsunfähig und war nicht mehr in der Lage, die Kontrolle über ihre Kinder auszuüben. Designierter Patient war das älteste Kind, ein Jugendlicher, der durch sein rebellisches Verhalten und schlechte schulische Leistungen ausagierte. Das mittlere Kind stellte mit seinem nervösen Verhalten, das Alpträume, Nägelbeißen und wildes, unkontrolliertes Herumrennen im ganzen Haus einschloß, »lauthals« die Ängstlichkeit der Familie zur Schau. Das jüngste Kind, ein Mädchen, reagierte durch selektiven Mutismus; es zog sich verbal zurück und kommunizierte in Form schriftlicher Botschaften.

Obwohl das Primärziel der Autorin die Auseinandersetzung mit dem Verlust des Vaters und den begleitenden Gefühlen war, verhinderte ein starker *Widerstand innerhalb der Familie* diesen Plan. Die Behandlung konzentrierte sich auf Kommunikation und die Probleme, die jedes Familienmitglied erkennen ließ. Da die Symptome verschwanden, beendeten die Klienten die Therapie von sich aus. Die Autorin hält diese Therapie für fehlgeschlagen, da die Familie ihre *»Flucht in die Gesundheit«* als Abwehr benutzte und sich weigerte, die Verlassenheitsgefühle durchzuarbeiten.

In Kapitel 7 wird die Therapie einer intakten Familie mit zwei heranwachsenden Mädchen dargestellt. Das ältere Mädchen, dem vom Gericht wegen Verkehrsvergehen eine Therapie zur Auflage gemacht worden war, ließ zusätzlich ausagierendes Verhalten erkennen. Die Trennungsangst des Vaters angesichts des Kampfes der Tochter um Individuation führte zu Konflikten in ihrer Beziehung und zu Unruhe in der Familie. Der Bericht aller therapeutischer Sitzungen zeigt die intrapsychische und die interpersonale Arbeit sowie eine Verschiebung der Rollen auf.

Die Kunstpsychotherapie für eine Familie mit Mitgliedern aus drei Generationen ist Gegenstand von Kapitel 8. Es ging darum, der Familie zu helfen, sich dem bevorstehenden Tod der Großmutter zu stellen und Abschied zu nehmen. Zum Teil wurden die Sitzungen im Heim der Familie abgehalten.

Dieses Buch ist entwicklungschronologisch aufgebaut. Das Alter der Mitglieder der verschiedenen Familien reicht vom frühen Latenz- bis hin zum Greisenalter. Ziel ist, daß der Leser anhand dieser Fallbeschreibungen Einsicht in den Einsatz der Familien-Kunstpsychotherapie als eine äußerst wirksame Behandlungsform erhält.

Kapitel 1

Einführung in die Familien-Kunsttherapie

Konzepte der Familientherapie

Familien-Kunstpsychotherapie, wie sie die Autorin praktiziert, baut auf auf der *Theorie der dynamisch orientierten Kunsttherapie* (NAUMBURG, 1966) in Verbindung mit der *Theorie der Familiensysteme* (ACKERMAN, 1958; BELL, 1953; BOWEN, 1960; HALEY, 1971). Vorrangiges Mittel zur Diagnosestellung und zur Behandlung ist dabei, als angewandte psychotherapeutische Technik, die künstlerische Gestaltungsaufgabe.

Jegliche Familien-Kunsttherapie basiert auf einer einzelnen oder auf der Kombination verschiedener Theorien zur Familienarbeit: etwa der Psychoanalyse, der Erfahrungstheorie, der Theorie von BOWEN, der Struktur- und der Strategietheorie, der Kommunikations- und der Verhaltenstheorie. Daher ist die Kunstpsychotherapie synergistisch mit all den genannten Konzepten. Ist der praktizierende Kunsttherapeut Psychiater, Psychologe, Sozialarbeiter oder Ehe- und Familienberater, kann er die Vorgehensweisen der Kunsttherapie einsetzen, um seine eigene gegenwärtige Behandlungsform zu vervollständigen.

Ziele

Die verschiedenen Familientherapie-Schulen verfolgen unterschiedliche therapeutische Ziele. In zwei Punkten wurde jedoch in den letzten Jahren Übereinstimmung erzielt. Diese betreffen 1) die Lösung der vorgestellten Probleme und 2) das Erleichtern der Aufgaben, die sich der Familie im Zusammenhang mit den einzelnen Entwicklungsphasen im Lebenszyklus stellen (DUVALL, 1971; HOWELLS, 1975). (Siehe Tabellen A und B auf den Seiten 25 und 26.) GREEN stellte (1981) zur Rolle des Therapeuten fest, der für die Linderung von Symptomen und für eine anhaltende Weiterentwicklung der Familie sorgt:

... Einige oder alle der folgenden Ziele können, abhängig von der spezifischen Natur der familiären Schwierigkeiten, aufgestellt werden: (1) ein intensiveres oder ein weniger intensives Sich-Einlassen auf Personen aus dem erweiterten Familienkreis und auf Beziehungen außerhalb der Kernfamilie; (2) klarere Kommunikationsformen und eine deutlichere Bestätigung der Kommunikation; (3) die Differenzierung des eigenen Selbst; (4) ein kooperativer Ansatz zur Konfliktlösung; (5) ein starkes Bündnis zwischen den Eltern und ein Untersystem der Ehepartner, damit diese die Führung über das Familiensystem angemessen übernehmen und den Kindern liebevolle Zuwendung geben können; (6) direkte (dyadische) Person-zu-Person-Kontakte, damit die Betroffenen in Konflikt- und Angstphasen nicht in Dreierbeziehungen ausweichen; (7) ein größeres Maß an Autonomie, Initiative und Selbstbestimmung der einzelnen Familienmitglieder; (8) die Auflösung von Übertragung und projektiven Verzerrungen hin zu einer realistischeren Wahrnehmung unter den Familienmitgliedern; (9) größere Spontaneität und eine angemessene Anteilnahme an den Gefühlslagen der Familienmitglieder untereinander; und (10) mehr Optimismus, Befriedigung und mehr Freude am Familienleben. (S. 16)

Die Anpassungsfähigkeit der künstlerischen Aufgaben

Das Schwergewicht während der Familienbehandlung richtet sich danach, wie der Therapeut die »Bedingungen für Verhaltensänderungen« (NICHOLS, 1984) einschätzt. Unabhängig davon lassen sich die kunsttherapeutischen Aufgabenstellungen an die zahlreichen Aspekte der Familientherapie anpassen – zum Beispiel das Aufdecken von frühen Erfahrungen der Teilnehmer, die Erforschung der Ursprungsfamilie, die Untersuchung vergangener und gegenwärtiger Geschichte, das Zutagefördern von vorbewußtem Material, die Verminderung der Abwehrmechanismen, das Gewinnen von Einsicht, emotionale Erfahrungen, das Verstehen von Ursache und Wirkung, die Beobachtung der Transaktionsformen, das Herausstellen dysfunktionaler Verhaltensmuster, die Differenzierung zwischen den Familienmitgliedern, das Aufdecken von Konflikten, die Verbesserung elterlicher und problemlösender Fähigkeiten sowie die Arbeit an Schmerz und Trauer.

Die Art und Weise, in der die Direktiven zur künstlerischen Arbeit eingesetzt werden, ist abhängig davon, wie der Therapeut deren Funktion einschätzt. So entscheidet sich der *psychoanalytisch* arbeitende Praktiker (ACKERMAN, 1966) zum Beispiel vielleicht für eine neutrale Position und bietet Deutungen an, die auf individuellem oder auf Familienverhalten basieren, wie er es während des kreativen Prozesses beobachtet hat, oder wie es sich in Bezug auf den Inhalt des schöpferischen Werkes präsentiert. *Erfahrungstheoretiker* (SATIR, 1971; WHITAKER, 1976; WHITAKER & KEITH, 1981), die eine aktive Rolle in der Behandlung übernehmen, mit der sie dem Klienten helfen, sich weiterzuentwickeln, sorgen in der Familie vielleicht für innovative künstlerische Erfahrungen, die Gefühle, Spontaneität, Echtheit, Bewußtheit und das Verständnis ansprechen. Die *Bowenianer* (BOWEN, 1978) können mit ihrer direkten Betonung der Triangulation gerade diesen Aspekt herausgreifen, soweit er sich in den gemeinsamen künstlerischen Werken der Gruppe enthüllt; sie werden den Klienten Aufgaben stellen, die das Gewicht auf ein differenziertes autonomes Funktionieren legen. *Strukturalisten* (MINUCHIN, 1974), die aktiv als »Regisseure« handeln, berechnen möglicherweise ihre Interventionen so, daß sie das gewohnte Transaktionsverhalten der Familie ganz bewußt unterbrechen und von den Mitgliedern fordern, daß sie ihre Rollen neu arrangieren. Ebenso formulieren sie unter Umständen Direktiven, die zu einer versuchsweisen Neuordnung von Untersystemen und zur Veränderung von Grenzen führen.

Die *Kommunikationstherapeuten* dagegen (JACKSON, 1961; SATIR, 1967; WATZLAWICK, 1966), die das zirkuläre Kausalitätsmodell einer Kettenreaktion gebrauchen, werden die Kommunikationsmuster der Familie und ihre Methoden der Entscheidungsfindung beobachten, während diese an einer gemeinsamen kreativen Aufgabe arbeiten. Teil der Behandlung ist ein Familiengefüge mit Regeln für eine klare Kommunikation und für die Lösung von Problemen. Therapeuten, die einen *strategischen* Standpunkt innerhalb des systemischen Ansatzes vertreten (HALEY, 1976; MADANES, 1981), setzen die künstlerische Arbeit unter Umständen als Hilfsmittel für präskriptive und paradoxe Interventionen ein und legen Wert auf das Lösen von Problemen. *Verhaltenstherapeuten* (FRIEDMAN, 1972) bieten künstlerische Anweisungen oft zu Erziehungszwecken, zum Erreichen von Veränderungen und zur positiven Verstärkung an.

Die Reproduktion der Familiensysteme

Da die Autorin das Hauptgewicht auf die Familiensystemtheorie legt (LANDGARTEN, 1981), werden die einzelnen Familienmitglieder innerhalb des Gruppenprozesses erforscht, in dem die verschiedenen Handlungen wiederum Gegenreaktionen auslösen. Das System wird anhand der Art und Weise untersucht, in der die Familie bei der gemeinsamen Arbeit an einer künstlerischen Aufgabe als Einheit funktioniert. Die künstlerische Aufgabe ist in dreifacher Hinsicht wertvoll: Im Hinblick auf den *Prozeß* selbst dient sie als Werkzeug für Diagnose, Interaktion und Einübung von Verhaltensweisen; der *Inhalt* läßt unbewußte und bewußte Kommunikation erkennen; und das *Produkt* dient schließlich als bleibender Nachweis für die Gruppendynamik. Für die Autorin stellt sich das einleitende, gemeinsam geschaffene schöpferische Werk als *Grundriß der familiären Basisstruktur* dar. Bereits in der ersten Sitzung kann der Therapeut, sehr zur Verwunderung der Familie, ein Feedback zu den Einsichten vermitteln, die er gewonnen hat. Die Klienten sind überrascht von der Entdeckung, daß ihre künstlerischen Äußerungen Informationen über ihre Interaktionsmuster liefern können. Da die Patienten lernen sollen, Zusammenhänge zwischen ihren künstlerischen Produkten und sich selbst zu verstehen, wird das *Konzept der metaphorischen Reproduktion* gleich vom Beginn der Behandlung an eingesetzt. Dies wirkt sich günstig aus, da so eine positive Übertragung beschleunigt wird, die gerade in der Familientherapie besonders wichtig ist.

Der klinische Kunsttherapeut führt sich als »Agent für Veränderungen« ein (BELL, 1964), indem er in das System der Familieneinheit eindringt und versucht, das alte Gleichgewicht aufzubrechen und dabei zu helfen, ein befriedigenderes zu bilden. *Das geschieht mittels der künstlerischen Aufgabenstellung, die die angemessenen Materialien einbezieht und klinisch unbedenklich ist.* Es ist wichtig für den Leser, sich zu vergegenwärtigen, daß die im vorliegenden Werk wiedergegebenen Anweisungen der Autorin *von der Dynamik der jeweiligen Sitzung unter Berücksichtigung kurz- und langfristiger Therapieziele bestimmt sind.*

Immer wenn die Familie sich mit einer kreativen Aufgabe auseinandersetzt, *muß der Therapeut mit konstanter Wachsamkeit auf verdeckte und offene Botschaften achten, die sich durch die künstlerische Arbeit enthüllen, und er wird die feinen Nuancen im Verhalten der Familienmitglieder genau beobachten, wenn diese ihre Werke vorstellen.* Funktionsstörungen innerhalb der Familie können sich sowohl während der Ausführung der Arbeiten wie auch am Produkt selbst zeigen. Zum Beispiel:

Undifferenzierte Ich-Masse (Bowen, 1978) kann sich zeigen. Dieses Konzept bezieht sich auf verschwommene und verwobene Grenzen. Das kann sich in einem »knäulartigen« Gestaltungsprodukt äußern, auf dem es aufgrund von Überlappungen, Verschmelzungen und zusammenhängenden Formen schwierig oder unmöglich ist, den jeweiligen Beitrag jedes einzelnen Familienmitgliedes zu identifizieren.

Triangulation (Bowen, 1978) zeigt sich während des künstlerischen Prozesses, wenn zwei Personen ihre Unzufriedenheit auf eine dritte Person richten.

Parentifizierung (Boszormenyi-Nagy & Spark, 1973) bedeutet, daß die Eltern-Kind-Rollen während des gestalterischen Prozesses unangemessen verkehrt werden.

Spaltung und ein verzerrtes Zusammenspiel in der Ehe (Lidz, Cornelison, Fleck & Terry, 1957) können durch die kreative Aufgabe deutlich zutage treten. Bei der »Spaltung« zeigt sich Unvereinbarkeit durch Konflikte und Feindseligkeit. Das sich in seinen Rollen »ergänzende« Paar strahlt Harmonie aus, die sich auch in der künstlerischen Arbeit widerspiegelt, denn das Rollenverhalten ist komplementär; die dominante Selbständigkeit des einen Partners entspricht exakt der Abhängigkeit des anderen.

Pseudogemeinsamkeit (Wynne, Ryckoff, Day & Hirsch, 1958) zeigt nach außen eine familiäre Fassade positiver Beziehungen. Die aufeinander abgestimmte künstlerische Arbeit tendiert zur Kompensation, zum Angenehmen. In dieser Situation überlagert die vereinte Familienfront jegliche bewußte Abweichung oder Abspaltung. Gleichzeitig beraubt diese Ausrichtung die Familie der Gefühlstiefe. Während jede Bedrohung der Familieneinheit geleugnet wird, werden zugleich intime Beziehungen verhindert. Auf diese Weise erhält der Familienverband sich sein Gleichgewicht. Es besteht ein *Familienwiderstand gegen Veränderungen* (Brown, 1966) während der Behandlung, da die Mitglieder im geheimen Einverständnis handeln, um ihre *Familienhomöostase* aufrechtzuerhalten (Jackson, 1957; Satir, 1967).

Double-bind (Bateson, Jackson, Haley & Weakland, 1956; Sluzki & Ransom, 1976) kann zutage treten. Darunter versteht man eine pathologische, »vermischte« Kommunikation, die durch undeutliche und/oder widersprüchliche Anweisungen zur Falle wird. Während die Familie mit ihrer künstlerischen Aufgabe beschäftigt ist, wird eine Doppelbotschaft abgegeben. Eine dieser Botschaften zeigt sich zunächst oberflächlich, während sich darunter eine entgegengesetzte Botschaft verbirgt. Die Person, die eine solche Doppelbotschaft empfängt, befindet sich in einer von vorneherein verlorenen Situation: Wenn die oberflächliche, offen dargelegte Instruktion befolgt wird, muß die verdeckte geleugnet werden, auch wenn sie korrekt empfangen wurde.

Fachleute, die Einsatz und Wirksamkeit der klinischen Kunsttherapie untersuchen, werden in kurzer Zeit Rollen, Bündnisse, Kommunikationsmuster und die Gruppengestalt einer Familie erkennen. Lesern, die diese Therapieform in ihre Arbeit aufnehmen wollen, wird daher geraten, von dem von ihren Klienten enthüllten *Material selektiv Gebrauch* zu machen. Es ist wichtig, den *Zeitpunkt richtig einzuschätzen, an dem die sichtbar gewordene Information mitgeteilt und/oder in der Therapie verwertet wird.* Unbedingte Voraussetzung ist auch das Verständnis des Klinikers, daß die künstlerische Erfahrung in zweifacher Hinsicht wirksam wird. Zum einen werden Empfindungen, die im Zusammenhang mit bestimmten Themen stehen, durch die direkte Konzentration auf die schöpferische Tätigkeit intensiviert. Zum zweiten liefert das künstlerische Produkt selbst konkrete Anhaltspunkte nicht nur für den Therapeuten, sondern auch für den Urheber des Werkes und für den Rest der Familie. Aus diesen Gründen muß mit Vorsicht vorgegangen werden, weil die künstlerische Arbeit häufig latentes Material in symbolischer Form manifestiert.

Die Autorin mahnt Kliniker zu besonders sorgfältigem Umgang mit Techniken, die starke Emotionen wecken, zu Konfrontationen führen und/oder familiäre oder individuelle Geheimnisse offenlegen. Jeder Therapeut muß den therapeutischen Wert, den das Herbeiführen derartiger Situationen hat, sorgfältig beurteilen. Dennoch erleichtert die künstlerische Erfahrung Interaktionen, Offenheit, Einsicht und die Aneignung neuer Fähigkeiten; dazu bietet sie der Familie eine »Bühne«, auf der sie neue Rollen und Kommunikationsstile erproben kann; denn da die künstlerische Erfahrung keine bedrohliche ist, können die Teilnehmer der Kunsttherapie es sich erlauben, die Gelegenheit zu einem neuen Umgang miteinander wahrzunehmen. *Die Familien lernen bald, daß ihre symbolischen Anstrengungen in der Kunsttherapie als Probeübung für das Eingehen größerer Risiken zu Hause dienen.*

Eine der einfacheren Motive des Kunsttherapeuten, warum er die Familie zusammen arbeiten läßt, liegt darin, daß die gemeinsame Bemühung Freude machen kann. Diese prophylaktische Dimension, die zum Wesen der Kunsttherapie gehört, macht es der Familie möglich, einige ihrer Stärken zu entdecken, und wirkt als Katalysator für positive Veränderungen.

Ein intrinsisches Element bei der Aufgabenorientierung ist die Verwendung des Kunstmaterials. Abgesehen von seiner kreativen Funktion dient das Medium weitergehenden Zwecken (LANDGARTEN, 1981): Es kann zum Beispiel den Affektzustand des Klienten erhöhen oder senken, die Freiheit des Selbstausdrucks beeinflussen und Abwehrmechanismen umgehen. Aufgrund all dieser Faktoren sind Größe und Eigenschaften der eingesetzten Materialien zu berücksichtigen. Materialien können bezüglich ihrer Kontrollierbarkeit bzw. Unkontrollierbarkeit nach einer Zehn-Punkte-Skala eingeteilt werden:

am wenigsten kontrollierbar

1 nasser Ton
2 Wasserfarben
3 weiche Knetmasse
4 Ölkreiden
5 (dicke) Filzstifte
6 Collagen
7 harte Knetmasse
8 (dünne) Filzstifte
9 Farbstifte
10 Bleistifte

am stärksten kontrollierbar

In der Familientherapie kommen am häufigsten die Medien aus dem mittleren Bereich der Skala (3 bis 8) zur Anwendung. Betrachtungen zu den Medien und zum Raum, der zur Verfügung gestellt wird, müssen mit den Zielen der Anweisungen in Zusammenhang stehen. *Losgelöste* Familien (MINUCHIN, 1974) lassen zum Beispiel ihre Dynamik in den künstlerischen Arbeiten erkennen. Zu einem bestimmten Zeitpunkt während der Behandlung werden Projekte eingeführt, die wenig und begrenzten Raum erfordern, um das Hauptaugenmerk der weiteren Arbeit darauf zu lenken, die Familienmitglieder einander auf symbolische Weise physisch und psychisch näherzubringen. Im Gegensatz dazu sind bei der *verstrickten* Familie (MINUCHIN, 1974) eine *Vielfalt* an Medien und *getrenntes* Arbeiten notwendig, um das Bewußtsein der Familie für eine Individuation zu wecken und auf diese hinzuarbeiten.

Für Familienverbände, die Struktur und Grenzen benötigen, werden Tabletts und Kartons als Arbeitsgrundlage verwendet, da deren erhöhter Rand Schranken definiert und dazu dient, ein Ausagieren bei der künstlerischen Betätigung zu verhindern. In anderen Fällen, in denen die Anweisung dazu dienen soll, das Selbstbewußtsein der Familie durch unmittelbare Erfolgserlebnisse oder die Lösung eines Problems zu erhöhen, empfiehlt sich der Einsatz von Medien, die einfach zu handhaben sind und den Teilnehmern einen schnellen Erfolg ermöglichen. Wenn es andererseits darum geht, eine solche Befriedigung hinauszuzögern, sollte ein Projekt in Betracht gezogen werden, das sorgfältige Planung und längerfristige Auseinandersetzung erfordert. In einer solchen Situation wäre ein kompliziertes multimediales Projekt am ehesten geeignet.

Unabhängig von den Direktiven beobachtet der Therapeut, in welcher Weise die Materialien benutzt werden und wie der einzelne darauf reagiert. Diese Beobachtungen liefern zusätzliche Hinweise auf die interpersonalen Transaktionen. So kann in der Evaluationsphase beispielsweise ein Kind eine niedrige Frustrationstoleranz gegenüber einem schwer zu handhabenden Medium zeigen. Die Reaktionen der Familienmitglieder auf das Verhalten des Kindes werden offenlegen, wie mit einer derartigen Situationen zu Hause umgegangen wird. Wenn sich unangemessene Rollen oder Verhaltensweisen enthüllen, kann der Therapeut sich dafür entscheiden, dasselbe künstlerische Material in einer zukünftigen Sitzung wieder einzusetzen, um das Thema erneut anzusprechen und damit zu arbeiten.

Um noch einmal zu wiederholen: Es ist unabdingbar, daß der Kunsttherapeut die künstlerischen Materialien, Direktiven und den Vorgang selbst unter kognitivem Aspekt betrachtet. Ein wesentlicher Faktor während der Evaluation und der Behandlung ist die Verantwortung des Familien-Kunstspsychotherapeuten, in zwei Bereichen gleichzeitig zu funktionieren, nämlich entsprechend seinem Wissen und seiner Kenntnis der *klinischen Kunsttherapie* auf der einen und einer *familientherapeutischen* Grundlage auf der anderen Seite. Diese beiden Theorien werden während ihrer Anwendung auf kreative Weise miteinander verwoben, um der Familie beim Abbau von Symptomen und der Verbesserung ihrer Lebensqualität zu helfen.

Tabelle A

Entwicklungsphasen im Lebenszyklus einer Familie mit den typischen Aufgaben, die in jeder Phase gemeistert werden müssen

Phase	*Aufgabe*
Werbung	Behauptung gegen elterlichen, mit der Partnerwahl in Zusammenhang stehenden Druck; Aufgabe von Autonomie bei gleichzeitiger Bewahrung einiger Eigenständigkeit, Vorbereitung auf die Ehe einschließlich eines für beide Seiten befriedigenden Sexuallebens; Loslösung von den Eltern.
Erste Ehejahre	Sexuelle Partnerschaft; der sporadische Kontakt mit dem Partner wird dauerhaft; Umgang mit Verwandten; Vorbereitung auf Kinder; höherer Lebensstandard, wenn beide Partner arbeiten; gegenseitige Abhängigkeit.
Erweiterung	Kinder – neue Rollen als Eltern, verringertes Einkommen, wenn die Ehefrau nicht mehr mitverdient; Absprachen zwischen den Ehepartnern über: Geburtenkontrolle, Schwangerschaft, Versorgung der Kinder; größere gegenseitige Abhängigkeit; Umgang mit Rivalitäten zwischen den Kindern; Umgang mit übertriebener Bindung eines oder beider Elternteile an die Kinder.
Festigung	Kein neuer Familienzuwachs, aber Probleme mit Schule und Pubertät. Sexualität der Kinder wird zum Thema; hohes Einkommen von einem oder beiden Elternteilen erforderlich; wachsende Unabhängigkeit der Kinder; Generationskonflikte zwischen Eltern und Kindern.
Verdichtung	Wenn die Kinder ihr Elternhaus verlassen, ist die Hauptaktivität des Paares – die Elternschaft – beendet; Bedürfnis nach neuen Interessen; weniger Engagement für die Kinder; gewachsener wirtschaftlicher Wohlstand.
Letzte Phase der Partnerschaft	Die Rückkehr der Frau in den Beruf, wenn nicht bereits erfolgt; neue Rollen in der Partnerschaft; Alleinsein miteinander; Höhepunkt der beruflichen Laufbahn des Ehemannes; hoher wirtschaftlicher Status.
Auflösung der Familie	Versetzung in den Ruhestand mit sinkendem wirtschaftlichem Status und geringerem gesellschaftlichem Ansehen; wachsende Abhängigkeit von anderen; ein Maximum an Zeit für den Kontakt zum Ehepartner; Auseinandersetzung mit dem Tod – Verlust des Partners, Einsamkeit.

bearbeitet nach: *Principles of Family Psychiatry* von J. G. Howells. Copyright 1975 by Brunner/Mazel, Inc., Abdruck mit Genehmigung.

Tabelle B

Kritische Stadien im Lebenszyklus der Familie und ihre Entwicklungsaufgaben

Phase im Familienzyklus	*Stellung in der Familie*	*phasenentscheidende Entwicklungsaufgaben*
1. Ehepaar	Ehefrau Ehemann	Gründung einer für beide Seiten befriedigenden Ehe; Anpassung an Schwangerschaft und das Versprechen der Elternschaft; Eingliederung in den Kreis der Verwandten
2. Niederkunft	Ehefrau-Mutter Ehemann-Vater Kleinkind, Tochter oder Sohn oder beides	Anpassung an die Kinder und Unterstützung ihrer Entwicklung; Etablierung eines Heimes, das Eltern und Kinder gleichermaßen zufriedenstellt
3. Vorschulalter	Ehefrau-Mutter Ehemann-Vater Tochter-Schwester Sohn-Bruder	Anpassung an die entscheidenden Bedürfnisse und Interessen der Kinder im Vorschulalter in anregender, entwicklungsfördernder Weise; Zurechtkommen mit erschöpften Energien und einem Mangel an Privatsphäre als Eltern
4. Schulalter	Ehefrau-Mutter Ehemann-Vater Tochter-Schwester Sohn-Bruder	Konstruktives Sich-Einfügen in die Gemeinschaft der Familien mit Kindern im Schulalter; Ermutigung der Kinder zu guten schulischen Leistungen
5. Teenageralter	Ehefrau-Mutter Ehemann-Vater Tochter-Schwester Sohn-Bruder	Ausbalancierung von Freiräumen und Verantwortlichkeit, wenn die Teenager erwachsen werden und sich emanzipieren; Finden neuer Interessen und Berufswege auf Seiten der Eltern
6. Sprungbrettfunktion	Ehefrau-Mutter-Großmutter Ehemann-Vater-Großvater Tochter-Schwester-Tante Sohn-Bruder-Onkel	Entlassung der jungen Erwachsenen in die Welt der Arbeit, den Militärdienst, die Universität, die Ehe usw. mit den entsprechenden Ritualen und der angemessenen Unterstützung; Aufrechterhaltung des Elternhauses als stützende Basis
7. Mittleres Elternalter	Ehefrau-Mutter-Großmutter Ehemann-Vater-Großvater	Wiederaufbau der ehelichen Beziehung; Aufrechterhaltung der verwandtschaftlichen Bande mit der älteren und der jüngeren Generation
8. Alter	Witwe/Witwer Ehefrau-Mutter-Großmutter Ehemann-Vater-Großvater	Bewältigung eines schmerzlichen Verlustes und Alleinleben; Aufgeben des Familienheimes oder dessen Anpassung an das Alter; Gewöhnung an den Ruhestand

aus *Family Development*, 4. Auflage von E.M. Duvall (J.B. Lippincott). Copyright 1957, 1962, 1967, 1971 by Harper & Row, Publishers, Inc.. Abdruck mit Genehmigung

Literaturangaben

Ackerman, N. W. *The Psychodynamics of Family Life.* New York (Basic Books) 1958.

Ackerman, N. W. *Treating the Troubled Family.* New York (Basic Books) 1966.

Bateson, G., Jackson, D. D., Haley, J. & Weakland, J. Towards a theory of schizophrenia. *Behavioral Science, 1,* 251–264, 1956. Dt.: *Schizophrenie und Familie: Beiträge zu einer neuen Theorie.* Frankfurt am Main (Suhrkamp) 1988.

Bell, J. E. Family group therapy: A new treatment method for children. *American Psychologist, 8,* 515 (7), 1953.

Bell, J. E. The family group therapist: An agent of change. *International Journal of Group Psychotherapy, 14,* 72–83, 1964.

Boszormenyi-Nagy, I. & Spark, G. L. *Invisible Loyalities: Reciprocity in Intergenerational Family Therapy.* New York (Harper & Row) 1973. (Second ed. published by Brunner/Mazel, New York, 1984.) Dt.: *Unsichtbare Bindungen: die Dynamik familiärer Systeme.* Stuttgart (Klett-Cotta) 1981.

Bowen, M. A family concept of schizophrenia. In: Jackson, D. D. (Ed.) *The Etiology of Schizophrenia.* New York (Basic Books) 1960, pp. 346–372.

Bowen, M. *Family Therapy in Clinical Practice.* New York (Jason Aronson) 1978.

Brown, S. L. Family interviewing viewed in light of resistance to change. *Psychiatric Research Reports of the American Psychiatric Association,* No. 20, Feb. 1966, pp.132–139.

Duvall, E. M. *Family Development.* New York (Lippincott) 1971.

Friedman, P. H. Personalistic family and marital therapy. In: Lazarus, A. A. (Ed.) *Clinical Behavior Therapy.* New York (Brunner/Mazel) 1972. Dt.: *Angewandte Verhaltenstherapie.* Stuttgart (Klett) 1976.

Green, R. J. An overview of major contributions to family therapy. In: Green, R. J. & Framo, J. L. (Eds.) *Family Therapy: Major Contributions.* New York (International Universities Press) 1981.

Haley, J. Approaches to family therapy. In: Haley, J. (Ed.) *Changing Families: A Family Therapy Reader.* New York (Grune & Stratton) 1971.

Haley, J. *Problem Solving Therapy.* San Francisco (Jossey-Bass) 1976. Dt.: *Direktive Familientherapie: Strategien für die Lösung von Problemen.* München (Pfeiffer) 1985.

Howells, J. G. *Principles of Family Psychiatry.* New York (Brunner/Mazel) 1975.

Jackson, D. D. The question of family homeostasis. *Psychiatry Quarterly, 31* (Suppl.) Part I, 79–80, 1957.

Jackson, D. D. Interactional psychotherapy. In: Stein, M. T. (Ed.) *Contemporary Psychotherapies.* New York (Free Press of Glencoe) 1961.

Landgarten, H. B. *Clinical Art Therapy: A Comprehensive Guide.* New York (Brunner/Mazel) 1981. Dt.: *Klinische Kunsttherapie: ein umfassender Leitfaden.* Karlsruhe (Gerardi, Verlag für Kunsttherapie) 1990.

Lidz, T., Cornelison, A., Fleck, S. & Terry, D. Intrafamilial environment of schizophrenic patients. II: Marital schism and marital skew. *American Journal of Psychiatry, 20,* 241–248, 1957.

Madanes, C. *Strategic Family Therapy.* San Francisco (Jossey-Bass) 1981.

Minuchin, S. *Families and Family Therapy.* Cambridge, MA (Harvard University Press) 1974.

Naumburg, M. *Dynamically Oriented Art Therapy: Its Principles and Practices.* New York (Grune & Stratton) 1966.

Nichols, M. *Family Therapy: Concepts and Methods.* New York (Gardner Press) 1984.

Satir, V. *Conjoint Family Therapy.* Palo Alto, CA (Science & Behavior Books) 1967. Dt.: *Familienbehandlung: Kommunikation und Beziehung in Theorie, Erleben und Therapie.* Freiburg im Breisgau (Lambertus) 1973.

Satir, V. The family as a treatment unit. In: Haley, J. (Ed.) *Changing Families.* New York (Grune & Stratton) 1971.

Sluzki, C. E. & Ransom, D. C. (Eds.) *Double Bind: The Foundation of the Communicational Approach to the Family.* New York (Grune & Stratton) 1976.

Watzlawick, P. A. A structured family interview. *Family Process, 5,* 256–271, 1966.

Whitaker, C. A. A family is a four dimensional relationship. In: Guerin, P. J. (Ed.) *Family Therapy: Theory and Practice.* New York (Gardner Press) 1976.

Whitaker, C. A. & Keith, D. V. Symbolic experiential family therapy. In: Gurman, A. S. & Kniskern, D. P. (Eds.) *Handbook of Family Therapy.* New York (Brunner/Mazel) 1981.

Wynne, L. C., Ryckoff, I., Day, J. & Hirsch, S. I. Pseudo-mutuality in the family relationships of schizophrenics. *Psychiatry, 21,* 205–220, 1958.

Empfohlene Lektüre

Andolfi, M. et al. *Behind the Family Mask.* New York (Brunner/Mazel) 1983.

Beavers, W. R. *Psychotherapy and Growth: Family Systems Perspective.* New York (Brunner/Mazel) 1977.

Bell, J. E. *Family Therapy.* New York (Jason Aronson) 1975.

Berger, M. M. (Ed.) *Beyond the Double Bind.* New York (Brunner/Mazel) 1978.

Bloch, D. & Simon, R. (Eds.) *The Strength of Family Therapy: Selected Papers of Nathan W. Ackerman.* New York (Brunner/Mazel) 1982.

Boszormenyi-Nagy, I. & Framo, J. L. *Intensive Family Therapy: Theoretical and Practical Aspects.* New York (Harper & Row) 1965. (2nd ed. published by Brunner/Mazel, New York, 1985.) Dt.: *Familientherapie: Theorie und Praxis.* Teil 1 & 2, Reinbek bei Hamburg (Rowohlt) 1975.

Bross, A. (Ed.) *Family Therapy: Principles of Strategic Practice.* New York (Guilford Press) 1983.

Brown, S. L. Family therapy. In: Wolman, B. (Ed.) *Manual of Child Psychopathology.* New York (McGraw Hill) 1972.

Brown, S. L. The developmental cycle of families: Clinical implications. *Psychiatric Clinics of North America, 3,*(3), 369–381, Dec. 1981.

Carter, E. A. & McGoldrick, M. (Eds.) *The Family Life Cycle: A Framework for Family Therapy.* New York (Gardner Press) 1980.

Dreikurs, S. E. Art therapy: An Adlerian group approach. *Journal of Individual Psychology, 1,* 69–80, 1976.

Farber, A., Mendelsohn, M. & Napier, A. *The Book of Family Therapy.* Boston (Houghton-Mifflin) 1973.

Framo, J. L. *Explorations in Marital and Family Therapy.* New York (Springer) 1982.

Hoffman, L. *Foundations of Family Therapy.* New York (Basic Books) 1981.

Jackson, D. D. (Ed.) *Therapy, Communication and Changes.* Palo Alto, CA (Science & Behavior Books) 1968.

Kwiatkowska, H. Y. *Family Therapy and Evaluation through Art.* Springfield, IL (Charles C. Thomas) 1978.

Kwiatkowska, H. Y., Day, J. & Wynne, L. C. *The Schizophrenic Patient, His Parents and Siblings: Observations Through Family Art Therapy.* U. S. Dept. of Health Education and Welfare (Public Health Service) 1962.

Lidz, T. *The Family and Human Adaptation.* New York (International Universities Press) 1963.

Riley, S. Draw me a paradox: Family art psychotherapy utilizing a systemic approach to change. *Art Therapy, 2,*(3), 116–125, Oct. 1985.

Selvini-Palazzoli, M., Boscolo, L., Cecchin, G. & Prata, G. *Paradox and Counterparadox.* New York (Jason Aronson) 1978.

Sluzki, C. F. & Random, D. C. (Eds.) *Double Bind: The Foundation of Communicational Approach to the Family.* New York (Grune & Stratton) 1976.

Watzlawick, P., Beavin, J. H. & Jackson, D. D. *Pragmatics of Human Communication.* New York (Norton) 1967.

Williams, F. S. Family therapy. In: Marmor, J. (Ed.) *Modern Psychoanalysis.* New York (Basic Books) 1968, pp. 387–406.

Williams, F. S. Family therapy: A critical assessment. *American Journal of Orthopsychiatry., 37* (5), 912–919, Oct. 1967 a.

Zuk, G. *Family Therapy: A Triadic Based Approach.* New York (Behavioral Publications) 1971.

Kapitel 2

Familien-Evaluation

Einleitung

Familien-Kunstpsychotherapie ist eine wirksame Methode zur Diagnosestellung. Auch wenn die Autorin selbst nach einem dynamisch orientierten, auf der Systemtheorie aufbauenden Konzept arbeitet, wird der Leser feststellen, daß die hier beschriebenen methodischen Vorgehensweisen innerhalb seiner eigenen theoretischen Überzeugungen und Ansätze anwendbar sind.

Das wesentliche Instrument, die *künstlerische Aufgabe*, dient dem Therapeuten und den Klienten als Vehikel zur Exploration. Während der Evaluationsphase bietet die Gestaltungsaufgabe der Familie einen Ausgangspunkt für die Erfahrung ihrer Interaktionen. Dieses Vorgehen, das Kommunikationsmuster aufzeigt, wird vorrangig im Hinblick auf den Prozeß betrachtet, erst an zweiter Stelle interessiert der Inhalt der Arbeiten. Selbst innerhalb des begrenzten Rahmens einer einzigen Sitzung wird der Kliniker Zeuge einer zusammenhängenden Kette von Ereignissen, die das Familiensystem ebenso wie die Gruppengestalt offenlegen. Von dem Augenblick an, in dem die Familie darangeht, ein schöpferisches Produkt zu gestalten, dokumentieren sich in ebendieser Form die Aktionen aller Familienmitglieder. So werden Ursache und Wirkung sichtbar, und der Kliniker wird in die Lage versetzt, Stärken und Schwächen der Familie als Einheit einerseits als auch ihrer einzelnen Mitglieder andererseits einzuschätzen.

Diagnoseverfahren

Das Diagnoseverfahren nach der kunsttherapeutischen Familientheorie ist einfach durchzuführen. Beim ersten Treffen wird der Familie mitgeteilt, daß sie an einer Art Kunstaktion teilnehmen werde, die einem Spiel ähnlich sei und den meisten Familien Spaß mache. Es kann möglich sein, daß die Klienten Widerstand gegenüber Übungen erkennen lassen, die mit künstlerischer Betätigung zu tun haben. Diesen Widerstand kann man herabsetzen, wenn man die Familie davon in Kenntnis setzt, daß die künstlerischen Übungen eine *standardisierte Methode* sind, um zu untersuchen, wie eine Familie als Gruppe funktioniert. Diese Aussage unterstreicht den klinischen Ansatz der Kunsttherapie. Wenn Klienten Befürchtungen hinsichtlich ihrer darstellerischen Fähigkeiten haben, werden sie vom Therapeuten beruhigt: »Die künstlerische Qualität an sich ist unwichtig, da keinerlei

Erwartungen an den schöpferischen Vorgang oder das Endprodukt selbst gestellt werden.« Weitere Ermutigung erfolgt durch die Versicherung, daß jede Familie einzigartig sei und ihren eigenen Ausdrucksstil habe: Manche Klienten arbeiteten in einer Art Kritzeltechnik, andere mit klaren, organisierten Phantasiemustern, und wieder andere zögen konkrete Darstellungen vor. Vor allen Dingen ist es wichtig, daß der Therapeut der Familie vermittelt, daß *alle Bemühungen ohne Einschränkung akzeptiert* werden.

Erstes Verfahren: Kreative Gruppenaufgabe ohne Sprechen

Die Einschätzungsphase wird mit einer nonverbal verlaufenden Gruppenaufgabe eingeleitet. Die Familie wird aufgefordert, sich in zwei Gruppen aufzuteilen; wie sich diese zusammensetzen, weist bereits auf Bündnisse innerhalb der Familie hin. Auch die Machtverteilung läßt sich an der Art und Weise beobachten, in der die Gruppen gebildet werden.

Wenn die beiden Gruppen feststehen, werden alle Teilnehmer aufgefordert, *einen Filzstift in einer jeweils anderen Farbe auszuwählen, die dann die gesamte Sitzung hindurch beibehalten wird.* Diese einmal ausgesprochene Regel hinsichtlich der verwendeten Farbe macht es dem Therapeuten leichter, die Beiträge der einzelnen zu unterscheiden. Beide Gruppen werden davon in Kenntnis gesetzt, daß sie *gemeinsam auf einem einzigen Blatt Papier malen* werden. (Auch wenn mit farbiger Knetmasse oder mit Tonpapier gearbeitet wird, bleibt jeder Teilnehmer bei »seiner«, einmal gewählten Farbe.)

Der Therapeut informiert die Teilnehmer, daß es ihnen *nicht gestattet ist, bei der Arbeit zu sprechen oder sich durch Zeichen oder schriftliche Botschaften zu verständigen, während sie an dem künstlerischen Projekt arbeiten. Nach Fertigstellung ihres Beitrags sollen sie einfach aufhören.* Sind die Aufgaben ausgeführt, wird das *Sprechverbot aufgehoben,* und die Gruppen werden aufgefordert, ihrem Werk einen Titel zu geben und diesen auf das Ergebnis zu schreiben.

Zweites Verfahren: Kreative Familienaufgabe ohne Sprechen

Beim zweiten Diagnoseverfahren arbeitet die gesamte Familie gemeinsam auf einem einzigen Blatt Papier. Wieder darf sie nicht miteinander kommunizieren, weder verbal noch nonverbal. Wie zuvor darf gesprochen werden, wenn die gemeinsame Arbeit ihren Titel erhält.

Drittes Verfahren: Kreative Familienaufgabe mit Sprechen

Während dieser dritten Diagnosetechnik ist der Familie bei ihrer künstlerischen Tätigkeit das Sprechen gestattet. Die Teilnehmer werden wieder aufgefordert, *ein einziges gemeinsames schöpferisches Produkt herzustellen.* Während dieser Übung ist das *Sprechen* jedoch *erlaubt.*

Beobachtungskriterien

Während der drei oben genannten Verfahren muß der Therapeut seine Klienten sehr scharf beobachten und diese Beobachtungen genau festhalten. Er kann sich auch Notizen machen, um den Beitrag jedes Familienmitglieds zu protokollieren. Jede Geste und jedes Zeichen liefern einen Hinweis auf das Familiensystem. Wichtig ist, daß er auf die folgenden siebzehn Punkte achtet:

1. Wer begann mit dem Bild, und welcher Prozeß führte dazu, daß gerade diese Person das erste Zeichen auf das Blatt setzte?
2. In welcher Reihenfolge beteiligten sich die übrigen Familienmitglieder?
3. Wessen Vorschläge wurden angenommen bzw. ignoriert?
4. Wie weit ließen sich die einzelnen Personen auf die Arbeit ein?
5. Welche Teilnehmer beschränkten sich auf ihren eigenen Bereich, welche drangen in Bereiche anderer vor?
6. Hat jemand einen anderen Teilnehmer »ausgelöscht«, indem er dessen Bild übermalte?
7. Welche symbolischen Kontakte wurden hergestellt, und wer leitete sie ein?
8. Wechselten sich die Teilnehmer ab, arbeiteten sie in Gruppen, oder arbeiteten alle gleichzeitig?
9. Wenn sich an der Vorgehensweise etwas änderte, welcher Umstand führte den Wechsel herbei?
10. Wo, bezogen auf den Bildraum, befinden sich die Beiträge der einzelnen Mitglieder – zentral, am Rande, in der Ecke, verteilt übers ganze Blatt?
11. Wieviel Raum nahm jede Person in Anspruch?
12. Was war der symbolische Inhalt der einzelnen Beiträge?
13. Welche Teilnehmer funktionierten unabhängig?
14. Wer handelte initiativ?
15. Wer folgte eher einem anderen Beitrag oder handelte reaktiv?
16. Kam es zu emotionalen Reaktionen?
17. War der Arbeitsstil der Familie kooperativ, individualistisch oder diskordant?

Die genannten Beobachtungen liefern dem Therapeuten zusammen mit dem verbalen und nonverbalen Austausch der Familienmitglieder Informationen über das Familiensystem: über Ich-Stärken und Ich-Schwächen, Rollenzuteilungen, Verhaltensmuster, Kommunikationsweisen und die Gestalt des Interaktionsstils der Familie.

Auch wenn der Therapeut aufgrund seines Wissen die Bedeutung hinter der Entwicklung des künstlerischen Produktes erkennt, sehen die Familienmitglieder selbst nur selten, welche Feinheiten sie enthüllt haben, da die künstlerische Tätigkeit im Gegensatz zum sprachlichen Austausch eine von Abwehr freiere Form der Kommunikation darstellt.

Ist das Produkt fertiggestellt, muß der Therapeut dafür sorgen, daß die Familie sich weiterhin auf die gegenwärtige Situation, auf das Hier-und-Jetzt konzentriert. So können Berichte über die Familiengeschichte, wie sie Eltern oft als Abwehrmechanismus einsetzen, verhindert werden.

Der Kunstpsychotherapeut führt die Familie in ein Gespräch über die Wahrnehmung der einzelnen Teilnehmer von ihrer jeweiligen Rolle bei der Ausführung der Aufgabe. Dabei erforscht die Familie ihr inneres Erleben. Es ist wichtig, daß der Therapeut vor Beendigung der Sitzung seine Beobachtungen mitteilt, um das reale Geschehen im familiären Prozeß herauszustellen. Die vom Kliniker verbalisierte Einschätzung der beobachteten Interaktionen gewinnt durch den sichtbaren

Beweis in Form des Produktes selbst an Glaubwürdigkeit. Der Therapeut bezieht sich immer wieder auf das künstlerische Produkt als Quelle für seine Einsichten: So kann er omnipotente Phantasien über sich im Rahmen des Übertragungsphänomens abbauen. Die folgenden kurzen Fallbeschreibungen sollen die Methodik der Einschätzungsverfahren deutlich machen.

Diagnostische Fallbeschreibung (1)

Frau Hartzell, eine junge Mutter, wollte auf dringendes Anraten der Schule ihren sechsjährigen Sohn Johnny in die Behandlung schicken: Johnny zog sich aus der Klassengemeinschaft zurück und hatte Lernschwierigkeiten. Zunächst vereinbarte die Therapeutin einen Termin mit Frau Hartzell allein, um Daten zu Johnnys Entwicklungsgeschichte zu bekommen. Die Entwicklung des Kindes erschien normal. Die Mutter berichtete, ihr Sohn sei unehelich geboren. Obwohl sie nie mit seinem Vater zusammengelebt habe, halte dieser Kontakt zu Johnny.

Kreative Gruppen- bzw. Paaraufgabe ohne Sprechen

In der ersten gemeinsamen Sitzung bekamen Mutter und Sohn bunte Knetmasse angeboten und die Aufgabe gestellt, *gemeinsam etwas daraus zu modellieren, dabei jedoch nicht miteinander zu sprechen.*

Die Mutter hielt sich zunächst zurück und bedeutete ihrem Sohn ohne Worte, er möge anfangen. Der Junge wählte Knetmasse in seiner Hautfarbe. Während er das Material bearbeitete, saß seine Mutter still dabei und sah ihm zu. Johnny formte einen *kleinen nackten Jungen,* sah sich dann im Raum um und entdeckte eine *Spielzeugbadewanne.* Er holte sie und legte seine *figurative Skulptur* sorgfältig *hinein.*

Die Mutter reagierte mit Interesse auf diese Geste ihres Sohnes, und ihre Mimik wurde lebendig. Sie begann zu lächeln, nahm sich selbst ein Stück Knetmasse und rollte es schnell zu einer *schlangenähnlichen* Form. Die Frau sah ihren Sohn an, lachte und legte die *Schlange an drei Seiten um den Rand der Spielzeugbadewanne.* Das beunruhigte Johnny offensichtlich, und er fragte seine Mutter: »Warum hast du eine Schlange um den Jungen gelegt?« Die Mutter ignorierte die Frage, immer noch lächelnd, und antwortete: »Oh, du hast erkannt, daß es eine Schlange sein soll!« Das Kind, verwirrt und von der Antwort der Mutter frustriert, wandte sich körperlich von ihr ab (Abbildung 1).

Bei diesem Beispiel war die zugrundeliegende Botschaft von einer gefährlichen oder ungeschützten Umgebung auf dramatische Weise offenkundig. Die Mutter reagierte eindeutig unangemessen auf ihr Kind. Ihre bedrohliche Metapher ließ unbewußte Feindseligkeit erkennen, und die Therapeutin blieb wachsam, daß sie es unter Umständen mit einer passiv-aggressiven oder physisch aggressiven Kindesmißhandlerin zu tun hatte.

Zur Dynamik

Die Rolle der Mutter zeigte sich an folgenden Verhaltensweisen:

1. Zunächst ermunterte sie ihr Kind, mit dem Malen anzufangen, und brachte es so in die Rolle des »Initiators«.

2. Frau Hartzell blieb passiv und »auf Beobachtungsposten«, sie wartete ab, was ihr Sohn tun würde. So benutzte die Mutter ihr Kind, um sich selbst die Rolle der »Reagierenden« zuteilen zu können.
3. Frau Hartzells Lachen ließ ihre sadistische Freude daran erkennen, daß sie ihr Kind symbolisch in Gefahr gebracht hatte.
4. Als Johnny die Reaktion seiner Mutter nicht verstand und nachfragte, wehrte sie ab, indem sie ihm die Antwort oder die weitere Beschäftigung mit dem Thema verweigerte.

Johnnys Rolle während des Austausches mit der Mutter:
1. Johnny wartete darauf, daß seine Mutter ihm bedeutete, den Anfang zu machen; dann erst handelte er.
2. Als er die Erlaubnis zum Anfangen bekommen hatte, formte er einen kleinen Jungen, mit dem er sich identifizierte.
3. Er reagierte mit Furcht und Ängstlichkeit unmittelbar auf das unangemessene Verhalten seiner Mutter.
4. Obwohl die Übung mit Sprechverbot belegt war, bat Johnny seine Mutter um eine Erklärung für ihr Handeln, um sich so etwas von seiner Angst zu entlasten.
5. Als Erklärung und Trost von Seiten der Mutter nach deren bedrohlichen Aktionen ausblieben, bekam Johnny zunächst Angst und fühlte sich dann durch die mangelnde Zuwendung verletzt. Sein Gefühl von Hilflosigkeit mündete schließlich in den Rückzug in sich selbst.

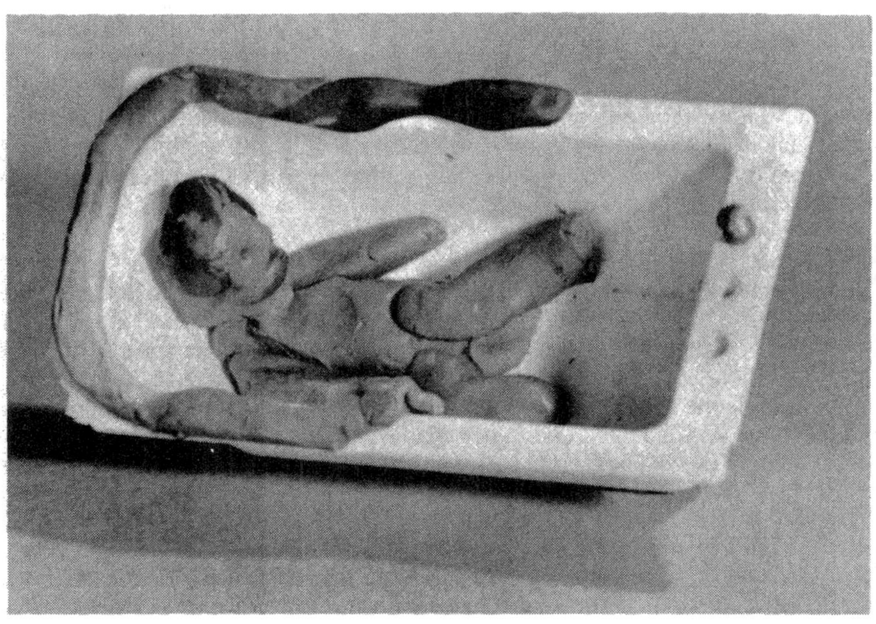

Abb. 1: Gefährliche Umgebung

Kreative Aufgabe mit Sprechen

Das zweite Verfahren zur Erstellung einer Diagnose ist die von Sprechen begleitete kreative Aufgabe. Frau Hartzell und ihr Sohn wurden angewiesen, *eine weitere schöpferische Arbeit zusammen zu gestalten.* Sie sollten dazu *wieder Knetmasse derselben Farbe wie bei der ersten Arbeit verwenden, durften diesmal aber miteinander sprechen.*

Johnny nahm sich, den Regeln gemäß, Knetmasse der gleichen Farbe; auch jetzt, wie bei der ersten Aufgabe, zögerte er und wartete darauf, daß ihm seine Mutter die Erlaubnis zum Anfangen erteilte.

Frau Hartzell brach die Regeln und griff nach Knetmasse einer anderen Farbe. Obwohl Johnny sie darauf aufmerksam machte, daß sie die vorherige Farbe nehmen müsse, lachte sie nur, während sie mit der Knetmasse spielte, und ignorierte seinen Ratschlag hinsichtlich einer Anpassung.

Das Kind unterließ jegliche Aktivität, bis seine Mutter es drängte, »doch endlich« anzufangen. Johnny modellierte daraufhin das *Gesicht* eines *kleinen Jungen.* Als die Mutter die Nase seiner Skulptur eindrückte, begann Johnny zu weinen und beschuldigte sie, »gemein« zu sein. Frau Hartzell versuchte ihn abzulenken, indem sie sagte, sie würde einen Baum für ihn machen. Als der *Baum* fertig war, nahm sie das *Knetmassengesicht und setzte es auf einen Ast.* Johnny, immer noch mit Tränen in den Augen, fragte seine Mutter, was sie da mache, aber seine Fragen waren umsonst, denn sie blieben unbeantwortet. Zu diesem Zeitpunkt verwandelte sich seine Frustration in das Gefühl, zurückgestoßen zu werden. Als seine psychischen Energien erschöpft waren, zog er sich zurück und schwieg, offenkundig deprimiert.

Zur Dynamik

Die Dynamik während dieser künstlerischen Paarübung enthüllte, daß die Mutter *keine Kommunikation* aufnahm, obwohl sie die Möglichkeit hatte, mit ihrem Kind zu sprechen. Wieder weckten ihre symbolisch destruktiven Gesten in der Therapeutin den Verdacht auf Kindesmißhandlung, entweder körperlich oder in Form von Vernachlässigung.

Das psychische Material, das in der ersten gemeinsamen Sitzung an die Oberfläche kam, erbrachte: 1) die fehlende Sensibilität der Mutter gegenüber den Bedürfnissen ihres Kindes; 2) die ungeschützte Umgebung, in die Frau Hartzell ihren Sohn brachte; 3) ängstliche Reaktionen des Jungen und seine Gefühle von Hilflosigkeit und Depression.

Die Therapeutin präsentierte Frau Hartzell mit sehr viel Einfühlungsvermögen und Takt eine vereinfachte Version der dyadischen Dynamik. Das war besonders wichtig, um die Entwicklung eines therapeutischen Bündnisses zu ermöglichen. Da Kinder nur so lange in Therapie bleiben, wie ihre Eltern dies wünschen, muß der Therapeut als Verbündeter angesehen werden. Frau Hartzell wurde darin unterstützt, die Parallelen zwischen der kreativen Arbeit und den Rollen, die sie und ihr Sohn im Alltag spielten, zu untersuchen. Die Therapeutin erläuterte der Mutter dazu, daß ihr die Gefahren für ihr Kind vielleicht nicht bewußt seien, und zitierte Beispiele: etwa das alleinige Überqueren von Straßen, der Zugang zu Küchengeräten, mit denen es nicht umgehen konnte, oder das Spielen auf Stühlen oder Betten.

Nach einigen zusätzlichen Einschätzungssitzungen verdichtete sich der Verdacht der Therapeutin auf emotionale Kindesmißhandlung und körperliche Vernachlässigung, und Frau Hartzell und ihr Sohn wurden dem *Department of Protective Social Service* gemeldet. Eine Untersuchung ergab, daß Johnnys Mutter der Erziehung nicht gewachsen war, ihren Sohn vernachlässigte und auf seine psychische Struktur zerstörerisch einwirkte.

Diagnostische Fallbeschreibung (2)

Die Familie Grey bestand aus Vater, 42 Jahre alt, Mutter, 40 Jahre alt, einer Tocher von 16 Jahren und zwei Söhnen, 8 und 6 Jahre alt. Frau Grey rief an und bat um eine Beratung, da das Verhalten der beiden Jungen »störend« sei.

Kreative Gruppenaufgabe ohne Sprechen

Beim ersten gemeinsamen Besuch wurde die Familie aufgefordert, *zwei Gruppen zu bilden.* Dabei stellte sich heraus, daß die Bündnisse innerhalb der Familie Grey jeweils nach weiblichen und männlichen Familienmitgliedern getrennt bestanden.

Im folgenden wird der Prozeß der *nonverbalen kreativen Gruppenaufgabe beschrieben.*

Weibliche Gruppe

Die Mutter wählte einen dunkelrosafarbenen Filzstift und begann zusammenhanglos auf das Blatt zu *kritzeln.* Die Tochter im Teenageralter entschied sich für ein ähnliches Rot wie das der Mutter und ging daran, einen *Rahmen* um deren Kritzeleien zu zeichnen. Die Mutter schien diesen Rahmen nicht wahrzunehmen, denn sie zeichnete weiter *Linien* über das ganze Blatt. Das junge Mädchen hielt sich zurück; es schenkte der Zeichnung der Mutter große Aufmerksamkeit und schätzte sie sehr sorgfältig ein, bevor es beschloß, selbst aktiv zu werden. Das Mädchen verwandelte die Phantasiemuster in *konkrete Gegenstände* (Abbildung 2). Als die beiden fertig waren, waren sie sich darüber einig, daß die Aufgabe »Spaß gemacht« habe. Beide erklärten, sie hätten sich als »gleichwertig« empfunden, und beide waren der Ansicht, sie hätten die Bemühungen der Partnerin unterstützt. Beide freuten sich über den Bildtitel »Teilen«, da sich darin, wie sie meinten, die Freude an dem gemeinsamen Unternehmen ausdrückte.

Männliche Gruppe

Die männlichen Familienmitglieder funktionierten ganz anders als die weibliche Gegengruppe. Der Vater begann das Bild, indem er ein Haus in die Mitte des Blattes zeichnete. Beide Jungen wetteiferten unter lebhaftem Sprechen miteinander um den jeweils größeren Platzanteil. Sie schoben und stießen sich gegenseitig und kämpften darum, symbolischen Kontakt mit ihrem Vater herzustellen, indem sie in seine Eingangsstruktur malten und eigene Beiträge hinzufügten.

Als der Vater sah, daß seine Söhne das gesamte Bild übernahmen, zog er sich von der weiteren Beteiligung daran zurück. Der Achtjährige, der den Rückzug seines

Abb. 2: Die Tochter sorgt für Struktur

Vaters registrierte, begann nun, die Beiträge seines Bruders zu übermalen. Das jüngere Kind rächte sich, indem es wiederum über die Zeichnungen des Älteren kritzelte. In kurzer Zeit hatten die beiden Jungen das ganze Bild zerstört. Beide waren erregt und wütend. Die Dreiergruppe einigte sich auf den Titel »Etwas Schreckliches«.

Zur Dynamik

Die *weibliche Gruppenarbeit* offenbarte die Impulsivität der Mutter, die auf die Versuche der Tochter, sie zu gegenständlichen Formen zu verleiten, gar nicht reagierte. Die symbolische Zusammenhanglosigkeit oder Freiheit der Mutter bedrohte die Tochter, die ihr Unbehagen abzuschütteln versuchte, indem sie mit Hilfe eines »Rahmens« Grenzen setzte. Als dies keinen Erfolg hatte, übernahm die Jugendliche die Kontrolle über das Bild und verwandelte die amorphen Linien ihrer Partnerin in klar erkennbare Formen und Gegenstände. Ihr Verhalten erschien wie ein symbolischer Versuch, die Mutter auf psychischer Ebene im Zaum zu halten. Diese Handlungen geschahen jedoch mit großer Wahrscheinlichkeit unbewußt, da sich beide Frauen einig waren, daß ihre Bildbeiträge »gleichwertig« gewesen seien und keine von ihnen »angeführt« oder sich »untergeordnet« habe. Ob die Mutter fähig war, sich selbst Struktur zu geben, oder das Thema ganz einfach spielerisch behandelte, war zu diesem Zeitpunkt noch unbekannt. Jedoch zeigte sie bereits, daß sie für die nonverbalen Kommunikationsformen der Tochter unempfänglich war, da sie deren an der Realität orientierten Anregungen keine Beachtung schenkte.

Das Verhalten der *männlichen Gruppe* enthüllte die geringe Bereitschaft des Vaters, sich einzulassen. Zwar begann er das Bild, jedoch blieb dies sein einziger Beitrag. Er unterließ es, auf die chaotischen Aktivitäten seiner Söhne zu reagieren, indem er sich einfach zurückzog. Die Rivalität der Brüder war offenkundig; der ältere der beiden richtete seinen Ärger über den Rückzug des Vaters auf den jüngeren. Als der Vater dem Benehmen der beiden weder physisch noch auf symbolische Weise ein Ende setzte, agierten beide Kinder aus. Der Bildtitel »Etwas Schreckliches« spiegelte die Unzufriedenheit der Gruppenmitglieder mit sich selbst und den anderen wider.

Familienwandbild ohne Sprechen

Die ganze Familie wurde angewiesen, *ein Wandbild zu malen und sich dabei an die gleichen Regeln zu halten wie bei der nonverbalen Gruppenaufgabe. Jeder mußte sich vergewissern, daß seine Farbe nur von ihm allein verwendet wurde.* Bevor die Familie das Projekt begann, stellte sie der Therapeutin viele Fragen: »Soll das Bild auf einem Blatt sein?« »Sollen wir gleichzeitig arbeiten oder uns abwechseln?« Die Therapeutin gab keine spezifischen Verhaltensregeln, sondern meinte nur, die Familie könne die Aufgabe so in Angriff nehmen, wie sie wünsche.

Herr und Frau Grey begannen gleichzeitig an dem Bild zu arbeiten. Der Vater malte ein Auto, das nach rechts aus dem Bild fuhr. Die Mutter tüpfelte das Bild ihres Mannes und zeichnete ein abstrahiertes Segelboot, das sich in die entgegengesetzte Richtung bewegte.

Die Jungen stießen und schoben einander, um in die Nähe ihres Vaters und seines Bildbeitrages zu gelangen. Der Achtjährige zeichnete unmittelbar hinter das väterliche Auto ebenfalls ein Auto. Als der Sechsjährige eine Person ins Auto des Vaters setzte, verteilte sein Bruder Regentropfen über das ganze Bild. Der Kleinere reagierte auf diese symbolische Geste mit einer Sonne in der Bildecke.

Als letztes Familienmitglied wurde die Tochter im Teenageralter aktiv: Sie fügte Wellen unter dem Boot der Mutter hinzu, zeichnete eine Straße unter die Autos und in die Bildmitte ein Schild mit dem Wort STOP darauf.

Auf die Frage nach einem Bildtitel schlug der Achtjährige vor: »Es regnet, und die Autos stoßen zusammen«; der Vater strengte sich wenig an und sagte: »Fahrzeuge in Bewegung«; die Mutter war der Ansicht, im Titel sollten Leute vorkommen, etwa: »Jeder geht seinen Weg.« Als die Tochter ihren jüngeren Bruder fragte, was er sich als Titel wünsche, wollte er nicht antworten, da er sich immer noch über die grafische Negation seines Bruders ärgerte. Einige Minuten verstrichen, in denen nicht gesprochen wurde. Das junge Mädchen schlug dann angesichts der allgemeinen Entschlußlosigkeit vor: »Beförderung, Regen oder Sonnenschein.« Als sich niemand dazu äußerte, ergriff es die Initiative und schrieb seinen Titel auf das Bild (Abbildung 3).

Zur Dynamik

Die bei der nonverbalen Familienaufgabe eingenommenen Rollen entsprachen, mit Ausnahme der Rolle der Mutter, denen bei der nonverbalen Gruppenaufgabe. Auch

Abb. 3: Eine Familienzeichnung

dieses Mal hatte der *Vater* eine zeitlich zu knappe Funktion als Anführer, indem er mit seinem Auto das Bild begann. Die *Mutter* zeichnete als Reaktion auf das Bild ihres Mannes ebenfalls ein Beförderungsmittel, wenn auch in abstrahierter Form, ohne Kontakt zum Untergrund und in die entgegengesetzte Richtung weisend. Das stand im Gegensatz zu ihrem zusammenhanglosen Gekritzel während ihrer Interaktion mit der Tochter allein (bei der weiblichen Gruppenaufgabe). Frau Grey ließ jetzt auch nicht die Freude erkennen, die sie bei der Paararbeit mit ihrer Tochter empfunden hatte. Die *Jungen* suchten wieder die Aufmerksamkeit des Vaters auf sich zu lenken. Ihre Interaktion war jedoch trotz der feindseligen Gesten des älteren weniger destruktiv. Die Handlungsweise der *Tochter* entsprang auch hier einer Autoritätsrolle, die sich in der Art und Weise äußerte, wie sie über den Titel entschied und wie sie der Familienstruktur einen festen Boden gab, indem sie unter die Zeichnungen beider Eltern eine Basislinie zog. Diese Rolle zeigte sich auch durch das »Stoppschild« als Botschaft an die Familie, mit ihren negativen Aktionen aufzuhören.

Zu diesem Zeitpunkt führte die Therapeutin die Familie weder in eine Diskussion über ihr Wandbild, noch teilte sie ihre Beobachtungen mit. Es ist außerordentlich wichtig, das dritte Verfahren, die Familienaufgabe mit Sprechbegleitung, abzuschließen, bevor mit der Erforschung von Wahrnehmungen und Einsichten fortgefahren wird. Die Gegensätze zwischen nonverbaler und verbaler Kommunikation müssen beobachtet werden, um zu sehen, inwieweit zwischen beiden Formen Übereinstimmungen oder Abweichungen bestehen.

Kreative Familienaufgabe mit Sprechen

Auf die nonverbale Gruppenübung folgte eine gemeinsame Aufgabe für *die gesamte Familie, bei der verbaler Austausch erlaubt ist.* Die Familie Grey wurde über die Regeln in Kenntnis gesetzt, dann wurde der Familie die Aufgabe gestellt, aus farbigem Tonpapier eine Skulptur herzustellen. Jedes Familienmitglied bekam eine Schere und Klebstoff, allerdings wurden in der Mitte des Tisches nur vier Bogen verschiedenfarbigen Papiers bereitgelegt. Die Therapeutin stellte absichtlich einen Bogen zu wenig zur Verfügung, um zu sehen, wie die Familie diese Situation lösen würde. Dieses Verfahren sollte allerdings mit Vorsicht angewandt werden. Der Therapeut muß abschätzen können, ob in einer Familie genügend Ich-Stärke vorhanden ist, um mit dieser zusätzlichen Belastung umzugehen. Wenn Materialknappheit kontraindiziert ist, wird der Familie die passende Menge an Arbeitsmaterial zur Verfügung gestellt.

Das Projekt begann damit, daß beide Jungen sofort je einen Bogen Papier an sich rissen. Als nächster traf der Vater seine Auswahl. Damit standen die beiden weiblichen Familienmitglieder vor dem Dilemma, daß für beide gemeinsam nur noch *ein* Bogen übriggeblieben war. Die Mutter wirkte niedergeschlagen, wagte aber nichts zu sagen. Die Tochter knickte den Bogen in der Mitte, riß ihn in zwei Hälften und teilte ihn so mit der Mutter.

Der Vater, der niemandem sonst Aufmerksamkeit schenkte, rollte sein Blatt zu einer *Kegelform* und erklärte, es handle sich um ein »Tipi«, als er sie in die Mitte des Tisches stellte. Seine Tochter entschied sich, eine *kleine Figur* auszuschneiden, die sie auf das Tipi des Vaters klebte. In der Zwischenzeit schnitt die Mutter eine *Spirale* aus, konnte sich jedoch nicht entscheiden, was sie damit anfangen sollte. Schließlich legte sie sie direkt vor sich auf den Tisch.

Während die Eltern mit ihren eigenen Vorhaben beschäftigt waren, sah das junge Mädchen den Brüdern bei der Herstellung zweier *Frankenstein*-Figuren zu. Die Jungen schoben das Tipi des Vaters zur Seite und setzten ihre Ausschneidefiguren mitten auf den Tisch.

Nach einiger Überlegung nahm die Tochter die Spirale der Mutter und flocht sie um die brüderlichen Frankenstein-Verkörperungen. Diese Handlung erregte auf Seiten der Jungen Widerspruch. Sie beschwerten sich bei den Eltern, erhielten jedoch von diesen weder eine Unterstützung noch eine Ermahnung. Frustriert über die ausbleibende Reaktion, begannen sie, sich herumzuschubsen. Der Achtjährige nahm schließlich schmollend seine Figur und zerriß sie voller Wut.

Als die Therapeutin um einen Titel für die Skulptur bat, weigerten sich die Jungen, irgendwelche Vorschläge zu machen. Der Vater schlug vor: »Ein zerstörter Frankenstein«; die Mutter: »Das Problem mit der Spirale«; die Tochter: »Frankenstein in einer Indianerreservation«. Schließlich bot auch der Achtjährige mißlaunig einen Titel an: »Ungeheuer sind stark.« Die endgültige Entscheidung fällte die Tochter, die, ohne sich mit den anderen zu besprechen, auf ein Stück Papier schrieb: »Der eine Frankenstein wurde wegen des Problems mit der Spirale zerstört, da sie alle in einer Indianerreservation lebten, in der Ungeheuer stark sein durften.« Alle Familienmitglieder waren sich darin einig, daß diese Lösung gut war, da sie sämtliche Vorschläge in den Titel mitaufgenommen hatte (Abbildung 4).

Der Inhalt des Werkes lieferte ebenso wie die Titelvorschläge zusätzliche Daten zur Familiendynamik. Aber dennoch muß der Therapeut während der ersten

Evaluationssitzung die wesentliche Entscheidung treffen, *welche* und *wieviele* Informationen er weitergeben möchte. Die Beobachtungen des Therapeuten bei diesen ersten Aufgaben werden häufig erst zu einem späteren Behandlungszeitpunkt angesprochen und dienen dann als analoge Beispiele für die täglichen Aktionen der Familie.

Zur Dynamik

Dem *Vater* war gar nicht bewußt, daß überhaupt ein Problem bestanden hatte, da ihm die Knappheit an Papier nicht aufgefallen war. Obwohl er die Aufgabe begonnen hatte, kam von ihm später keine Interaktion mehr. Der Vater ließ es zu, daß ihn die Jungen symbolisch verdrängten, als sie sein Tipi aus der zentralen Position entfernten. Seine Passivität äußerte sich dadurch, daß er auf keiner Ebene kommunizierte. Er stellte keinen Kontakt her, weder durch seine schöpferische Tätigkeit noch durch körperliche oder verbale Interventionen.

Die *Mutter* handelte hilflos und ließ ihre Abhängigkeitsbedürfnisse erkennen, als sie sich unerwartet ohne eigenen Papierbogen fand. Es war die Tochter, die sich ihrer annahm. Sie schnitt ihre Spirale von außen nach innen aus, was zusätzlich darauf hinwies, daß sie ihre Niedergeschlagenheit und ihren Ärger möglicherweise gegen sich selbst richtete. Das symbolische Zeichen ihrer Wut legte die Mutter direkt vor sich selbst hin, auch das ein Hinweis auf zurückgehaltene Gefühle.

Die *Tochter* reagierte auf die Bedürfnisse der einzelnen Familienmitglieder und zeigte sich allen verbunden. Das wurde sichtbar, als sie ihre ausgeschnittene Figur auf das Tipi ihres Vaters klebte; als sie dafür sorgte, daß die Mutter nicht

Abb. 4: Eine gemeinsame Skulptur definiert die Rollen

vernachlässigt wurde und sie den letzten Bogen Tonpapier mit ihr teilte; und als sie dem ausagierenden Frankenstein-Spiel ihrer Brüder symbolische Grenzen setzte.

Die *elterlichen Rollen* wurden verkehrt, da sich der Vater passiv, die Mutter unselbständig verhielt. Ihre sechzehnjährige Tochter trat als *Autoritätsfigur* auf, als sie mit der Papierspirale ihrer Mutter die Frankenstein-Figuren der Brüder symbolisch begrenzte. Zusätzlich übernahm es die Jugendliche, die Familie zu einer kohäsiveren Einheit zu verbinden, indem sie in den Titel für die Skulptur alle Vorschläge aufnahm. Die Tochter unterdrückte ihre eigenen Bedürfnisse, denn alle ihre Gesten dienten entweder dazu, die anderen Familienmitglieder zu stützen oder niederzuhalten.

Der *achtjährige Junge* spielte seine Aggressivität aus, als er schnell einen Papierbogen an sich nahm, als erster das Wort ergriff und Forderungen stellte. Seine omnipotenten Phantasien wurden an der Frankenstein-Figur offenbar. Als seine Eltern nicht mit ihm in Kommunikation traten, richtete er seine Frustration auf seinen Bruder. Die niedere Frustrationsschwelle des Jungen zeigte sich daran, daß er seine Figur zerstörte, nachdem seine Schwester versucht hatte, sie einzubinden. Brüderliche Rivalität wurde daran sichtbar, daß beide Jungen ähnliche Formen schufen und um eine zentrale Position und mehr Platz stritten.

Der *Sechsjährige* handelte ähnlich wie sein Bruder, allerdings ohne dessen selbstzerstörerische Tendenzen, da er seine Ausschneidearbeit nicht zerriß. Sie verblieb in der Spirale der Mutter als Hinweis auf seine Bereitschaft oder seine Erleichterung, metaphorisch Grenzen gesetzt zu bekommen. Als er sich vom selbstzerstörerischen Handeln seines Bruders bedroht fühlte, zog er sich (ähnlich wie sein Vater) zurück und nahm nicht mehr an der Suche nach einem Bildtitel teil.

Im Falle der Familie Grey schien es nicht indiziert, sehr viele der gesammelten Informationen bekanntzugeben. Besprochen und betrachtet wurden vor allem die offensichtlichen Handlungen und Tatsachen: die mangelnde Autorität der Eltern; das Bedürfnis der Jungen nach Grenzen; die Belastung der Tochter, die mehr Verantwortung trug, als für ihr Alter angemessen war. Die Familienmitglieder wurden ermutigt, über ihre emotionalen Erfahrungen während der Übungen zu sprechen und die Wahrnehmung, die sie jeweils von den Rollen der anderen hatten, mitzuteilen.

Eine Probeübung: Prognosen für eine Veränderung

In Fällen, in denen der Therapeut Anzeichen für die Fähigkeit einer Familie zur Veränderung einschätzen möchte, wird er eine Technik anwenden, die das Eingehen eines sehr geringen Risikos erfordert. Bei der Familie Grey sollte dieses Risiko darin bestehen, vom System der unklaren Abgrenzung beider Generationen abzurücken. Speziell für den Umgang mit der passiven Autoritätsrolle der Eltern, der unangemessenen Elternrolle der Tochter und dem Ausagieren der Jungen wurde eine Aufgabe entworfen. Sie sollte die Eltern in eine beherrschende Position bringen, indem diese ihren jüngeren Kindern Grenzen setzten. Deshalb wurde der Familie *ein symbolischer Rahmen* in Form eines Tabletts gegeben, das allen gemeinsam als Arbeitsgrundlage diente. Die Kunstpsychotherapeutin wies die Kinder an: *Zeigt auf dem Tablett die Position und den Raum an, den ihr für euch haben wollt.* Dann wurden sie aufgeklärt: *Eure Eltern werden euch dabei helfen, eine faire Entscheidung zu treffen, und mit Filzstiften den Bereich markieren, der jedem gehören soll.*

Als die Jungen um den jeweils größten Raumanteil zu streiten begannen, unterstützte die Therapeutin Herrn und Frau Grey, indem sie sie zu *Verhandlungen* über den *angemessenen* Platz für jedes Familienmitglied ermutigte. Mit ihren Filzstiften teilten die Eltern dann jedem seinen Bereich zu. So waren sie in eine Autoritätsposition gebracht, in der sie sich aktiv mit der Familiensituation auseinandersetzen mußten.

Um Einsicht und Exploration der Familie zu fördern, wurde eine Folgeaufgabe gestellt. Jeder wurde gebeten: *Stellt etwas aus Ton oder einem anderem Material her und setzt es in den Raum, der euch von euren Eltern zugeteilt worden ist. Euer Vater und eure Mutter werden darauf achten, daß eure Tonskulpturen in den Grenzen eures eigenen Abschnitts bleiben.*

Die Familie führte diese Aufgabe mit wenigen Streitereien zwischen den Jungen aus. Anschließend erklärte jeder, was seine Skulptur bedeutete und was er bei der Aufgabe empfunden hatte. Daraus entwickelte sich ein Gespräch, das das Selbstverständnis der Familie wachsen ließ und den Weg zur Enthüllung von persönlichen Informationen öffnete. *Herr Grey* gestand zum Beispiel, daß ihn diese Übung einige Anstrengung gekostet habe. Er gab zu, daß er aufgrund der Nörgeleien seiner Frau seine Autoritätsrolle schon vor langer Zeit aufgegeben habe. Während der Selbstbeobachtung erkannte er dann jedoch, daß es ganz einfach auch leichter war, sich zu Hause hinter eine Zeitung zurückzuziehen, als sich die Mühe zu machen, seinen Kindern Grenzen zu setzen.

Frau Grey bekannte, daß ihr das vermittelnde Bündnis mit ihrem Mann während der »Aufgabe mit dem Tablett« mehr Zutrauen gegeben habe. Ohne Hilfe eines Partners, so erkannte sie, war sie ratlos, fühlte sich inkompetent, schätzte sich selbst gering und gab jeglichen Autoritätsanspruch auf. Diese Einsicht ließ sie erkennen, daß diese Gefühle sehr viel unausgesprochene Wut in ihr hervorriefen, auf die sie dann mit Rückzug und Niedergeschlagenheit reagierte.

Die *Tochter* erklärte, sie habe ein Gefühl der »Erleichterung« bei der Übung verspürt. Die Verkehrung der Eltern/Kind-Rolle war für die Jugendliche eine Belastung. Sie erzählte, daß sie, wenn sie versuche, ihre kleinen Brüder zu trennen, von beiden unverdient sowohl verbal als auch körperlich angegriffen werde. Das Mädchen zeigte Freude darüber, daß ihre Eltern »zur Abwechslung die Führung übernommen« hatten.

Der *achtjährige Sohn* richtete seinen Ärger auf die Therapeutin. Der Junge erklärte ihr in kriegerischem Ton, die Übung mit dem Tablett sei »doof und unfair« gewesen. Er wolle mehr Platz zur Verfügung haben, und die Farbe seiner Knetmasse sage ihm nicht zu (seine Unzufriedenheit mit der Farbe hatte er bis zu diesem Zeitpunkt noch nicht geäußert); er erklärte nachdrücklich, daß es ihm in der Kunsttherapie nicht gefalle. Selbst diese kleine Verschiebung des Familiensystems in Form einer Probeübung konnte er nicht ertragen. Er war wütend auf die Therapeutin, die seine Macht gemindert hatte, indem sie den Eltern ein autoritatives Werkzeug gegeben hatte.

Im Gegensatz zu ihm freute sich der *Sechsjährige* darüber, daß sein Vater mit in den Vorgang einbezogen worden war. Er sagte: »Malen und Basteln mit Mutter und Vater ist schön.« Es gefiel ihm zwar nicht, daß er nur beschränkten Platz zur Verfügung hatte, aber er war glücklich darüber, daß der Vater »mitspielte«.

Diese Aufgabe versetzte Therapeutin und Familie in die Lage, individuelle Reaktionen und Gefühle und ihre Entsprechung im Familiensystem zu verstehen. Aufgrund der Ergebnisse konnte eine positive Prognose für eine Veränderung des Familiensystems gestellt werden.

Behandlungspläne

Inhalt der empfohlenen Behandlungspläne war unter anderem die Erforschung folgender Punkte:

Vater

1. Die gegenwärtige Rolle in der Familie;
2. eine Untersuchung seiner Gefühle, als er sich selbst in eine Autoritätsrolle versetzte;
3. seine Verschlossenheit als Abwehr;
4. der Einfluß eines Bündnisses mit seiner Frau auf seine Ehe und auf das Familiensystem.

Mutter

1. Ihr Bedürfnis, ihre Machtstellung aufzugeben, um ihr schlechtes Selbstbild zu rechtfertigen;
2. Ärger dem Mann gegenüber;
3. das ausagierende Verhalten der Kinder stellvertretend für ihre Bedürfnisse;
4. die Auswirkungen von größerer Verantwortlichkeit auf ihre eigenen Abhängigkeitsbedürfnisse.

Tochter

1. Der Grund, warum sie zur Elternfigur wurde;
2. das Bedürfnis, ihre Mutter zu beschützen;
3. Individuation als wichtiges Wachstumselement.

Achtjähriger Sohn

1. Aggressives Handeln, um Niedergeschlagenheit und/oder Angst zu überdekken;
2. Gefühle von Omnipotenz und ein geringes Selbstwertgefühl;
3. eine niedere Frustrationsschwelle;
4. Rivalität mit dem Bruder;
5. selbstzerstörerisches Verhalten;
6. das Verstehen von Ursache und Wirkung.

Sechsjähriger Sohn

Ähnlich wie Punkt 1 bis 4 bei seinem Bruder.

Zusammenfassung

Zur Einschätzung des Familiensystems werden den Therapieteilnehmern drei Arten von kreativen Aufgaben gestellt: 1) eine künstlerische Gruppenarbeit mit Sprechverbot; 2) eine gemeinsame Arbeit der ganzen Familie, ebenfalls mit Sprechverbot; 3) eine gemeinsame künstlerische Arbeit der ganzen Familie, bei der Sprechen gestattet ist.

Die Teilnahme der Familie an diesen Übungen liefert dem Therapeuten unmittelbare Informationen zur Interaktion. Er sollte bei seiner Beobachtung auf siebzehn (weiter vorn aufgelistete) Punkte achten.

Techniken und Interventionen der Therapeutin wurden an zwei Fallbeispielen dargestellt. Beim ersten Fall handelte es sich um eine gemeinsame Sitzung von Mutter und Sohn, bei der die Mutter unbewußt ihre sadistisch-zerstörerische Mutterrolle enthüllte. Das zweite Beispiel betraf eine intakte Familie mit drei Kindern: zwei Söhnen im Latenzalter mit ausagierendem Verhalten und einer heranwachsenden Tochter. In der künstlerischen Betätigung enthüllten sich die Passivität des Vaters, die mangelnde Reife der Mutter, das ausagierende Verhalten der Jungen aufgrund fehlender Struktur und die elterliche Rolle der Tochter.

Ausgehend vom Familiensystem wurde ein korrektiver Behandlungsplan aufgestellt.

Empfohlene Lektüre

Ackerman, N. W. & Behrens, M. L. The family group and family: The practical application of family diagnosis. In: Masserman, J. H. & Moreno, J. L. (Eds.) *Progress in Psychotherapy,* Vol. 3. New York (Grune & Stratton) 1959.

Anthony, E. J. & Bene, E. A Technique for the objective assessment of the child's family relationships. *J. Ment. Sci., 103,* 541–555, 1957.

Bing, E. The conjoint family drawing. *Family Process, 9,* 193–194, 1970.

Blehar, M. C. & Reiss, D. Family styles of interacting. *Families Today, I,* 171–185, U. S. Dept. of Health, Education and Welfare.

Boss, P. & Greenberg, J. Family boundary ambiguity: A new variable in family stress theory. *Family Process, 23*(4), 535–547, 1984.

Brown, S. L. Clinical impressions of the impact of family group interviewing on child and adolescent psychiatric practice. *Journal of American Academy of Child Psychiatry, 3*(4), 688–696, 1964.

Brown, S. L. Family interviewing as a basis for clinical management. In: Hofling, C. & Lewis, J. (Eds.) *The Family Evaluation and Treatment.* New York (Brunner/Mazel) 1983.

Burns, R. C. & Kaufman, S. H. *Actions, Styles and Symbols in Kinetic Family Drawings.* New York (Brunner/Mazel) 1972.

Cromwell, R. E. & Olsen, D. H. (Eds.) *Power in Families.* New York (Wiley) 1975.

Fisher, L. Dimensions of family assessment: A critical review. *Journal of Marriage and Family Counseling, 2*(4), 367–382, 1976.

Giddes, M., Medway, J. The symbolic drawing of family life space. *Family Process, 6,* 67–80, 1967.

Greenspoon, D. Multiple family group art therapy. *Art therapy, 3*(2), 53–60, 1986.

Jacob, T. & Davis, J. Family interaction as a function of experimental task. *Family Process, 12*(4), 415–429, 1973.

Kwiatkowska, H. Y. Family art therapy. *Family Process, 6,* 37–55, 1967.

Landgarten, H. B. Initial family interview: Diagnostic techniques. *Clinical Art Therapy: A Comprehensive Guide.* New York (Brunner/Mazel) 1981, pp. 25–30. Dt.: Das Erstinterview mit der Familie – Diagnoseverfahren. *Klinische Kunsttherapie: ein umfassender Leitfaden.* Karlsruhe (Gerardi, Verlag für Kunsttherapie) 1990, S. 41–45.

Levick, M. & Herring, J. Family dynamics as seen through art therapy. *Art Psychotherapy, 1* (1), April 1983.

Machover, K. *Personality Projection in the Drawing of the Human Figure.* Springfield, IL (Charles C. Thomas) 1949.

Mosher, L. R. & Kwiatkowska, H. Y. Family art evaluation. *The Journal of Nervous and Mental Disease, 3,* 165–179, 1971.

Naumburg, M. *Dynamically Oriented Art Therapy: Its Principles and Practices.* New York (Grune & Stratton) 1966.

Rabin, A. J. *Assessment with Projective Techniques.* New York (Springer) 1981.

Reznikoff, M. & Reznikoff, H. R. The Family Drawing Test. *Clinical Psychology, 12,* 167–169, 1956.

Safilios-Rothschild, C. Study of family power structure: 1960–1969. *Journal of Marriage and the Family, 32,* 539–552, 1970.

Shearn, C. R. & Russel, K. R. The use of family drawing as a technique for studying Parent-Child Interaction. *Journal of Projective Technique and Personality Assessment, 33*(1), 35–44, 1969.

Sherr, C. & Hicks, H. Family drawings as a diagnostic and therapeutic technique. *Family Process, 12*(4), 439–461, 1973.

Szyrynski, V. A new technique to investigate family dynamics in child psychiatry. *Canadian Psychiatric Association Journal, 8,* 94–103, 1963.

Wadeson, H. Conjoint marital art therapy techniques. *Psychiatry, 35,* 89–98, 1972.

Williams, F. S. *Family Interviews for Diagnostic Evaluations in Child Psychiatry.* Paper presented to the American Orthopsychiatric Association. New York (Unpublished) 1967.

Wolfe, D. M. Power and authority in the family. In: Cartwrigth, D. (Ed.) *Studies in Social Power.* Ann Arbor, MI (University of Michigan, Institute for Social Research) 1959.

Kapitel 3

Eine Familien-Krisenintervention für ein sexuell mißbrauchtes Kind

Einleitung

Im Sommer 1985 erschien in der *Los Angeles Times* ein Artikel unter der Überschrift »Untersuchung bringt an den Tag: 22 % wurden als Kinder mißbraucht.«. Der Reporter, LOIS TIMNICK, faßte die Ergebnisse einer landesweiten, von der *Times* durchgeführten Studie zusammen. Es waren 2627 Personen befragt worden, sowohl weibliche als auch männliche Erwachsene. Aus den Antworten ergab sich, daß 22 % der Befragten in ihrer Kindheit sexuell mißbraucht worden waren; 27 % davon waren Frauen, 16 % Männer. Der höchste Prozentsatz der Täter stammte aus dem Freundes- und Bekanntenkreis (41 %), es folgten Fremde (27 %) und eine annähernd ebenso große Zahl von Verwandten (23 %).

Aufgrund mangelnder öffentlicher Aufklärung zeigten die Antworten der Befragten, daß die Opfer glaubten, ihre Erfahrung sei einzigartig. Ihnen war nicht klar, daß viele andere Menschen unter ähnlichen Begegnungen gelitten hatten.

Obwohl es in der Fachliteratur zahlreiche Artikel über die Behandlung von Kindern gibt, die Opfer von Verwandten oder ihnen bekannten Personen geworden waren, gibt es nur äußerst spärliche Informationen über Therapien für Kinder, die von einer *fremden Person einmal* sexuell mißbraucht worden sind. In solchen Fällen bietet sich eine Familien-Krisenintervention als Therapie an, da sich die Verletzung durch den sexuellen Übergriff auf die ganze Familie auswirkt. Der Mißbrauch löst in allen Familienmitgliedern zahlreiche Gefühle aus: Wut auf den Täter, Furcht und Angst in einer ungeschützten, bedrohlichen Umgebung. Verbunden mit diesen belastenden Emotionen sind Schuldgefühle der Eltern, daß sie die Tat nicht hatten verhindern können.

Ein wirksamer Behandlungsansatz für die Opfer von sexuellem Mißbrauch und ihre Familien ist die klinische Kunsttherapie. Bei dieser Art der Krisenintervention ist unbedingt ein Begleitprogramm notwendig. Es umfaßt Einzeltherapie für das Kind, gemeinsame Paarsitzungen für dessen Eltern, außerdem Treffen für die gesamte Familie. Die gestalterischen Aufgaben werden so gestellt, daß sie sich sofort direkt auf das unmittelbare Problem konzentrieren. Die Autorin geht hier nach einem psychodynamischen Hier-und-Jetzt-Ansatz vor. Mit latent vorhandenem Material wird zur Unterstützung des Kindes über Metaphern gearbeitet, wohingegen manifeste Anzeichen und Ziele sowohl in verbaler als auch in nonverbaler Form klar angesprochen werden.

Neben dem üblichen Nutzen einer psychotherapeutischen Behandlung hat die künstlerische Komponente zwei signifikante zusätzliche Vorteile zu bieten. Der erste betrifft das *Gerichtstrauma:* In vielen Fällen haben sexuell mißbrauchte Kinder diese Erfahrung als wesentlich belastender geschildert als den Übergriff selbst. Deshalb bindet die Autorin das Kind in eine Lernerfahrung ein: Sie zeichnet die Gerichtsszene und zeigt, wo Richter, Zeugen und andere Prozeßbeteiligte sitzen. Wenn das Kind mit der Gerichtssituation vorher vertraut gemacht wird, sinkt seine Angst vor dem »Unbekannten«, und der psychische Schaden infolge des Auftritts vor dem Richter kann verringert werden.

Der zweite herausragende Aspekt ist *die künstlerische Betätigung des Kindes selbst.* Die Produkte sind vor Gericht als Beweismittel zur Identifizierung des Täters zugelassen. In den Darstellungen der Kinder sind oft Details von Gesicht, Körper und Kleidung des Angreifers enthalten. Die Zeichnungen liefern außerdem Informationen über das abweichende Sexualverhalten des Täters und den Tatort. Leider wird von mißbrauchten Kindern verlangt, sich an Einzelheiten ihres schlimmen Erlebnisses zu erinnern, oft noch lange Zeit nach der Tat. Da die eigenen Bilder der Opfer eine visuelle Dokumentation der Tat sind, kann das Kind sie als Erinnerungshilfe verwenden, wenn es im Gerichtssaal konkrete Angaben machen soll.

Falldarstellung

Eine Familien-Kunstpsychotherapie wird in diesem Kapitel als Modell einer Krisenintervention für ein sexuell mißbrauchtes Kind beschrieben. Die Therapie umfaßte Einzel-, Paar- und Familiensitzungen. Die Kurztherapie umfaßte einen Zeitraum von sechs Wochen.

Der Anlaß

Der achtjährige Donnie Arbutus war von einem Fremden entführt und mißbraucht worden. Das Kind reagierte darauf dementsprechend verletzt und zornig. Seine Eltern, voller Wut über die Tat und besorgt über die psychischen Auswirkungen auf ihren Sohn, setzten sich am Tag nach diesem traumatischen Ereignis mit der Autorin in Verbindung.

Das erste Treffen bestand aus einer dreistündigen Sitzung, die in drei Abschnitte unterteilt war: 1) eine gemeinsame Sitzung von Vater und Mutter; 2) eine Einzelsitzung für Donnie; und 3) eine Familientherapie-Sitzung. Da sich die Aussagen von Eltern und Kind, vor allem über Einzelheiten des Geschehens, während der verschiedenen Interviews wiederholten, werden sie hier nicht jedesmal wiedergegeben, um Überflüssiges zu vermeiden.

Erste Sitzung: Teil I/Paarsitzung von Herrn und Frau Arbutus

In dieser Paarsitzung wurde auf den künstlerischen Aspekt verzichtet. Die Eltern, ein psychologisch aufgeklärtes und angepaßtes Paar, hatten sehr viel zu berichten. Eine kreative Betätigung hätte das Interview nur verlängert und für Herrn und Frau Arbutus eine zusätzliche Belastung bedeutet. Deshalb wurde sie in diesem Teil der Sitzung ausgeklammert.

Die Eltern beschrieben folgendes:

Donnie verließ die Schule und machte sich auf den Weg nach Hause, vier Häuserblocks weit. Üblicherweise ging er zusammen mit seinem Freund und Nachbarn Johnny. An diesem Tag war Johnny jedoch nicht in der Schule gewesen, und Donnie war ohne Begleitung. Da er niemanden zum Unterhalten hatte, vertrieb er sich die Zeit mit Steinesammeln. Er war entzückt, als er einen besonders großen und schönen Stein entdeckte. Donnie blieb stehen, um darüber nachzudenken, ob er wohl später mit seinem Handwagen wiederkommen sollte, denn er wußte nicht, ob der Stein zum Tragen für ihn zu schwer war.

Während Donnie noch in solche Betrachtungen versunken war, hielt ein junger Mann in einem Sportwagen neben ihm, um sich nach einer bestimmten Straße zu erkundigen. Donnie, dem von seinen Eltern beigebracht worden war, nicht mit Fremden zu sprechen, sagte, er kenne die Straße nicht. Dann, aus einer Intuition heraus, beschloß der Junge, nicht länger zu trödeln, sondern so schnell wie möglich nach Hause zu gehen.

Der Fremde fuhr mit langsamer Geschwindigkeit neben Donnie her. Obwohl der Mann ihm wiederholt Fragen stellte, sah das Kind nur geradeaus und verweigerte jede Antwort.

Als er nur noch einen Block von zu Hause entfernt war, sagte er zu dem Fremden: »Ich bin fast da. Fragen Sie meine Mutter. Sie kann Ihnen alles sagen, was Sie wissen wollen.« Als der Fremde hörte, daß der Junge kurz vor seinem Ziel war, entschloß er sich offenbar, schnell zu handeln. Sofort forderte er den Jungen auf: »Hüpf' zu mir in den Wagen. Ich fahre dich nach Hause und frage dann deine Mutter.« Aber Donnie weigerte sich mit einem ruhigen »Nein, danke.«

Zu diesem Zeitpunkt war der Wagen dem Kind so nahe, daß er praktisch auf dem Gehsteig fuhr. Donnie spürte die drohende Gefahr und begann zu rennen, wurde aber von einem plötzlichen Einschwenken des Wagens gehindert. Der Fremde öffnete die Wagentür, streckte den Arm aus, packte den Jungen, hob ihn hoch und warf ihn hinter den Fahrersitz. Er befahl Donnie, still zu liegen, das Gesicht nach unten, und drohte, ihm »weh zu tun«, wenn er nicht gehorche. Völlig verängstigt kauerte sich das Kind auf den Boden und legte die Arme um sich, da es wußte, daß ihm die größte Gefahr erst noch bevorstand.

Als der Sportwagen mit einem »Ruck« hielt, erkannte Donnie, daß sie sich in einem Park befanden, in dem er oft spielte. Als der Entführer ihn aus dem Wagen zerrte, sah sich Donnie nach genaueren Ortshinweisen um, aber der Mann stieß ihn auf den Boden und attackierte das Kind sexuell.

Als der Täter seine Begierde gestillt hatte, fuhr er das Kind zurück und setzte es in der Nähe seines Zuhauses ab. (Irgendwelche Einzelheiten über den sexuellen Akt selbst hatte Donnie seinen Eltern nicht erzählt.)

Herr und Frau Arbutus berichteten von ihren eigenen Gefühlen des Zornes und der Furcht. Sie machten sich Sorgen um die psychischen Reaktionen ihres Kindes und fragten sich, ob das Trauma nicht vielleicht lebenslängliche Schäden hinterlassen würde. Das Paar sprach über die Frage nach der Rolle, die dieser Vorfall für die Zukunft spielen konnte. Als besorgte und liebevolle Eltern fürchteten sie, mit ihrer Fürsorge zu übertreiben und Donnie zu sehr zu beschützen. Ihnen war klar, daß sie sich zukünftig immer Sorgen darum machen würden, daß ihrem Sohn erneut etwas

Schreckliches zustoßen könnte, da »Mißbrauch« für sie nun nicht mehr länger nur ein Thema aus den Medien oder aus einer Filmszene bedeutete.

Die Arbutus berichteten, Donnie hätte in der vergangenen Nacht mehrmals geschrien und geweint, als er sein traumatisches Erlebnis im Traum noch einmal durchlebte.

Als die Polizei die Straftat zu Protokoll nahm, erstattete Donnie selbst dort Bericht. Seine Eltern fürchteten sich nun vor zusätzlichen neuen Problemen für ihr Leben, wenn die Polizei den Täter fand. Sie glaubten, die Identifizierung seines Angreifers und der anschließende Auftritt vor Gericht würden Donnie Angst machen. Doch trotz dieser angsterregenden Überlegungen wollten Herr und Frau Arbutus den Täter bestraft sehen, um ihn daran zu hindern, noch weitere Kinder zu mißbrauchen. Aus diesem Grund entschlossen sie sich, ihrer moralischen Überzeugung nach zu handeln.

Erste Sitzung: Teil II/Einzelsitzung: Donnie

Zu Beginn des zweiten Sitzungsabschnitts fragte die Therapeutin Donnie, ob er wisse, warum er hier sei. Das Kind war von seinen Eltern gut vorbereitet worden und antwortete: »Um mit Ihnen darüber zu reden, was gestern passiert ist, und um Ihnen zu sagen, wie ich mich fühle. Sie helfen Leuten, die Probleme haben, daß es ihnen besser geht.« Zufrieden mit dieser Antwort, legte die Therapeutin Papier, Filzstifte, Knetmasse und einige kleine Spielzeugteile vor das Kind und sagte: »Du kannst jetzt etwas daraus machen und dich dabei mit mir unterhalten.« Ohne weitere Anweisung ergriff Donnie sofort die Gelegenheit, *ein Auto und einen Mann, der mich packt* zu zeichnen und von ihm zu berichten. Er erzählte die Geschichte, wie er nach Hause gegangen sei und wie der Mann ihm immer Fragen gestellt habe; über den Mißbrauch selbst sprach er nur kurz. Mehrere Male betonte er: »Es ist zu eklig, um darüber zu reden. Mir wird ganz schlecht, wenn ich daran denke. Es ist zu eklig, zu eklig, ich will nicht daran denken.«

Wichtig war, Donnie klarzumachen, daß sexueller Mißbrauch von Kindern keine Erfahrung war, die nur er hatte machen müssen. Ebenso war es unbedingt notwendig, ihn dazu zu bringen, die Einzelheiten seines Erlebnisses nicht länger zu unterdrücken. Daher erklärte ihm die Therapeutin sehr behutsam: »Bei meiner Arbeit treffe ich manchmal andere Kinder in deinem Alter, die auch solche schrecklichen Erlebnisse gehabt haben wie du. Sie haben mir erzählt, daß der Mann, der sie entführt hat, ihnen seinen Penis in den Mund gesteckt hat.« Donnies Augen wurden groß vor Erstaunen, daß die Therapeutin von solchen Dingen wußte und daß andere Kinder Ähnliches erlebt hatten wie er. Mit ganz offensichtlicher Erleichterung nickte er. Die Therapeutin fuhr fort: »Diese kleinen Jungen haben mir auch erzählt, daß die Männer manchmal in ihren Mund ejakuliert haben; das bedeutet, daß aus ihrem Penis eine weiße Flüssigkeit kam.« Das Kind sah der Therapeutin gerade in die Augen, um zu prüfen, ob sie aufrichtig war, und bestätigte, daß sie die Wahrheit gesagt hatte. Die Dankbarkeit war ihm am Gesicht abzulesen.

Um Donnie zu ermutigen, seine Gefühle auszudrücken, legte die Therapeutin *Knetmasse direkt vor ihn hin.* Ohne jegliche Anweisung nahm er die rosafarbene Masse und rollte einen *großen Phallus* aus. Die Therapeutin verzichtete auf eine Deutung und ließ das Kind ohne weitere Instruktionen weitermachen. Als Donnie fertig war, bemerkte er eine *leere Zigarrenkiste,* und er entschloß sich, seine Plastik aus Knetmasse dort hineinzulegen. Dann überlegte er es sich plötzlich anders und rückte sie so hin, daß eine Hälfte in der Schachtel war, die andere über den Rand hinausragte. Er betrachtete das Phallussymbol und sagte dann: »Nein, es paßt nicht – es ist zu groß. Ich hacke es ab.« Er drückte den Deckel des Kistchens zu und halbierte so das Stück. Symbolisch diente das Zigarrenkistchen als kastrierender Mund und als unbewußtes Werkzeug, den Täter zu bestrafen. Als er mit seiner Aufgabe fertig war, sagte er: »So, das wäre geschafft,« und er wischte sich die Hände ab, um sich von der Knetmasse und damit psychisch auch von der sexuellen Gewalt, die ihm angetan worden war, reinzuwaschen.

Die Therapeutin stellte Donnie anschließend Fragen nach dem Schänder. Statt darauf eine verbale Antwort zu geben, zeichnete er ein *rotes Auto mit einem eingebeulten rechten vorderen Kotflügel.* »Und der Mann?« wollte die Therapeutin wissen. Wieder zog es Donnie vor, nonverbal zu reagieren: Er zeichnete einen *schwarzhaarigen Mann,* der ihm sagte, es solle seine Hosen herunterziehen; obwohl Donnie protestierte, bestand der Täter unter Drohungen darauf (Abbildung 5). Als Donnie nach dem Alter der Person auf seinem Bild gefragt wurde, antwortete er, er sähe nicht so alt aus wie sein Vater (der dreißig Jahre alt war), sei aber zu alt, um zur High-School zu gehen (er konnte das High-School-Alter gut abschätzen, da sich in der Nähe seines Zuhauses eine Schule befand). Der Täter schien also Anfang zwanzig zu sein. Donnie war sehr stolz auf seine Bilder und brüstete sich, er könne das Bild malen, mit dem das »T-Shirt des bösen Mannes« verziert gewesen sei. Dazu aufgefordert, zeichnete er einen Surfer (Abbildung 6). Zusätzlich gab er dem Mann »weißblaue *Joggingschuhe,* die so ähnlich waren« wie die seines Freundes Johnny. Erstaunt über die verblüffend genauen Beobachtungen des Jungen erkannte die Therapeutin, daß diese sich als hilfreich erweisen konnten, falls er vor Gericht aussagen mußte.

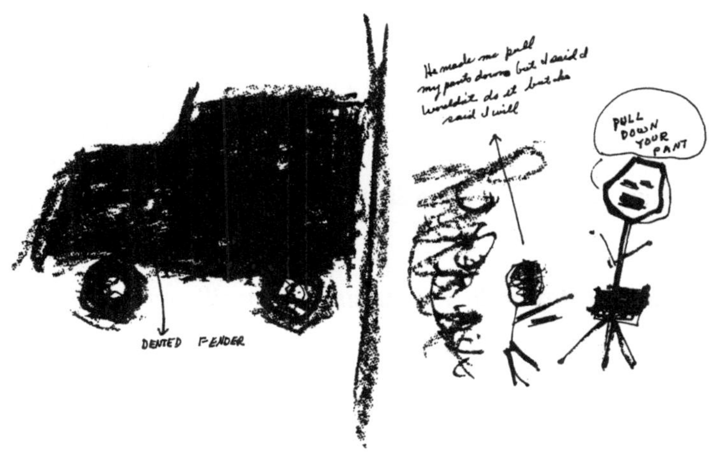

Abb. 5: Das Auto des Täters hat einen eingedrückten Kotflügel

Abb. 6: Das Bild auf dem T-Shirt dient der Identifizierung

Als Donnie seine Gefühle gegenüber dem Täter darstellen sollte, brauchte er auch dazu weder eine Anweisung noch große Ermutigung. Sein Bild des schwarzhaarigen »ekligen *bösen Mannes«* entstand wie von selbst. Anschließend nahm er eine rote Kreide und »strich« den Mann auf dem Bild »aus«.

Ohne daß die Therapeutin ihm einen Anstoß dazu gegeben hätte, sagte das Kind: »Ich will, daß die Polizei den Mann verhaftet. Ich will, daß sie ihn finden! Ich will vor Gericht gehen, um mit ihm abzurechnen. Ich will nicht, daß er so etwas Ekliges auch mit anderen Leuten macht!« Während er sprach, zeichnete er einen *ausgestreckten Finger* und reproduzierte damit erneut unbewußt ein phallisches Symbol (Abbildung 7). Er erklärte, das sei sein eigener Finger, und damit würde er auf den Täter zeigen und sagen: »Dieser Mann hat eklige Sachen gemacht, und außerdem hat er mich entführt!« Dann beruhigte er sich wieder und malte das *Haus,* in dem er lebte und das nicht weit von der Stelle entfernt war, wo ihn »der böse Mann« abgesetzt hatte.

Die Krisenintervention für die Arbutus verlangte nach einem Abschluß. Deshalb schien es ratsam, Donnie und seine Eltern jetzt zu einer gemeinsamen Sitzung zu bitten.

Erste Sitzung: Teil III/Familiensitzung: Alle Familienmitglieder

Im dritten Teil der Sitzung war ein formeller Abschluß erforderlich. Die Therapeutin hatte noch keinen »Plan zum Set«, aber Donnie gab dann die Richtung an. Als seine Eltern den Raum betraten, ließ er sie sofort an seinen Werken teilhaben. Zuerst zeigte er ihnen seinen »kastrierten Phallus« aus Knetmasse, dessen Bedeutung ihm selbst nicht klar war. Dann wies er auf die Zeichnung von der »ekligen Sache, die passiert ist« und sagte: »Und Frau Landgarten hat mir erzählt, daß sie andere Kinder kennt, denen böse Männer auch etwas getan haben. Sie weiß sogar, was der Mann

Abb. 7: Der Finger zeigt auf den Täter

getan hat!« Seinen Eltern war die Erleichterung anzusehen, als Donnie mit dem empathischen Wissen der Therapeutin prahlte. Sie nahmen an, daß die Erkenntnis, daß er mit seiner Erfahrung nicht allein war, ihrem Sohn helfen würde, keine allzu großen Unterschiede zwischen sich und anderen Kindern anzunehmen.

Als Donnie mit dem Bericht über seine künstlerischen Arbeiten fertig war, erklärte die Autorin den Eltern, daß die Bilder mit dem zerbeulten Kotflügel, dem T-Shirt und den Joggingschuhen vor Gericht als Beweise verwendet werden konnten. Selbst die Zeichnungen, auf denen das Sittlichkeitsverbrechen dargestellt war, seien gerichtlich verwertbare Beweise.

Bevor die Familie die kunsttherapeutische Sitzung verließ, gab die Therapeutin Donnie einen Zeichenblock und eine Schachtel mit Kreiden mit und sagte, er solle so viele Bilder malen, wie er wolle, die Themen könne er selbst wählen. Beim nächsten Mal solle er die Bilder dann mitbringen. Diese Anweisungen sollten ihm helfen, sich auszudrücken, Sublimation fördern und als Übergangsobjekt dienen, da er bereits Vertrauen zur Therapeutin gefaßt hatte.

Der nächste Therapietermin für die Familie wurde auf den darauffolgenden Nachmittag festgesetzt, da Donnie am Vormittag zur Polizei gehen sollte, um Fotos von Sittlichkeitsverbrechern durchzuschauen.

Zweite Sitzung/Einzeltherapie: Donnie

Als Donnie zu seiner zweiten kunsttherapeutischen Sitzung erschien, berichtete er, daß er auf der Polizei gewesen sei und das Bild des »bösen Mannes« gefunden habe. Er sagte, bevor er die Fotos durchgeschaut habe, habe er der Polizei erzählt, daß er sich sehr genau an den Mann erinnere und sogar Bilder von ihm und seinem Auto gezeichnet habe.

Er begutachtete die auf dem Tisch ausgebreiteten Kunstmedien und entschied

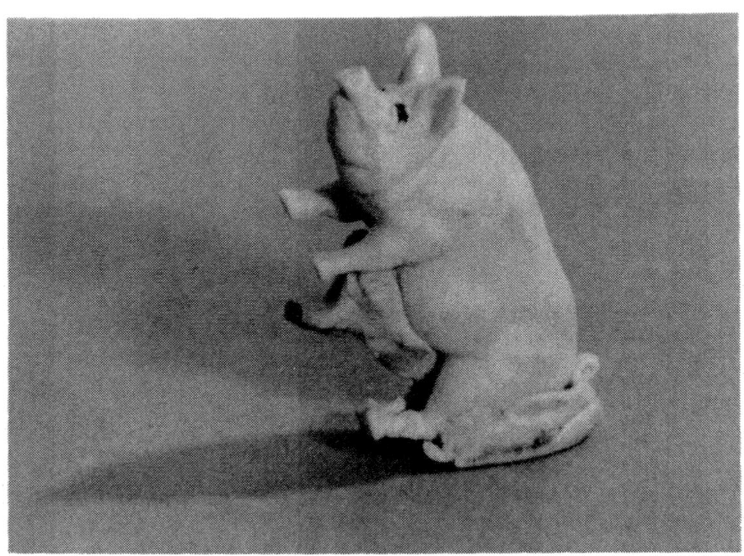

Abb. 8: Ein Schwein als Metapher

sich für die Knetmasse als Arbeitsmaterial. Gleichzeitig war in Donnies Fall das harte Medium von besonderem therapeutischem Nutzen, weil es ihm half, seinen Ärger loszuwerden. Indem Donnie die Knetmasse drückte, mit der Faust darauf schlug, daran zerrte und darauf herumhämmerte, verschaffte er sich selbst ein kathartisches Erlebnis. Als die Knetmasse weich genug zum Modellieren war, formte er erneut einen *Penis,* den er an ein Spielzeug*schwein* klebte. Er stellte das Schwein auf die Hinterbeine und steckte den aufgerichteten Penis mitten auf den Bauch. »So«, sagte er, »das ist ein Schwein mit einem großen riesigen Stoßding« (Abbildung 8). Der kleine Junge sah sich im Zimmer um und entdeckte einige winzige Spielzeugsoldaten. Mit großem Eifer modellierte er einen *Verteidigungsgraben mit bewaffneten Soldaten.* Er legte sie auf den Bauch (wodurch er unbewußt ihre männlichen Organe schützte) und ließ sie gegen das Schwein kämpfen.

Während die Soldaten ihre Kugeln in das Tier mit dem erigierten Penis jagten, sagte Donnie immer wieder: »Ich werde dich erschießen, du Schwein, du häßliches Schwein. Ich werde dich mit deinem riesigen Stoßding erschießen, Stoßding, Stoßding. Peng, peng, peng! Da! Ich werde dich totmachen, immer und immer wieder« (Abbildung 9). Dieses Szenario wiederholte sich fast eine halbe Stunde lang. Dann hatte Donnie bei seinem Spiel »Gute Soldaten gegen häßliches Schwein mit riesigem Stoßding« offenbar genug Energie aufgewandt. Er wandte sich an die Therapeutin und sagte: »So. Was soll ich jetzt tun?«

Er bekam Papier und Filzstifte und dazu die Anweisung, zu *zeichnen, was er wollte.* Aber Donnie wünschte sich ein Thema, und der Therapeutin wurde klar, daß er im Anschluß an seine destruktiven Phantasien nach Struktur verlangte. Deshalb

Abb. 9: Der Täter wird getötet

zeichnete sie ein einem Comicstrip ähnliches Raster auf und bat Donnie, *in Form einer Bildergeschichte in den Quadraten darzustellen, was er bei der Polizei an diesem Morgen erlebt hatte.*

Er zeichnete zunächst den *»netten Polizisten«, der ihm Bonbons gab. Seine Eltern saßen in der Nähe, als ein Beamter ihm einen »Stapel Bilder« zeigte.* In der nächsten Szene stellte er sich dar, wie er den *Kinderschänder auf einem Foto entdeckte.* Das letzte Bild zeigte wieder den *Polizisten, der zu ihm sagte:* »Du bist ein sehr intelligenter und braver kleiner Junge. Deine Mutter und dein Vater müssen sehr stolz auf dich sein. Es tut mir leid, daß du so etwas Schreckliches erlebt hast.« Donnie erzählte: »Dann ging Dad mit uns Hamburger und Pommes frites essen, und dann sind wir hergekommen.« Zufrieden mit seiner Darstellung des Vormittags, bat er um die Erlaubnis, von seiner Mutter den Zeichenblock zu holen, um der Therapeutin die Bilder zu zeigen, die er am Abend zuvor gemalt hatte. Es waren sechzehn Bilder, alle von ähnlichem Inhalt, auf denen Donnie auf die ein oder andere Weise seinen *Schänder körperlich bestrafte.* Die Mehrzahl hatte er abgeschlossen, indem er sie ausgestrichen oder darüber gekritzelt hatte; das war ein Versuch, die Erinnerung an sein Erlebnis zu löschen oder zu zerstören.

Einige Tage später

Frau Arbutus rief an, um zu berichten, daß die Polizei den Täter gefaßt hatte. Sie war benachrichtigt worden, daß Donnies Zeugenaussage vor Gericht wegen seiner Bilder, auf denen das rote Auto mit dem eingedrückten Kotflügel, das T-Shirt mit Surfermotiv und die Joggingschuhe dargestellt gewesen waren, ganz besonders berücksichtigt worden war. Die Polizei hatte diese Gegenstände im Haus des Täters gefunden.

Dritte Sitzung/Familiensitzung: Alle Familienmitglieder

Da die Therapeutin wußte, welch negative Auswirkungen eine Aussage vor Gericht auf Kinder haben konnte, entschied sie in der eine Woche später stattfindenden Sitzung, die Familie schon mit dieser Situation vertraut zu machen. Die Therapeutin selbst zeichnete den Richter hinter seinem Schreibtisch, dazu den Zeugenstand, in dem Donnie sitzen würde, und so weiter. Auch Herr und Frau Arbutus wurden eingeladen, an dem Bild des Gerichtssaales mitzuwirken. Als Donnie Fragen stellte, wurde er ermutigt, mitzumachen, indem er Teile des Bildes kolorierte. Die Kunsttherapeutin zog sich zurück, während die Familie zusammen ein Wandbild malte, das sie auf Donnies Aussage gegen den Kinderschänder vorbereiten sollte (Abbildung 10).

Herr und Frau Arbutus bekamen den Rat, mit ihrem Sohn einmal zum Gerichtsgebäude zu fahren und es zu besichtigen. Auch mit Hilfe dieser Maßnahme sollte das Kind sich durch das bevorstehende Ereignis weniger überrumpelt und traumatisiert fühlen.

Abb. 10: Der Gerichtssaal

Vierte Sitzung/Familiensitzung: Alle Familienmitglieder

Als Donnie und seine Eltern einen Monat später wiederkamen, brachten sie den Malblock mit, den die Therapeutin dem Kind damals gegeben hatte, und dazu mehrere andere Blöcke, die Frau Arbutus noch zusätzlich für Donnie gekauft hatte. In zahlreichen Bildern spiegelten sich die *Gefühle des Jungen* vor und nach seinem Auftreten vor Gericht wider.

Auf den letzten Bildern der Reihe *spielte ein kleiner Junge im Hof, fuhr Fahrrad* und *sah fern.* Diese Szenen, in denen Donnie seinen wirklichen Alltag dargestellt hatte, gaben Anlaß für eine positive Prognose. Die intelligente und liebevolle Hilfe der Eltern und ihre wertvolle sensible Unterstützung machten es Donnie möglich, sein positives Selbstbild zu behalten, eine traumatische Situation erfolgreich zu bewältigen und seine Wutgefühle durch einen kreativen Prozeß auszudrücken.

Um der Krisenintervention einen Abschluß zu geben, gab die Therapeutin der Familie die Anweisung, *eine gemeinsame Collage herzustellen, auf der die Familie während dieser schweren Zeit, jetzt und in der Zukunft zu sehen ist.* Bevor die Eltern begannen, sprachen sie darüber, welche Art von Zeitschriftenfotos sie für die Collage verwenden wollten. Gemeinsam mit Donnie fiel die Gruppenentscheidung, Bilder von Menschen oder Gegenständen auszusuchen, die Ärger, Angst oder Sorgen zum Inhalt hatten, um damit ihre *vergangenen* Gefühle auszudrücken; für die Bilder vom *Jetzt* wollten sie sich darstellen, wie sie ein »normales Leben« führten; und die *Zukunft* sollte sie als stolze und glückliche Familie zeigen.

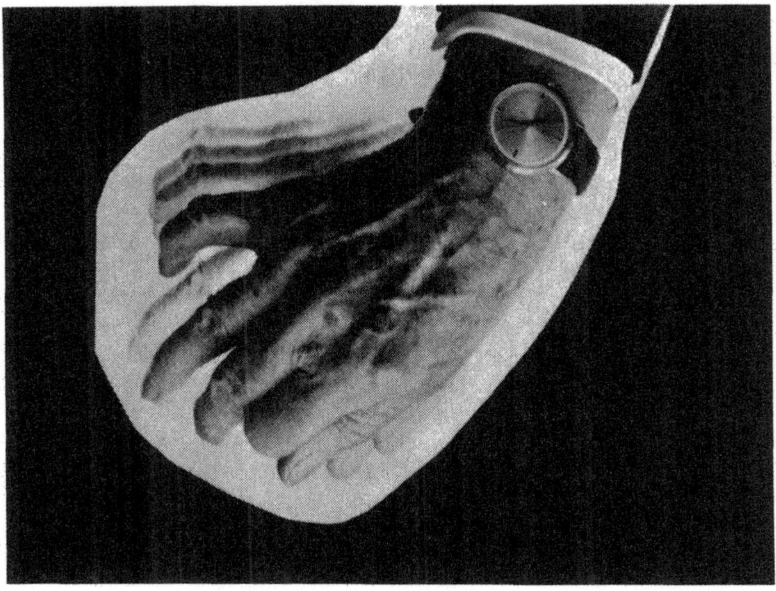

Abb. 11: Eine von Sorgen und Angst erfüllte Vergangenheit

Die Arbeit an der Collage machte den Arbutus Spaß. Die Auswahl der Bilder stand exemplarisch für die Gefühle, die Donnies Schändung in ihnen ausgelöst hatten. Ein Bild von *zitternden Händen* drückte die Sorge um das Kind und die eigene Angst der Eltern aus (Abbildung 11). Das Gegenwartsbild mit dem Titel »normales Leben« zeigte *eine Familie bei einem Besuch in Disneyland, beim Angeln, Ballspielen und beim Truthahnessen.* Auf dem Zukunftsbild waren *George Washington und die Freiheitsstatue* vertreten. George Washington demonstrierte den Mut der Familie zur Wahrheit und zur gerichtlichen Aussage gegen den Sittlichkeitsverbrecher. Die Familie war zufrieden und erleichtert, weil der Täter verurteilt worden und so daran gehindert war, seine Tat gegenüber anderen Kindern zu wiederholen; deshalb stand das Foto der »Freiheitsstatue« für »Gerechtigkeit« und ihre eigenen »Gefühle, die von der Vergangenheit befreit waren, und die Bereitschaft, ihr normales Leben weiterzuführen« (Abbildung 12).

Folgeuntersuchungen: sechs Monate, ein Jahr und drei Jahre später

Sechs Monate später rief Frau Arbutus die Therapeutin an und bat um eine Nachsorge-Untersuchung für Donnie. Zwar schien es dem Kind ausgezeichnet zu gehen, aber seine Eltern meinten, daß eine kunsttherapeutische Einschätzung wichtig und beruhigend sein könnte. Die Autorin stellte bei der Auswertung von Donnie und seinen künstlerischen Arbeiten fest, daß Furcht und Schuldgefühle des Jungen in Verbindung mit seiner Schändung stark gesunken waren. Reaktionen auf seine Sexualität und auf männliche Figuren ließen keine psychischen Schäden erkennen. Eine weitere Behandlung war kontraindiziert.

Die Kontrolluntersuchungen ein und drei Jahre später erfolgten telefonisch von Seiten der Therapeutin: Frau Arbutus schilderte Donnie als einen sich normal entwickelnden Jungen, der keinen Anlaß zur Besorgnis gab.

Zusammenfassung

Die kunsttherapeutische Krisenintervention für einen sexuell mißbrauchten achtjährigen Jungen wurde hier geschildert.

Das erste Treffen beanspruchte mehrere Stunden und wurde in drei Abschnitte unterteilt. Im *ersten* Abschnitt berichteten die Eltern Einzelheiten des Vorfalls. Der *zweite* Abschnitt gehörte Donnie allein; hier fertigte er Zeichnungen zu seiner Erfahrung an. Anschließend gebrauchte er Knetmasse, um sich auszudrücken und seiner Wut freien Lauf zu lassen. Zusätzlich malte das Kind Bilder, die Hinweise enthielten, die geeignet waren, den Täter zu identifizieren. Am *dritten* Teil der Sitzung nahm die gesamte Familie teil. Donnie zeigte seine Werke unaufgefordert seinen Eltern, die darüber informiert wurden, daß diese als Beweismittel vor Gericht hinzugezogen werden konnten. Das Kind bekam, als Übergangsobjekt und um die Fortsetzung seines Selbstausdrucks zu kathartischen Zwecken zu fördern, Kunstmaterial mit nach Hause.

Beim zweiten Termin setzte Donnie die künstlerischen Medien erneut ein, um seinen Schänder symbolisch zu kastrieren. Die Aufgabe, eine Bildergeschichte über seine Erlebnisse bei der Polizei zu zeichnen, gab ihm wieder Struktur. In der folgenden Familiensitzung wurden Donnie und seine Eltern auf das Gerichtstrauma vorbereitet. Sie hatten die Möglichkeit, sich mit Hilfe von Zeichnungen mit der fremden Umgebung vertraut zu machen, um dem Kind so etwas von seiner Angst vor der Zeugenaussage zu nehmen.

In der letzten gemeinsamen Familiensitzung wurden die künstlerischen Arbeiten untersucht, um den Verarbeitungsprozeß der Familie einzuschätzen; zugleich dienten sie dem formellen Abschluß der Kriseninterventionsbehandlung.

Abb. 12: Wahrheit, Gerechtigkeit und Befreiung von der Vergangenheit

Empfohlene Lektüre

Adams-Tucker, C. Proximate effects of sexual abuse in childhood: A report on 28 children. *American Journal of Psychiatry, 139,* 1252–1256, 1982.

Bender, L. & Grugett, A. E. A follow-up report on children who had an atypical sexual experience. *American Journal of Orthopsychiatry, 22,* 825–837, 1952.

Berliner, L. & Stevens, D. Harborview social workers advocate special techniques for child witness. *Response, 1*(2), Dec. 1976.

Burgess, A. W., McCausland, M. P. & Wolbert, W. A. Children's drawings as indicators of sexual trauma. *Perspectives in Psychiatric Care, 19,* 50–58, 1981.

Burgess, A. W., Groth, A. N.& Holmstrom, L. *Sexual assault of children and adolescents.* Lexington, MA (D. C. Heath & Co.) 1978.

Caplan, G. *Principles of Preventative Psychiatry.* New York (Basic Books) 1964.

DeFrancis, V. *Protecting the Child Victim of Sex Crimes.* Denver (The American Humane Association, Children's Division) 1966.

Ellerstein, N. S. & Canavan, J. W. Sexual abuse of boys. *American Journal of the Disadvantaged Child, 134,* 255–257, 1980.

Finkelhor, D. *Sexually Victimized Children.* New York (Free Press) 1979.

Kelley, S. J. The use of art therapy with sexually abused children. *Journal of Psychosocial Nursing and Mental Health Services, 22*(12), 12–18, 1984.

Koppitz, E. M. *Psychological Evaluation of Children's Human Figure Drawings.* New York (Grune & Stratton) 1968.

Landis, J. Experiences of 500 Children with adult sexual deviances. *Psychiatric Quarterly Supplement, 30,* 91–109, 1956.

Peters, J. J. Children who were victims of sexual assault and the psychology of offenders. *American Journal of Psychotherapy, 30,* 398–421, 1976.

Schultz, L. G. *The Sexual Victimology of Youth.* Springfield, IL (Charles C. Thomas) 1979.

Schwartz, B., Horowitz, J. M. & Sauzier, M. Severity of emotional distress among sexually abused preschool, school-age and adolescent children. *Hospital and Community Psychiatry, 36*(5), May 1985.

Stember, C. J. Art therapy: A new use in diagnosis and treatment of sexually abused children. *Sexual Abuse of Children, Selected Readings.* Washington (Government Printing Office) 1980, pp. 59–63.

Tilelli, J. A., Turek, D. & Jaffe, A. C. Sexual abuse of children: Clinical findings and implications for management. *New England Journal of Medicine, 302,* 319, 1980.

Weakland, J. H., Fisch, R., Watzlawick, P. & Bodin, A. Brief Therapy: Focused problem resolution. *Family Process, 13*(2), 148–168, 1974.

Kapitel 4

Die Eltern leben in Scheidung

Einleitung

Am 15. Juli 1985 zeigte das Titelfoto der Zeitschrift *Newsweek* unter der Schlagzeile »Alleinerziehende Eltern« eine Frau, die mit ihren beiden Kindern Baseball spielte. Darunter war zu lesen: »Bis 1990 wird etwa die Hälfte aller amerikanischen Familien aus Ein-Eltern-Familien bestehen.«

Der Begleitartikel enthielt die Feststellung: »Gemäß einer statistischen Erhebung des *Census Bureau* für 1984 haben in den Vereinigten Staaten 25,7 Prozent aller Familien mit Kindern unter achtzehn Jahren nur einen Elternteil... und annähernd die Hälfte der in den achtziger Jahren geborenen Kinder wird einen Teil ihrer Kindheit mit nur einem Elternteil verbringen.«

Aufgrund dieser Tatsache wurde in dreiunddreißig amerikanischen Staaten (Stand Frühjahr 1985) die Möglichkeit des gemeinsamen Sorgerechts eingeführt. In jüngerer Zeit wächst in vielen *Familien mit zwei Haushalten* die Überzeugung, daß es von Vorteil ist, wenn sich Vater und Mutter gleichermaßen an der Kindererziehung und an Entscheidungen beteiligen. In einem solchen Arrangement fühlen sich die Kinder im allgemeinen sicherer, da sie erleben, daß ihre Eltern gleiches Sagen haben.

Wenngleich *Prävention* als Behandlungsziel immer vorzuziehen ist, ist es in den meisten Scheidungsfällen dafür bereits zu spät. Leider wird der Kontakt zum Therapeuten meist erst nach einem Gerichtstermin aufgenommen, wenn die Fragen zum Sorgerecht noch nicht geklärt sind und die Negativgefühle der Eltern ihren Höhepunkt erreicht haben. Diese Situation bringt das Kind in eine Beziehungsfalle und in einen großen Zwiespalt, und es schwankt zwischen Schuldgefühlen und Kummer. Die Vermittlung innerhalb der Familie gelingt besser, wenn in der Trennungssituation so früh wie möglich mit der Therapie begonnen wird. Aber unabhängig davon, ob die Verhandlungen vor oder nach einer Scheidung stattfinden: Der Therapeut wird immer als *Anwalt des Kindes* auftreten und Vereinbarungen empfehlen, die dessen Wohlergehen dienen. Im Idealfall wird ein beiderseitiges Sorgerecht noch während der Behandlungsdauer vereinbart.

Die Familien-Kunsttherapie legt das Gewicht in einem Scheidungsfall sowohl auf die praktischen wie auf die emotionalen Aspekte eines Zweifamiliensystems, und sie erleichtert es dem Kind, sich an einen neuen Lebensstil anzupassen.

Falldarstellung

In diesem Kapitel wird die Kunstpsychotherapie für eine Familie beschrieben, in der sich die Eltern mitten in einer Scheidung befanden. Zu den wöchentlichen Therapiesitzungen kamen entweder: 1) die gesamte Familie; 2) Vater *oder* Mutter gemeinsam mit den Kindern; 3) oder Mutter und Vater gemeinsam ohne Kinder. Die Behandlung dauerte insgesamt drei Monate.

Der Anlaß

Über einen Zeitraum von mehreren Monaten hatte die sechsjährige Patsy Maxella wiederholt Alpträume. Sie erwachte dann unter Schluchzen und Schreien und rief ihre Mutter »um Hilfe«. In den letzten Wochen hatten sich Patsys Ängste verschlimmert, und ihr Appetit hatte abgenommen. Trennungsangst war der Grund, daß das Kind nicht mehr zur Schule gehen wollte. Es war fast immer unglücklich. Beim ersten Telefongespräch mit der Therapeutin sprach Frau Maxella vorwiegend über die Probleme ihrer Tochter. Über ihren neunjährigen Sohn Darren machte sie sich zwar weniger Sorgen, erwähnte aber, daß sein rebellisches Verhalten unerträglich sei und daß er seine Schwester gnadenlos tyrannisiere.

Erste Sitzung/Einzelsitzung: Frau Maxella

Zum ersten Termin kam Frau Maxella allein. Ihr Bericht der Familiengeschichte lautete folgendermaßen:

Nach fünfzehnjähriger Ehe hatten Herr und Frau Maxella beschlossen, sich aufgrund abweichender Interessen, Wertvorstellungen und Lebensstile zu trennen. Obwohl beide versuchten, »Freunde« zu bleiben, verschlechterte sich das Verhältnis doch, weil finanzielle und rechtliche Angelegenheiten Feindseligkeiten weckten. Die Vereinbarungen zur künftigen Lebenssituation der Kinder waren ein Hauptstreitpunkt geworden. Aufgrund der verschiedenen Begebenheiten, die Frau Maxella schilderte, ergab sich der Eindruck, als wetteiferten beide Eltern miteinander um Patsys und Darrens Aufmerksamkeit, in der Hoffnung, sich den *Status des Lieblingselternteils* zu erwerben.

Sowohl Herr als auch Frau Maxella beanspruchten mehr gemeinsame Zeit mit Tochter und Sohn. Die gegenwärtige Regelung bestand darin, daß der Vater die Kinder zwei- oder dreimal in der Woche zum Abendessen ausführte und daß sie das Wochenende von Samstagmorgen bis Sonntagabend bei ihm verbrachten. Trotz des Bemühens von Seiten der Eltern, den Kindern gegenüber fair zu sein, kamen Patsy und Darren doch häufig in die Situation, »Bericht erstatten« zu müssen.

Darrens und Patsys Anamnese zeigte, daß sie alle körperlichen und kognitiven Entwicklungsschritte ihrem Alter gemäß durchlaufen hatten. Beide Kinder waren intelligent und im »Förderprogramm« ihrer Schule, beide hatten eine Vielzahl von Interessen, auch kreativer Art.

Im letzten Jahr hatte die Familie zwei traumatische Verluste erfahren: den Tod des Großvaters mütterlicherseits und den Fortgang der Haushälterin, die im Leben der Kinder eine wichtige Figur gewesen war.

Frau Maxella berichtete, daß Darren und Patsy Zeugen von gewalttätigen Auseinandersetzungen zwischen ihr und ihrem Mann geworden seien. Größtenteils erfolgten die Angriffe zwar verbal, aber die Kinder hatten auch erlebt, daß ihre Mutter Geschirr zerbrochen, Türen zugeschlagen und verschiedentlich die Kleider ihres Mannes aus dem Haus geworfen hatte. Herr Maxella hatte mit der Faust Türen eingeschlagen und ein Motorteil aus dem Wagen seiner Frau entfernt, um diesen so außer Funktion zu setzen.

Auch jetzt bekamen die Kinder den elterlichen Streit noch am Telefon mit. Es geschah häufig, daß Vater oder Mutter den Hörer auflegten, bevor das Gespräch beendet war.

Der »einzige Bereich«, in dem sich Herr und Frau Maxella mäßigten, betraf ihre Kinder. Beide hatten den ehrlichen Wunsch, das zu tun, was für Sohn und Tochter »am besten« war.

Als Frau Maxella ihren Bericht abgeschlossen hatte, erkundigte sich die Therapeutin, ob der Vater trotz der Trennung zu einer familientherapeutischen Sitzung kommen könne, da diese Teil der Evaluation sei. Da beiden Elternteilen an einer Lösung gelegen war und sie ihre Kinder liebten, erklärten sie sich mit einer kunsttherapeutischen Familiensitzung einverstanden.

Zweite Sitzung/Familiensitzung: Alle Familienmitglieder

Teamzeichnung ohne Sprechen

Die Therapeutin erklärte der Familie Vorgehen und Absicht der Kunsttherapie und forderte sie dann auf, *sich in zwei Teams zu teilen.* Darren reagierte sofort und wählte seinen Vater als Partner, so daß Patsy und ihre Mutter zu ihrer Zufriedenheit als zweites Team übrig blieben.

Die Therapeutin erklärte die Regeln der nonverbalen Paarzeichnung: *1) Beide Partner teilen sich ein Blatt Papier; 2) jeder wählt eine einzige Farbe, die er während des gesamten Projekts verwendet; 3) es findet keine Kommunikation statt, weder verbal noch nonverbal.*

Abb. 13: Das männliche Team ist kooperativ

Abb. 14: Eine realistischere Darstellungsweise im weiblichen Team

Im männlichen Team arbeiteten Darren und sein Vater kooperativ zusammen. Sie wechselten sich ab und malten gemeinsam einen *Rennwagen auf einer Rennbahn* (Abbildung 13). In der weiblichen Gruppe drängte die Mutter mit Blicken ihre Tochter, die Führung zu übernehmen. Patsy begann mit einem *Gespenst,* aus dem ihre Mutter eine *wirkliche Person* machte. In der nächsten Runde zeichnete das Kind einen *Kreis,* dem die Mutter dann Gesichtszüge gab (Abbildung 14).

Später, als beide Zweiergruppen aufgefordert wurden, *ihrem Werk einen Titel zu geben,* machten Vater und Sohn je einen Vorschlag. Das Ergebnis war eine Kombination beider Vorschläge: »Das Tempo des Siegers«. Im Gegensatz dazu hatten Mutter und Tochter Schwierigkeiten mit ihrer Entscheidung, denn trotz weiterer Vorschläge bestand die Mutter auf dem Titel »Die Mädchen«, während Patsy sich »Das Gespenst« wünschte. Die Mutter entschied schließlich, daß jede sich einen eigenen Titel aussuchen sollte. Patsy war froh, zu ihrem ursprünglichen Titel »Das Gespenst« zurückkehren zu können, während die Mutter, in einem offensichtlichen Versuch, freundlich zu sein oder eine Verbindung zu ihrer Tochter herzustellen, »Und die Mädchen« hinzufügte.

Zur Dynamik

Darren, der sofort seinen Vater zum Partner wählte, entschied mit seiner Stärke über die Bündnisse in der Familie. Ohne weitere Diskussion bildete die Familie zwei Gruppen – eine mit den männlichen, eine mit den weiblichen Familienmitgliedern.

Abb. 15: Der starke Sohn

Vater und Sohn arbeiteten kooperativ und wechselten sich ab; beide verwirklichten im Rahmen eines gemeinsamen Themas ihre eigenen Vorstellungen. Die Aufgabe machte ihnen Spaß, und sie waren zufrieden mit dem Ergebnis. Auf ähnliche Weise entstand der Bildtitel: Beider Vorschläge gingen in ihn ein.

Die weiblichen Familienmitglieder dagegen gingen anders vor: Die Mutter gab der Tochter das Zeichen anzufangen, und das Kind malte daraufhin eine Phantasiefigur, die die Mutter in eine realistischere Darstellung umänderte. Nach Patsys zweitem Versuch drang die Mutter erneut in den Bildraum ihres Kindes ein und machte ein konkretes Gesicht aus ihrer Form. Die Interaktion während der Titelwahl ließ erkennen, daß Mutter wie Tochter jeweils unzufrieden mit den Ideen der Partnerin waren.

Patsy war zur Autonomie entschlossen, während ihre Mutter darauf bestand, Änderungen einzubringen und mit der Tochter als Paar zu funktionieren. Aus dieser Sackgasse fanden sie erst heraus, als die Mutter die Autorität für sich beanspruchte und Individualität für erlaubt erklärte. Nach dieser Entscheidung ergriff Patsy die Gelegenheit, sich selbst zu behaupten und die Änderungen ihrer Mutter »auszulöschen«, indem sie dem Bild den Titel »Gespenst« gab. Frau Maxella, die die Botschaft offenbar verstand, war nach wie vor zu einer Verbindung mit ihrer Tochter entschlossen; sie behielt das letzte Wort, als sie hinzufügte: »Und die Mädchen«.

Um die Interaktion der Kinder mit beiden Elternteilen beobachten zu können, *teilte die Therapeutin die Gruppen neu ein* in ein Team mit Mutter und Sohn sowie eines mit Tochter und Vater. Wieder sollten beide Paare eine gemeinsame Zeichnung anfertigen, ohne dabei miteinander zu sprechen.

Zeichnung ohne Sprechen: Mutter und Sohn

Beide begannen gleichzeitig, jeder auf seiner Seite des Blattes. Darrens Bild zeigte einen Jungen mit schwellendem Bizeps, die Mutter hatte ein abstraktes Muster gemalt. Als sie das Hemd von Darrens Jungen mit ausmalen wollte, schob Darren ihre Hand fort und begann aggressiv an ihrem Muster herumzuzeichnen. Einmal versuchte sie seinen Stift wegzudrängen, als Darren jedoch weiter an ihrem Bild herummalte, hörte sie frustriert und verärgert ganz auf zu zeichnen. Schmunzelnd zeichnete Darren weiter auf der Blattseite seiner Mutter. Als es um den Titel ging, zog sich die Mutter, zu erregt, um sich an der Formulierung zu beteiligen, völlig zurück. Darren, der aussah, als hätte er einen Sieg errungen, nannte das Bild im Gefühl seiner Omnipotenz »Der stärkste Junge der Welt« (Abbildung 15).

Zeichnung ohne Sprechen: Vater und Tochter

Der Vater sah seine Tochter an und ließ sie den Anfang machen. Patsy zeichnete ein Haus; der Vater fügte Schornstein, Tür, Weg und Baum hinzu. Patsy versah die oberen Fenster mit Vorhängen und verzierte das Haus dann gücklich und zufrieden mit weiteren Einzelheiten. Vater und Tochter waren mit dem Ergebnis zufrieden und einigten sich auf den Titel »Ein Familienhaus« (Abbildung 16).

Zur Dynamik

Im *Team Mutter/Sohn* zeigte sich der Machtkampf von Anfang an deutlich. Darrens Bild von einem körperlich kräftigen Jungen war eine Metapher für seine psychische Stärke. Nonverbal ließ er seinen Ärger und seine Entschlossenheit erkennen, sich durchzusetzen (indem er in das Muster der Mutter zeichnete). Als die Versuche der Mutter, ihre Autorität auszuüben, vereitelt wurden, zog sie sich ganz zurück und ließ ihren Sohn in dem Glauben, sie sei die Schwächere von beiden.

Das *Team Vater/Tochter* begann mit der Aufforderung an Patsy, die Initiative zu ergreifen. Die Partner arbeiteten harmonisch zusammen und genossen ihre Aufgabe offensichtlich. Das Bild des Hauses ließ auf den Wunsch der beiden schließen, die Familie wieder vereint zu sehen.

Beide Kinder reagierten freundlich und voller Freude auf ihren Vater, während sie im Umgang mit der Mutter einige Schwierigkeiten hatten. Patsy und Darren schienen die Mutter als Störenfried zu erleben. In Patsys Fall setzte Frau Maxella ihre Autorität ein, um Änderungen durchzusetzen, die ihr die Tochter übelnahm, während Darren mit offener Feindseligkeit auf sie reagierte.

Die Kommentare der Teilnehmer

Die Therapeutin eröffnete ein Gespräch über die Beobachtungen der einzelnen Familienmitglieder. Darren meldete sich als erster zu Wort: »Mein Dad und ich sind ein gutes Team. Wir haben ein tolles Bild gemacht.« Die Therapeutin fragte ihn nach seinen Beobachtungen zu dem Bild, das er mit seiner Mutter zusammen gemalt

Abb. 16: Eine gemeinsame Zeichnung von Vater und Tochter

hatte. Ohne Zögern antwortete er: »Sehen Sie die Muskeln? Ich bin stärker als sie; sie hat aufgegeben!« Die Aufmerksamkeit richtete sich auf Frau Maxella, die zugab: »Ich wollte nicht, daß er in meine Seite eindrang, also zog ich mich zurück.« Die Autorin fragte Darren daraufhin: »Warum wollte deine Mutter deiner Meinung nach Farbe in dein Bild bringen?« Er antwortete schnell: »Ich wußte, daß sie es kaputtmachen würde.« Ohne Ärger in der Stimme sagte Frau Maxella zu ihrem Sohn: »Vielleicht hätte ich dein Bild aber auch verbessert.« Darren hörte aus dieser Bemerkung eine Herabsetzung seiner Person heraus, die gar nicht beabsichtigt gewesen war. Er begann zu schmollen und stand auf, um den Raum zu verlassen. Als Reaktion darauf legte ihm sein Vater die Hand auf die Schulter und sagte zur Therapeutin: »Es tut mir leid, daß meine Frau es so schwer mit Darren hatte. Ich glaube, mit mir kann er so nicht umspringen. Mir hat es Spaß gemacht, mit den Kindern zu zeichnen. Sie sind beide sehr begabt.«

Patsy hatte aufmerksam zugehört und stimmte ihrem Vater jetzt zu: »Das Malen war lustig. Ich wollte, unsere ganze Familie könnte ein Bild zusammen malen!« Sie sah die Autorin flehend an. »Können wir ein Bild zusammen malen, bitte, bitte, können wir?« Die Klinikerin stellte den Sinn und Wert einer Familienzeichnung, wenn Mutter und Vater sich doch scheiden lassen wollten, laut in Frage. »Vielleicht werden wir ja wieder eine ganze Familie«, äußerte Patsy hoffnungsvoll. Diese Bemerkung versetzte Frau Maxella in Erregung. »Nein, Patsy«, erklärte sie ihrer Tochter fest, »Daddy und ich *werden nicht mehr zusammenkommen.* Aber Frau Landgarten wird uns allen während der Scheidung helfen.« Sich der Wirklichkeit zu stellen, war schwierig für Patsy. Sie barg den Kopf im Schoß des Vaters, um den Blickkontakt zu meiden und die schmerzliche Situation leugnen zu können. Auch

Herr Maxella sah seine Frau nicht an und ließ damit ebenfalls erkennen, daß er die Trennung am liebsten vergessen hätte. Aber Frau Maxella war, wenn sie darüber auch traurig war, entschlossen, die Auflösung der Ehe zu thematisieren.

Da die Maxellas keine Familieneinheit mehr waren und es auch nicht das Ziel der Therapie war, diese wiederherzustellen, schien die übliche Vorgehensweise (wobei die Familie zwei Wandbilder, eines mit Sprechverbot, eines mit Sprecherlaubnis, malt) unangemessen.

Der nächste Termin wurde fünf Wochen später angesetzt, da die Kinder für einen Monat in ein Ferienlager fuhren.

Die familiäre Situation – ein telefonischer Bericht der Mutter

Herr und Frau Maxella waren wütend aufeinander, da sie beide glaubten, der jeweils andere Partner wolle sie um den fairen Anteil am Besitz bringen. Lautstarke Beschimpfungen gehörten mittlerweile zum Alltag. Als die Kinder aus dem Ferienlager zurückkamen, bekamen sie diese Streitereien mit und wurden häufig Zeugen der schädlichen Auswirkungen, die diese auf ihre Eltern hatten.

Abb. 17: Der Wunsch nach einer vereinten Familie

Abb. 18: Die Scheidung ist akzeptiert worden

Dritte Sitzung/Familiensitzung: Alle Familienmitglieder

Um den Therapiezweck zu klären, sollten die einzelnen Familienmitglieder jeweils *anhand von drei kreativen Arbeiten darstellen:* 1) was ihr euch von der Therapie *wünscht;* 2) was ihr hier in den kunsttherapeutischen Sitzungen *für möglich haltet;* 3) an welches Ergebnis ihr *glaubt.* Es standen verschiedene Medien zur Auswahl: Collagenmaterial, Filzstifte und Knetmasse.

Darren kannte seine Antworten offensichtlich schon alle, denn er zeichnete schnell *Mutter und Vater, die wieder zusammen waren.* Er stellte sie lächelnd dar, und sie hielten sich an der Hand. Auch in Patsys Bild waren ihre *Eltern als glückliches Paar* dargestellt, zusätzlich enthielt es ihren *Bruder* und *sie selbst.* Beide Kinder sahen ihr Bild als eine Antwort auf beide Fragen: was sie sich von der Therapie wünschten und was sie für möglich hielten. Die Antwort auf die Frage, an welches *Ergebnis* sie glaubten, fiel jedoch unterschiedlich aus. Patsy zeichnete erneut die ganze Familie zusammen, und dieses Mal tauchte auch die *Katze* Mopsy auf, die ein paar Monate zuvor verschwunden war (Abbildung 17). Darren dagegen zeichnete seine *Mutter im Eingang ihres Zuhauses,* seinen *Vater allein* auf der anderen Seite des Blattes; beide waren durch eine Linie in der Mitte getrennt (Abbildung 18).

Die Aussagen der Kinder waren klar und deutlich. Herr Maxella wurde traurig und schwieg, während er die Bilder betrachtete. Seine Frau jedoch reagierte unverändert. Sie wandte sich an Patsy: »Nein, du mußt endlich verstehen! Daddy und ich *lassen uns scheiden; wir werden nie wieder zusammenleben.«* Obgleich Frau Maxellas Stimme freundlich war, reagierte das Kind, als hätte seine Mutter es geschlagen; Patsy lief durch den Raum und versteckte sich hinter ihrem Vater. Herr Maxella versuchte, seine Tochter zu trösten, und sagte dann: »Mutter hat recht, Liebes. Sie ist nicht böse, sie möchte nur, daß ihr das glaubt, was wirklich passiert.« Darrens negative Antwort auf die Reaktion seiner Schwester war: »Ja, sie tut immer so, als wäre alles nicht wahr.« Der Vater, ungehalten über Darrens Angriff, verteidigte seine Tochter: »Nein, das stimmt nicht. Hack' jetzt nicht auf deiner Schwester herum.«

Um wieder zum Thema »Trennung« zurückzukommen, wollte die Autorin von Patsy wissen, warum sie die Katze gemalt hatte, obwohl diese doch »weggelaufen« war. Patsy erklärte, daß das Bild für ihren Wunsch stünde, daß die Katze wieder zu Hause wäre, »damit wir wieder alle zusammen sind«. Der Therapeutin war klar, daß die Zeit nicht mehr ausreichte, um das Thema »Mopsy« zu behandeln, und sie erklärte der Familie daher, sie würden in einer anderen Sitzung darüber sprechen. Der symbolische Wert der Katze als »Verlustobjekt« war bei dieser Familie, bei der es um Scheidung und die Arbeit an der Trennung ging, von besonderer Wichtigkeit.

Die Aufmerksamkeit konzentrierte sich wieder auf die künstlerischen Arbeiten. Als nächstes waren die Arbeiten des Vaters an der Reihe. Er hatte aus Knetmasse drei *Friedenszeichen* geformt. Herr Maxella sagte dazu, was er sich wünsche, was er für möglich und für realistisch halte, sei eine »friedliche Lösung für alle Beteiligten«. Er fügte hinzu, daß er sich darüber bewußt sei, welche Last durch die Scheidung auf der gesamten Familie liege.

Frau Maxella, berührt von der Erklärung ihres Mannes, begann ohne Aufforderung, ihre Fotocollage zu erklären. Darin enthalten war ein *Chirurg,* der für ihren *Wunsch* stand, die Therapeutin möge »der Familie durch das Trauma der Scheidung helfen. Ich möchte nicht, daß den Kindern Narben zurückbleiben« (Abbildung 19).

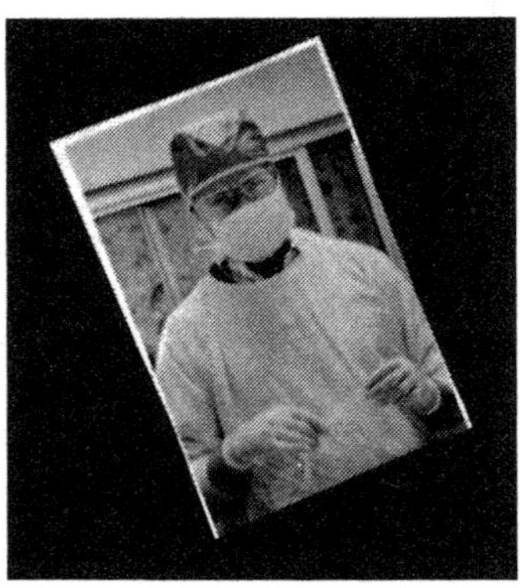

Abb. 19: Hilfe beim Scheidungstrauma

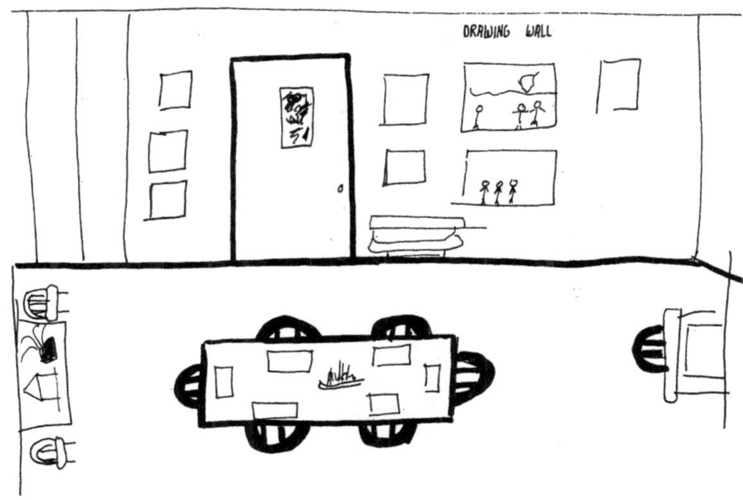

Abb. 20: Die Therapeutin wird vermitteln

Frau Maxella meinte, sie *hielte es für möglich,* daß die Familie die schwierigen Zeiten überstehen und in Zukunft mehr persönliche Erfüllung finden würde. Um zu erklären, wie sie sich das *Ergebnis* der Therapie vorstellte, zeichnete sie ein Bild des *Therapieraums:* Sie war davon überzeugt, daß die Therapeutin vermitteln und einige durchführbare Arrangements empfehlen konnte (Abbildung 20).

Gegen Ende der Sitzung erklärte die Autorin, daß sie eine weiterführende Therapie für wichtig halte und formulierte die folgenden Ziele:

1. Der Familie dabei zu helfen, die Trennung unter weniger heftigen Wutgefühlen und weniger schmerzlich durchzuführen;
2. den Kindern zu helfen, den Grund der Scheidung zu verstehen;
3. die Kinder aus den elterlichen Streitereien und Meinungsverschiedenheiten herauszuhalten;
4. Empfehlungen für einen genau definierten, gemeinsam ausgeübten Sorgerechtsplan auszuarbeiten, der dann beiden Anwälten unterbreitet werden konnte;
5. den Kindern zu helfen, den Übergang von einem zu zwei getrennten Familiensystemen zu bewältigen.

Nach diesen Ausführungen sah Darren die Therapeutin angewidert an, Patsy wirkte besonders traurig, und Herr und Frau Maxella sahen dankbar aus.

Abb. 21: Eine nörgelnde Mutter

Vierte Sitzung/Familiensitzung: Alle Familienmitglieder

Die Familie kam in den Behandlungsraum und setzte sich um den Tisch, Frau Maxella an ein Ende, Herr Maxella und die Kinder ihr gegenüber. Um die Dynamik hinter dem Bündnis Vater/Darren/Patsy zu verstehen, verteilte die Therapeutin Tonpapier und gab dazu die Anweisung, *etwas zu machen, das zeigt, was in der Familie vor sich geht.*

Darren war der erste, der es wagte, an die Aufgabe zu gehen, und er zeichnete mit kräftigem Strich eine Ganzkörper-Darstellung seiner *Mutter* (mit Brust und ausladenden Hüften). Die Betonung lag auf dem großen Mund der Mutter, mit dem er ausdrücken wollte, daß die Mutter dauernd nörgelte: »Sie sagt immer: ›Tu dies, tu das.‹« (Abbildung 21) Obwohl er seinen Vater nicht dargestellt hatte, fügte er hinzu: »Dad tut das nie.« Darrens verbal ausgedrückte Botschaft war für diese Sitzung von elementarer Bedeutung; die Art jedoch, wie er seine Mutter zeichnete, und die Wahl seiner Sprache zeigten seinen ödipalen Konflikt.

Patsy wirkte zurückhaltend, als sie ihren *Hamburger* aus Knetmasse präsentierte; er sollte für »McDonald's« stehen, »wo wir am Sonntag mit Daddy zum Essen waren. Aber Mom war sauer, als wir zu spät heimkamen.« (Abbildung 22)

Die *Mutter* zeigte ihr Werk bereitwillig her. Sie hatte *mehrere Dreiecke* ausgeschnitten, die ihre Kinder symbolisierten. Die *Pfeile,* die aus den Dreiecken herauskamen, waren auf ein Oval gerichtet, das für sie selbst stand. Sie erklärte, ihre Gestaltung repräsentiere die *Montage,* denn an diesem Wochentag kamen die Kinder vom Wochenende mit dem Vater nach Hause zurück (Abbildung 23). Frau Maxella brachte ihren Ärger darüber zum Ausdruck, daß der Vater am Samstag und am Sonntag den »Supervater« spiele, während ihr die alltäglichen Erziehungsaufgaben blieben.

Der *Vater* hatte einen *Punchingball* ausgeschnitten und sagte dazu: »Für Shelly, die sich so unnötig ärgert.« Er fuhr fort zu erklären: »Wir kamen gestern spät aus dem Kino, und es war unmöglich, die Kinder bis sieben Uhr nach Hause zu bringen. Was ist so schlimm daran?«

Die Bilder boten der Familie eine gute Gelegenheit, das Problem des Wochenend-Arrangements von Vater und Kindern anzugehen.

Gemeinsames Sorgerecht ist in Kalifornien häufige Praxis, und die Autorin hat festgestellt, daß eine gleichwertigere Aufgabenverteilung bei der Kindererziehung zwischen den Eltern grundsätzlich von Vorteil ist. Bevor jedoch ein entsprechender Plan aufgestellt wird, müssen die Eltern ausreichend Zeit haben, über eine solche Alternative nachzudenken. Deshalb regte die Therapeutin mit Hilfe einer kreativen Arbeit den Gedanken an ein gemeinsames Sorgerecht zunächst erst einmal an: Die Familie sollte *auf mehreren Blättern verschiedene Vorschläge machen, wie es möglich werden könne, daß die Mutter die Kinder nicht so oft schelten oder zu ihren täglichen Pflichten anhalten müsse.*

Die *Mutter* war als Reaktion darauf nach wie vor mit den Handlungen ihres Mannes beschäftigt. Sie wies auf die Zeichnung eines Buches und meinte dazu, statt sich am Wochenende nur mit den Kindern zu amüsieren, könne er ihnen auch bei den Hausaufgaben helfen. Zusätzlich hatte sie ihn *beim Reparieren von Darrens*

Abb. 22: Ein großzügiger Vater

Abb. 23: Ärger an den Montagen

Fahrrad gezeichnet. Frau Maxella äußerte den Vorschlag, ihr Mann Tom könne an den Wochenenden ins Haus kommen, sie würde in der Zeit woanders hingehen. Herr Maxella, der genau zuhörte, schien sich diesen Gedanken durch den Kopf gehen zu lassen.

Die Arbeit des *Vaters* bestand aus einer *Anzahl von Vierecken, die sich allmählich zu einem Kreis veränderten.* Darin äußerte sich sein Wunsch, seine Frau möge *ihre Haltung ändern.* Er spielte auf ihre Eifersucht an, daß die Kinder und er sich so gut verstanden.

Darren, der mit dem symbolischen Inhalt im Bild seines Vaters übereinstimmte, präsentierte stolz seine *beiden nebeneinanderstehenden Häuser.* Sie sollten bedeuten: »Mom und Dad leben Tür an Tür, so daß Patsy und ich in beiden Häusern ein- und ausgehen können.«

Patsys Skizzen waren denen ihres Bruders ähnlich. Offenbar erfreut über die Alternativvorschläge der anderen, legte sie ihr eigenes Bild vor: *»Unser Haus,* in dem alle zusammen leben.«

Die Mutter reagierte auf Patsys fixe Idee nicht wie in den Sitzungen zuvor, da sie immer noch mit ihrer Idee beschäftigt war, daß ihr Mann an den Wochenenden zu ihnen kommen und damit den Kindern ein Trauma nehmen könnte.

Die Therapiezeit war abgelaufen, und weitere Diskussionen waren nicht mehr möglich. Die Therapeutin ersuchte Herrn und Frau Maxella für die folgende Woche um eine Paarsitzung.

Als die Familie die Praxis verließ, eilte die Mutter wieder einmal als erste hinaus, der Vater folgte ihr dicht auf den Fersen; das Schlußlicht bildeten die streitenden Kinder.

Fünfte Sitzung/Paarsitzung: Herr und Frau Maxella

Zu Beginn sah die Therapeutin mit Herrn und Frau Maxella die in der vorherigen Sitzung entstandenen Arbeiten durch. Bei der Betrachtung von Patsys Bild von einem gemeinsamen Haushalt fragte die Therapeutin die Eheleute, ob ein erneutes Zusammenkommen eine realistische Möglichkeit sei. Die Mutter antwortete mit einem nachdrücklichen »Nein«, während die ausbleibende Antwort des Vaters vermuten ließ, daß er immer noch etwas für seine Frau empfand und einer eventuellen Versöhnung offen gegenüberstehen würde. Trotzdem erklärten beide, daß das Scheidungsverfahren in Gang gesetzt sei, nur hätten finanzielle Angelegenheiten die Durchführung verzögert; die Anwälte seien mit der Ausarbeitung entsprechender Regelungen befaßt. Da die Auflösung der Ehe also unwiderruflich schien, kam die Klinikerin wieder auf das Bild von Frau Maxella aus der letzten Sitzung zurück, in dem sie den Vorschlag gemacht hatte, daß Herr Maxella an den Wochenenden »nach Hause« kam. Die Therapeutin stellte die Zweckmäßigkeit eines solchen Arrangements in Frage, da es für Patsy damit nur noch schwieriger werden würde, die dauerhafte Trennung der Eltern als Realität zu begreifen, zumal sie ohnehin zum Leugnen tendierte. Beide Eltern in einem Haus zu haben, konnte ihre Phantasien von einer wiedervereinten Familie nur noch mehr nähren. Die Botschaft zweier getrennter Elternteile, die in zwei getrennten Häusern lebten und zwei getrennte Leben führten, würde den Sachverhalt nicht verschleiern.

Das Paar gab zu, daß Shelly Maxellas Idee zwar gewisse praktische Vorteile hatte, beide erkannten jedoch die psychischen Nachteile einer solchen Doppelbotschaft:

Daddy ist zwar hier, aber doch nicht hier. Diese Schwierigkeiten träfen unter Umständen, so die Autorin, nicht nur die Kinder, sondern auch sie selbst. Ein auf Teilzeit basierendes Leben im Haus würde es der ganzen Familie erschweren, sich an ihren neuen Lebensstil anzupassen. Die Trauer über den Verlust des alten und die Gewöhnung an ein neues, noch nicht vertrautes Leben würden zwar schwer werden, jedoch war beides notwendig, um sich in den neuen Verhältnissen zurechtzufinden.

Es war jetzt wesentlich, daß Herr Maxella seinen eigenen Haushalt einrichtete, damit er eine neue Identität finden konnte und es den Kindern leichter gemacht wurde, zu begreifen, daß sie zwei Heime hatten – eines bei der Mutter, das andere beim Vater. Tom gab zu, daß er, wenn er nicht gerade wütend auf seine Frau war, häufig »Sehnsucht« danach hatte, »wieder nach Hause zurückzukommen«. Aber er wollte versuchen, seine eigenen Abhängigkeitsbedürfnisse aufzugeben, und sah ein, daß aus psychologischen Gründen zwei Haushalte einem vorzuziehen waren. Es war ihm auch klar, daß er sich um seine eigene Individuation bemühen mußte.

Sechste Sitzung/Familiensitzung: Alle Familienmitglieder

Als die ganze Familie wieder in die Praxis kam, wurden ihr die künstlerischen Arbeiten aus der vorherigen gemeinsamen Therapiestunde vorgelegt. Die Werke wurden in einer bestimmten Anordnung plaziert, die zum Thema des gemeinsamen Sorgerechtes führen sollte (siehe Anhang an dieses Kapitel).

Den Anfang machte Patsys Bild von *einem Heim* für alle. Die Familie wurde ermuntert, über Patsys Wunsch zu sprechen. Mutter und Vater erklärten ihrer Tochter behutsam, aber bestimmt, daß ein gemeinsamer Haushalt völlig ausgeschlossen sei. Sie sprachen davon, daß die Scheidungspapiere schon sehr bald eintreffen würden.

Die Zeichnung des Vaters mit seinen *Quadraten und dem Kreis*, mit dem er Frau Maxella auffordern wollte, ihr »Verhalten« zu ändern, wurde im Anschluß besprochen. Seit der Entstehung des Bildes war einige Zeit verstrichen, und seine damalige Bedeutung galt heute nicht mehr in dem Maße. Herr Maxella hatte darüber nachgedacht und war zu dem Schluß gekommen, daß er »Shelly gegenüber unfair« gewesen war. Da die einzelnen Familienmitglieder weniger angespannt und verärgert waren als beim letzten Treffen, bestritten die Kinder die Feststellung ihres Vaters nicht.

Das dritte Bild, das noch einmal näher untersucht werden sollte, war das der Mutter vom *Vater im Garten*. Damit hatte sie symbolisch ihren Plan darstellen wollen, daß Vater und Mutter sich, wenn auch getrennt, ein Haus teilen sollten, um Sohn und Tochter nahe zu sein.

Die Kinder nahmen den Vorschlag der Mutter positiv auf. Darren deutete auf das Bild und sagte, es sei dann fast so wie früher, als ob »Dad richtig dort wohnen« würde. Auch Patsy stimmte ein und zeigte sich begeistert darüber, daß »Daddy wieder zu Hause schlafen« würde. Beider Haltungen bestärkten die Therapeutin in ihrer Annahme, welche Auswirkungen ein solches Arrangement auf die Kinder haben würde, und zeigten den Eltern, welches Wunschdenken der Kinder dahinterstand. Beide Eltern machten unzweideutig klar, daß dieser Plan als Möglichkeit in jedem Fall ausschied! Als Darren seiner Mutter vorwarf: »Aber du wolltest es letztes Mal so, und Daddy hat nicht ›Nein‹ gesagt«, erklärten sowohl Herr wie Frau Maxella, sie hätten es sich anders überlegt und stünden dem Gedanken jetzt ablehnend gegenüber.

Darren war immer noch verärgert, als die Reihe an ihn kam, und er befingerte schmollend seine Zeichnung von den beiden nebeneinander gelegenen Haushalten. Er war noch nicht bereit, den Gedanken, daß Vater und Mutter Tür an Tür wohnen würden, aufzugeben. Herr Maxella hörte den Bitten seines Sohnes mit einem wenig überzeugenden Lächeln zu, in dem sich sein eigener Schmerz spiegelte, erklärte aber erneut, daß *dies unmöglich* sei. Die Therapeutin unterstützte die Eltern: Eine solch große Nähe sei nicht durchführbar. Wünschenswert sei jedoch, daß sich Herr Maxella eine Wohnung im Schuldistrikt der Kinder suche. Es hatte sich in anderen Fällen, in denen ein gemeinsames Sorgerecht ausgesprochen worden war, gezeigt, daß es für beide Eltern von Vorteil war, wenn sie nur wenige Kilometer auseinander lebten. Wenn es Herrn und Frau Maxella gelänge, in derselben Nachbarschaft zu leben, würde das den Kindern den Übergang erleichtern. Auf diese Weise konnten Patsy und Darren ihren Freundeskreis aus der Nachbarschaft unter der Woche beibehalten, die Schulsituation wäre für keinen Elternteil zu beschwerlich, und die Kinder könnten eine gewisse Kontinuität in ihrem Leben aufrechterhalten.

Weiterhin wurden folgende Vorschläge gemacht: Die Kinder sollten vier Tage in der Woche, den Samstag eingeschlossen, bei ihrer Mutter verbringen. Das würde es der Mutter ermöglichen, einen Tag mit ihren Kindern zu verleben, an dem sie sie nicht ermahnen mußte, sich für die Schule fertigzumachen oder ihre Hausaufgaben zu erledigen. Der Vater, der samstags arbeiten mußte, bekam die Kinder an drei Tagen, von Sonntag bis Dienstag. Damit war er vom reinen Wochenend-Arrangement befreit und würde auch Verantwortung für den ganz gewöhnlichen Alltag der Kinder übernehmen.

Herr und Frau Maxella waren sich nicht ganz sicher, ob sie mit diesen Empfehlungen so einverstanden waren. Herr Maxella sah einige Schwierigkeiten, zum Beispiel bei der Regelung der Mahlzeiten, beim Babysitten und so weiter, während Frau Maxella sich noch nicht darüber im klaren war, ob sie die Kinder für drei Tage in der Woche abgeben wollte.

Die Therapeutin schlug vor, daß die Eltern die Vereinbarungen zum gemeinsamen Sorgerecht noch einmal überdenken sollten, später könnte man dann noch einmal darüber sprechen.

Siebte Sitzung/Paarsitzung: Herr und Frau Maxella

Herr und Frau Maxella kamen gleich auf das Sorgerecht für die Kinder zu sprechen. Nach reiflichem Überlegen glaubten sie nun, daß das Konzept viele Vorzüge aufwies, und baten die Therapeutin um einen detaillierten Plan. Beide hatten ihre Anwälte konsultiert, die es sinnvoll fanden, wenn eine Psychotherapeutin einen solchen Plan entwarf. Die Therapeutin galt in den Augen des Gerichtes als *Advokatin der Kinder,* deren Empfehlungen vom Richter in hohem Maße respektiert werden würden. Außerdem hatte die Anwesenheit eines Therapeuten üblicherweise eine dämpfende Wirkung auf die negativen Gefühlsäußerungen, zu denen in Scheidung lebende Eltern neigen und die in den Kindern in der Regel Schuldgefühle auslösen.

Achte Sitzung/Familiensitzung: Alle Familienmitglieder

Damit eine Familie mit dem Verlust durch Scheidung umzugehen lernt, muß sie Trauer über den Verlust ihres vergangenes Lebens in einem gemeinsamen Haushalt mit beiden Elternteilen und den Kindern zulassen. In diesem Prozeß hilft es, mit Metaphern oder analogen Situationen zu arbeiten. Deshalb bekam die Familie Schachteln mit Material für Photocollagen. Alle wurden angewiesen: *Wählt zwei oder drei Bilder von Leuten oder Tieren aus, die euch/Ihnen fehlen.*

Frau Maxella wählte das Bild einer *alten Frau,* die ihrer Mutter ähnelte. Sie dachte daran, sie in Florida zu besuchen. Ihr zweites Foto zeigte einen *Mann am Telefon.* Abweichend von den Anweisungen der Therapeutin identifizierte sie das Bild mit ihrem Anwalt, der sie am selben Morgen angerufen hatte (Abbildung 24). Frau Maxella hob hervor, daß die Scheidung in wenigen Wochen abgeschlossen sein würde.

Der *Vater,* unwillig, sich mit Trennung und Verlust auseinanderzusetzen, ignorierte die Anweisungen der Therapeutin vollständig. Seine Collage enthielt stattdessen eine Anzeige für ein Mittel gegen *Kopfschmerzen,* womit er auf einen »Krach« anspielte, den er und seine Frau gehabt hatten. Er befürchtete, daß er Schwierigkeiten haben würde, die Kinder zur festgesetzten Zeit abzuholen beziehungsweise abzuliefern. Auf einem anderen Bild war ein *Mann, der sich Sorgen machte,* zu sehen. *Dollarzeichen schwebten über seinem Kopf.* Damit spielte Herr Maxella auf die hohen Anwaltskosten an. Ein drittes Bild zeigte *zwei lächelnde Kinder,* die für seinen Sohn und seine Tochter standen, die, wie er sagte, das einzige

Abb. 24: Das Scheidungsverfahren ist bald abgeschlossen

Glück in seinem Leben seien (Abbildung 25). Die Therapeutin fragte die Kinder, mit welchen Gefühlen sie diese Aussage aufnähmen. Ohne zu zögern erklärte Patsy, sie fühle sich »gut« dabei. Darren machte eine Pause. Vielleicht fand er, daß soviel Verantwortung sehr schwer zu tragen war.

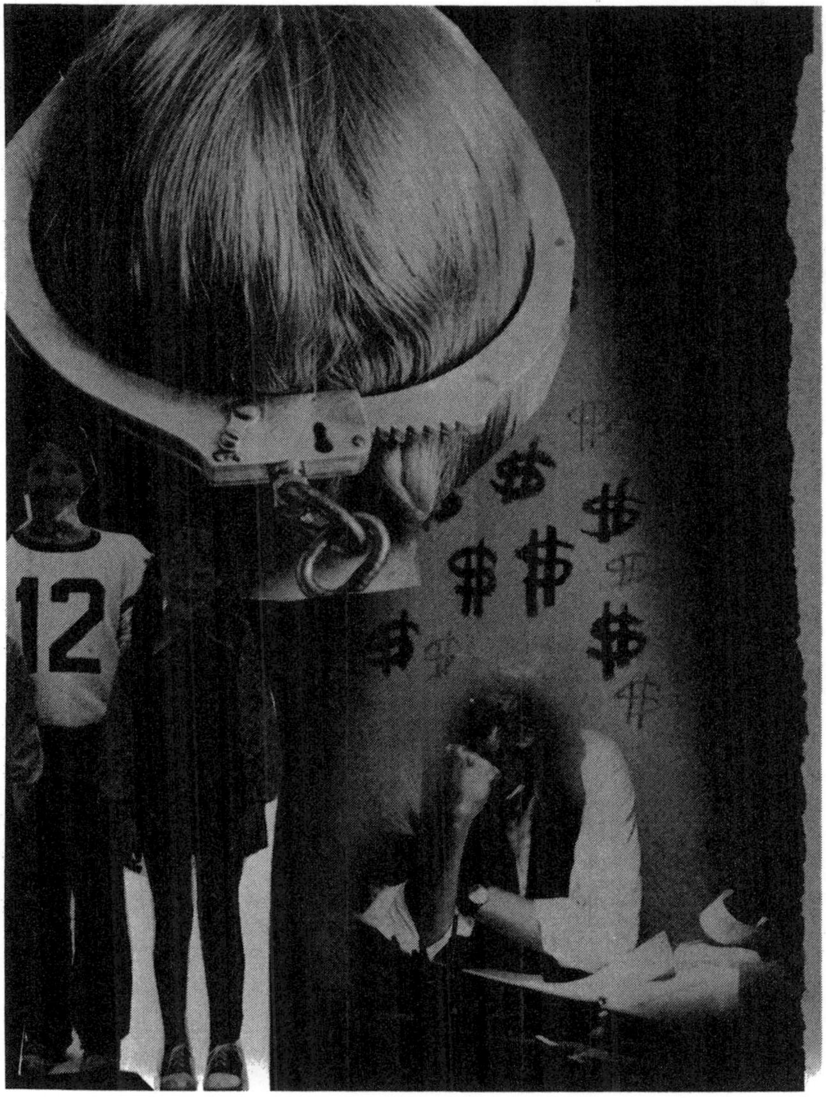

Abb. 25: Probleme und Freuden

Tom Maxella, der das Unbehagen seines Sohnes spürte, versuchte, seinen Kindern die Last zu nehmen, indem er hinzufügte: »Ganz so habe ich das nicht gemeint. Ich mag meine Arbeit, und ich habe gute Freunde, aber ihr wißt, wie gern ich mit euch zusammen bin.« Dieser Vorfall ließ Herrn Maxella erkennen, wie er in den Kindern, ohne es zu wollen, Schuldgefühle hervorrief. Er erkannte, daß er es Sohn und Tochter sehr schwer machte, wenn er ihnen das Gefühl gab, sie seien für sein Glück verantwortlich.

Darren hatte die Anweisungen der Therapeutin befolgt und zum Thema »Verlust« das Bild eines *Mannes* ausgesucht, der seinen »Baseballtrainer« repräsentierte (Abbildung 26) und der zu seinem Leidwesen an eine andere Schule versetzt worden war. Die Eltern zeigten sich überrascht. Sie hatten keine Ahnung gehabt, daß Darren emotionale Bindungen an seinen Baseballtrainer hatte.

Patsy wies, als sie jetzt an der Reihe war, auf das Bild einer *Stewardeß* und sagte dazu: »Die Dame ist hübsch.« Das zweite Bild war eine *Margarinereklame mit einer Person, die die Margarine für Butter hielt.* Obwohl das Kind das Bild unbewußt ausgesucht hatte, fragte sich die Therapeutin, ob es mit der Reklame sagen wollte, daß »die Dinge nicht so waren, wie sie schienen«, daß also Patsys Eltern zwar legal getrennt waren, aber immer noch miteinander zu tun hatten. Die Autorin betonte, daß die Familienumstände verwirrend seien und es immer schwierig sei, an die Endgültigkeit einer Scheidung zu glauben. *Patsys* letztes Bild zeigte ein *Kind mit*

Abb. 26: Dem Sohn fehlt der Baseballtrainer

Abb. 27: Die Katze wird vermißt

einer Katze. Dazu sagte sie: »Das Mädchen im Bild hat es gut, weil es eine Katze hat.« (Abbildung 27) Die Therapeutin meinte, sie erinnere sich, daß sie Patsy versprochen hatte, über den Verlust ihrer Katze Mopsy zu sprechen, und sie ermutigte die Familie zu diesem Gespräch. Es drehte sich dann im wesentlichen um Patsys Bindung an das Tier; sie hatte sich vorwiegend darum gekümmert, hatte die Katze oft angezogen und mit ihr wie mit einer Puppe gespielt. Meistens hatte Mopsy in Patsys Zimmer geschlafen. Die ganze Familie hatte die Katze gern gehabt, und sie fehlte allen sehr.

Um der Familie zu helfen, mit dem Verschwinden der Katze zurechtzukommen und mögliche Schuldgefühle zu mildern, bekam sie die Anweisung, *etwas Künstlerisches zu schaffen, das mit dem Verschwinden der Katze zusammenhängt.*

Patsy formte aus Knetmasse ein *Kätzchen* und klebte es auf das Foto eines *Mannes* als Symbol dafür, daß jemand die Katze gestohlen hatte. Sie äußerte sich hoffnungsvoll: »Mopsy wird davonlaufen und wieder nach Hause kommen.« In Darrens Version *streunte das Tier herum und verhungerte,* worauf Mutter und Vater Augenkontakt miteinander aufnahmen, was auf ein gemeinsames Geheimnis schließen ließ. Keiner von beiden hatte sich in irgendeiner Weise künstlerisch betätigt. Als die Therapeutin fragte, warum sie nicht an der Aufgabe teilgenommen hatten, flüchtete sich der Vater in Ausreden. Die Mutter, offensichtlich erregt, sagte, es sei wohl am besten, den Kindern die Wahrheit zu sagen. Mit Tränen in den Augen berichtete sie: »Mopsy wurde von einem Auto überfahren.« Als Patsy diese Nachricht hörte, brach sie zusammen und weinte, während Darren seinen Ärger auf die Mutter richtete und versuchte, ihren Stuhl wegzustoßen.

Herr Maxella schützte seine Frau vor Darrens Wut. Er klärte seinen Sohn auf: »Mutter und ich hielten es für besser, euch nicht zu erzählen, was passiert ist. Wir dachten, es sei besser, wenn wir euch ein wenig Hoffnung ließen – aber das war wohl ein Fehler.« Auch die Mutter meinte, es täte ihr leid, daß sie nicht gleich von dem Unfall erzählt hatte. Ihr sei jetzt klar geworden, daß es für alle besser gewesen wäre, die Wahrheit zu erfahren. Ermuntert zu einem ausführlichen Bericht erzählte sie:

»Bevor ich zur Arbeit fuhr, rief ich nach Mopsy. Als sie nicht kam, schaute ich draußen nach, aber ich konnte sie nicht finden. Ich rief weiter nach ihr, aber sie kam immer noch nicht. Da ich aber zur Arbeit mußte, fuhr ich los. Auf dem Weg fand ich Mopsy noch in unserem Block tot auf der Straße. Das arme Ding sah schrecklich aus! Ich fuhr nach Hause, holte einen Karton und legte Mopsy hinein. Ich kann mich noch erinnern, daß ich den schönsten Karton nahm, den ich fand, und ihn mit einem meiner guten Handtücher auslegte. Dann fuhr ich Mopsy zum Tierarzt und gab ihm Geld, damit er sie verbrannte. Es tut mir jetzt sehr leid, daß ich euch Kindern nichts davon gesagt habe. Wir hätten Mopsys Asche im Garten neben der Schildkröte begraben können.«

Frau Maxella legte die Arme liebevoll um Patsy, als sie mit ihrer Geschichte zu Ende war, während Herr Maxella Darren sanft den Rücken streichelte.

Die Therapeutin wies die Familie an, ein *Scheinbegräbnis für Mopsy* durchzuführen. *Patsy* und ihr *Vater* modellierten eine Katze aus Knetmasse. Herr Maxella suchte eine kleine Schachtel als *Sarg* aus und legte die Skulptur hinein. *Darren* zeichnete eine *Katze* auf den Deckel, und die *Mutter* formte *Blumen* aus Knetmasse, die sie oben auf den Sarg klebte (Abbildung 28). Bevor die Maxellas den Therapieraum verließen, wurde der Sarg in einen Schrank im Behandlungsraum eingeschlossen.

Obwohl Patsy offensichtlich sehr traurig war, gab sie doch auf dem Weg nach draußen einen kathartischen Seufzer von sich. Die Therapeutin reagierte mit der Deutung, sie fühle sich sicher erleichtert, weil sie jetzt eine unrealistische Hoffnung hatte aufgeben können. Darren erschien weniger erregt und gestattete sich ein Gefühl der Trauer statt des Ärgers. Auch die Eltern wirkten befreit, weil sie ehrlich gewesen waren und ihren Kindern ermöglicht hatten, um Mopsy zu trauern und ihren Verlust zu bearbeiten. Diese Erfahrung ließ auch Hoffnung für den Umgang mit dem Ende ihrer Ehe und der Familieneinheit aufkommen.

Neunte Sitzung/Familientreffen: Alle Familienmitglieder

Nach der üblichen Begrüßung und einem Gespräch über die Gefühle in Zusammenhang mit Mopsys Scheinbegräbnis wurden alle Familienmitglieder gebeten, *darzustellen, warum es zur Scheidung gekommen war.*

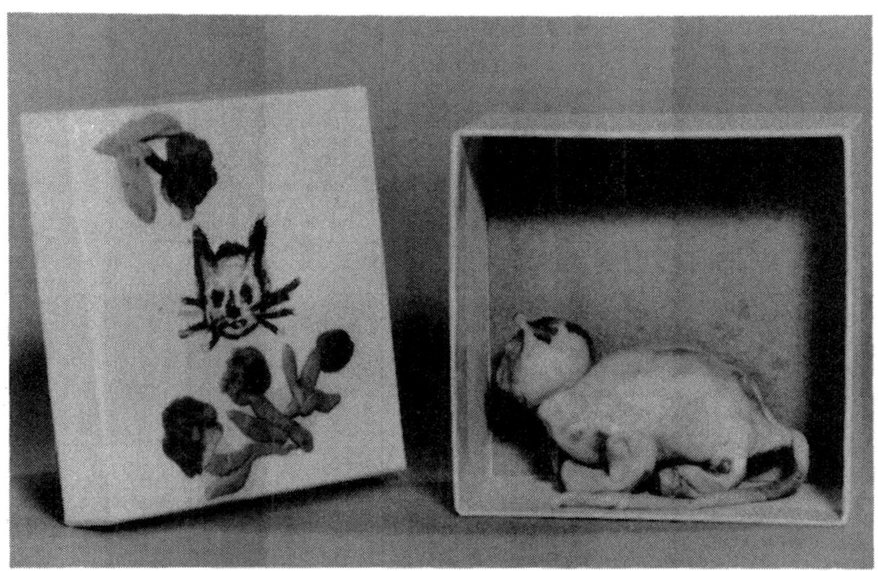

Abb. 28: Ein nachgespieltes Begräbnis

Die *Mutter* machte eine *Uhr.* Auf einen Zeiger klebte sie stellvertretend ein Bild von sich, auf den anderen eines von ihrem Mann; dazu erklärte sie, daß sie sehr jung geheiratet und in den letzten Jahren beide eigene Interessen und Vorstellungen von den Erwartungen an ihr Leben entwickelt hätten. Frau Maxella erzählte, daß sie sich derzeit mit der Verbesserung der Berufschancen für Frauen beschäftige und sich eine Karriere in der Verwaltung aufbauen wolle. Die Uhr bedeutete: »Es ist Zeit, sich weiterzubewegen, da ein Zeiger am anderen vorbeizieht.« (Abbildung 29)

Der *Vater* hatte sich für ein ähnliches Thema entschieden, nur wählte er als Metapher *zwei unterschiedliche Autos.* Er sagte, der *ausländische* Sportwagen stünde für ihn selbst, da er geschmeidig sei und allgemein schneller handle, während seine Frau mehr dem *amerikanischen* Wagen ähnele, der langsamer und funktionaler sei. Sie sei an der Frauenbewegung interessiert und mache in ihrem Beruf Karriere. Herr Maxella gab zu, daß er auf seinen eigenen Erfolg stolz sei und daß ihm seine Frau in letzter Zeit Konkurrenz mache.

Darren hatte sehr aufmerksam zugehört, als seine Eltern erklärten, was ihre Symbole für die Gründe der Scheidung bedeuteten. Als er an der Reihe war, hielt er ein Bild der *gesamten Familie* hoch, *auf dem Mutter und Vater Boxhandschuhe trugen.* Er weigerte sich zwar, über sein Bild zu sprechen, aber dessen Bedeutung war eindeutig.

Patsy hatte *ihre Eltern beim Streiten am Eßtisch in Anwesenheit beider Kinder* dargestellt. Kleine Kinder, deren Eltern sich scheiden lassen, glauben häufig, daß sie selbst die Quelle für die Streitereien der Eltern und folglich der Scheidungsgrund seien. Mit diesem Gedanken im Hintergrund bat die Therapeutin Darren und Patsy, *die Gründe für die Auseinandersetzungen der Eltern darzustellen.* Sie sollten dies in

Abb. 29: Zeit, sich weiterzubewegen

der Art einer Bildergeschichte tun (sie wies dabei auf ein Beispiel von einem anderen Patienten, das an der Wand hing). Beide Kinder machten sich sofort an die Ausführung. Es schien, als müßten sie nicht über das Thema nachdenken, sondern hätten sich schon früher damit befaßt.

Als Darren fertig war, schob er sein Bild in die Tischmitte und erklärte kriegerisch: »Ich weiß, daß meine Mom und mein Dad viel über mich streiten.« Er hatte eine Bilderserie gemalt, die sich mit einem speziellen Vorfall auseinandersetzte. Das erste Bild zeigte, wie er *von einem Pfadfindertreffen nach Hause kam* und seinen Eltern erklärte: »Ich brauche eine Feldflasche für eine Wanderung.« Auf dem nächsten Bild sagte die Mutter zum Vater: »Ich habe in den nächsten Tagen sehr viel zu tun. Kauf du die Flasche.« Der Vater antwortete: »Du hast mehr Zeit als ich!« Auf den restlichen Bildern war dargestellt, wie der *Streit zwischen den Eltern eskalierte. Auf dem letzten Bild wandten sich Vater und Mutter* »wütend« *voneinander ab.* Darren fügte hinzu: »Manchmal haben sie gestritten, weil ich gemein zu meiner Schwester war oder nicht pünktlich ins Bett gehen wollte!«

Herr und Frau Maxella hörten erschrocken, daß Darren sich die Schuld an ihren Auseinandersetzungen gab. Es wurde nun deutlich, daß ihr Sohn sich irgendwie für ihre Trennung verantwortlich fühlte. Sie fanden das unglaublich. Um Darren etwas von seiner Angst über seine Selbstenthüllung zu nehmen, griff die Autorin ein. »Nach meiner Erfahrung fühlen sich Kinder, deren Eltern sich scheiden lassen, häufig mitverantwortlich für die Trennung. Das passiert auch dann, wenn es nicht den Tatsachen entspricht.«

Die Autorin wandte sich direkt an Darren und Patsy und erklärte: »Kinder *sind nicht der Grund für eine Scheidung,* auch wenn sie ihre Eltern ärgern. Erwachsene Leute trennen sich, weil sie sich nicht mehr vertragen oder weil einer von den Eltern oder beide zu der Entscheidung kommen, daß sie nicht länger mit ihrem Ehepartner verheiratet sein möchten.«

Die Therapeutin wandte ihre Aufmerksamkeit nun wieder Patsy und deren Bild von der Familie am Eßtisch zu. Nach der Bedeutung gefragt, erklärte Patsy, daß die Mutter sie in der Szene auffordere, »den Teller leerzuessen«. Sie sei zwar satt, aber ihre Mutter dränge sie trotzdem weiter. Schließlich schrie der Vater: »Laß das Kind in Ruhe!« Patsy: »Mommy und Daddy hatten einen schlimmen Streit. Es war meine Schuld, deshalb schickte sie mich in mein Zimmer.«

Die Eltern, die den Wink der Therapeutin aufgriffen, wiederholten: »Streit über euch Kinder war nicht der Grund für unsere Scheidung.« Die Therapeutin fügte hinzu: »Obwohl die Eltern natürlich über ihre Kinder nicht immer einer Meinung sind, sind es immer Probleme *zwischen Mann und Frau,* die zu der Entscheidung führen, sich zu trennen.« Um diese Aussage zu bekräftigen, sagte Frau Maxella: »Frau Landgarten hat recht. Daddy und ich haben uns verändert seit unserer Hochzeit. Ihr habt gehört, was ich über meine Uhr gesagt habe – Daddy und ich wollen Unterschiedliches vom Leben. Das ist der Grund, warum wir uns scheiden lassen! Du und Darren habt damit überhaupt nichts zu tun.« Herr Maxella stimmte ihr zu: »Eure Mutter hat recht – ihr Kinder dürft nie denken, daß unsere Eheprobleme jemals etwas mit euch beiden zu tun hatten. Die Schwierigkeiten betreffen nur mich und eure Mutter.« Die Kinder sahen sich an. Offensichtlich war eine Last von ihnen genommen, denn beide hatten sich die Schuld an der Scheidung gegeben.

Als die Familie ging, hielt die Mutter liebevoll Patsys Hand, der Vater hatte seinem Sohn tröstend und zärtlich den Arm um die Schultern gelegt.

Zehnte Sitzung/Paarsitzung: Herr und Frau Maxella

Herr und Frau Maxella besprachen noch einmal die Empfehlungen der Therapeutin für ein gemeinsames Sorgerecht (siehe Kapitelanhang).

Nach einigen geringfügigen Änderungen und einer Diskussion über die Durchführbarkeit der einzelnen Punkte wurde der Plan gutgeheißen. Der Vater hatte bereits eine Wohnung einige Kilometer von seinem früheren Heim entfernt gemietet. Die Therapeutin schlug vor, daß die Eltern vor der nächsten Familiensitzung die Sorgerechtsvereinbarung mit Patsy und Darren durchsprechen sollten. Dann würde man sie in die endgültige Form bringen und an die Anwälte schicken.

Elfte Sitzung/Familiensitzung: Alle Familienmitglieder

Die Eltern hatten unter der Woche mit den Kindern gesprochen und ihnen die Sorgerechtsvereinbarung gezeigt. Die Kinder hatten tatsächlich einige Änderungen vorgeschlagen, die zum Besseren waren. Herr Maxella berichtete, daß er, seine Frau und ihre beiden Anwälte vereinbart hatten, die Abmachung in den nächsten fünf Jahren alljährlich von der Autorin neu evaluieren zu lassen.

Die Therapeutin wies darauf hin, daß die nächste Sitzung, abgesehen von den vereinbarten *jährlichen Familienbesuchen,* die *letzte Familiensitzung* sein würde, an der beide Eltern teilnahmen. Ab dann sollte folgender Plan gelten: 1) kunsttherapeutische Sitzungen für jeden einzelnen Elternteil und die Kinder einmal monatlich; 2) die Verfügbarkeit der Kunsttherapeutin für zusätzliche Sitzungen bei

Abb. 30: Mehr Zeit mit dem Vater

Bedarf; und 3) eine gemeinsame Rückschau jeweils nach sechs und nach zwölf Monaten, bei der alle Familienmitglieder anwesend sein sollten.

Zwölfte Sitzung/Familiensitzung: Alle Familienmitglieder

Beim letzten Familientreffen mit der »vollständigen« Familie ermutigte die Autorin die Teilnehmer, die kunsttherapeutischen Sitzungen und die Vereinbarungen zum Sorgerecht zu rekapitulieren. Der geplante Verlauf der zukünftigen Therapie und die Rolle der Therapeutin wurden für die Kinder wiederholt.

Die Therapeutin gab Darren und Patsy einen Kalender mit der Aufgabe: »Zeichnet eure Mutter zu den Tagen, an denen ihr bei ihr seid, und euren Vater zu den Tagen, die ihr bei ihm verbringt.« Die Kalender wurden fotokopiert, so daß die Kinder in beiden Heimen einen zur Verfügung hatten.

Beim Hinausgehen schienen die Kinder außergewöhnlich gut miteinander auszukommen. Zuerst gingen sie mit ihrer Mutter, fielen dann zurück und schlossen sich dem Vater an. Diese Geste schien symbolisch für die ausgehandelten Vereinbarungen für ihre Zukunft zu sein.

Abb. 31: Einsamkeitsgefühle wegen des abwesenden Elternteiles

Eine Kontrollsitzung nach drei Monaten

Dreizehnte Sitzung/Familiensitzung mit einem Elternteil: Mutter und Kinder

Um die Reaktion der einzelnen Familienmitglieder auf die Sorgerechtsvereinbarung zu evaluieren, sollten sie in dieser Kontrollsitzung *die guten und schlechten Seiten ihres gegenwärtigen Lebensarrangements darstellen.*

Darren, dessen oppositionelles Verhalten sich gebessert hatte, erledigte seine Aufgabe sehr schnell. Auf die *positive* Seite seines Lebens in zwei Haushalten *zeichnete er sich und seinen Vater zusammen* (Abbildung 30). Der Junge freute sich offenbar darüber, daß er jetzt, wie er erzählte, viel mehr Zeit mit seinem Vater verbrachte als zu der Zeit, als seine Eltern noch verheiratet gewesen waren. Vor allem die Qualität dieses Zusammenseins mit jedem einzelnen Elternteil hatte zugenommen, da er jetzt entweder die Mutter oder den Vater für sich allein hatte. Als *negativen* Aspekt sah er, daß er in der Wohnung des Vaters keine Privatsphäre hatte, da sie »klein« war.

Patsy war nicht so anpassungsfähig wie ihr Bruder. Sie begann mit den *schlechten*

Seiten und verwandte sehr viel Zeit auf die Collage eines *traurigen Gesichts*. Damit drückte sie aus, daß sie sich jeweils nach dem fehlenden Elternteil sehnte (Abbildung 31). Trotzdem brachte sie es auch, wenngleich ohne große Begeisterung, fertig, *gute Seiten* zu sehen: »Daddy hilft mir bei den Hausaufgaben« (was er früher nicht getan hatte).

Sanfte Meereswellen aus Tonpapier zeigten, daß sich Frau Maxella seit der Scheidung entspannter fühlte (Abbildung 32). Die negative Seite stellte sie durch eine ausgeschnittene *Träne* dar: Sie war traurig, wenn Patsy und Darren beim Vater waren (Abbildung 33).

Um die Kinder daran zu erinnern, daß die Trennung der Eltern auch ihr Gutes gehabt hatte, sollten sie und die Mutter *ein Bild von Mutter und Vater zusammen vor und nach der Scheidung* zeichnen.

Patsys Szene vor der Scheidung zeigte ihre *Mutter, wie sie die Schlafzimmertür zuwarf, und den Vater, der dagegen hämmerte;* als beispielhaft für die gegenwärtige Situation malte sie dagegen, wie sich die *Eltern zusammensetzten und Arrangements für das Kindersommerlager trafen.*

Darrens Bild ähnelte dem seiner Schwester. Als für die *Gegenwart* exemplarisch stellte er *seine Eltern im friedlichen Gespräch* über sich und seine Schwester dar, für die Vergangenheit war auch für ihn »Streit« das Vorherrschende.

Abb. 32: Eine entspannte Mutter

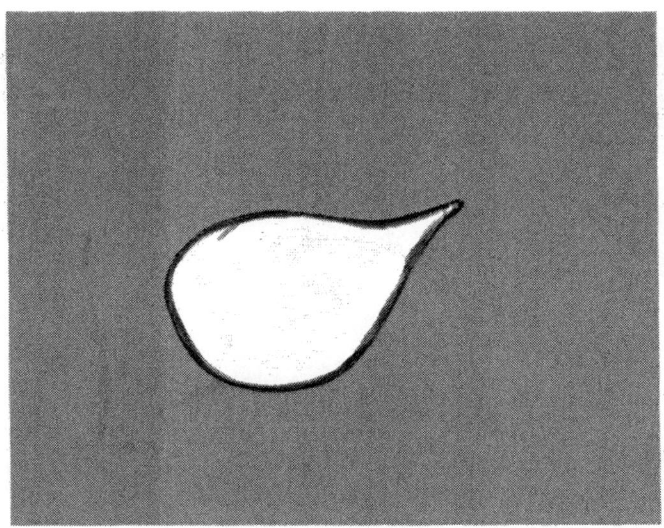

Abb. 33: Traurig ohne Kinder

Beide Kinder waren sehr gespannt darauf, wie ihre Mutter die Aufgabe erfüllt hatte. Offenbar lag ihnen an konkreten Aussagen zu ihren Erfahrungen. Frau Maxella zeigte ihre abstrakte Papierkonstruktion. Sie entstand als Metapher für die frühere und jetzige Interaktion mit ihrem geschiedenen Mann. Die *Vergangenheit* war durch *zwei Ausschneideformen mit gezackten Rändern* repräsentiert. »Daddy und ich gingen ständig aufeinander los«, sagte sie. »Wir hatten dauernd die Stacheln aufgestellt, waren wütend und taten uns gegenseitig weh.« (Abbildung 34)

Die Mutter ging schnell zur ihrem Tonpapierentwurf als Metapher für die *gegenwärtige* Situation über. Sie hatte *zwei abgerundete Formen mit wenigen kleineren Zacken.* Zwischen beiden lag einiger Abstand. Frau Maxella erklärte den Kindern dazu, sie und der Vater könnten jetzt Distanz halten und seien nicht mehr so furchtbar wütend aufeinander (Abbildung 35).

Als die Bilder alle nebeneinander lagen, räumten die Kinder ein, daß sie sich bereits an ihr neues Leben gewöhnten. Patsy erzählte von sich aus, daß ihre Alpträume aufgehört hätten.

Bevor die Familie die Praxis verließ, bat die Therapeutin um die Erlaubnis, die Bilder nächste Woche dem Vater zeigen zu dürfen. Die Kinder waren nicht nur einverstanden, sondern erklärten, sie freuten sich darauf, daß ihr Vater sich zum selben Thema kreativ äußern würde.

Als die Maxellas den Therapieraum verließen, registrierte die Autorin mit Interesse, wie liebenswürdig sich die Kinder der Mutter gegenüber verhielten. Jedes hielt eine Hand, und die Therapeutin hörte sie beim Fortgehen über ihre Bilder reden.

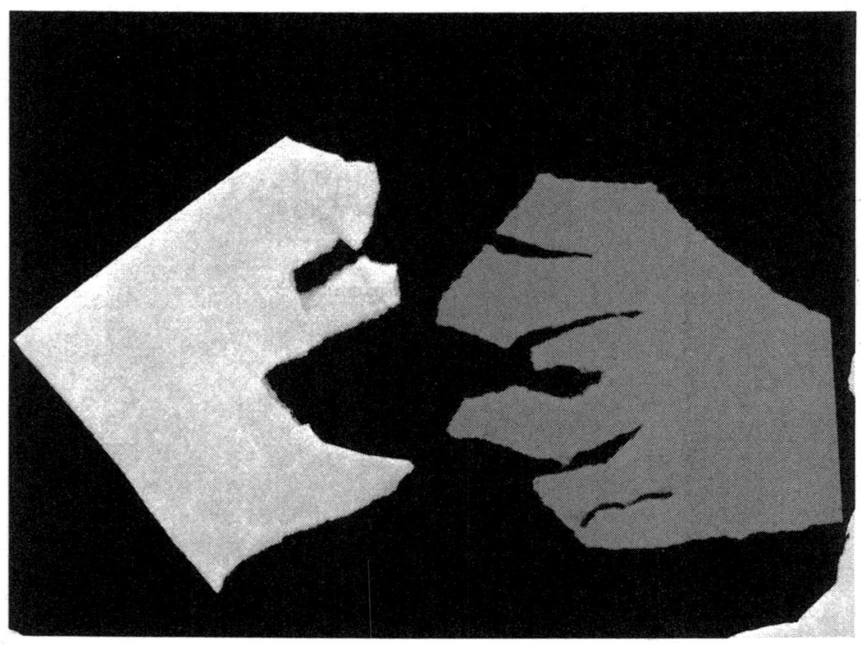

Abb. 34: Die frühere Interaktion

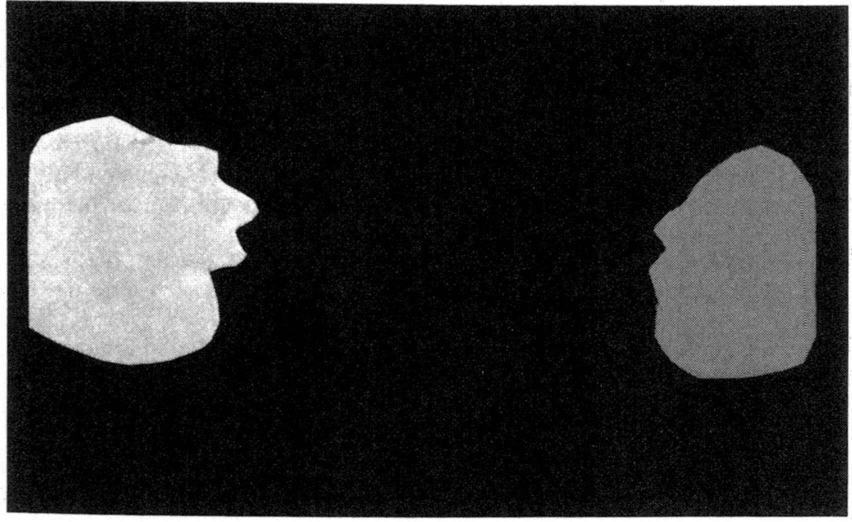

Abb. 35: Nachlassender Ärger

Vierzehnte Sitzung/Familiensitzung mit einem Elternteil: Vater und Kinder

Herr Maxella und die Kinder hatten den Therapieraum in der folgenden Woche noch kaum betreten, als Darren und Patsy ihren Vater schon zur Wand zogen, an der die Bilder aus ihrer letzten Sitzung hingen. Beide bestanden darauf, daß auch er seine Auffassung von den *guten und schlechten Seiten der momentanen Sorgerechtsregelung* darstellen sollte.

Herr Maxella lud Sohn und Tochter ein, ihm dabei zu helfen. Die Drei scherzten miteinander, alberten herum und hatten offenbar viel Spaß an ihrer gemeinsamen Tätigkeit. Der Vater setzte verschiedene Medien ein, auch Knetmasse, um damit darzustellen: sein *Wohnzimmer, den Fernseher, die Kinder und sich selbst.* Er setzte die drei Knetmassenfiguren von sich und den Kindern auf die Couch und sagte dazu: »Gut ist: Ich habe die Kinder gern bei mir« (Abbildung 36). Die schlechte Seite drückte er dadurch aus, daß er *die Figuren der Kinder aus der Szene entfernte.*

Die Botschaft war offenkundig: Er sah fern, um sich nicht einsam zu fühlen. Nach einer kurzen Diskussion darüber, wie die drei Maxellas ihre Gefühle von Traurigkeit bewältigten, bat Patsy die Therapeutin um ein großes Blatt Papier. Offensichtlich hatte die Aussage des Vaters, er fühle sich einsam, Schuldgefühle in ihr ausgelöst. Und so wollte sie, als Abwehrmechanismus, die Familie von ihren »traurigen« Gefühlen ablenken. Das erreichte sie, indem sie für eine gestalterische Aufgabe sorgte: Sie zeichnete die Konturen ihrer Hand nach und wies Vater und Bruder an, es ihr gleichzutun. Als sie fertig waren, gab Patsy die Anweisung, die »Hände

Abb. 36: Mehr Zeit zusammen

auszuschneiden«. Offensichtlich zufrieden mit sich, hatte Patsy eine plötzliche Anwandlung von Großzügigkeit, wandte sich an Darren und schlug vor, daß er »übernehmen« solle.

Darren war entzückt darüber, daß er nun die Autoritätsfigur war. Er klebte seine ausgeschnittene Hand auf ein farbiges Blatt Papier und forderte Patsy und seinen Vater auf, ihre Hände dazuzukleben. Patsy bat die Therapeutin darum, »bitte« die Bilder aufzuhängen, als Beispiel für *gelungene künstlerische Produkte von Kindern, die geschiedene Eltern haben* (Abbildung 37).

Bevor die Maxellas die Praxis verließen, sagte der Vater, er und seine frühere Frau hätten immer noch große Schwierigkeiten, miteinander zu kommunizieren. Es waren nach wie vor finanzielle Angelegenheiten, die den gegenseitigen Ärger schürten. Danach befragt, wie sich das auf die Kinder auswirke, gab der Vater zu, daß der Streit seine und vermutlich auch die Laune seiner Ex-Frau verderbe.

Die Therapeutin fragte Patsy und Darren, ob ihnen klar sei, daß die schlechte Laune der Eltern nichts mit ihnen zu tun habe. Beiden Kindern war dies bewußt; Patsy überprüfte diesen Sachverhalt gelegentlich, indem sie fragte: »Daddy, bist du auf mich böse?« Diese Art der Klarstellung erfuhr positive Verstärkung. Der Vater wurde ermuntert, Sohn und Tochter mitzuteilen, daß seine »Verdrießlichkeit« nicht von irgend etwas rühre, was die beiden getan hatten.

Beide Kinder erklärten, sie hätten sich an ihr Leben in zwei Haushalten gewöhnt. Ihre Freundschaften in der Schule und in der Nachbarschaft würden davon nicht berührt.

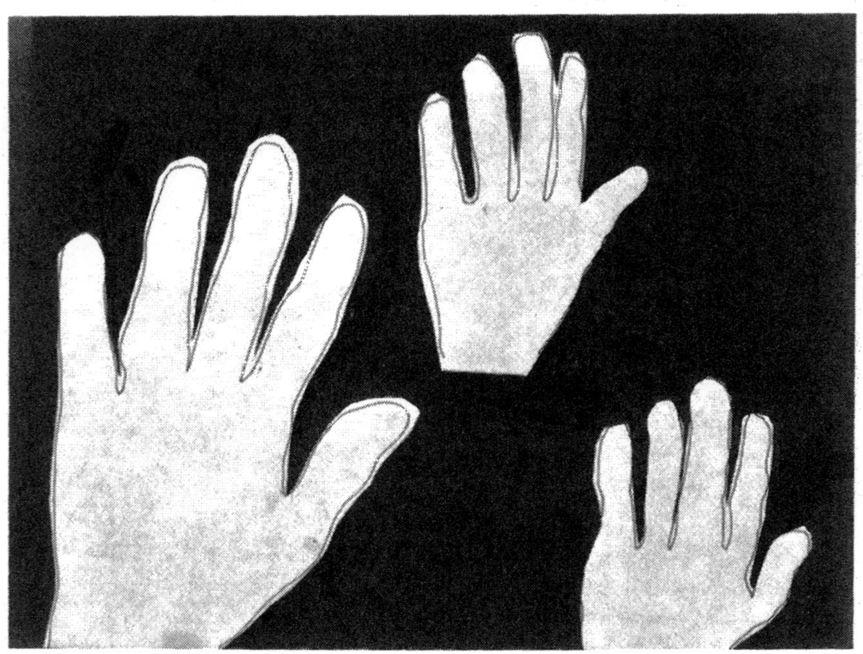

Abb. 37: »Ein schönes Bild« von Kindern geschiedener Eltern

Zusammenfassung

Ursprünglich war die sechsjährige Patsy, die häufig unter Alpträumen litt, designierte Patientin gewesen. Schon früh während der Behandlung jedoch wurden ihre Träume als Symptom ihrer Trennungsängste erkannt, ausgelöst durch die Scheidung der Eltern. Dasselbe Trauma führte auch bei ihrem neunjährigen Bruder Darren zu oppositionellem Verhalten.

In der Beurteilungsphase brachte die kunstpsychotherapeutische Evaluation der Familie Mißverständnisse, Ärger, Schuldgefühle und andere Schwierigkeiten zum Vorschein, die mit der Auflösung der Ehe und dem Auseinanderbrechen des Familiensystems in Zusammenhang standen.

Die kunsttherapeutischen Sitzungen der Familie sollten: 1) es den Eltern erleichtern, die Scheidung sachlich und weniger von Wutgefühlen bestimmt durchzuführen; 2) den Kindern helfen, die Gründe für die Scheidung zu verstehen und Schuldgefühle abzubauen; 3) Empfehlungen für eine gemeinsame Sorgerechtsvereinbarung entwickeln; und 4) den Kindern helfen, sich von dem Ein-Familien-System an das neue System zweier getrennter Familien zu gewöhnen.

Nachtrag: gemeinsames Sorgerecht

Die Autorin hält es für nachteilig, einen Elternteil in die Rolle der »Autoritätsperson« zu versetzen, die mit allen Alltagsproblemen und Schulangelegenheiten zu tun hat, während der andere Teil nur für den Bereich Freizeit, Erholung, Entspannung zuständig ist. Da es üblicherweise die Mutter ist, bei der die Kinder während der Woche leben, sehen die Kinder in ihr oft das »Ungeheuer«. Auf den Zeichnungen, die während der Kunsttherapie entstehen, wird sie häufig als Hexe oder in anderer Weise als »gemein« dargestellt. Auf Familienzeichnungen wird ihre Darstellung oft weit übertrieben, um ihre ungleichgewichtige Macht und Verantwortung zu symbolisieren. Wenn Eltern jedoch das gemeinsame Sorgerecht für die Kinder haben, beruht die Darstellung der Mutter eher auf einer realistischen Wahrnehmung ihrer Rolle.

Der Vater andererseits, der die Kinder häufig an den Samstagen und Sonntagen bei sich hat, tritt als »Vergnügungsvermittler« auf. Die väterlichen Wochenendaktivitäten erfordern sehr viel Energie und Planung von seiner Seite und versetzen ihn in eine unrealistische Rolle. Diese Situation verwehrt ihm den alltäglichen Umgang mit seinen Kindern und befreit ihn von der Verantwortung, die ja auch Befriedigung bringt und wichtig ist, um seine Stellung als Autoritätsperson aufrechtzuerhalten. Es ist notwendig, daß der Vater auch an Schultagen präsent ist; denn an diesen Tagen müssen Probleme gelöst werden, und es kommt zu bedeutungsvolleren Interaktionen, die für die Beziehung zwischen Eltern und Kind sehr wichtig sind. Das zeigt sich daran, daß Kinder, die ihren Vater nur an den Wochenenden sehen, ihn auf Bildern der Familie kleiner als die Mutter, am Bildrand oder sogar auf einem anderen Blatt darstellen. Wenn dagegen die Sorge für die Kinder gleichmäßiger verteilt ist, erscheinen beide Eltern in etwa gleich groß. Sehr häufig werden dann die Kinder in die Mitte gemalt und auf jede Seite ein Elternteil; das weist darauf hin, daß Mutter und Vater als beschützende und gleichberechtigte Autoritätsfiguren gesehen werden.

Wichtig ist, daß die Vereinbarungen detailliert und eindeutig sind. Spezifische Daten und Zeitpunkte sind notwendig, um die Regelungen zu erleichtern. Ein Jahreskalender verhindert unliebsame Überraschungen in bezug auf Feiertage, Geburtstage, Mutter- und Vatertag, Ferien und so weiter und hilft den Kindern, zu planen und ihre Erwartungen richtig zu lenken.

Die Vereinbarungen müssen vom Tag der Empfehlung an und mindestens ein Jahr lang gelten. In vielen Fällen bewähren sich Zwei- bis Fünfjahrespläne.

Empfohlene Sorgerechtsvereinbarungen für die Familie Maxella

Die Autorin empfahl folgende Sorgerechtsvereinbarungen:

Die Kinder werden am Mittwochnachmittag um 15.30 Uhr von der Mutter von der Schule abgeholt und bleiben bis Sonntagmorgen, 9 Uhr, bei ihr. Der Vater holt die Kinder am Sonntagmorgen um 9 Uhr im Haus der Mutter ab. Sie bleiben bis zum Mittwochmorgen bei ihm und werden von ihm zur Schule gebracht.

Jeder Elternteil ist an den festgelegten Tagen für die Kinder verantwortlich; dazu gehört: sie zur Schule zu bringen, die Zeit nach der Schule zu organisieren, für das Erledigen der Hausaufgaben, für Babysitter, Arzttermine, gesellschaftliche Aktivitäten und so weiter zu sorgen.

An den dem Vater zugeordneten und zugleich schulfreien Tagen bringt er die Kinder am Mittwochmorgen zwischen 8 Uhr und 8.45 Uhr zur Mutter.

In den Osterferien bleibt dieses Arrangement unverändert. Am Ostersonntag werden die Kinder bis 15 Uhr bei ihrer Mutter bleiben. Das macht es ihnen möglich, zur Kirche zu gehen und mit ihrer Mutter zu Mittag zu essen. Der Vater holt sie um 15 Uhr ab.

Patsys Geburtstag fällt auf einen Dienstag im Mai. Der Vater wird am Sonntag mit ihr feiern. Im darauffolgenden Jahr, an dem Patsys Geburtstag auf einen Tag mitten in der Woche fällt, an dem sie bei der Mutter ist, wird dem Vater gestattet, beide Kinder zum Essen auszuführen.

Darren hat im Juni Geburtstag, und zwar an einem Samstag, wenn die Kinder bei der Mutter sind. Der Vater wird mit Darren am Sonntag feiern; die üblichen Vereinbarungen bleiben daher unangetastet.

Die Kinder werden ihre Geburtstage, beginnend mit dem nächsten Jahr, in allen Jahren mit geraden Jahreszahlen bei der Mutter verbringen, in allen Jahren mit ungeraden Jahreszahlen, beginnend 1987, beim Vater. Die Geburtstage werden um 9 Uhr beginnen und um 21 Uhr an den besagten Tagen enden, wenn sie auf das Wochenende oder einen Feiertag fallen. Fallen sie auf einen Tag in der Wochenmitte, wird die Zeit, die dem jeweiligen Elternteil zugebilligt wird, um 15 Uhr beginnen und um 21 Uhr enden. Der Elternteil, bei dem die Kinder den Tag verbringen, wird sie abholen und wieder zurückbringen.

Die Geburtstage der Eltern sowie Mutter- und Vatertag werden mit dem jeweiligen Elternteil verbracht und haben Vorrang vor der üblichen Routine. Fallen diese Geburtstage auf einen Schultag, beginnt der zugeteilte Zeitraum mit dem Schulende und dauert bis 21 Uhr. Die Kinder werden von dem Elternteil, der Geburtstag hat, abgeholt und zurückgebracht; ebenso wird bei Mutter- und Vatertag verfahren.

In den Sommerferien: 1) verbringen die Kinder *die ersten beiden Wochen ohne Unterbrechung* bei der Mutter. Dieser Zeitraum beginnt am Montagmorgen um

9 Uhr, wenn die Mutter die Kinder abholt, und endet am Sonntagabend um 21 Uhr, wenn der Vater die Kinder abholt.

2) In den folgenden zwei Wochen wird die Familie zur üblichen Routine zurückkehren.

3) Im Anschluß verbringen die Kinder zwei vollständige Wochen beim Vater, beginnend am Sonntagmorgen um 9 Uhr und endend am Dienstagmorgen um 9 Uhr, wenn die Mutter die Kinder abholt.

4) In der restlichen Ferienzeit werden die Kinder zu ihrer üblichen Routine zurückkehren oder statt des »normalen Programms« ins Sommerlager fahren.

Während der Weihnachtsferien bleiben die üblichen Übernachtungsarrangements erhalten, mit Ausnahme des Heiligen Abends und des Weihnachtsfeiertages*. Beide Eltern erklären sich damit einverstanden, daß die Kinder den Heiligen Abend beim Vater verbringen. Er wird sie am nächsten Tag um 14 Uhr zur Mutter zurückbringen. Da Weihnachten auf einen Dienstag (Tag des Vaters) fällt, wird die Mutter Herrn Maxella die Kinder zwischen 8.30 Uhr und 10 Uhr am Mittwochmorgen zurückbringen. Dieses Arrangement traf bei beiden Eltern auf Zustimmung und soll im folgenden Jahr wiederholt werden.

Die Mutter hat sich einverstanden erklärt, daß der Vater die Kinder an Neujahr auf einen Skiausflug mitnimmt; eingeschlossen sind der Silvesterabend und der Neujahrstag. Im folgenden Jahr wird das Arrangement umgekehrt, und die Kinder werden Neujahr bei der Mutter verbringen.

Geburtstage und Jahrestage der Großeltern mütterlicherseits werden nur an Samstagen gefeiert, entsprechende Tage der Großeltern väterlicherseits an Sonntagen.

In der Ferienzeit (Ostern, Sommer, Weihnachten und an einzelnen Feiertagen) ist der jeweils zuständige Elternteil verpflichtet, dafür zu sorgen, daß die Kinder tagsüber versorgt sind. Dazu gehört, daß die Kinder zu verschiedenen Kursen und gesellschaftlichen Aktivitäten gebracht werden.

Die Kinder dürfen Mutter oder Vater zweimal täglich anrufen, wenn die Anrufe jeweils nicht länger als fünfzehn Minuten dauern.

Anmerkung an den Leser

In jeder Familie gibt es Feiertage von individuell unterschiedlicher Gewichtung. Deshalb sollte man alle diese Tage in die Überlegungen mit einbeziehen: den Neujahrstag, die Weihnachtstage, Heilige Drei Könige, Fasching, Ostern, Christi Himmelfahrt, Pfingsten, Maria Himmelfahrt, Allerheiligen, Bußtag, Nikolaus, Kommunion, Konfirmation und so weiter. Auch andere als die erwähnten religiösen Feiertage können aufgenommen werden, ebenso Geburts- und Jahrestage und andere Anläße, die den Familienmitgliedern wichtig sind.

* In den USA wird nur ein Weihnachtstag gefeiert (Anmerkung der Übersetzerin).

Empfohlene Lektüre

Abarbanel, A. Shared parenting after separation and divorce: A study of joint custody. *American Journal of Orthopsychiatry, 49*(2), 320–330, 1979.

Ahrons, C. R. Divorce: Before, during and after. In: McCubbin, H. I. & Figley, C. R. (Eds.) *Stress and the Family, Volume I: Coping with Normative Transitions.* New York (Brunner/Mazel) 1983, pp. 102–115.

Ahrons, C. R. The binuclear family: Two households, one family. *Alternative Lifestyles, 2,* 499–515, 1979.

Ahrons, C. R. Divorce: A crisis of family transition and change. *Family Relations, 29*, 533–540, 1980 (a).

Ahrons, C. R. Joint custody arrangements in the post-divorce family. *Journal of Divorce, 3,* 189–205, 1980 (b).

Ahrons, C. R. Redefining the divorced family: A conceptual framework for postdivorce family system reorganization. *Social Work, 25,* 437–441, 1980(c).

Ahrons, C. R. The continuing co-parental relationship between divorced spouses. *American Journal of Orthopsychiatry, 5,* 415–428, 1981.

Benedek, E. P. Child custody laws: Their psychiatric implications. *American Journal of Psychiatry, 129*(3), 326–328, 1962.

Berg, G. & Kelly, R. The measured self-esteem of children from broken, rejected and accepted families. *Journal of Divorce, 2*(4), 363, 1979.

Bohannan, P. (Ed.) *Divorce and After.* New York (Anchor Books) 1971.

Britan, S. D. Effect of manipulation of children's affect on their family drawings. *Journal of Projective Techniques and Personality Assessment, 34,* 234–237, 1970.

Brown, E. A model of the divorce process. *Conciliation Courts Review, 14,* 1–11, 1976.

Brown, P. & Manela, R. Changing family roles: Women and divorce. *Journal of Divorce, 1,* 315–328, 1978.

Chang, P. N. & Dernard, A. S. Single-father caretakers: Demographic characteristics and adjustment processes. *American Journal of Orthopsychiatry, 52*(2), 236–243, 1982.

Derdeyn, A. P. Child custody consultation. *American Journal of Orthopsychiatry, 45*(5), 791–801, 1975.

Derdeyn, A. P. A consideration of legal issues in child custody contests. *Archives of General Psychiatry, 33*(2), 165–171, 1976.

Emery, R. Interparental conflicts and the children of discord and divorce. *Psychological Bulletin, 91,* 310–330, 1982.

Felner, R. & Farber, S. Social policy for child custody: A multidisciplinary framework. *American Journal of Orthopsychiatry, 50,* 341–347, 1980.

Foster, H. & Freed, D. Joint custody: A viable alternative. *Trial Magazine, 15,* 26–31, 1979.

Galper, M. *Co-Parenting.* Philadelphia (Running Press) 1978.

Gasser, R & Taylor, C. Role adjustment of single-parent fathers with dependent children. *The Family Coordinator, 25,* 397–401, 1976.

Goldman, J. & Coone, J. Family therapy after divorce: developing a strategy. *Family Process, 16*(3), 357–362, 1977.

Goldstein, J., Freud, A. & Solnit, A. *Beyond the Best Interests of the Child.* New York (The Free Press) 1973. Dt.: *Jenseits des Kindeswohls.* Frankfurt am Main (Suhrkamp) 1986.

Greif, J. B. Fathers, children, and joint custody. *American Journal of Orthospychiatry, 49*(2), 311–330, 1979.

Grote, D. & Weinstein, J. Joint custody: A viable and ideal alternative. *Journal of Divorce, 1,* 43–53, 1977.

Hess, R. & Camara, K. Post-divorce family relationships as mediating factors in the consequences of divorce for children. *Journal of Social Issues, 35,* 79–96, 1979.

Hetherington, E. Divorce: A child's perspective. *American Psychologist, 34,* 851–858, 1979 a.

Hetherington, E. Family interaction and social, emotional and cognitive development of children following divorce. In: Vaughn, V. & Brazelton, T. (Eds.) *The Family: Setting Priorities.* New York (Science & Medicine) 1979 b.

Hetherington, E., Cox, M. & Cox, R. The aftermath of divorce. In: Stevens, J. & Mathews, M. (Eds.) *Mother/Child/Father/Child Relationships.* Washington, D.C. (National Association for the Education of Young Children) 1978.

Hetherington, E., Cox, M. & Cox, R. Play and social interaction in children following divorce. *Journal of Social Issues, 35,* 26–49, 1979.

Irving, H. H., Benjamin, M. & Trocme, N. Shared parenting: An empirical analysis utilizing a large data base. *Family Process, 23*(4), 561–570, 1984.

Kalter, N. Children of divorce in an outpatient psychiatric population. *American Journal of Orthopsychiatry, 47,* 40–51, 1977.

Kalter, N. & Renbar, J. The significance of a child's age at the time of divorce. *American Journal of Orthopsychiatry, 52*(1), 58–100, 1981.

Kelly, J. Visiting after divorce: Research findings and clinical implications. In: Abt, L. & Stuart, R. (Eds.) *Children of Separation and Divorce.* New York (Van Nostrand Reinhold) 1981.

Kelly, J. & Wallerstein, J. The effects of parental divorce: Experiences of the child in early latency. *American Journal of Orthopsychiatry, 46*(1), 20–32, 1976.

Kelly, J. & Wallerstein, J. Brief interventions with children in divorcing families. *American Journal of Orthopsychiatry, 47*(1), 23–39, 1977 a.

Kelly, J. & Wallerstein, J. Part-time parent, part-time child: Visiting after divorce. *Journal of Clinical Child Psychology, 6*(2), 51–54, 1977 b.

Keshet, H. & Rosenthal, K. Fathering after marital separation. *Social Work, 23*(1), 11–19, 1978.

Magrab, P. For the sake of the children: A review of the psychological effects of divorce. *Journal of Divorce, 1,* 233–245, 1978.

McDermott, J. F. Divorce and its psychiatric sequelae in children. *Archives of General Psychiatry, 23*(11), 421–517, 1970.

Roman, M. & Haddad, W. *The Disposable Parent: The Case for Joint Custody.* New York (Holt, Rinehart and Winston) 1978.

Rosen, R. Some crucial issues concerning children of divorce. *Journal of Divorce, 3,* 19–25, 1979.

Steinman, S. The experience of children in a joint custody arrangement: A report of the study. *American Journal of Orthopsychiatry, 51*(3), 403–414, 1981.

Wallerstein, J. S. & Kelly, J. B. The effects of parental divorce: Experiences of the child in later latency. In: Skolnick, J. & Skolnick, A. (Eds.) *Family in Transition: II.* Boston (Little, Brown) 1977.

Wallerstein, J. S. & Kelly, J. B. Divorce and children. In: Noshpitz, J. D. et al. (Eds.) *Basic Handbook of Child Psychiatry, IV.* New York (Basic Books) 1979.

Wallerstein, J. S. & Kelly, J. B. *Surviving the breakup: How Children and parents cope with divorce.* New York (Basic Books) 1980.

Wallerstein, J. S. & Kelly, J. B. California's children of divorce. *Psychology Today, 13,* 67–76, 1980.

Westman, J. Effect of divorce on children's personality development. *Medical Aspects of Human Sexuality, 6,* 38–55, 1972.

Williams, F. S. Children of divorce: Detectives, diplomats or despots? *Marriage and Divorce, I.* New York (Abraxas Communications Publishing Co.) 1974.

Williams, F. S. What can judges do to ameliorate the effects of divorce on parents and children? *Family Laws News, 6*(1), 1–8, 1982–83.

Woolley, P. *The Custody Handbook.* New York (Summit Books) 1979.

Kapitel 5

Eine Familie mit einem an Enkopresis leidenden Kind in Langzeitbehandlung

Einleitung

Enkopresis oder chronische Stuhlinkontinenz ist eine psychische Störung, die sich durch ein körperliches Symptom äußert. Diese Funktionsstörung schwächt häufig das Ich, da sie das Selbstbild beeinträchtigt und das Kind auf diese Weise in seiner psychosozialen Entwicklung unter Druck gerät. Am häufigsten sind Jungen im Latenzalter betroffen. Das Einschmutzen des Kindes ruft Frustration, Ärger und auch Schuldgefühle bei der Mutter hervor, Ekel und Enttäuschung beim Vater, Verlegenheit bei den Geschwistern und Gefühle der Demütigung beim betroffenen Kind selbst.

Die Autorin hat in ihrer Praxis die Erfahrung gemacht, daß Familien, in denen ein Kind an Enkopresis leidet, übereinstimmende Merkmale aufweisen. So beschäftigt sich zum Beispiel die Mutter, in ihrer Entschlossenheit, ihren Sohn zur »Sauberkeit« zu erziehen, im Übermaße, bis zur Verstrickung mit ihm, und sie ist offenbar unfähig, sich von ihm zu lösen und eine objektive Sicht zu wahren. Sie sucht die Schuld bei sich, und so beschäftigt sie sich noch mehr mit dem Verdauungsvorgang ihres Kindes. Die Persönlichkeit der Mutter zeichnet sich im Normalfall durch offenkundige Freundlichkeit und Wärme aus. Die Väter, dem Anschein nach solide und fürsorgliche Männer, sind für ihre Kinder nur schwer verfügbar, da sie lange und/oder zu ungewöhnlichen Zeiten arbeiten. Sie sind sehr erfolgsmotiviert, da sie ihren Kindern eine gute Ausbildung und materiellen Komfort bieten wollen. Die jüngeren Kinder machen ihren Eltern im allgemeinen sehr viel Freude, weil es keine Schwierigkeiten mit ihnen gibt und sie gelernt haben, ihre Darmvorgänge im entsprechenden Alter zu kontrollieren.

Nach Erfahrung der Autorin haben an Enkopresis leidende Jungen ein angenehmes Äußeres, sind allgemein sauber, haben positive Beziehungen zu Gleichaltrigen, nehmen an sportlichen Aktivitäten teil und tun sich in einem oder mehreren Wissensgebieten hervor. Auflehnung und Widerstand richten sich, wenn es dazu kommt, gegen die Mutter. Die Beziehung zum Vater scheint gut zu sein, aber die Kinder nehmen es ihm übel, daß er nicht genug Zeit für sie hat.

Mütter und Väter schätzen viele Eigenschaften ihrer an Enkopresis leidenden Kinder, aber mit der Demütigung, die das Einschmutzen mit sich bringt, bringen die Jungen sich selbst in die verletzbare Position des »Sündenbocks«.

Obwohl der Stil des sprachlichen Austausches innerhalb der Familien unterschiedlich ist, zeichnen sich alle durch ein dürftiges Kommunikationssystem aus.

Es fehlt an Klarheit, und es ist nicht ungewöhnlich, daß Botschaften zutage treten, die – manchmal auch durch scherzhafte Bemerkungen – verschleiert wurden.

Die kreativen Arbeiten der Familie haben folgende inhaltlichen und stilistischen Kennzeichen:

1. In den Gestaltungen der Mutter spiegelt sich ein »Freigeist« wider. Sie sind individualistisch, lose und unzusammenhängend, und es mangelt ihnen an Struktur. Ihre Beiträge sind überall im Raum verstreut.
2. Der Vater gibt der Gestaltung eine solide Grundlage. Seine Objekte sind gegenständlich mit klar definierten Parametern.
3. Die jüngeren Geschwister stellen sich selbst in eine zentrale Position und beanspruchen viel Raum.
4. Der Patient hält sich anfangs zurück und behauptet sich zunehmend. Seine Symbole sind häufig mit den Beiträgen der Mutter verbunden.

Bei der Arbeit mit Enkopresis-Kindern hat die Autorin die Erfahrung gemacht, daß ein möglichst facettenreicher kunsttherapeutischer Ansatz effektiv ist. In der Einführungssitzung erfährt die Familie, daß die Behandlung solcher Kinder oft erfolgreich ist, vorausgesetzt, das Kind möchte mit dem Einschmutzen tatsächlich aufhören. Ein Selbststeuerungsprogramm und positive Verstärkung durch die Eltern seien Teil des Behandlungsplans. Der Therapeut betont ausdrücklich, daß es dem an Enkopresis leidenden Kind möglich ist, sein Ziel zu erreichen. Dies wird absichtlich wiederholt, um *der Familie eine positive Einstellung zu vermitteln*. Eine *von Hoffnung geprägte* Haltung hat nach Ansicht der Autorin durchaus Einfluß auf den Erfolg einer Therapie.

Zusätzlich zu den Familiensitzungen findet eine begleitende individuelle Kunsttherapie für das Kind statt, die zwei Schwerpunkte hat: Einmal steht die Selbststeuerung des Kindes im Vordergrund, zum zweiten soll eine Atmosphäre geschaffen werden, in der das Kind sich ausdrücken kann. Im Therapieraum wird in symbolischer Form Stuhlgang »kreiert« und besprochen. Solches Vorgehen macht es möglich, das Thema wertungs- und urteilsfrei zu erforschen, und ist daher ein entscheidender Beitrag zur Entwicklung eines therapeutischen Bündnisses. Nach Erfahrung der Autorin halten Jungen, die an Enkopresis leiden, ihre inneren Emotionen und Konflikte zurück. Aus diesem Grund ist es von größter Wichtigkeit, den Ausdruck versteckter Gefühle in Form einer »sicheren« Metapher zu unterstützen.

Der Inhalt der schöpferischen Arbeiten ist ein Hilfsmittel für die Entdeckung psychologischer Hinweise auf in der Vergangenheit liegende Traumata und den Ursprung für das Verhalten des Kindes. Unabhängig davon, ob Einsicht angestrebt wird oder nicht, werden spezifische Aufgaben zur Verstärkung von Autonomie und Selbstkontrolle und zur Steigerung des Selbstbewußtseins gestellt.

Die gesamte Familie profitiert von der Behandlung des an Enkopresis leidenden Patienten, denn sie erlangt ein Bewußtsein der Familiendynamik, und Kommunikationsfähigkeiten sowie Interaktion werden effektiver.

Falldarstellung

Diese Fallgeschichte illustriert eine Langzeit-Familientherapie. Sitzung für Sitzung wird dem Leser der vollständige Prozeß innerhalb des kunsttherapeutischen

Vorgehens beschrieben. Das Problem der Enkopresis wurde in wöchentlichen Familien- oder Paarsitzungen behandelt, die hier der Reihe nach dargestellt sind. In die Therapie eingeschlossen waren wöchentliche Einzelbehandlungen mit dem eigentlichen Patienten, aus denen jedoch hier nur wirklich bemerkenswerte Ereignisse in die Beschreibung aufgenommen wurden.

Der Anlaß

Frau Sontags Frustration über die Enkopresis ihres Sohnes war Gefühlen von Hoffnungslosigkeit und Verzweiflung gewichen. Sie war wütend auf den neunjährigen Peter, weil er noch immer nicht sauber war.

Bei ihrem ersten Telefongespräch mit der Autorin gab Frau Sontag, der Hysterie nahe, folgenden Bericht:

»Heute hielt ich es einfach nicht mehr aus, als ich diese uringetränkten Bettücher in die Waschmaschine steckte! Morgens riecht es in meinem Haus buchstäblich wie in einer Toilette. Ich glaube langsam, daß meine beiden Jungen nie mit dem Bettnässen aufhören werden. Aber noch viel schlimmer ist, daß ich jeden Tag auf den Knien unter Peters Bett kriechen und seine verschmutzten Schlafanzughosen suchen muß, die er immer irgendwo versteckt. Es ist ein richtiges Versteck- und Suchspiel geworden – er versteckt, ich suche. *Ich fühle mich wie eine totale Versagerin. Stellen Sie sich das vor, ein Kind in dem Alter kotet immer noch in seine Hosen wie ein Einjähriger!* Ich habe mich heute so aufgeregt, daß ich nicht einmal zur Arbeit gegangen bin. Und das ist sehr schlimm. Ich hoffe sehr, daß Sie Peter bei seinem Problem helfen können.«

Die Therapeutin vereinbarte eine Paarsitzung mit Herrn und Frau Sontag, deren Schwerpunkt auf dem Sammeln von Informationen zur Entwicklungsgeschichte des zukünftigen Patienten liegen würde. Diese erste Sitzung mit beiden Elternteilen ist ganz besonders wichtig, weil die Eltern den Therapeuten dabei für sich haben und ihm ihre Sorgen ohne Beisein der Kinder schildern können. Findet dieser erste Elternbesuch nicht statt, ist die Wahrscheinlichkeit, daß die Eltern die Beurteilungs- oder Behandlungsphase frühzeitig abbrechen, größer, da sie dann oft das Gefühl haben, der Therapeut respektiere ihre Rolle als Eltern nicht. Der erste Besuch von Vater und Mutter unterstützt den Vorgang der positiven Übertragung.

Erste Sitzung/Paarsitzung: Mutter und Vater

Die Gegensätzlichkeit im Affekt beider Ehepartner wurde von der Therapeutin bei diesem ersten Treffen als sehr auffallend empfunden. Herr Sontag wirkte kühl und ruhig, sprach leise und hatte einen sanften Gesichtsausdruck. Seine Frau wirkte mit ihrer Wärme und Freundlichkeit, ihrer schnellen Redeweise und ihrer offensichtlichen nervösen Energie genau entgegengesetzt. Sie ließ eine ganze Bandbreite von Gefühlen erkennen, während sie von sich und ihrer Familie sprach.

John und Laurie Sontag waren beide fünfunddreißig Jahre alt. Im Alter von einundzwanzig Jahren hatten sie sich verlobt und ein Jahr später geheiratet. Sie hielten ihre nun 13 Jahre währende Ehe für erfolgreich, obwohl Peters Enkopresis ihre Beziehung in den letzten Monaten belastet und zu Reibungen geführt hatte.

John Sontag war bei der Post angestellt und leistete Schichtdienst von zehn Uhr abends bis fünf Uhr morgens, was er für einen Vorteil hielt, da ihm dadurch viel Zeit für seine Söhne blieb. Das Ehepaar war sich darin einig, daß es der Familie gelungen war, ihren Alltag an die Arbeitsstunden des Vaters anzupassen.

Laurie Sontag hatte auch während ihrer Ehe ihren Beruf als Verwaltungssassistentin in einem College immer weiter ausgeübt. Es war eine Teilzeitstelle, die ihrer Selbstachtung gut tat und das Familieneinkommen aufbesserte.

Beide Eltern sprachen über ihre Kinder – den neunjährigen Peter und den siebenjährigen Mikie – als »großartige Kinder«. Das einzige Problem sei Peters Einschmutzen, denn in jeder anderen Hinsicht sei er ein »extrem nachgiebiges Kind, das niemals wütend wird«. Abgesehen von seiner Enkopresis schien er ein fast vollkommener Junge – freundlich, in der Schule beliebt, mit sehr guten schulischen Leistungen und ausgezeichnet im Sport.

Der Hintergrund

Peters Sauberkeitserziehung begann im Alter von zwei Jahren. Als er drei war, beklagte sich Frau Sontag beim Kinderarzt darüber, daß er zur Darmentleerung nicht die Toilette benutzte. Obwohl der Arzt ihr den Rat gab, deswegen keinen Druck auf das Kind auszuüben, fand sie dies unmöglich, da sie sich selbst dem Druck von Familie und Freunden ausgesetzt sah.

Als Peter in den Kindergarten kam, beschmutzte er dort mehrmals in der Woche seine Hose. Nach einer Unterredung mit der Kindergärtnerin wurde vereinbart, daß er in Zukunft immer Kleidung zum Wechseln mitbringen sollte. In der ersten Schulklasse wurde ebenso verfahren; in der zweiten Klasse trat dann eine neue Situation ein: Peter war größer als seine Klassenkameraden, und der Lehrer ernannte ihn zum »starken Schüler«, dessen Aufgabe es war, raufende Kinder zu trennen. Frau Sontag war der Ansicht, daß diese Autoritätstellung und die Verantwortung, die Peter damit trug, sich schädlich auf ihn ausgewirkt hatten. Genau zu dieser Zeit begann er täglich einzuschmutzen, und zwar sowohl in der Schule als auch zu Hause.

In einer Lehrerkonferenz einigte man sich darauf, für Peter eine Ausnahme von der Regel zu machen, daß die Toiletten nur zu bestimmten Zeiten aufgesucht werden durften. Dieser Plan erwies sich als erfolgreich. Peter durfte glücklicherweise auf die Toilette gehen, wenn er »mußte«, nicht zu den für die ganze Klasse festgelegten Zeiten. In der dritten Klasse hatte er noch denselben Lehrer und konnte daher auch in diesem Jahr auf die Toilette gehen, wann immer dies notwendig wurde. In diesen beiden Jahren kotete er zwar in der Schule nicht mehr ein, zu Hause jedoch nach wie vor täglich.

Vor kurzem nun war Peter in die vierte Klasse übergetreten, und die Mutter hatte sich, wie sie sagte, entschlossen, den neuen Lehrer von Peters Situation nicht in Kenntnis zu setzen. Ihre Freunde hatten ihr davon abgeraten, damit ihr Sohn bei Lehrern und Schülern nicht »in Verruf« kam. Aber nun hatte sie Peter in der vergangenen Woche mehrmals mit beschmutzten Hosen angetroffen, als sie ihn von der Schule abholte. Die neueste Episode hatte sich bei einem Baseballspiel ereignet. Als Peter darauf angesprochen wurde, stellte er in Abrede, daß die anderen Kinder etwas davon gemerkt hatten: »Niemand kann es riechen.«

In den vergangenen Jahren hatten die Sontags sich nach medizinischen

Untersuchungen häufig mit dem Kinderarzt besprochen und von ihm gesagt bekommen, daß das nächtliche Bettnässen der Jungen und Peters Enkopresis keine körperlichen Ursachen hätten. Er meinte, die Eltern sollten sich keine Sorgen machen, beides würde sich mit der Zeit geben.

Frau Sontag wünschte sich jedoch noch immer, daß die Therapeutin trotz dieser ärztlichen Meinung eine organische Fehlleistung und kein psychisches Problem diagnostizieren würde. Ihr Mann widersprach ihr offen; er war der sicheren Ansicht, daß Peter mit seinem Einkoten manipulierte und Aufmerksamkeit erregen wollte. Aber er gab noch eine ganz andere Botschaft, als er von seinem eigenen Vater und seinen Brüdern berichtete, die bis ins Jugendalter nachts ins Bett genäßt hatten. Frau Sontag war diese Information neu; sie nahm ihr etwas von ihrem Schuldgefühl, da Peters Probleme ja vielleicht auch, wie sie nun meinte, genetisch bedingt sein konnten. Sie wiederholte noch einmal ihren Wunsch, es möge eine »logische Erklärung« für Peters Verhalten geben.

Von Mikie erzählten die Eltern, er sei selbstsicherer und weniger »liebenswürdig« als sein Bruder. Frau Sontag betonte, daß sie Mikies Sauberkeitserziehung auch anders betrieben und vor allem ungebetene Ratschläge im wesentlichen ignoriert habe. Sie hatte Mikie gestattet, selbst über den Zeitpunkt seiner Darmentleerung zu bestimmen, da sie, wie sie betonte, keine Lust auf einen zweiten Machtkampf gehabt habe. Wie sie stolz erzählte, war Mikie im Alter von drei Jahren sauber gewesen.

Am Ende der Sitzung wurde für die folgende Woche ein Termin für eine kunsttherapeutische Familiensitzung vereinbart.

Als die Eltern den Raum verließen, erzählte Frau Sontag der Therapeutin noch, daß sie Literatur über Enkopresis gelesen habe. Danach sei es ihr größter Fehler gewesen, daß sie in der Reinlichkeitserziehung zuviel Druck auf Peter ausgeübt habe, als er noch zu klein gewesen sei. Ihre letzten Worte beim Verlassen des Raumes waren: »Ich bin eine Versagerin und eine schlechte Mutter.«

Zweite Sitzung/Familiensitzung: Alle Familienmitglieder

Ein Eindruck von Peter und Mikie

Peter und Mikie sahen sich ähnlich, und beide Jungen sahen älter aus, als sie waren. Den neunjährigen Peter hätte man für elf, den siebenjährigen Mikie für etwa neun Jahre halten können. Die Jungen waren groß, breitschultrig und kräftig gebaut und wirkten wie zwei kindgroße Footballspieler. Sie sahen adrett und ordentlich aus, nur das gerade blonde Haar hing ihnen in die Stirn. Peter war höflich und zurückhaltend und zeigte in der Unterhaltung eher die Tendenz zu reagieren, als selbst aktiv zu werden. Obwohl er sagte, er möge Kunst »sehr«, schien er wenig Ausdruckstiefe zu haben, und trotz seiner Behauptung, »froh« zu sein, zeigte er kaum Begeisterung.

Auch Mikie war höflich, aber sehr viel begeisterungsfähiger, und er ging deutlich mehr aus sich heraus als sein älterer Bruder. Er stellte viele Fragen zu den im Raum ausgestellten künstlerischen Arbeiten. Das Kind tendierte dazu, Fragen zu beantworten, die an die Familie allgemein gerichtet gewesen waren.

Nachdem die ersten Sätze zur Begrüßung gewechselt waren, nannte die Familie die Gründe, warum sie therapeutische Hilfe suchte; diese wurden von der Therapeutin bestätigt. Sie erklärte sodann kurz, was unter einer Familien-Kunsttherapie zu verstehen war, und welche positiven Folgen sie versprach.

Als erstes bekam die Familie die Anweisung, *sich je einen (anders)farbigen Filzstift auszusuchen.* Mikie ergriff die Initiative und entschied sich für Rot; die Mutter wählte als zweite Grün; dann folgte Peter mit Schwarz; und der Vater nahm als letzter einen orangefarbenen Stift.

Um Familienbündnisse sichtbar zu machen, sollten sich die Sontags im nächsten Schritt *in zwei Teams aufteilen.* Diesen Prozeß leitete Peter ein, der seiner Mutter zunickte und so seinen Wunsch signalisierte, mit ihr im selben Team zu sein. Als sie sich einverstanden erklärte, schlossen sich Mikie und sein Vater, offenbar erfreut, zu einem eigenen Paar zusammen.

Kreative Teamaufgabe ohne Sprechen

Die Familie erhielt die Anweisungen für eine kreative Paaraufgabe, bei deren Ausführung nicht gesprochen werden durfte; jede Zweiergruppe sollte sich ein *einziges* Blatt Papier teilen und darauf gemeinsam *ein Bild malen, ohne miteinander zu sprechen oder sich Zeichen zu geben: Wenn das Bild fertig ist, dürft ihr miteinander über den Titel reden.*

Das Team Mutter/Peter

Peter zeichnete ganz links auf das Blatt ein *Haus mit einem darangebauten zweiten Haus* (zuweilen ein Zeichen von Symbiose). Die Mutter steuerte *Herzen und Blumen* bei. Auch als beide miteinander sprechen durften, schwiegen sie weiter. Jeder schrieb seinen eigenen Titel auf seine Blattseite.

Peter nannte seinen Teil des Bildes »Ein Doppelhaus«, die Mutter ihren Beitrag »Herzen und Blumen«. Beide Bilder entsprachen dem Affekt ihrer Urheber: Peter vermied Personen und Emotionen in seinem Bild, während die Mutter ihre Wärme und Affektion auch zeichnerisch ausdrückte.

Das Team Vater/Mikie

Beide zeichneten auf ihrem Teil des Blattes. Mikie malte einen *Jungen, der Baseball spielte,* der Vater eine *Briefsortiermaschine.* Als sie fertig waren, besprachen sie verschiedene Titelvorschläge und entschieden dann, daß jeder sein eigenes Bild selbst benennen sollte. Mikie nannte seines »Baseballtraining«, der Vater, gleichermaßen sachlich, seines »Die Briefsortiermaschine«.

Kreative Familienaufgabe mit Sprechen

Da die Zeit begrenzt war, wurde auf die nonverbale Familienaufgabe verzichtet, und die Familie bekam gleich eine Aufgabe, bei der sie miteinander sprechen durfte. Dazu wurde sie zu einem großen, an der Wand befestigten Papierbogen geführt. Die Anweisung lautete: *Die ganze Familie malt zusammen. Diesmal darf dabei gesprochen werden.*

Der Vater begann, indem er seine Familie fragte: »Was sollen wir malen?« Mikie schlug sofort vor: »Den Park.« Herr Sontag zeigte sich einverstanden und trat einen

Schritt zurück, um Mikie gleich mit der Ausführung seines Vorschlags anfangen zu lassen. Mikie, darüber offensichtlich erfreut, ging zur Mitte des Bogens und nahm sich viel Zeit; er malte sorgfältig einen großen *Baum.* Die Mutter, die beobachtete, daß ihr Jüngster sehr viel Platz und dazu eine zentrale Position beanspruchte, begann zu kichern. Dann murmelte sie nervös: »Ich beeile mich lieber und verewige mich auch auf dem Papier«, gesellte sich zu Mikie und malte eine *große Sonne* und eine *Blume.* Auf sie folgte der Vater. Seine erste Handlung war, *die Sonne seiner Frau zu verbessern,* dann verschönerte er Mikies Baum, indem er *Blätter und Stamm ausmalte.*

Frau Sontag vertiefte sich sehr in ihren eigenen kreativen Prozeß und malte voll Überschwang weiter: Sie zeichnete Wellen, die über das gesamte obere Blatt verliefen; dann umrahmte sie alle vier Seiten des Bildes mit einem schmückenden Muster.

Die gesamte Familie nahm aktiv an dem Prozeß teil, mit Ausnahme von Peter, der abseits stand und darauf wartete, daß man ihn aufforderte mitzumachen (so wie es mit Mikie geschehen war). Als er schließlich erkannte, daß er völlig übergangen werden könnte, trat auch er an die Wand und zeichnete mit *schwachen Strichen ein Gebirge* und ein kleines *Gekritzel* aus harten Linien, das er mit den Wellenlinien seiner Mutter verband; dazu erklärte er, es handle sich um einen »Tornado«.

Nachdem die Mutter innegehalten und sich angesehen hatte, was die anderen Familienmitglieder gemalt hatten, *kopierte sie etwas größer Mikies Baum.* Danach setzte sie eine *Figur auf Peters Gebirge.* Peter reagierte positiv auf die Aufmerksamkeit seiner Mutter, indem er ihre Figur mit Skiern ausstattete.

Abb. 38: Ein Familienwandbild

Nachdem die Familie entschieden hatte, daß das Wandbild fertig war, verschaffte sich Mikie noch, ohne etwas dazu zu sagen, einen zusätzlichen Beitrag, indem er die Blume seiner Mutter bunt ausmalte.

Der Vater trat zurück, um sich das Produkt der Familie anzuschauen. Als ihm sein mangelnder Kontakt zu Peter auffiel, fühlte er sich wohl zu einer Erklärung genötigt: Er behauptete, *das Schwarz des Sohnes* passe nicht zu *seinem eigenen Orange*. Diese Bemerkung wirkte wie der Vorwurf, Peter habe eine unzulängliche Farbe gewählt. Die Therapeutin registrierte im stillen, daß der Vater seine Farbe *im Anschluß* an seinen Sohn ausgewählt hatte.

Da Mikie als erster einen Titel vorgeschlagen hatte, bat er seinen Vater um die Erlaubnis, »Der Park« auf das Bild schreiben zu dürfen. Herr Sontag stimmte zu, und sein jüngerer Sohn schrieb den Titel in kräftigen Druckbuchstaben auf das Wandbild (Abbildung 38).

Führungsrollen

Um zu verstehen, wie die einzelnen Familienmitglieder ihre jeweiligen Rollen wahrnahmen, wurde ihnen nun die Frage gestellt: »Wer war bei diesem Bild der Anführer?« Peter sah die Familiendynamik realistisch und antwortete: »Mikie«. Seine Erklärung dazu: Der Vorschlag seines Bruders, einen Park zu malen, sei angenommen worden; Mikie habe als erster zu zeichnen begonnen und ebenfalls den Titel aufs Bild geschrieben. Der Rest der Familie sah die Führungsrolle jeweils bei einem anderen Mitglied. Der Vater glaubte, die Mutter habe sie gehabt, da sie »am meisten« gemalt habe. Nach Meinung der Mutter war gerade das Gegenteil der Fall gewesen: Ihr Mann habe »Regie geführt«. Mikie war ihrer Meinung, konnte aber keine eigene Erklärung dafür anbieten.

Nachdem alle ihre Gedanken geäußert hatten, ergriff die Therapeutin bewußt das Wort, um ihre eigenen Beobachtungen mitzuteilen. Mit dieser Geste etablierte sie ihre aktive Rolle als Familientherapeutin und gab der Familie zugleich die Gelegenheit, etwas über ihre Interaktionen zu erfahren. Wenn der Familie zu ihrer Dynamik ein Feedback gegeben wird, sind Takt und Sensibilität besonders wichtig: Das Verhalten des Therapeuten und die Wortwahl, etwa »Boß«, »Anführer«, »Autoritätsperson«, müssen sorgfältig auf die individuelle Familie zugeschnitten sein. Bei manchen Klienten kommt man mit Humor weiter, während bei anderen ein ernster Ton angebracht ist und besser verstanden wird.

Die Therapeutin begann die Mitteilung ihrer Beobachtungen mit der Feststellung: »Was während einer gemeinsamen künstlerischen Aufgabe geschieht, entspricht üblicherweise den häuslichen Interaktionen.« Dann bestätigte sie Peters Beobachtung, daß Mikie tatsächlich die Führungsrolle innegehabt hatte: Er hatte das Wandbild nicht nur begonnen, sondern auch beendet (indem er die Blume seiner Mutter ausgemalt hatte). Zudem nahm Mikies Farbe eine zentrale Position im Bild und sehr viel Raum ein. Die Vermutung lag nahe, daß das Kind zu Hause in derselben Weise funktionierte.

Als nächstes wurden Peters Aktionen besprochen. Die Therapeutin stellte fest, daß er so lange auf eine Einladung zur Teilnahme gewartet hatte, daß er sich dadurch nahezu selbst ausgeschlossen hatte. Sie äußerte des weiteren die Vermutung, daß Peter sich über seine Mutter ärgerte. Um aber zu verhindern, daß sie als magische Person wahrgenommen wurde, lenkte die Therapeutin nun die

Aufmerksamkeit auf das Bild und die darin enthaltene Grundlage für ihre Annahme: Peters »Tornado«, den er auf die »Wellen« seiner Mutter gesetzt hatte. Diese Interpretation veranlaßte Peter zu einem wissenden Blick auf die Therapeutin. Als Kind, das seine Ärgergefühle nicht verbalisieren konnte, erfuhr er Katharsis durch die korrekte Analyse seiner nonverbalen Symbole. Die Therapeutin fuhr fort zu rekapitulieren: Sie hob hervor, daß Peter positiv reagiert hatte, als seine Mutter eine Verbindung zu ihm hergestellt hatte: Nachdem sie eine Figur auf seinen Berg gemalt hatte, hatte er dieser Figur Skier gegeben.

Die Therapeutin wiederholte noch einmal, daß zu Hause wohl ähnliche Verhaltensmuster existierten. Um einer Familie zu helfen, solche abstrakten Aussagen zu verstehen, werden diese durch ein phantasiertes Beispiel konkretisiert. So stellte die Therapeutin in diesem Fall die Vermutung auf, daß es meist Mikie war, der vorschlug, was die Familie gemeinsam unternehmen sollte, weil Peter darauf wartete, daß er nach seinen Vorstellungen gefragt wurde; und so kam er nie in die Lage, diese zu äußern. Vielleicht war das seine Art, die Eltern zu testen: Wenn sie nicht auf ihn zukamen, drückte er seine Wut auf nonverbale Art aus. Er hob also zum Beispiel seine Sachen nicht auf, wie es seine Mutter ihm auftrug. Die Eltern bestätigten die Theorie der Therapeutin und boten eigene Beispiele an, wie Peter sich zu »rächen« pflegte.

Nun wurden die grünen Linien der Mutter untersucht. Sie beanspruchten sehr viel Raum und verliefen in sämtliche Richtungen. Darüber lachten alle, auch die Mutter selbst. Die Therapeutin griff die heitere Stimmung auf und legte nahe: »Mutter ist einfach allgegenwärtig. Vielleicht macht sie das so, weil sie ständig wissen will, was vor sich geht. Vielleicht kontrolliert sie die Zimmer und erledigt sehr viel für die Familie. Es sieht auch so aus, als würde sie eine Menge für sich tun.« Einmal mehr bestätigte die Familie mit ihren Blicken die Richtigkeit dieser Beobachtungen.

Zuletzt wurden die Beiträge des Vaters mit der Farbe Orange erforscht. Die Therapeutin stellte die Behauptung auf, daß er es war, der alles »in Ordnung« brachte und gern »letzte Hand anlegte«. Diese Ansicht bezog sie daraus, daß er die Sonne seiner Frau »verbessert« und Mikies Baum »verschönert« hatte. Da Herr Sontag bereits selbst darauf hingewiesen hatte, daß er Peter gemieden hatte, weil ihre Farben seiner Behauptung nach nicht zusammenpaßten, wurde diese Metapher der Aussage zugrundegelegt: »Vater mag es, wenn Dinge zusammenpassen oder zusammen funktionieren. Wenn etwas nicht seinen Gefallen findet, versucht er vermutlich, es zu meiden.« Zum Beispiel: »Wenn er mit einem von euch Ärger hat, schreit er wahrscheinlich nicht oder möchte darüber mit euch reden, sondern er geht vermutlich, liest die Zeitung oder tut irgend etwas allein.« Frau Sontag und Peter bestätigten beide, daß es sich genau so verhielt, und erzählten ohne bösen Unterton ähnliche Beispiele.

Am Ende der Sitzung zeigten sich die Familienmitglieder vom kunsttherapeutischen Vorgehen offensichtlich beeindruckt. Jeder, mit Ausnahme von Mikie, schien sich über die neugewonnenen Einsichten zu freuen.

Die Familiendynamik

Obwohl sich bereits ein großer Teil der Familiendynamik gezeigt hatte, hielt die Autorin sich mit Informationen, die in der Einschätzungsphase zu belastend oder zu konfrontierend gewesen wären, noch zurück. Verfrühte Deutungen zum falschen

Zeitpunkt können vor allem in der Arbeit mit Familien großen Schaden anrichten. Aus diesem Grund wurden die folgenden *Beobachtungen zwar notiert, jedoch nicht ausgesprochen:*

1. *Peters* Feindseligkeit, die im Symbol des Tornado zum Ausdruck kommt, könnte in Zusammenhang mit seinem Einschmutzen stehen und für ihn Mittel sein, sich an seinen Eltern zu rächen, weil sie ihm nicht soviel Aufmerksamkeit schenken wie seinem Bruder.
2. *Peter* vermied es, mit seinem Vater oder Bruder Kontakt aufzunehmen, da er das Gefühl hat, daß er vom Vater zurückgestoßen wird und sich mit seinem Bruder in geschwisterlicher Rivalität befindet.
3. *Peters* Art, seinen Vater (und möglicherweise die Mutter) auf die Probe zu stellen, ist selbstzerstörerisch, da sie ihn vom Familiengeschehen entfernen kann.
4. Die *Mutter* zeigte durch ihren Zeichenstil, ihren Mangel an Struktur und die narzißtische Beschäftigung mit sich selbst Unklarheit.
5. Die *Mutter* vermied den Kontakt mit Mikie. Ihre einzige Reaktion auf ihn war ihre wetteifernde Geste, als sie seinen Baum in vergrößerter Form kopierte.
6. Die *Mutter* und *Mikie* hatten einen ähnlichen Zeichenstil. Dieser war für einen Siebenjährigen altersgemäß, ließ jedoch bei der Mutter einen Mangel an Reife vermuten.
7. Der *Vater* gab zu erkennen, daß ihm die Sonne seiner Frau »nicht gut genug« war, indem er sie »verbesserte«.
8. Der *Vater*, der seine Farbe nach Peter wählte, entschied sich unbewußt für einen Stift, der die Farbe seines Sohnes nicht unterstützte, ebensowenig wie die Farbe seines Sohnes die seine.
9. Der *Vater* leitete das Wandbild mit einer strukturgebenden Geste ein, indem er nach thematischen Ideen fragte. Nachdem er jedoch Mikie zum Anfangen veranlaßt hatte, nahm er seine Autorität zurück und bot keine weiteren richtunggebenden Hilfen mehr an.
10. *Mikie* hat unangemessen die Führungsrolle in der Familie inne.

Einzelsitzung: Einschätzung von Peter

Zusätzlich zu den Familientherapie-Sitzungen erhielt Peter eine Einzeltherapie. Bei seiner ersten Einzelsitzung (die in derselben Woche stattfand wie der erste Familientermin) war einer der Standard-Tests die Aufforderung zu einer farbigen *Haus-Baum-Personen*-Zeichnung, Teil eines Projektionstests (Buck, 1970). Das Kind wählte einen schwarzen Filzstift für seine Zeichnung und schloß damit Farben aus. Das Haus hatte nur ein einziges Fenster. Als Peter gefragt wurde, welches Zimmer hinter diesem Fenster sei, antwortete er, es handle sich um das Bad – möglicherweise ein Hinweis auf die vorrangige Stellung, die sein Sauberkeitstraining für ihn hatte, und sein zurückhaltendes Verhalten.

Nach seiner *Baum*-Darstellung befragt, erklärte er, es handle sich um einen »fünfjährigen Jungen-Baum«, womit er zu erkennen gab, daß er in seiner eigenen Wahrnehmung jünger war als in Wirklichkeit. Als Antwort auf die Frage, was das »Beste sei, was dem Baum passieren könnte«, sagte Peter: »Lockerer zu wachsen.« Diese Antwort schien symbolisch für seinen Wunsch, seine hindernde Analfixierung

Abb. 39: Haus-Baum-Person

zu überwinden. Auf die darauffolgende Frage: »Was ist das Schlimmste, was dem Baum zustoßen könnte?« antwortete Peter: »Daß er von jemand Starkem, Großem gefällt wird« – ein Bezug auf seine Kastrationsangst. Obwohl die Autorin die Antwort »Der Baum wird gefällt« schon häufig zu hören bekam, wird der »Täter«, also derjenige, der ihn fällt, nur selten benannt.

Als die Therapeutin auf die Zeichnung der *Person* zu sprechen kam, erläuterte Peter diese als »Mann, 37 Jahre alt« (etwa so alt wie sein Vater) und sagte dazu: »Er ist ein glücklicher Mensch.« Nach weiteren Informationen über den Mann befragt, sagte Peter: »Der Mann arbeitet bei der Post.« Beide Aussagen wiesen auf seine Identifikation mit dem Vater hin. Die Therapeutin: »Ich weiß, daß der Mann glücklich ist. Aber kannst du mir sagen, was ihn manchmal ärgert?« Die einzige Antwort darauf war, mehrmals wiederholt: »Ich weiß nicht.« Das konnte auf des Vaters eigenes, passiv-aggressives Verhalten hinweisen (Abbildung 39).

Zusätzlich zur Haus-Baum-Personen-Zeichnung sollte Peter *drei Wünsche* darstellen. Als *ersten Wunsch* zeichnete er ein *Spielwarengeschäft,* das er gern besessen hätte. Aber hauptsächlich lag ihm sein zweiter Wunsch am Herzen: ein *Tausenddollarschein* und ein *Landhaus.* Er erklärte, das Geld würde es ihm möglich machen, »ein Haus mit vier Schlafzimmern und fünf Badezimmern zu kaufen«. Das Bild zeigte ein zweigeschossiges Haus. Hinter den beiden auf dem Bild sichtbaren Fenstern im zweiten Stock lagen »mein Zimmer und mein Bad«, im Erdgeschoß das »Schlafzimmer und das Bad meiner Mutter«. Trotz der Tatsache, daß auf der Zeichnung die Rückseite des Hauses nicht zu sehen war, erklärte er, daß das Haus auch Schlafzimmer und Bäder für Vater und Bruder enthalte.

Die getrennten Zimmer der Eltern sowie die visuelle Betonung des eigenen Zimmers und Bades sowie derjenigen der Mutter belegten den ödipalen Konflikt des Jungen. Das Bild enthielt darüber hinaus Hinweise darauf, daß er von zwanghaften Gedanken um seine Körperfunktionen und mögliche Masturbation beherrscht wurde. Das zeigte sich an dem Aufmerksamkeitswert, den er den »Privaträumen« gab, wogegen alle anderen Zimmer wie Küche, Eß-, Wohn- und sonstige Gemeinschaftsräume ausgeschlossen waren.

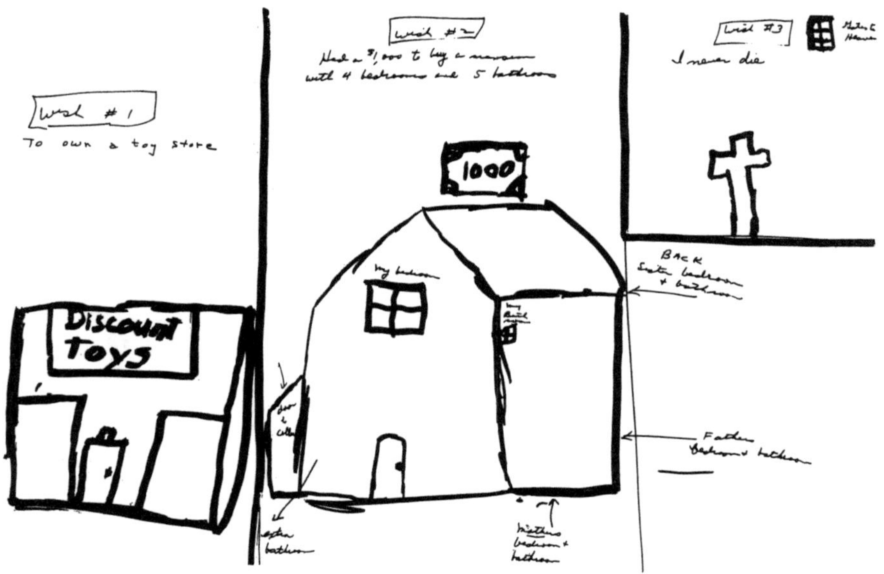

Abb. 40: Drei Wünsche

Eine weitere Einsicht ergab sich durch Peters *dritten Wunsch,* den er mit einem *Kreuz* und *Himmelstoren* darstellte. Seine Erklärung dazu: Er wolle »nie sterben« (Abbildung 40). Seine Unruhe in bezug auf den Tod war möglicherweise verbunden mit Schuld- und Bestrafungsgefühlen.

Obwohl Projektionstests nicht definitiv sind, bieten sie doch wertvolle Schlüssel zu den Wahrnehmungen und Phantasien des Patienten.

Einzelsitzung: Einschätzung von Peter

Die Sitzung zur Einschätzung (die in derselben Woche stattfand wie die zweite Familiensitzung) begann mit dem Angebot an Peter: *Mache, was immer du willst; das heißt, du kannst Thema und Material selbst wählen.*

Peter verwendete zunächst einen Bleistift und zeichnete *eine männliche und eine weibliche Figur* aus dem Film *»Krieg der Sterne«.* Dann malte er die Figuren sorgfältig mit Farbe aus. Als er einen Dialog dazu schreiben sollte, bemühte er sich sehr, so schön wie möglich zu schreiben. Eine der männlichen Gestalten in der Geschichte »war jung und mochte die Kriegerin sehr. Er nahm sie dem älteren Anführer fort. Der ältere Anführer war sauer, aber er wußte, daß er geschlagen war, und gab auf. Die Kriegerin ging glücklich mit dem jungen Anführer weg.« Peters Geschichte war ein klassisches Beispiel für einen ungelösten ödipalen Konflikt.

Als zusätzliche Lockerungstechnik und als Mittel, Peters Beziehung zur Therapeutin zu evaluieren, stellte diese die *Aufgabe,* ein *gemeinsames Bild* zu malen, *ohne dabei zu sprechen.* Peter und die Therapeutin begannen mit einem gemeinsamen Bild.

Zunächst sah Peter der Autorin eine ganze Weile zu, und es schien, als wolle er die Spielregeln abschätzen; zu Anfang nahm er eine distanzierte Haltung ein; mit dem Fortschreiten der Zeichnung kam es zu einer Anzahl passiv-aggressiver zeichnerischer Gesten: Sie zeigten sich beispielsweise, wenn die Therapeutin auf ihrem Teil des Papiers Phantasiemuster zeichnete und Peter sie dann veränderte. Das wiederholte sich mehrere Male, als er sich zum Beispiel in den Mittelpunkt der Formen setzte. Offensichtlich freute das Kind sich über die starke Kontrolle, die es damit über das Bild ausüben konnte.

Nach den ersten beiden Übungen fragte die Therapeutin Peter nach seinem Stuhlgang: nach der Häufigkeit, der Beschaffenheit und Größe. Peter berichtete, er habe zweimal täglich Stuhlgang, die Beschaffenheit sei »nicht zu weich und nicht zu hart«, und er sei »so groß«: Er zeigte etwa zehn Zentimeter an.

Um Peter zu demonstrieren, daß man sein Problem in einer vorurteilsfreien und emotionslosen Umgebung ohne Forderungen erforschen konnte, bat die Therapeutin das Kind: *Modelliere mit Knetmasse deinen Stuhl in der gewöhnlichen Größe.* Es entschied sich für braune Knetmasse und rollte sie zwischen den Händen, bis es mit Größe und Form zufrieden war. Da Peters Affekt flach war, war es schwierig, Anzeichen von Verlegenheit, Ärger oder anderen Gefühlen zu entdecken, während er an dem Modell für seinen *Stuhlgang* arbeitete. Die Therapeutin fragte ihn, ob er sich anstrengen müsse, wenn er Stuhl habe (vielleicht bestand ja ein Zusammenhang mit Verstopfung). Peter erklärte jedoch, er könne seinen Stuhl nach Belieben steuern, daher sei es nicht nötig, daß er sich anstrenge.

Als sich die Sitzung ihrem Ende näherte, sollte Peter *einen Karton vom Regal holen, die Fäkalien aus Knetmasse hineinlegen und dann den Deckel schließen.* Er folgte diesen Anweisungen und legte seine metaphorische Skulptur in einen Behälter. Ihm wurde gesagt, daß er den Karton jederzeit hervorholen konnte, wenn er hineinsehen oder den Inhalt herausnehmen wollte. Peter hörte sehr interessiert zu und beobachtete dann genau, wie die Therapeutin den Karton wieder im Regal verstaute. Als er noch einmal auf den Tisch im Kunsttherapie-Raum sah, fiel ihm auf, daß Knetmassenreste und Filzstifte unordentlich herumlagen. Die Autorin wurde in ihrer positiven Prognose bestärkt, als Peter die Utensilien symbolisch ordnete und dabei verkündete: »Ich mache sauber, bevor ich gehe.«

Obwohl Peters Sitzung vorüber war, zögerte das Kind den Schluß hinaus, um seine kathartische Erfahrung auszudehnen.

Dritte Sitzung/Familiensitzung: Alle Familienmitglieder

Familienzeichnungen

Während die Familie Sontag auf den Beginn ihrer Sitzung wartete, bekam jedes Familienmitglied Bleistift und Papier und die Aufgabe: *Zeichnet eure Familie.*

Es entstanden folgende Bilder (Anordnung der Personen jeweils von links nach rechts):

Peter zeichnete zuerst seinen Vater, dann Mikie, die Mutter und sich selbst zuletzt. Der Faktor auf dem Bild, der am deutlichsten hervorstach, war, daß Peter, sein Bruder und sein Vater alle keine Hände hatten; das Fehlen der Hände an den männlichen Figuren konnte Peters Wahrnehmung seiner psychischen Hilflosigkeit repräsentieren. Die Hände der Mutter, gut proportioniert und klar definiert, konnten bedeuten, daß er seine Mutter als mächtigere oder aktivere Person oder, im

Abb. 41: Peters Familienzeichnung

Zusammenhang mit seiner Enkopresis, in seinen Beschmutzungsvorgang verwikkelt sah.

Zusätzlich trugen alle männlichen Personen Jeans mit betontem Verschluß. Auch das schien in Zusammenhang mit Peters Enkopresis und masturbatorischem Verhalten zu stehen (Abbildung 41).

Der *Vater* zeichnete zuerst sich, dann Mikie, seine Frau und zuletzt Peter. Peter war übergroß, hatte die Hände in den Jeanstaschen und trug einen Cowboyhut und Stiefel. Die verborgenen Hände konnten in Zusammenhang mit der Enkopresis stehen, da der Vater und Mikie zwar auch Jeans und Stiefel trugen (jedoch keinen Hut) und ihre Hände sichtbar und klar ausgeführt waren. Die Mutter war genausogroß wie Mikie und sah aus wie ein kleines Mädchen mit lockigen Haaren; ihre Hände waren schwach ausgebildet und ließen den Eindruck von Unreife und Hilflosigkeit entstehen (Abbildung 42).

Die *Mutter* stellte Peter an die erste Stelle, sich selbst dicht neben ihn und Mikie und den Vater in einige Entfernung. Die Mutter selbst und Peter waren beide übergroß, und ihre Körper berührten sich gegenseitig. Mikie, zu ihrer Linken, war dem Vater näher als ihr. Frau Sontag betonte ihre eigene weibliche Figur und die Gesichtszüge, was auf Narzißmus hindeutete. Ihre großen Hände ließen darauf schließen, daß sie sich selbst als einen aus sich herausgehenden und offenen Menschen wahrnahm. Das von oben bis unten durchgeknöpfte Kleid enthüllte ihre Abhängigkeitsbedürfnisse. Peter war mit Betonung auf seinen Hosenverschluß und mit einer großen Gürtelschnalle gezeichnet. Darin drückte sich aus, daß seine Mutter seine Abhängigkeit und seine Belastung im somatischen Bereich wahrnahm

Abb. 42: Vaters Familienzeichnung

Abb. 43: Mutters Familienzeichnung

Abb. 44: Mikies Familienzeichnung

(MACHOVER, 1949). Er hatte keine Hände, was wiederum auf Hilflosigkeit hindeutete, vielleicht in Zusammenhang mit seiner Reinlichkeitserziehung. Auch Mikie trug Jeans mit deutlich ausgeführtem Hosenverschluß, und auch ihm fehlten die Hände, was ein Hinweis auf seine Enuresis sein konnte. Frau Sontag postierte ihren Mann an den Rand des Blattes und zeichnete ihn größer als sich selbst. Seine ausgestreckten Hände wiesen ihn als offenen, kompetenten Menschen aus. Alle Personen hatten große Augen und lächelten und hatten damit Ähnlichkeit mit den Zeichnungen von Kindern, die ihre kompensatorischen Wünsche oft auf diese Weise darstellen (Abbildung 43).

Mikie zeichnete seine Familie der Größe nach: Vater, Mutter, Peter, sich selbst. Alle waren gleichermaßen mit Hosen und Hemden bekleidet und hatten tatzenartige Hände, und alle lächelten (Abbildung 44).

Während der Sitzung sollten die Familienmitglieder *ihre früheste Erinnerung darstellen.* Die der Bedeutung nach wichtigste Arbeit stammte von Peter, und nur hiervon soll an dieser Stelle die Rede sein.

Obwohl eine komplette Auswahl von farbigen Filzstiften und Ölkreiden vorhanden war, fragte Peter, ob er auch einen Bleistift verwenden dürfe. Damit skizzierte er auf ein 40 x 60 cm großes Blatt Papier einen *kleinen Fisch.* Der Fisch war nur etwa zweieinhalb Zentimeter lang und schwach gestrichelt (Abbildung 45). Peter erzählte dazu folgende Geschichte:

»Als ich vier Jahre alt war, starb mein Fisch. Ich kam von der Schule nach Hause, da trieb er im Wasser, und ich war irgendwie verstört. Ich dachte darüber nach, wie er wohl gestorben war. Ich rannte zu meiner Mutter und fragte sie, was ich mit dem

Abb. 45: Der tote Fisch wurde die Toilette hinuntergespült

Fisch tun solle. Sie sagte: ›Warte, bis dein Vater nach Hause kommt.‹ Dann ging ich hinaus und spielte Basketball. Ich fühlte mich einerseits okay, anderseits irgendwie nicht. Als mein Dad heimkam, spülte er den toten Fisch die Toilette hinunter. Dann vergaßen wir das alles einfach. Auch jetzt warte ich noch auf meinen Dad, wenn ein Fisch stirbt, und frage ihn, was ich tun soll. Er sagt immer: ›Spül ihn die Toilette hinunter‹, und ich tue es.«

Nachdem Peter seine Geschichte erzählt hatte, erinnerte sich auch Herr Sontag wieder an den Vorfall, obwohl er in der Geschichte seines Sohnes keine besondere Bedeutung erkennen konnte.

Die Therapeutin brachte Peters Geschichte in Zusammenhang mit seiner Angst vor dem Tod, die sich in dem Wunsch, »nie sterben« zu wollen, und in seiner Weigerung, seinen Stuhlgang in die Toilette zu verrichten, enthüllte. Die Vorstellung des Kindes, seine Exkremente die Toilette hinunterzuspülen, schien mit seiner Angst vor Selbstverlust in Verbindung zu stehen. Diese Deutung gab die Therapeutin jedoch in dieser Sitzung noch nicht, da der Zeitpunkt verfrüht war.

Die nächste Familienaufgabe durfte *frei gestaltet* werden. Wieder wird hier nur Peters Arbeit besprochen, da sie erneut von ihrer Bedeutung her vorrangig war.

Der Junge modellierte einen Vogel, der einen Bart trug, und wandte sich dann an seine Mutter mit der Bitte, folgende Geschichte für ihn aufzuschreiben:

»Es war einmal ein bärtiger Vogel. Eine Rakete flog über seinen Kopf, und ein Mann mit einem Fallschirm fiel heraus. Der Vogel kam sich irgendwie dumm vor, weil er der einzige Vogel mit Bart war und ihn alle aufzogen; das machte ihn schüchtern.

Abb. 46: Der merkwürdige Vogel

Der Mann aus der Rakete fiel in den Ozean und wäre fast ertrunken. Das machte ihm Angst. Das Griffith-Observatorium versuchte, den Mann aus der Rakete zu finden, aber der Bartvogel kam dazwischen. Sie ärgerten sich über ihn, weil er irgendeiner Testsache in den Weg kam.« (Abbildung 46)

Als seine Eltern verwirrt nach der Bedeutung der Vogelfigur fragten, sagte Peter: »Sie bedeutet überhaupt nichts! Es ist nur eine Geschichte!« Die Therapeutin hielt Peters Geschichte für sehr enthüllend, wenngleich der Familie der symbolische Gehalt offensichtlich entgangen war. Sie ging auf einen Teil der Geschichte ein: »Einer der ›Helden‹ ist der bärtige Vogel, den die anderen aufziehen. Das verschüchtert ihn.« Niemand stellte die Verbindung zu Peter her. Der Therapeutin erschien der Vogel eine Metapher für Peters Furcht zu sein, von seinen Altersgenossen wegen seines Einkotens gehänselt zu werden. Der phallisch geformte Bart war eindeutig eine Verschiebung von Peters Stuhlgang nach oben, da die Form identisch war mit den Exkrementen aus Knetmasse, die Peter zuvor geformt hatte. Eine verwandte Form hatte der Fisch aus Peters frühester Erinnerung, und auch das Bild der Rakete war eine Wiederholung des Phallussymbols.

In Peters Erzählung hieß es: »Der Mann aus der Rakete fiel in den Ozean und wäre fast ertrunken.« Das bezog sich auf seine unbewußte Furcht vor dem Gang zur Toilette und dem Verlust seines Selbst. Das Griffith-Observatorium aus der Geschichte konnte mit der Therapeutin gleichgesetzt werden, die Peter beim Zeichnen und Sprechen beobachtete. Die Erwähnung der »Testsache« ließ darauf schließen, daß das Kind Angst davor hatte, was seine Bilder und Skulpturen enthüllen konnten.

Vierte Sitzung/Gemeinsame Sitzung: Vater und Peter

Um die Beziehung zwischen Vater und Sohn zu untersuchen, wurde eine gemeinsame Sitzung anberaumt. Als die beiden in die Praxis kamen, setzten sie sich an ein Ende des Therapie-Tisches, der Vater an die Stirnseite, sein Sohn zu seiner Rechten. Nach dem Austausch der üblichen Begrüßungsworte wurde ihnen die Aufgabe gestellt, *gemeinsam ein Bild zu gestalten und dazu Thema und Medien selbst zu wählen.*

Da die Ferien bevorstanden, entschieden sich Herr Sontag und Peter, zum Thema »Weihnachten« etwas zu zeichnen und aus Tonpapier auszuschneiden. Peter, der zur Seite gewandt arbeitete, um seinem Vater Platz zu lassen, machte ein *schwarzes Haus.* Während Herr Sontag einen *Weihnachtsbaum* ausschnitt, stellte er seinem Sohn eine Reihe von Fragen. Er war freundlich und bemüht, sein Kind auf einer verbalen Ebene einzubeziehen. Peters Antworten waren jedoch immer sehr knapp, und niemals ging der Anstoß zu einer Unterhaltung von ihm aus.

Der Vater neckte Peter, als Reaktion auf dessen Passivität: »Sohn, sehr enthusiastisch bist du nicht.« Er klang ernster, als er hinzufügte: »Du gibst dir keine besondere Mühe, scheint mir.« Trotz seines sanften Gesichtsausdrucks war Herr Sontag erregt und hörte auf zu arbeiten. Das brachte Peter zum Lachen, da er sich aufgrund seiner eigenen Passivität in einer Machtposition fühlte. Der Vater ignorierte dieses Lachen und betrachtete die bisherigen Ergebnisse ihrer Arbeit. Als er bemerkte, daß Peter ein *Haus* ohne Fenster und Türen ausgeschnitten hatte, begann er selbst wieder mit der Arbeit, ergänzte die *fehlenden Teile* und fügte eine *Grundlinie* und ein *Rentier* hinzu. Obwohl der Vater nicht aussprach, daß er eine Teilnahme seines Sohnes erwartete, sprachen seine Blicke eine deutliche Botschaft.

Peter nahm sich lange Zeit, bis er endlich nachgab und auf den Wunsch seines Vaters nach einer gemeinsamen Arbeit einging. Er kooperierte, indem er sehr langsam und zwanghaft *Gras* für das gemeinsame Bild ausschnitt. Es gelang ihm, die gesamte Breite des Bildes mit sorgfältig ausgeschnittenen, gleichlangen Halmen abzudecken. Als er damit fertig war, versah er den Baum mit *Baumlichtern,* wobei er darauf achtete, daß sie jeweils gleich weit voneinander entfernt waren. Der Vater betrachtete das Bild und meinte: »Es fehlen noch Päckchen, Sohn.« Dann schnitt er selbst *Geschenkpakete* aus und klebte sie auf. Er stellte seinem Sohn weiter viele Fragen und machte eine Reihe von Vorschlägen. Es war offensichtlich, daß er sich bewußt bemühte, sein Kind einzubeziehen. Nachdem das Bild fertig war, verkündete Peter ohne Aufforderung den Titel: »Hier kommt der Weihnachtsmann«, und schrieb ihn nieder, bevor sein Vater die Möglichkeit hatte, etwas dazu zu äußern.

Fünfte Sitzung/Gemeinsame Sitzung: Mutter und Peter

In dieser Evaluationssitzung wurde die Beziehung zwischen Mutter und Sohn untersucht. Beide bekamen die Aufgabe, *gemeinsam ein Bild zu malen, ohne dabei zu sprechen.*

Das Ergebnis zeigte zwei getrennte Bilder auf einem einzigen Blatt. Jeder hatte jeweils auf seiner Seite des Blattes gezeichnet: Peter eine *Trommel mit Trommelstöcken,* die Mutter *sich selbst bei der Arbeit.*

Die zweite Aufgabe lautete: *Macht noch ein Bild zusammen, aber dieses Mal sprecht miteinander.*

Frau Sontag begann mit einer Frage an ihren Sohn: »Sollen wir das Bild gemeinsam malen?« Peter schüttelte den Kopf: »Nein.« Trotzdem umarmte ihn die Mutter ohne erkennbaren Grund, lächelte und malte selbst einen *rosa Weihnachtsbaum.* Sie gab ihm den Titel: »Ein tief empfundener Baum«. Peter betrachtete das Bild seiner Mutter, zeichnete dann selbst einen *blauen Baum,* der halb so groß war, und nannte ihn: »Ein Babybaum«.

Peter schien sich von den offenen Gefühlsbezeugungen seiner Mutter bedroht zu fühlen. Obwohl er darauf mit einer kühlen, emotionsfreien Farbe reagierte, identifizierte er sich mit dem jungen Baum. Diese zweifache Zeichenübung enthüllte Frau Sontags Zuneigung und die infantilisierende Wirkung, die sie damit auf ihren Sohn ausübte.

Sechste Sitzung/Familiensitzung: Alle Familienmitglieder

Um die Familie auf persönliche Familiengespräche einzustimmen, bekam sie folgende Anweisung: *Jeder zeichnet eine Serie von Szenen (nach Comic-Manier), die von häuslichen Vorkommnissen seit eurem letzten Besuch hier berichten.*

Als alle fertig waren, fragte die Therapeutin, wer freiwillig als erster sein Bild vor den anderen präsentieren wollte. *Peter* zeigte seine Zeichnungen zuerst, die *ihn selbst beim Baseball und als Sieger des Spiels* darstellten. *Mikie* zeichnete sich, wie er mit einer Benachrichtigung des Lehrers über besonders gute schulische Leistungen nach Hause kam. Die *Mutter* hatte bereits ungeduldig darauf gewartet, bis sie an der Reihe war, ihre Bilder zu zeigen. Sie hatte *die Jungen beim Frühstück* dargestellt, wobei »Peter brav abgespült und alles aufgegessen« hatte. Dagegen hatte »Mikie Theater gemacht und sich geweigert, sich zu waschen und etwas zu essen«. Er wollte »nach draußen gehen und spielen!« In einer anderen Szene *weinte Mikie:* »Ich hasse Müsli«. Das nächste Bild zeigte die Mutter *selbst beim Pfannkuchenbacken;* damit wollte sie ihren kleineren Sohn zufriedenstellen.

Als Frau Sontag ihr Bild betrachtete, zweifelte sie daran, ob es viel Wert habe, die »Hauptarbeit« in der Therapie zu tun (damit meinte sie die kreativen Aufgaben). Es schien, als überlege sie sich bereits, ob sie nicht den Tisch verlassen sollte, als sie eine *Spielzeugbadewanne* entdeckte. Sie nahm sie, untersuchte sie und stellte sie vor sich auf den Tisch. Dann formte sie aus Knetmasse ein *Kind* und setzte es in die Wanne. Sie hatte sich, wie sie erregt erläuterte, gerade daran erinnert, wie verärgert und frustriert sie am vergangenen Sonntag gewesen war: Die Familie hatte vorgehabt, Verwandte zu besuchen, und sie hatte für ein Bad der Jungen warmes Wasser in die Badewanne einlaufen lassen. Obwohl Mikie als erster hätte baden sollen, überzeugte Peter seine Mutter davon, daß es besser sei, er würde schnell baden, da er eigentlich sauber sei. Er würde dann nachher seinem Bruder das warme Wasser überlassen. Die Mutter war einverstanden, da sie glaubte, daß die Familie, wenn sie Peters Vorschlag folgte, tatsächlich schneller aufbruchbereit sein würde.

An diesem Punkt ihrer Erzählung brach sie in Tränen der Wut aus: »Als ich ins Bad ging, um Peter abzutrocknen, hatte er sich und das Badewasser *schmutzig gemacht.* Er hatte tatsächlich in die Wanne gekotet! Ja, er hatte in das Wasser gemacht, das Mikie noch benützen sollte! Ich konnte es einfach nicht fassen. Diese

Frechheit! Wie kann man so etwas Häßliches, Ekelhaftes tun!« Die Therapeutin erkundigte sich, wie sie sich verhalten habe: »Nun, ich nahm einen Waschlappen und wusch Peter den Po. Dann trocknete ich ihn ab und schimpfte ihn natürlich gehörig. Da das ganze Theater soviel Zeit kostete, war keine Zeit mehr für Mikie zum Baden. Stellen Sie sich nur vor, in die Badewanne zu machen!«

Als sich Frau Sontag beruhigt hatte, wirkten sie und ihr Mann deprimiert, während die Jungen verlegen im Raum herumschauten und jeden Blickkontakt vermieden. Ein langes Schweigen entstand, bei dem die Eltern auf Frau Sontags Arbeit starrten. Frau Sontag, die über das Ereignis nachdachte, gab zu, daß sie neue Einsichten gewonnen habe. Ihre Zeichnung von der häusliche Szene ergebe im Zusammenhang mit der Badewannenskulptur einigen Sinn. Sie könne jetzt sehen, »daß Peter sich mit seinem abscheulichen Benehmen an mir und Mikie rächen wollte«. Sie hatte erkannt, daß ihr älterer Sohn eifersüchtig auf all die Aufmerksamkeit war, die sein Bruder an diesem Morgen beim Frühstück bekommen hatte.

Dies war eine wichtige Erkenntnis. Sie zeigte, wie Peter, statt seinen Ärger verbal auszudrücken, zu diesem Zweck passiv-aggressive Mittel einsetzte.

Auch Mikies negatives Verhalten während des Frühstücks wurde angesprochen. Er hatte damit die Aufmerksamkeit seiner Mutter errungen, während Peters gutes, positives Betragen unbelohnt geblieben war. Aber wenn Peter sich unangemessen verhielt, dann ging die Mutter aktiv auf ihn ein. Die Therapeutin erklärte, daß manche Menschen lieber negative Aufmerksamkeit erregten als gar keine. Die Jungen hörten aufmerksam zu, als Herr und Frau Sontag dieses Thema mit der Therapeutin diskutierten. Die Eltern versicherten, daß sie in Zukunft bewußter auf diese Dynamik achten würden. Sie wollten jetzt positive Verstärkung einsetzen bei Verhalten, das Aufmerksamkeit und Lob verdiente.

Herr Sontag, in Gedanken immer noch damit beschäftigt, was Peters psychische Motive sein mochten, seinen Ärger durch Einkoten auszudrücken, stellte als nächster seine Bilder vor. Er hatte *Peter und sich beim Ballspielen* gezeichnet und erklärte dazu, daß er Peter helfe, ein besserer Baseballwerfer zu werden. Seine Frau stellte die Bemerkung in den Raum: »John, du bist zu streng; du bist ein guter Vater und verbringst viel Zeit mit Peter, aber du bist nie mit seinem Spiel zufrieden.« Zunächst verteidigte sich der Vater: »Ich möchte Peter nur helfen, weil ich weiß, daß er glücklicher ist, wenn er besser spielt. Ich wollte, mein Vater hätte mir auch geholfen.« Frau Sontag gab zurück: »Aber Peter ist nicht du! Sein Vater nimmt sich Zeit für ihn. Dein Vater hat das nicht getan!« Herr Sontag nahm die Aussage seiner Frau zur Kenntnis. Nachdem er eine Zeitlang über die Interaktionen zwischen sich und Peter nachgegrübelt hatte, wandte er sich an Peter: »Vielleicht hat Mutter recht... Glaubst du, ich bin dir gegenüber zu streng?« Als sein Sohn nur die Achseln zuckte und darauf nichts zu antworten wußte, sagte Herr Sontag: »Allmählich glaube ich, daß du dich *auch an mir* rächen willst, indem du in die Hose machst.« »An Ihnen?« fragte die Therapeutin. »Vielleicht nicht an mir, aber ich sehe doch, wie sich Peter verhält – nett und lieb –, aber dann macht er in die Hose, weil er seinen Ärger ausdrücken will.«

Frau Sontag versuchte Peters Einkoten zu verstehen: »Ich glaube, er rächt sich an uns beiden.« Sie wandte sich an die Therapeutin: »Ich komme allmählich zu der Überzeugung, daß wir Peter sehr viel Macht gegeben haben, denn immer wenn er sich beschmutzt, fragen sich mein Mann und ich, was wir falsch gemacht haben.«

Peter war sehr überrascht darüber, daß sich seine Eltern so offen und ehrlich äußerten. Diese Interaktion stand im Gegensatz zu dem sonst in der Familie praktizierten Stil. Er ließ sich kein Wort entgehen, aber das Zurschaustellen der Gefühle schien ihn zu ängstigen. Mikie langweilte die Aufmerksamkeit, die sein Bruder bekam, und er begann, mit der Knetmasse zu spielen.

Damit die Kinder verstehen lernten, wie man positive Aufmerksamkeit auf sich ziehen konnte, wurden sie aufgefordert: *Zeichnet Möglichkeiten, wie ihr von eurem Dad positive Aufmerksamkeit bekommen könnt.*

Peter zeichnete eine Sequenz, in der zu sehen war, wie er: *1) gut Baseball spielte; 2) gute Noten in der Schule bekam; 3) das Auto seines Vaters wusch.*

Nachdem Peter seine Bilder erklärt hatte, wurde er angewiesen: *Zeichne mit Hilfe von Sprechblasen, in die du schreibst, was jeder sagen würde, die Unterhaltung, die du am liebsten mit deinem Vater führen würdest.*

Mit einem breiten Grinsen im Gesicht sagte Peter: »Kapiert« und begann, sich und seinen Vater im Dialog darzustellen: »Dad, ich möchte, daß du mehr mit mir unternimmst,« und der Vater antwortete: »Sohn, ich gehe mit dir am Sonntag in den Park, und wir spielen Ball zusammen.«

Die Eltern forderten Peter auf, offener über seine Bedürfnisse zu sprechen, statt durch Einkoten Aufmerksamkeit auf sich zu ziehen. Die Autorin stellte laut Überlegungen über die eventuellen Vorteile an, die »kleinere Kinder« haben. Peter antwortete von sich aus: »Sie sind wie mein kleiner Hund. Sie spielen nur und haben nichts zu tun.« Dem stimmte die Therapeutin zu und stellte Peter die Aufgabe: *Zeige, was gut daran ist, größer zu sein.*

Peter kombinierte die Collagentechnik mit einer Zeichnung und portraitierte sich selbst beim *Baseballspielen, am Computer, mit einem Freund in einem Spielwarengeschäft, sich allein auf dem Schulweg* und *beim Zelten.* Er legte sie vor und bat dann um die Erlaubnis, seine Bilder an der Wand aufzuhängen. Als Peter seinen Wunsch ausführte, fragte sich die Therapeutin, ob er sich damit im Stillen ein Versprechen abgab, seine infantile Verhaltensweise aufzugeben.

Mikie zeichnete sich bei der Aufgabe, »positive Aufmerksamkeit vom Vater zu erringen«, wie er: *1) sein Zimmer aufräumte; 2) »gut« Ball spielte; 3) rechtzeitig ins Bett ging* und *4) »nett« war.* Mikie, der genausoviel Zeit wie Peter haben wollte, um über sein Bild zu sprechen, erzählte von dem kleinen Hund – wie er beim Füttern, Waschen und Bürsten half. Er wollte genausolange zu Wort kommen wie sein Bruder: Wenn er größer sei, würde er auch Baseball spielen können und mit dem Computer umgehen und mit einem Freund in einen Spielzeugladen gehen; außerdem würde er auch zelten, genau wie Peter. Der Rest der Familie lachte und freute sich über Mikies Wunsch, dieselben Vorteile wie sein Bruder zu haben.

Obwohl es für die klinische Wirksamkeit der Arbeit mit Enkopresis-Patienten wichtig ist, daß die Familie sich ihrer Dynamik bewußt wird, bleibt *Steuerung* eines der wesentlichen Behandlungselemente. Deshalb erklärte die Therapeutin den Sontags, daß bald über Verfahren zur Steuerung gesprochen werden würde.

Siebte Sitzung/Paarsitzung: Mutter und Vater

Das wichtigste Anliegen dieses Treffens mit Herrn und Frau Sontag war es, Frau Sontag klarzumachen, daß sie in Zukunft weder Peter das Gesäß waschen, noch ihn nach dem Baden abtrocknen oder seine Unterhosen wechseln sollte. Die

Therapeutin erklärte ihr, daß diese Art des Kontakts das Kind unnötig stimuliere und dazu diene, es zu infantilisieren. Die Botschaft, die sie Peter damit übermittle, sei: »Du bist ein Baby, und Mami muß für dich sorgen – dich abwischen, dir den Po waschen und deine Unterhosen wechseln.« Ab sofort sollten sie ihrem Sohn klarmachen, daß sich *sein Verhalten zu ändern habe. Er würde von jetzt an die Verantwortung für die Pflege seines Körper selbst übernehmen.* Er sollte sauber bleiben und sich selbst um seine Kleider kümmern. Die Mutter sollte Peter erklären, daß sie ihn nicht länger wie ein Baby behandeln würde, da er neun Jahre alt und *durchaus in der Lage sei, mehr für sich zu sorgen und mehr Eigenverantwortung zu übernehmen.*

In der Kunstpsychotherapie ist es nicht üblich, Informationen anzubieten. Dies ist jedoch unerläßlich, wenn verhaltenstherapeutisch gearbeitet werden soll. Eltern brauchen im Umgang mit dem Problem der Enkopresis bestimmte Kenntnisse, denn diese verschaffen ihnen ein klares Konzept, um ihrem Kind zu helfen. Ebenso wichtig ist die Überzeugung der Eltern, daß sie selbst als Instrument dienen, um das Verhalten ihres Kindes zu verändern. Positives Denken ist von hohem psychologischem Wert und hat mit die größten Einflußmöglichkeiten bei der Heilung von Enkopresis. Ebenso wird nach Meinung der Autorin eine Verhaltensänderung durch die *Überzeugung des Therapeuten erleichtert, daß die Enkopresis, sofern sie nicht organisch bedingt ist, ein Ende haben wird.*

Achte Sitzung/Familiensitzung: Alle Familienmitglieder

Um die Familiendynamik der Sontags noch besser verstehen zu können, wurde ihnen eine Auswahl an künstlerischen Medien zur Verfügung gestellt und dazu die Anweisung erteilt: *Gestaltet etwas zusammen.*

Der Vater, im Bewußtsein seiner bisherigen mangelnden Führungsrolle, sorgte dafür, daß er das Tonpapier auswählte. Beide Eltern hatten beschlossen, ihre Autorität vor den Kindern außer Frage zu stellen. Nach kurzem Beratschlagen von Herrn und Frau Sontag teilten sie den Jungen mit, daß die Familie *zusammen ein Haus machen* würde. Jeder bekam eine Aufgabe zugeteilt, die er auch willig ausführte. Als das Gerüst für das Papierhaus fertig war, nahm Herr Sontag *Spielzeugtoilette, Waschbecken und andere Badezimmerutensilien* und stellte sie hinein. Mit der zuvor vom Vater eingeholten Erlaubnis bastelte Peter dann noch einen *Fahrradständer* und stellte die Figur eines *Jungen* daneben, und auch Mikie machte eine *Figur.* Die Mutter glaubte, daß sich die Jungen mit diesen Figuren selbst dargestellt hatten, und beschloß, ebenfalls eine *Figur von sich selbst* zu gestalten.

Mikie war es, der dann mit dem Spiel begann, indem er seine Figur nahm und ums Haus bewegte. Peter stellte daraufhin seine Figur neben den Fahrradständer. Die Mutter, die diese Geste beobachtet hatte, rief aus: »Oh, da machst du zu Hause immer in die Hose, beim Fahrradständer.« Der Vater war von dieser Information überrascht. Peter warf seiner Mutter einen Blick von der Seite zu, sein Gesichtsausdruck enthüllte dabei jedoch nichts über das, was in ihm vorging.

Die Mutter berichtete weiter, daß Peter fast immer täglich um drei Uhr in die Hose kote – etwa eine halbe Stunde, nachdem er von der Schule heimgekommen war. Die Autorin nahm diesen Hinweis als Anstoß für einen Toilettenplan für Peter. Sie wies den Jungen an, *zwei Uhren zu zeichnen, eine sollte 7.30 Uhr anzeigen, die andere*

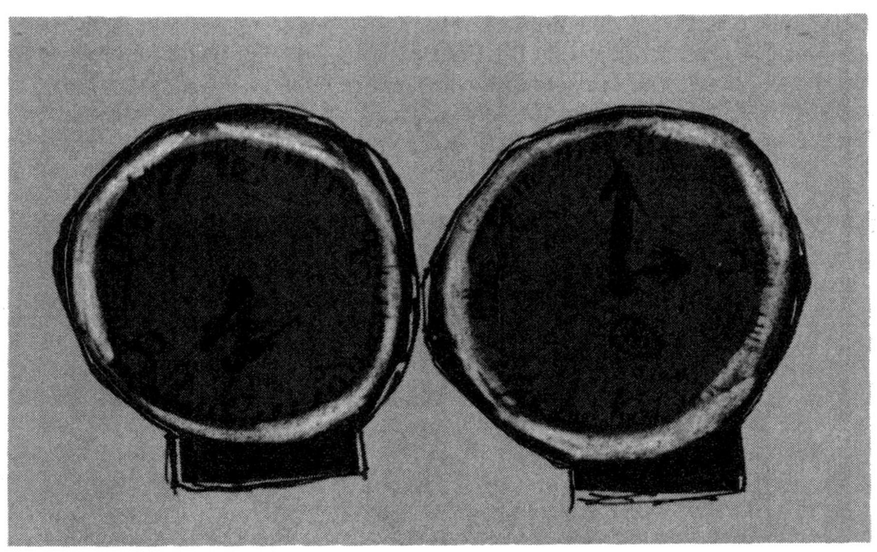

Abb. 47: Ein Toilettenplan

15.00 Uhr (Abbildung 47). Damit auch Mikie einbezogen wurde, sollte auch er *zwei Uhren malen: eine mit der Zeit, um die du aufwachst, die andere mit der Zeit, um die du zu Bett gehst.* Die Eltern bekamen die Aufgabe, *einen Kalender für die Monate März und April anzulegen.*

Als Peter mit seinem Bild fertig war, gab ihm die Therapeutin den Auftrag, sich zwei- oder möglicherweise dreimal täglich für jeweils fünf Minuten auf die Toilette zu setzen. Die Therapeutin wies ausdrücklich auf das Bild und bestimmte als Zeiten dafür 7.30 Uhr, bevor er zur Schule ging, und 15.00 Uhr, wenn er wieder nach Hause gekommen war. Wenn er beide Male keinen Stuhlgang gehabt hatte, solle er sich nach dem Abendessen noch einmal auf die Toilette setzen. Herr und Frau Sontag sollten Peter nur eine Woche lang an diesen Zeitplan erinnern. Danach sollte er selbst die volle Verantwortung für die Einhaltung dieses Planes übernehmen. Als Mikie wissen wollte, welchen Teil er bei diesem Familienprogramm zu übernehmen habe, hieß es, er solle seinen Bruder fragen. Peter, der sich offensichtlich darüber freute, daß die Therapeutin zur Lösung seiner Probleme einen Plan aufgestellt hatte, beauftragte seinen Bruder großzügig, ihn am nächsten Morgen um halb sieben Uhr an den Termin zu erinnern, »denn nächste Woche«, verkündete er stolz, »mache ich das allein«. Bevor Peter die Praxis verließ, fragte er die Autorin, ob er seine Zeichnung von den Uhren mit nach Hause nehmen dürfe. Die Regel, daß alle künstlerischen Arbeiten im Therapiezimmer bleiben sollten, wurde noch einmal wiederholt. Aber Peter und Mikie bekamen Papier und Kreiden für zu Hause. Die Therapeutin regte Peter an, seine Uhren zu Hause noch einmal zu malen. Ein solches zusätzliches Bild hatte den doppelten Zweck der Verstärkung des Zeitplanes und diente zudem als Übergangsobjekt.

Neunte Sitzung/Paarsitzung: Mutter und Vater

Peter lag mit Grippe im Bett. Anstatt den Termin abzusagen oder die Eltern und Mikie ohne Peter kommen zu lassen, setzte die Therapeutin eine Sitzung für Herrn und Frau Sontag fest. Beide waren guter Stimmung, als sie in die Praxis kamen, und berichteten, daß Peter zu Beginn der Woche einige Male *nicht eingekotet* habe, jedoch dann in seine alte Gewohnheit zurückgefallen sei. Auf die Frage, wie sie auf Peters Leistung reagiert hätten, erklärte der Vater: »Wir wollten kein Theater wegen etwas machen, was jeder Dreijährige kann.«

Die Therapeutin erklärte den Eltern jedoch, daß es für Peter sehr wichtig sei, positive Verstärkung zu erhalten, um motiviert zu bleiben. Sie sollten in Zukunft ihren Sohn jedes Mal, wenn er seinen Stuhl bewußt steuerte, loben. Die Klinikerin erinnerte sie noch einmal daran, daß Peter bisher Aufmerksamkeit nur durch negatives Verhalten errungen hatte. Jetzt war es notwendig, das *Negative zu ignorieren* und das *Positive herauszustellen.* Sie sollten ihm für jeden erfolgreichen Versuch, sein Problem zu meistern, Anerkennung schenken. Betont wurde die Würdigung seiner anfänglichen Siege. Mit einfachen Worten wiederholte die Autorin: »Wenn Peter in Zukunft sauber bleibt, sagen Sie ihm, wie stolz Sie auf ihn sind, weil er verantwortungsbewußt die Toilette benutzt hat.« Peter sollte sich weiterhin täglich fünf bis zehn Minuten, jeweils um 7.30 Uhr und 15 Uhr, auf die Toilette setzen und, falls nötig, noch einmal nach dem Abendessen.

Frau Sontag erwähnte, daß ihr das gemeinsame Zeichnen mit der Familie sehr große Einsichten vermittle und ihr helfe zu verstehen, wo Änderungen notwendig waren. Sie erzählte von ihren Versuchen, nicht mehr »so sehr in ihre eigenen Dinge verwickelt zu sein« und die Kommunikation zu verbessern.

Um den Kommunikationsstil des Ehepaares in Abwesenheit der Kinder zu untersuchen, sollten sie *etwas Kreatives zusammen machen.*

Ohne sich über das Thema zu beraten, bauten sie miteinander aus buntem Tonpapier ein Haus. Sie suchten dann Spielzeugmöbel aus, um es einzurichten. Frau Sontag pickte an einer Stelle eine Spielwaschmaschine heraus und forderte ihren Mann auf, dazu einen Waschraum zu machen, da die Waschmaschine das wichtigste Gerät im Haus sei. Als die Therapeutin Frau Sontag fragte, warum die Maschine denn so wichtig sei, erwiderte sie: »Wegen all der riechenden Kleider. Die Maschine läuft jeden Tag... Ich muß die uringetränkten Bettücher der Kinder abziehen. Ich habe Ihnen ja erzählt, daß ich auf Händen und Knien nach Peters pitschnassen Schlafanzügen und seinen mit Kot verschmutzten Unterhosen suchen muß. Können Sie sich vorstellen, wie meine tägliche Wäsche aussieht?« Sie fing an zu weinen, als sie daran dachte, wie wütend und zugleich schuldbewußt sie sich deshalb oft fühlte. Herr Sontag strich ihr tröstend über die Hand.

Die Therapeutin erinnerte die Eltern noch einmal daran, Peter an jedem Tag positive Verstärkung zu geben, an dem es ihm gelang, seinen Stuhl in die Toilette zu verrichten. Zusätzlich sollte Peter von jetzt an seine nassen und verschmutzten Kleider und Bettücher selbst in die Waschmaschine stecken. Er sollte auch sein Bett frisch beziehen. Die Mutter wurde noch einmal daran erinnert, daß sie Peters Anus, Po und/oder Penis nicht waschen und Peter immer wieder auf seine eigene Verantwortung für die Reinigung seines Körpers hinweisen sollte. (Die mehrfache Wiederholung dieser Worte war Absicht und sollte »einprägend« wirken.)

In Erinnerung an den Kommunikationsstil der Eltern wies die Therapeutin sie an,

Abb. 48: Stuhlgang

es zu unterlassen, Anweisungen etwa in Frageform zu verkleiden. Wenn die Eltern wollten, daß die Kinder etwas erledigten, dann sollten sie ihnen dies klar und direkt sagen. Zum Beispiel sollten sie, statt zu fragen: »Würdest du dich selbst abtrocknen?«, sagen: »Trockne dich selbst ab.«

Einzelsitzung: Peter

Als Peter in den Kunsttherapie-Raum kam, fiel ihm auf, daß das gemeinsame Wandbild der Familie (das einige Wochen zuvor gemalt worden war) noch immer an der Wand hing. Nach der Begrüßung ging er hinüber und musterte es nachdenklich. Peter schwieg einige Minuten und wandte sich dann an die Therapeutin mit der Bemerkung, er habe seit seinem letzten Besuch zahlreiche Male erfolgreich seinen Stuhlgang in die Toilette verrichtet. Das Kind berichtete, es habe die Erfahrung gemacht, daß es jeweils um 7.30 Uhr und 15 Uhr, wenn es auf der Toilette saß, den Drang zum Koten verspüre. Es erzählte der Therapeutin: »Ich habe jedes Mal sehr viel gemacht.« Die Therapeutin lobte ihn sehr dafür, daß er auf die Toilette ging, statt seine Hose schmutzig zu machen. Um seinen Erfolg zu verstärken, sollte er »sich selbst beim Machen auf der Toilette zeichnen«.

Peter setzte sich mit Begeisterung an seine Aufgabe und gab dem Bild dann befriedigt den Titel: »Ich auf der Toilette«. Es war interessant, daß er das Wort »beim Machen« ausgelassen hatte: Das war ein Hinweis darauf, daß er sich sträubte, die Kontrolle aufzugeben. Die Therapeutin fragte ihn, was auf dem Bild fehle, und er rätselte eine Weile darüber nach. Da er offenbar nicht selbst auf die Antwort kam, wurde er daran erinnert, daß er sich beim *Machen* hatte darstellen sollen. Sein

Gesicht leuchtete auf, und er sagte: »Ich verstehe – ich habe den Stuhl weggelassen. Auf dem Bild sitze ich nur auf der Toilette und mache nichts.« Daraufhin malte er auf die linke Blattseite ein großes Stück Kot und gab dem Bild diesmal den korrekten Titel (Abbildung 48).

Einzelsitzung: Peter

In der folgenden Sitzung bat Peter darum, alle Arbeiten noch einmal anzusehen, die er allein oder mit der Familie produziert hatte. Als die Therapeutin zum Schrank ging, um sie herauszuholen, sagte Peter, es sei eine gute Idee von ihr, die Bilder aufzubewahren, denn so könne er noch einmal alle anschauen. Beim Betrachten der Werke erinnerte er sich an die Unterhaltungen, die sie begleitet hatten. Besondere Aufmerksamkeit schenkte er dem Knetmassen-Exkrement, das in der Schachtel verwahrt war. Die Durchsicht der Arbeiten befriedigte ihn offenbar.

Als er dann zu den Kunstmaterialien zurückkehrte, wählte er Knetmasse aus und modellierte daraus eine *Armbanduhr,* die *neun Uhr* anzeigte. Unaufgefordert erzählte er dazu, daß er gestern abend um neun Uhr ins Bett gegangen, nach fünf Minuten wieder aufgestanden und auf die Toilette gegangen sei, um dort seinen Stuhlgang zu verrichten. Die Therapeutin lobte ihn sehr dafür, daß er seine Verdauungsvorgänge auch zu anderen Zeiten als um 7.30 Uhr und 15 Uhr steuern könne, da ihm dies größere Bewegungsfreiheit verschaffe und bestätige, daß er Kontrolle über seinen Körper habe.

Bericht über Peters Einzelsitzungen

Als Peter erkannte, daß er der Therapeutin vertrauen konnte, begann sich seine Haltung zu verändern. Er gab sich nun anders, wurde freundlich, scherzte und zeigte seine warmen Gefühle.

Einige Wochen lang beschäftigten er und die Therapeutin sich mit einer Reihe gemeinsamer künstlerischer Projekte. Dabei gab es verschiedene Regeln; wenn Peter Hilfe brauchte, mußte er dies klar zum Ausdruck bringen, indem er zum Beispiel sagte: »Ich brauche Hilfe.« Wenn er frustriert war oder sich ärgerte, sollte er diese Gefühle laut äußern. Auf diese Weise, so erklärte ihm die Therapeutin, würde sie seine Bedürfnisse und Gefühle verstehen; ihre künstlerische Arbeit würde damit befriedigender verlaufen.

Obwohl Peter lernte, sich kreativ auszudrücken, fehlten doch Ärger oder Furcht in der Skala seiner Äußerungen. Das war deshalb besonders bemerkenswert, weil gerade diese verdrängten Gefühle häufig herausragender Bestandteil der Enkopresis-Dynamik sind. Deshalb bekam Peter Gelegenheit, wütende und aggressive Phantasien zum Ausdruck zu bringen. Seine metaphorischen Figuren traten in Verkleidung von Düsenbombern, Haien und Drachen auf. Bei den seltenen Gelegenheiten, bei denen auch Menschen beteiligt waren, übernahmen sie die Rolle der Opfer. Am liebsten hatte Peter Themen, die sich um ödipale Konflikte und Kastrationsängste drehten. Als die Familie Peters Werke zu sehen bekam, verstand sie zwar die unter den Bildern verborgene Bedeutung nicht, war aber sehr von ihrer künstlerischen Qualität beeindruckt. Ein Beispiel für ein ödipales Thema Peters war seine Skulptur mit dem Titel »König Arthurs Schloß« (Abbildung 49A). Dazu diktierte er der Autorin die folgende Geschichte:

Abb. 49A: König Arthurs Schloß

»Es war einmal ein grausamer Drachen (Abbildung 49B), der wollte das Schloß zerstören und die Wächter töten. Er mochte die Wächter und den König nicht, weil sie ihm mit ihren großen, starken Schwertern weh tun wollten.

Der Drachen schleicht sich ein und greift nachts an. Dann setzt er das Schloß in Brand, indem er Rauch aus seinem Maul bläst.

Dann wacht König Arthur auf, der mit Königin Guinevere im Bett ist. Sie ruft die Wache. Dann entkommt der Drachen, indem er sich wieder auf demselben Weg hinausschleicht, auf dem er hereingekommen ist. Dann brennt das ganze Schloß nieder.

König Arthurs Geld war verbrannt, so daß er sich kein neues Schloß besorgen konnte. Die Königin ging zum Drachen und lebte mit ihm. Sie lebten in Frieden zusammen bis zum Ende ihrer Tage.«

Da die Autorin glaubte, daß es für Peter wichtig war, daß er seine Aggression auf eine nicht bedrohliche Art ausdrücken konnte, erfand sie das Spiel AUSLÖSCHEN. Kind und Therapeutin malten dabei gemeinsam auf einem Blatt Papier. Jeder hatte seine eigene Farbe. Wenn die Therapeutin zeichnete, sollte Peter anschließend ihre Zeichnungen überkritzeln. Das Tempo wurde immer schneller, und Peter mußte sich beeilen, um beim Überkritzeln mit der Zeichengeschwindigkeit der Therapeutin Schritt zu halten.

Diese Interaktion machte dem Kind immer Spaß und gab ihm ein Gefühl von Macht. Die Therapeutin erklärte Peter: »Jemand beim Zeichnen auszulöschen ist gut, aber im Alltagsleben ist es nicht gut.« (Abbildung 50)

Abb. 49B: Ein feuriger Drachen

Abb. 50: Auslöschen

Zehnte Sitzung/Familiensitzung: Alle Familienmitglieder

Für die Familie Sontag, in der Peter und sein Vater ärgerliche Gefühle tarnten und die Mutter lernen mußte, bestimmender zu werden, wurden spezifische Teamaufgaben und Techniken entwickelt. Vater und Sohn sollten zusammen *ein Paar bilden* und *aus der Schachtel mit dem Collagenmaterial fünf Fotos von ärgerlichen Leuten aussuchen;* das Team Mutter/Mikie bekam die Aufgabe: *Sucht nur drei Fotos von Leuten aus, die etwas Bestimmtes tun. Beide Teams kleben ihre Bilder auf ihren eigenen Bogen unbedrucktes Zeitungspapier. Wenn alle fertig sind, überlegt, was jede Person auf dem Foto denkt, sagt oder am liebsten sagen möchte. Schreibt die Antworten auf das Blatt.*

Nach mehreren solcher Anweisungen begann die Autorin die einzelnen Aussagen der Personen auf dem Bild als den Gefühlen der Familienmitglieder ähnlich zu interpretieren. Dieses Vorgehen hat einerseits die Vorzüge des Rollenspiels und vermittelt andererseits Einsichten. Es ebnete hier den Weg zum Verständnis von Peters Verhalten im Hinblick auf *Ursache* und *Wirkung,* das heißt, welche Situationen Wut auslösten, aber durch seinen Affekt und seine verbale Kommunikation verschleiert wurden.

Elfte Sitzung/Gemeinsame Sitzung: Peter und Vater

Da Frau Sontag und Mikie an einem Schultreffen teilnehmen mußten, wurde eine gemeinsame Sitzung für Peter und seinen Vater abgehalten. Bei ihrer Ankunft wirkten beide erregt. Auf die Frage, was los sei, sah Peter weg, setzte sich an den Tisch und begann auf ein Blatt Papier zu kritzeln. Auch Herr Sontag setzte sich und erklärte, daß er von Peter enttäuscht sei. Der Junge hatte schon häufig darum gebeten, allein von der Schule nach Hause gehen zu dürfen, und bekam seinen Wunsch schließlich erfüllt. Eine Woche lang ging alles gut, dann hielt er sich eines Tages noch bei einem Freund zum Spielen auf, statt direkt nach Hause zu gehen.

Die Sontags machten sich große Sorgen, als Peter nicht zur gewohnten Zeit nach Hause kam. Mit der Begründung, ihr Sohn habe sein Privileg mißbraucht, bestraften sie ihn, indem sie ihm die Erlaubnis, allein von der Schule nach Hause zu gehen, wieder entzogen. Herr Sontag fuhr fort zu berichten, nach seiner Meinung bestünde eine direkte Wechselwirkung zwischen dieser Bestrafung und Peters darauffolgendem regressiven Einkoten in ebendieser Woche. Aufgrund von Peters nichtssagendem Gesichtsausdruck war schwer zu beurteilen, was er von dieser Behauptung seines Vaters hielt. Als Herr Sontag gefragt wurde, ob Peter verstanden hatte, daß ein Mißbrauch seines Vorrechts eine Bestrafung nach sich ziehen würde, verneinte er das. Obwohl Peter in der Therapeutin eine Verbündete sah, verweigerte er sich trotz ihrer Aufforderung, seine Meinung dazu zu sagen, trotzig jedem Gespräch.

Die Therapeutin schob dem Jungen ein Blatt Papier zu und schlug ihm vor, *einen Plan zu entwerfen, der vielleicht künftige Schwierigkeiten vermeiden hilft.*

Peter dachte eine Weile nach und zeichnete dann, immer noch schweigend, *zwei Figuren,* die er als ICH und VATER kennzeichnete. Mit Hilfe einer Sprechblase ließ er seinen Vater sagen: »Mein Sohn, du bist nicht sofort nach Hause gekommen. Das war schlimm. Tu das nicht wieder. Wenn du beim nächsten Mal nicht gleich nach Hause kommst, dann darfst du eine Woche nicht fernsehen und bekommst keinen

Nachtisch.« Sich selbst ließ er antworten: »Gut. Es tut mir leid, Dad. Ich wußte nicht, daß ihr euch Sorgen gemacht habt. Ich werde es nicht wieder tun.«

Dieses Bild löste eine Unterhaltung zwischen Vater und Sohn aus. Es ging darum, in Zukunft ähnliche Mißverständnisse gar nicht erst entstehen zu lassen. Die Therapeutin nutzte den Vorfall für eine Deutung und sagte zu Peter: »Es scheint, daß deine Eltern, wenn sie dir mehr an den Erwachsenen orientierte Privilegien geben, dich zum Beispiel allein von der Schule nach Hause gehen lassen, von dir auch ein erwachseneres Benehmen erwarten. Ich glaube, daß es so etwas wie *ein stummer Wutanfall von dir ist, wenn du deine Hosen schmutzig machst.«*

Die Therapeutin verwies auf das erste Bild der Familie, bei dessen Entstehen die Familienmitglieder nicht miteinander kommuniziert hatten. Sie erinnerte Peter daran, *daß keiner wissen könne, was er fühlte, wenn er es nicht aussprach.* Da alle gerade erst die Notwendigkeit erkannt hatten, sich auszudrücken, war es besonders wichtig, auszusprechen, was man wollte, sich dabei klar zu äußern und nicht zu erwarten, daß die anderen errieten, was in einem vorging.

Die Klinikerin sagte Peter: »Wenn du dich über deinen Vater ärgerst, weil er dich deiner Meinung nach ungerecht bestraft, dann mußt du ihm das sagen. Damit, daß du deine Hose schmutzig machst, löst du keine Meinungsverschiedenheiten. Ich weiß, daß es schwer ist, sich zu ändern und seine Gefühle offen auszusprechen, aber du wirst sicher herausfinden, daß es mehr Vorteile hat. Du wirst dich besser fühlen, wenn du es tust.«

Herr Sontag konnte sich in seinen Sohn einfühlen und erklärte, daß er selbst sich viel Mühe gebe, sich anders zu verhalten. Er hatte gehofft, daß Peter sich frei genug fühlen würde, seine Meinung zu äußern, vor allem vor dem Hintergrund, daß er ihn noch nie körperlich bestraft habe: »Du hast nichts zu befürchten«, sagte er zu seinem Sohn. »Durch Reden kann nur Gutes passieren. Verhandlungen sind immer möglich, wenn wir alle sagen, was wir denken. Wenn du von nun an für dein Benehmen bestraft wirst, wirst du vorher wissen, welche Strafe und bei welchem Anlaß sie dich erwartet und wie lange sie dauern wird.«

Peter und sein Vater machten einen erleichterten Eindruck, weil sie glaubten, daß sie sich in einem wichtigen Punkt verständigt hatten.

Zwölfte Sitzung/Paarsitzung: Mutter und Vater

In dieser gemeinsamen Sitzung der Eltern bezog sich die Therapeutin auf Herrn Sontags Aussage in der vorhergegangenen Stunde, Peter könne seine Meinung ohne Angst vor Konsequenzen (vor allem körperlicher Bestrafung) äußern. Die Therapeutin erklärte dazu, daß viele Kinder sich nicht so sehr vor körperlicher Strafe fürchteten als vielmehr vor elterlichem Liebesentzug. Um den Sontags zu helfen, die unverbindliche Art zu verstehen, mit der Peter mit seiner Unzufriedenheit umging, erklärte sie ihnen dessen Abwehrmechanismus: Er gab seine Gefühle deshalb nicht preis, weil er darin eine Möglichkeit sah, die Dinge sicher und im Gleichgewicht zu bewahren. Auch wenn dies unausgesprochen blieb, sah die Therapeutin in dieser Abwehr einen Kampf um die Familienhomöostase. Noch einmal wurden die Eltern aufgefordert, klare Botschaften zu geben, aus denen ihre Erwartungen deutlich wurden. Wenn Belohnungen oder Strafen ausgesprochen wurden, sollten sie dafür sorgen, daß sie den Kindern die Gründe dafür mitteilten. Zudem wurden die Eltern schon jetzt davor gewarnt, *daß es ihnen nicht immer gefallen werde, was sie zu*

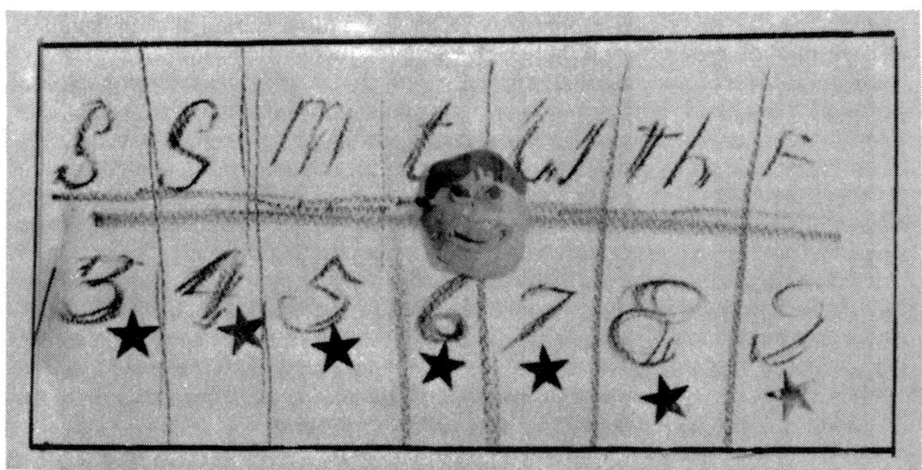

Abb. 51: Ein Erfolg: kein Einkoten

hören bekämen, wenn Peter sich sicher genug fühlte, seine Gedanken und Gefühle zu äußern. Vermutlich würde es ihr Leben erschweren, da sie dann vielfältiger gefordert würden. Das Ehepaar akzeptierte die Aussagen der Autorin, meinte jedoch, es sei die Folgen wert, wenn das Schuldgefühle auslösende und sozial peinliche Einkoten aufhöre.

Dreizehnte Sitzung/Familiensitzung: Alle Familienmitglieder

Obwohl es schon lange her war, seit Herr und Frau Sontag ihr Haus aus Tonpapier gemacht hatten, entwickelte Mikie plötzlich großes Interesse daran. Als er die Therapeutin fragte, ob er daran weiterarbeiten dürfe, überließ sie die Entscheidung den Eltern. Diese schlugen vor, zusammen mit Mikie an dem Haus zu arbeiten, während Peter nach eigenem Wunsch etwas Selbständiges machen durfte.

Peter modellierte aus Knetmasse *sich selbst mit einem lächelnden Gesicht.* Dieses preßte er auf Tonpapier, auf das er dann einen *einwöchigen Kalender* zeichnete. Er hatte eine ganz genaue Vorstellung davon, was er machen wollte, und *klebte auf jeden Wochentag goldene Sterne.* Als Peter gebeten wurde, über seine Arbeit zu sprechen, erklärte er, daß er die ganze Woche lang seine Hose nicht verschmutzt habe (Abbildung 51). Die Autorin muß zugeben, daß nicht nur Peter stolz auf seine Leistung und voller Hoffnung war, sondern auch sie selbst. Dieser Tatbestand ermöglichte nämlich eine sehr positive Prognose auf die vollständige Heilung von Peters Enkopresis.

Vierzehnte Sitzung/Familiensitzung: Alle Familienmitglieder

Bevor die Familie noch Platz genommen hatte, berichteten Herr und Frau Sontag voller Stolz von Peters Fortschritten: Er hatte fast die ganze Woche seinen Stuhlgang auf der Toilette verrichtet. Außerdem kämen jetzt alle »besser miteinander aus«. Um diese Erfolge zu verstärken, bekamen die Familienmitglieder die Aufgabe, zu *zeichnen, warum eure Familie besser miteinander auskommt.*

Der *Vater* zeichnete *Peter auf der Toilette,* die *Mutter* die *Jungen, wie sie ihre nassen Schlafanzüge und Bettlaken in die Waschmaschine steckten, Peter* zeichnete seinen *Vater, der ihm half, sein Fahrrad zu reparieren,* und *Mikie* zeigte *Peter, wie dieser ihm bei seiner Briefmarkensammlung zur Hand ging.* Die Sontags sprachen über die Veränderungen, die in der Familie stattfanden. Da sie in besonders guter Stimmung waren, beschlossen sie von sich aus, *noch ein Wandbild zusammen zu malen,* dem sie schon vorab den Titel »Super-Boys« gaben. Es stellte Peter und Mikie dar, die als Supermann verkleidet im Hof herumtobten, während die Mutter in der Küche arbeitete und der Vater mit dem Auto beschäftigt war.

Fünfzehnte Sitzung/Familiensitzung: Mutter, Vater und Peter

Zu dieser Kunsttherapie-Sitzung kamen nur die Eltern und Peter, da Mikie zu einer Party eingeladen war und keine Zeit hatte. Die Familie wurde aufgefordert, selbst *zu entscheiden, was sie machen wollte.* Peter schlug vor, daß sich sein Vater und seine Mutter zusammentaten, während er sich mit einer »eigenen Sache« beschäftigen wollte. Die Therapeutin sah dies als positives Zeichen dafür, daß er an seinem ödipalen Konflikt arbeitete, da er sich symbolisch ausgrenzte und seine Eltern als Paar wahrnahm.

Peter stellte seine *Mutter und seinen Vater mit lächelnden Gesichtern* dar. Interessant ist, wie er seine Eltern zeichnete. Früher waren seine Figuren immer klein und in schwacher und skizzenhafter Manier gezeichnet gewesen, aber jetzt hatte sein Strich Kraft, und die Figuren der Eltern besaßen Substanz. Peter bekam die Anweisung *niederzuschreiben, was die Eltern auf dem Bild sagen.* In die Sprechblase über seinen Vaters schrieb er: »Ich bin stolz auf dich, Sohn«, in die seiner Mutter: »Sehr gut!« Die Eltern freuten sich über diese Botschaft. Später gab Peter seinem Bild den Titel: »Glückliche Eltern, weil ich nicht mehr in die Hose mache.« (Abbildung 52)

Als die Familie den Behandlungsraum verließ, versicherte Herr Sontag der Therapeutin, wie glücklich er und die Familie mit den von ihr aufgestellten Verhaltensregeln und den Erfolgen ihres Sohnes seien.

Sechzehnte bis zwanzigste Sitzung/Familiensitzung: Alle Familienmitglieder

In den Sitzungen sechzehn, siebzehn, achtzehn und neunzehn, die hier nicht dargestellt werden, wurde Peters Enkopresis nicht erwähnt. In diesen Kunsttherapie-Sitzungen ging es um alltägliche Entscheidungen und Probleme. Besonderer Wert wurde dabei auf eine offene Kommunikation gelegt.

In der zwanzigsten Sitzung berichtete die Familie triumphierend, daß Peter *vollständig mit dem Einkoten aufgehört* habe. Er ging jetzt täglich, gegen vier Uhr, zu Hause auf die Toilette.

Die Therapeutin schlug ein *Familienprojekt vor mit dem Thema: Der Grund, warum ihr JETZT zur Familientherapie kommt.* Die Familie entschied, daß jeder ein eigenes Bild malen sollte, dann würden alle vier Bilder zusammen auf einen großen

HAPPY PARENTS BECAUSE I
DON'T DO A B.M. ANYMORE

Abb. 52: Die Eltern sind glücklich

Bogen geklebt. Als alle fertig waren, legte die Mutter ihres freiwillig als erste vor. Sie hatte die *Jungen, wie sie nachts ins Bett nässen,* gemalt. Betitelt hatte sie ihr Bild: »Mehr Hilfe.« Der *Vater* sah, daß er ein *ähnliches Thema* gewählt hatte, dessen Titel lautete: »Weitergehen zum nächsten Problem«. *Peters* Zeichnung zeigte *Mikie, der mit seinen Spielsachen spielte,* und der Titel lautete: »Mein Bruder ist eine Plage.« Auch *Mikies* Bild war eine *Beschwerde:* »Mein Bruder will nie mit mir spielen.« Er bat seine Mutter niederzuschreiben: »Peter ist gemein zu mir.«

Die Familie wurde angeleitet, über Peters und Mikies Klagen und Lösungsmöglichkeiten zu sprechen. Es fielen einige Vorschläge, dann entschlossen sich die Sontags, wie es angemessen war, ihre Probleme zu Hause zu lösen. Die Aufmerksamkeit richtete sich nun auf die Bilder von Vater und Mutter, in denen der Wunsch nach »mehr Hilfe« und das »Weitergehen zum nächsten Problem« zum Ausdruck kamen.

Die Familie kam überein, als nächstes an Peters Problem des Bettnässens zu arbeiten. Die Autorin kündigte den Sontags in einem Gefühl von Omnipotenz enthusiastisch für das nächste Mal einen *Selbststeuerungsplan zur Bewältigung der Enuresis* an.

Einzelsitzung: Peter

Nachdem Peter sich einverstanden erklärt hatte, an seinem Enuresis-Problem zu arbeiten, bekam er die Instruktion, den Wecker auf zwei Uhr nachts zu stellen und zu dieser Zeit dann auf die Toilette zu gehen. Ohne Aufforderung ging Peter daran, *eine Uhr zu zeichnen, deren Wecker auf zwei Uhr eingestellt war.* Die Therapeutin meinte, sie fände es eine gute Idee, wenn er seine Zukunftspläne zeichnerisch darstellen würde.

Peter sollte versuchen, zunächst um zwei Uhr nachts aufzustehen, und herausfinden, ob das der beste Zeitpunkt für ihn war. Falls er beim Aufwachen schon naß war, sollte er sich den Wecker in der folgenden Nacht auf einen früheren Zeitpunkt stellen. Peter war ganz aufgeregt über die Aussicht, daß sein »letztes Problem« in Angriff genommen wurde, denn das hatte ihn bisher daran gehindert, mit Freunden über Nacht zum Zelten zu gehen.

Einundzwangzigste Sitzung/Familiensitzung: Alle Familienmitglieder

Peter sprach die Therapeutin gleich beim Betreten des Raumes an. Er berichtete, daß er den Wecker mehrmals neu hatte stellen müssen, da er ihn überhört hatte. Er beschwerte sich, daß er sein Klingeln nicht hören konnte, wenn er nicht einige Zeit wach blieb. Die Therapeutin regte an, daß er einen anderen, lauteren Wecker bekam, der ihn zuverlässig wecken würde.

Als die Familienmitglieder jeweils allein etwas modellieren sollten, formte Peter mit sehr viel Sorgfalt ein *Bett.* Der Therapeutin fiel sofort auf, daß seine Skulptur (wie auch sein eigenes Bett zu Hause) eine *Wassermatratze* hatte. In der Vergangenheit hatte die Therapeutin der Art der Betten, in denen bettnässende Patienten schliefen, wenig Beachtung geschenkt, auch deshalb, weil sie viele Kinder behandelt hatte, bevor das »Wasserbett« auf dem Markt kam. Aber dieses Mal beschäftigte sie sich damit, welche Wirkung wohl ein sich wellenförmig bewegendes, warmes Wasserbett auf einen an Enuresis leidenden Patienten haben konnte. Sie hielt es für möglich, daß die wohltuende Bewegung des Wassers an die intrauterine Erfahrung erinnerte. Auch konnte der Komfort des (auch bei Nässe) warmen Bettes das Kind weiter in den Schlaf lullen und so das Bettnässen fördern.

Die Autorin fragte sich, ob eine normale Matraze, die weniger Bequemlichkeit bot, die Motivation fördern würde, mit dem Bettnässen aufzuhören. Als sie diese Überlegung gegenüber Herrn und Frau Sontag äußerte, baten diese um etwas Zeit, bevor sie das Geld für eine neue Matraze ausgaben.

Zweiundzwanzigste Sitzung/Familiensitzung: Alle Familienmitglieder

Die Familie bestimmte den Sitzungsverlauf von Anfang an. Sie beschloß, *eine gemeinsame Familienskulptur zu schaffen* mit dem Thema: *Was wir letzte Woche getan haben.* Das Ergebnis zeigte die *Familie beim Aufräumen des Jungenzimmers,* beim »Entrümpeln des Babyspielzeugs«, was, wie die Sontags zugaben, schon längst überfällig gewesen war. Die Therapeutin interpretierte die Aktivitäten der Eltern als Weg, den Kindern zu helfen, erwachsen zu werden und ihr »kindisches« Verhalten abzulegen. Sie wies ausdrücklich darauf hin, daß diese Aktivitäten parallel zur Arbeit an Darm- und Blasenkontrolle verliefen und diese unterstützten.

Das Ergebnis dieser gemeinsamen kreativen Arbeit war ästhetisch herausragend. Die Familie konnte daran ihre kreative Begabung zeigen und, was wichtiger war, ihre Anpassungsfähigkeit bei der gemeinsamen Arbeit zu Hause und in der Therapie.

Dreiundzwanzigste Sitzung/Familiensitzung: Alle Familienmitglieder

Die Therapeutin beauftragte Herrn Sontag, die Sitzung zu beginnen, und er teilte der Familie mit: *Wir werden zusammen ein Wandbild gestalten.* Als Mikie eilig zur Zeichenwand ging, wollte Peter vor ihm dort sein. Der Vater wollte die Verständigung fördern und sagte: »Laßt uns darüber reden, wie wir an dieses Bild herangehen. Peter, hast du einen Vorschlag?« Peter traf diese Frage unerwartet; er sah verwirrt aus, als er die Achseln zuckte. Die Mutter, besorgt, weil ihr Sohn in Verlegenheit gebracht worden war, begann zu intervenieren. Aber der Vater verteidigte sich und forderte Peter auf: »Wenn du anfangen möchtest, dann sag es mir.«

Daraufhin Peter: »Dieses Mal möchte ich anfangen.« »Schön«, erwiderte Herr Sontag. »Dann wollen wir darüber sprechen, wie wir insgesamt vorgehen. Sollen wir uns abwechseln oder alle gleichzeitig malen oder was?« Peter schlug vor, daß er, wenn *er beginnen dürfe, das Papier in vier gleiche Teile aufteilen würde, für jedes Familienmitglied einen.* Als alle diese Idee gut fanden, teilte Peter die Seite auf. In seinen eigenen Abschnitt schrieb er zunächst den Titel »Mein Zimmer« und zeichnete dann *sich selbst im Bett und auf einem Regal darüber den Wecker.* Später erklärte er noch zum Bild: »Der Wecker hat geläutet, und es ist Zeit aufzustehen, ins Bad zu gehen und zu urinieren.« (Abbildung 53)

Nachdem Mikie das Bild seines Bruders gesehen hatte, zeichnete er sich im Bett. Das sei sein ureigener Plan, in Zukunft auch nachts auf die Toilette zu gehen, statt ins Bett zu nässen, sagte er.

Peter und Mikie bekamen die Anweisung, mit bildnerischen Mitteln *darzustellen,*

Abb. 53: Ein Plan zur Behandlung der Enuresis

was nachts gewöhnlich geschieht. Peter zeichnete sich selbst beim Bettnässen, und Mikie kopierte sein Bild. Nachdem die Jungen ihre Bilder vorgelegt hatten, sahen alle die Therapeutin an. Die positive Übertragung und das uneingeschränkte Vertrauen der Familie in ihre Fähigkeit, auch hier wieder zu helfen, steigerten ihre Gefühle der Omnipotenz (was sie später bereuen sollte). Mit großem Zutrauen stellte sie mehrere Regeln auf:

1. Die Kinder sind dafür zuständig, ihre nassen Bettücher und Schlafanzüge selbst in die Waschmaschine zu stecken.
2. Vor dem Zubettgehen wird uriniert.
3. Der Wecker wird auf eine Stunde vor dem üblichen Zeitpunkt des Bettnässens gestellt.
4. Ein Belohnungssystem wird eingeführt.

Herr und Frau Sontags Bilder von lächelnden Menschen spiegelten ihre Freude über die Entschlossenheit der Jungen wider, dem Bettnässen ein Ende zu setzen.

Einzelsitzung: Peter

Die Kunsttherapie-Sitzung begann damit, daß Peter beschloß, eines seiner Lieblingsthemen zu gestalten, ein *Düsenflugzeug*. Während er das Flugzeug aus Knetmasse modellierte, diktierte er folgendes: »Dieses Mal möchte ich, daß es *richtig* fliegt. Kein Sturzflug und kein Kampf. Das wird ein *Nachtflug. Der Pilot ist ein Gewinner.*« Peter fragte, ob die Therapeutin bei seinem Projekt mitmachen wolle, auch wenn er weiter der Bestimmende blieb. An einer Stelle wurde die Ausführung der Skulptur ziemlich kompliziert und warf einige Probleme auf. Als Peter, entschlossen, sein Flugzeug irgendwie aufzuhängen, der Ausführung dieses Vorhabens nicht gewachsen war, machte die Therapeutin absichtlich keine Lösungsvorschläge, da es für Peter wichtig und förderlich war, daß er laut und deutlich um Hilfe bat.

Als er dies schließlich tat, sagte ihm die Therapeutin, er solle sich einen Karton aussuchen. Dessen Deckel wurde abgenommen, dann wurde er auf die Seite gestellt, um eine Art Bühneneffekt zu erreichen. Peter bekam den Rat, eine Schnur um das Flugzeug zu binden und diese oben auf der Außenseite des Kartons zu befestigen. Dadurch schwebte das Flugzeug in der Luft. Peter war begeistert und konnte es kaum erwarten, den Hintergrund auszuschmücken. Er verwendete dazu schwarzes Papier als Nachthimmel, auf das er mit weißer Ölkreide Sterne malte (Abbildung 54).

Als das Werk fertig war, zog die Autorin eine Parallele zwischen einem Piloten, der einen erfolgreichen Nachtflug hinter sich bringt, und Peters Wunsch, den Gang zur Toilette zu bewältigen. Peter kicherte fröhlich, als ihm bewußt wurde, wie er über seine künstlerischen Produkte seine inneren Wünsche ausdrückte.

Der Prozeß von Peters dreidimensionaler Arbeit konnte ausgezeichnet als Kommunikationsmodell dienen. Die Therapeutin führte sich Peters Aktionen während der Sitzung noch einmal genau vor Augen: wie er Fragen direkt gestellt und beantwortet und seine Bedürfnisse insgesamt zu erkennen gegeben hatte.

Der Junge selbst spürte, daß sein Selbstbewußtsein gewachsen war, und fragte daher die Therapeutin, ob sie ihm beim nächsten Familienprojekt die Führungsrolle übertragen würde. Die Therapeutin meinte, er solle sich doch überlegen, ob er diesen Wunsch in der nächsten Sitzung nicht selbst äußern wolle, statt sich von ihrer Einladung abhängig zu machen. Bevor Peter ging, meinte er, er werde darüber nachdenken, ob er sich in der nächsten Familientherapie-Sitzung durchsetzen wolle.

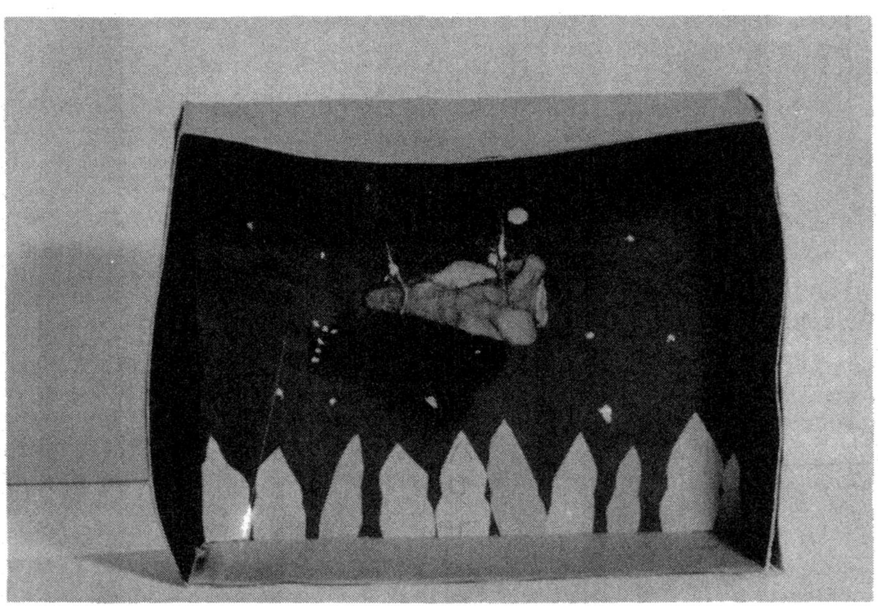

Abb. 54: Der Pilot auf dem Nachtflug ist ein Sieger

Vierundzwanzigste Sitzung/Familiensitzung: Alle Familienmitglieder

Gleich als die Sontags den Therapieraum betraten, zeigte Peter seiner Familie voller Stolz seine Flugzeugszene. Sie schien ihm irgendwie den Mut zu geben, seinen Wunsch, diesmal die Führungsrolle zu spielen, auszusprechen. Sein Vater stand dem Gedanken durchaus aufgeschlossen gegenüber: »Klar, Sohn. Ich bin einverstanden.« Dann sah Peter seine Mutter an und wartete auf ihre Antwort, aber bevor sie noch etwas sagen konnte, intervenierte sein Bruder: »Daddy ist ein guter Anführer, er hat gute Ideen.«

Die Mutter ließ sich von Mikies Sabotageversuch ablenken und versäumte es, Peter sogleich eine Antwort zu geben. Obwohl ihr älterer Sohn enttäuscht war, blieb sein Gesichtsausdruck bewegungslos. Als er sich setzte, hielt seine Mutter diese Geste für ein Zeichen, daß der Vater wieder die Führungsrolle übernehmen werde, und bat ihn daher anzufangen. Als der Vater Anstalten dazu machte, beschloß die Therapeutin, die Familie daran zu hindern, wieder zu ihrer früheren Funktionsweise zurückzukehren. Aus diesem Grund störte sie das Familiensystem und forderte sie auf: »Halt! Macht euch erst einmal klar, was hier gerade geschieht.«

Herr Sontag berichtete, Peter habe dieses Mal das Kunstprojekt der Familie leiten wollen, dem habe er zugestimmt. Nachdem Mikie jedoch eifersüchtig darauf reagiert habe, daß Peter die Führung übernahm, habe er seine Meinung geändert. Ihm war klargeworden, daß er nicht wollte, daß sich sein jüngerer Sohn schlecht fühlte. Im Rückblick sei ihm klar, daß er sein Wort hätte halten und sich mit Mikies Gefühlen anschließend hätte beschäftigen müssen.

Er erwähnte noch, daß seine Frau Peters Hinsetzen *mißverstanden* habe, er selbst habe jedoch gewußt, daß sein Sohn verletzt gewesen sei und das Gefühl gehabt habe, er hätte eine Niederlage erlitten. Die Mutter erkannte, daß ihr Mann recht hatte, und entschuldigte sich bei Peter. Sie erklärte ihm, daß sie Mikie nicht habe in Schutz nehmen wollen, aber wenn Peter sich nicht verbal äußere, könne sie ganz einfach nicht verstehen, was in ihm vorging. Zuletzt zeigte sie sich von ihrem Mann beeindruckt, weil er fähig war, die Familiendynamik zu durchschauen.

Mikie gefiel nicht, was er zu hören bekam. Er stritt ab, daß er Peters Wunsch hatte sabotieren wollen. Jammernd bestand Mikie darauf, daß sein »Daddy immer gute künstlerische Sachen« mache.

Die Einschätzung der Situation durch den Vater erleichterte Peter. Er fühlte sich von ihm verstanden und zog Trost daraus, daß den Eltern Mikies Eifersucht und seine Art der Einflußnahme bewußt war.

Die Familie wurde ermuntert, die Situation noch einmal nachzuspielen, beginnend mit der Zustimmung des Vaters, die Leitung an Peter zu übergeben. Sie sollte noch einmal beginnen und diesmal zum richtigen Ergebnis kommen.

Peter stellte das Thema »Bauernhofszene« und teilte jedem seine Aufgabe dabei zu. Als das Werk beendet war, war die ganze Familie mit dem Ergebnis zufrieden – sowohl in künstlerischer als auch in psychodynamischer Hinsicht.

Fünfundzwanzigste Sitzung/Familiensitzung: Alle Familienmitglieder

Um auf ihre wachsende Autonomie hinzuweisen, beschloß die Familie ohne jegliche Aufforderung von seiten der Autorin, etwas aus farbigem Tonpapier zu gestalten. Die Kinder wurden um Themenvorschläge gebeten. Peter sagte, er wünsche sich ein ähnliches Haus wie das, das seine Eltern vor einiger Zeit gemacht hatten, Mikie stimmte zu, und der Vater erklärte, es sei eine »großartige Idee«.

Der *Vater* machte *Fundament* und *Wände* aus einer Pappschachtel. Die *Mutter* fügte *Fenster* und *Türen* aus Knetmasse hinzu, die sie auf den Karton preßte. *Peter* stellte *sich selbst im Bett mit dem auf ein Uhr gestellten Wecker* dar. *Mikie* imitierte seinen Bruder und malte ebenfalls *sich selbst im Bett mit einer karierten Decke.*

Als Peter seine Mutter bat, für Toilette und Waschbecken zu sorgen, wollte Frau Sontag zunächst auf die Vorschläge ihres Sohnes eingehen, aber dann fiel ihr wieder das längst vergangene Gespräch darüber ein, daß sie sich weniger mit Peters Körper beschäftigen solle. Deshalb schlug sie Peter vor, die Toilette selbst zu machen, da es sich dabei um das Problem handle, an dem er noch arbeite. Frau Sontag verkündete, die »Küche« wäre der Raum, den sie selbst gestalten wollte. Der Vater meldete sich freiwillig für die Garage. Mikie war sich seiner Rolle nicht sicher und fragte, was er tun solle. Peter, der seinem Bruder gegenüber freundlich gestimmt war, sagte, er könne ihm bei der Toilette und dem Waschbecken helfen (vielleicht weil das ihr gemeinsames Problem war).

Als das Projekt abgeschlossen war, äußerte Peter den Wunsch, die Familie möge der Therapeutin die Bedeutung ihrer Beiträge diktieren (in Anlehnung an das Vorgehen der Autorin während seiner Einzeltherapie-Stunden). Alle erklärten sich mit diesem Vorgehen einverstanden. Peter, der die Therapeutin sehr genau beobachtete, diktierte folgende Information: »Samstagnacht hörte ich den Wecker. Ich wachte auf, dann stand ich auf und ging ins Badezimmer. Dabei war ich glücklich.« Und er fuhr fort hervorzuheben: »Auf dem Bild bin ich im Bett und der Wecker läutet.« (Abbildung 55) Die Therapeutin wollte von der restlichen Familie

Abb. 55: Aufgewacht zum Urinieren

wissen, ob sie gewußt habe, daß es Peter so gut ging. Alle erklärten, es sei ihnen nicht aufgefallen, aber es überrasche sie nicht, von diesen positiven Gefühlen zu hören.

Mikie wollte unbedingt als nächster seine Geschichte erzählen: »Als der Wecker läutete, stand ich auch auf und ging auf die Toilette!! Mein Bett war trocken!!«

Die Mutter lächelte ihren Söhnen zu und berichtete der Therapeutin dann selbst: »Der Sonntagmorgen war wundervoll. Die Betten waren trocken, und ich machte den Kindern ihr Lieblingsfrühstück – Eier, Pfannkuchen und Schinken.«

Des Vaters Beitrag folgte: »Die Atmosphäre zu Hause ist schöner geworden. Peter benimmt sich erwachsener, und wir sind alle offener zueinander. Wir sind jetzt alle glücklicher.«

Als es um die Benennung des Familienbildes ging, wollte Peter ihm den Titel »Als ich zum ersten Mal den Wecker hörte« geben. Mikie verlangte, »Und ich auch« solle hinzugefügt werden. Die Mutter schlug vor: »Das erste Mal, daß Peter und Mikie den Wecker hörten«. Als alle den Titel gut fanden, bestimmte der Vater, daß sein älterer Sohn die ersten fünf, Mikie die zweiten fünf Worte schreiben durfte.

Nicht nur der Inhalt der Arbeit, auch die Art ihrer Entstehung wurde betrachtet. An der Problemlösung waren alle beteiligt gewesen. Das Treffen von Entscheidungen und Selbstausdruck waren wesentlicher Bestandteil dieser Erfahrung gewesen und Vorbild für zukünftige Interaktionen.

Sechsundzwanzigste Sitzung/Familiensitzung: Alle Familienmitglieder

Zwei Wochen später (nach weiter oben dargestellter Sitzung) zeigten *Peters* selbstbestimmte kreative Arbeiten, daß er innerhalb einer Woche mehrmals *seine Hosen beschmutzt hatte.* Der *Vater* zeichnete sich bei dieser freien Themenwahl *in einer neuen Abendschicht* von fünf Uhr abends bis Mitternacht, während die *Mutter* in Form eines *abstrakten* Bildes ihren Ärger darüber ausdrückte, daß John zur Essenszeit nicht mehr nach Hause kam. *Mikie* stellte seine *Mutter* als »gemein« dar.

Die Therapeutin bat die Familie, sich darüber klarzuwerden, wie sich des Vaters neue Arbeitsstunden auf sie auswirkten. Peter, der die ganze Zeit über gekritzelt hatte, während die Familie sich unterhielt, war damit einverstanden, sein Gekritzel zu analysieren: Es bedeute, daß er auf seinen Vater wütend sei, »weil er nicht öfter zu Hause ist«. Worauf ihm der Vater erklärte, er wolle, Peter hätte das zu ihm gesagt, statt wieder Zuflucht zum Einkoten zu nehmen.

Mikie gab sich angeekelt durch seinen großen Bruder. Es gelang ihm, die Aufmerksamkeit der Eltern auf sich zu ziehen, indem er über das »gemeine Verhalten« der Mutter sprach. Frau Sontag gab zu, daß sie schlecht gelaunt gewesen sei, und entschuldigte sich bei ihren Söhnen dafür, daß sie ihre Frustration an ihnen ausgelassen hatte. Herr Sontag hob in einer Geste der Verzweiflung die Hände und sagte, ihm werde die Schuld an etwas gegeben, was er nicht in der Hand habe; er selbst sei auch nicht glücklich über die geänderte Stundeneinteilung. Trotzdem habe er vor, sich an den neuen Zeitplan zu gewöhnen, und hoffe, seine Familie werde dies auch tun.

Es war ungewöhnlich, daß Herr Sontag über persönlichen Kummer sprach. Das ließ ihn menschlicher erscheinen und zeigte ihn als Menschen mit verletzbaren Gefühlen.

Anmerkungen

Daß Peter nicht mehr soviel Zeit mit seinem Vater verbringen konnte, war schmerzlich, da sich ihre Beziehung in den letzten Monaten vertieft hatte. Daher erkannte die Autorin, daß Peter mit seinem neuerlichen regressiven Einkoten seinen Ärger gegenüber dem Vater ausdrücken wollte. Die Therapeutin begann zu ahnen, daß es ein *klinischer Fehler* gewesen war, das Enuresis-Programm so schnell nach Peters Erfolgen mit seiner Enkopresis einzuführen. Die neuen Arbeitszeiten des Vaters hatten den Streß für das Kind nur noch erhöht, denn noch war nicht genügend Zeit gewesen, sein Toilettentraining voll zu integrieren.

Die Therapeutin gab zu, daß sie sich von Stolz auf den frühen Behandlungserfolg habe verführen lassen, vor allem auch vor dem Hintergrund psychiatrischer Literatur, die für Kinder mit einem ähnlichen Profil wie Peter eine negative Prognose auswiesen. In Anbetracht dieser falschen Beurteilung war es wichtig, die Arbeit an Peters Bettnässen zunächst aufzuschieben.

Die Therapeutin entschuldigte sich daher bei den Sontags für den klinischen Irrtum, das Programm zur Behandlung der Enuresis zu früh eingeführt zu haben. Sie stellte die Vermutung an, daß Peters Regression unter dem Druck, nachts zum Urinieren aufstehen zu müssen, und durch den zusätzlichen Zwang, sich an die Arbeitsstunden des Vaters anzupassen, entstanden war. Nach diesem Eingeständnis einer unklugen Entscheidung fühlte Peter sich verstanden; er sah erleichtert aus und bestätigte die Vermutung der Therapeutin. Die Familie sollte den derzeitigen nächtlichen Selbststeuerungsplan aufschieben, bis Peter selbst wissen ließ, daß er nun wirklich bereit sei, nachts trocken zu bleiben.

Herr und Frau Sontag wußten die ehrliche Haltung der Therapeutin zu schätzen. Voller Überzeugung betonten beide, daß sie Peter zutrauten, mit dem Einkoten vollständig aufzuhören, und erklärten sich einverstanden, das Bettnässen nicht mehr in den Mittelpunkt der Aufmerksamkeit zu rücken, bis ihr Kind um Hilfe dabei *bat.*

Siebenundzwanzigste bis einunddreißigste Sitzung/Familiensitzungen: Alle Familienmitglieder

Da die Therapeutin in Urlaub war, fielen zwei der wöchentlichen Sitzungen der Sontags aus. Als sie danach wieder zur Therapie kamen, berichteten sie, daß viel »Gutes« passiert sei: Die Jungen hatten *neue Matratzen* bekommen und schafften es, *die meisten Nächte trocken* zu bleiben.

Unklar war, ob dieser Erfolg mit einem oder mehreren der folgenden Punkte in Zusammenhang stand: 1) dem Wunsch, die neue Matratze trocken zu halten; 2) dem Ausbleiben der »suggestiven« Wasserbewegung; und/oder 3) der von der Therapeutin übernommenen Gleichsetzung einer »Nicht-Wassermatratze« mit einem trockenen Bett. Wie auch immer, die Familie war mit dem Ergebnis sehr zufrieden.

Die andere »gute Neuigkeit« betraf Peters Selbststeuerung bezüglich seiner Enkopresis. Er hatte in den letzten Wochen nicht mehr eingekotet.

Diese Familiensitzung drehte sich, ebenso wie die darauffolgenden, um die Lösung von Problemen und um produktive Kommunikation und Interaktion.

Einzelsitzung: Peter

Während einer kunsttherapeutischen Einzelsitzung bat Peter die Therapeutin, den Schrank zu öffnen, in dem seine Knetmassen-Fäkalien aufbewahrt waren. Er nahm den Karton vorsichtig heraus, nahm den Deckel ab und hob den symbolischen Stuhl heraus. Er drehte die Skulptur langsam und untersuchte sie gründlich. Mit Blick auf den Abschluß holte Peter sich ein großformatiges Blatt Papier, auf dem er *sich auf der Toilette* zeichnete. Während der Arbeit war er von fröhlicher Gesprächigkeit und erklärte der Therapeutin, daß er sein »Problem ein- für allemal überwunden« habe! Als er mit dem Bild fertig war, *nahm er die Knetmassen-Fäkalien und preßte sie auf das Bild von der Toilette, auf der er mit offenkundigem Stolz saß* (Abbildung 56).

Das Bild selbst war äußerst originell und kreativ. Die Therapeutin lobte aufrichtig sowohl die künstlerische Qualität wie auch die symbolische Bedeutung. Peter, der sehr hart an seiner Selbststeuerung arbeitete, hatte seine Enkopresis derzeit über den bisher längsten Zeitraum überwunden. Wenngleich ein Rückfall in der Zukunft

Abb. 56: Das Problem ist für immer bewältigt

möglich war, stellt nach Erfahrung der Autorin ein Kind, das auf dem Weg über seine schöpferischen Produkte ein entsprechendes konkretes und spontanes Versprechen macht, parallel dazu auch in Wirklichkeit das enkopretische oder enurektische Verhalten ein. Daß Peters Selbstachtung gewachsen war, zeigte sich, als er seinem Bild den letzten Schliff gab.

Zweiunddreißigste Sitzung/Familiensitzung: Alle Familienmitglieder

Zu Beginn der Sitzung sah Peter der Therapeutin in die Augen und kündigte an, daß er *nicht an irgendwelchen kreativen Aktivitäten teilnehmen* werde. Trotz seiner positiven Übertragung hatte er das Bedürfnis, die Therapeutin auf die Probe zu stellen, vermutlich, weil das Behandlungsende abzusehen war. Entschlossen, die Oberhand zu behalten, wartete Peter auf eine Reaktion auf seinen Widerstand. Herr und Frau Sontag waren verärgert, da sie Peters Verhalten gegenüber Frau Landgarten als sehr unhöflich empfanden. Diese jedoch interpretierte seinen Widerstand als eine Möglichkeit der Individuation und gestattete ihm den Rückzug.

Die restliche Familie betätigte sich in der Sitzung in künstlerischer Form, während Peter nur *sprach,* aber *nicht zeichnen* wollte. Es half Herrn und Frau Sontag, die Interaktion zwischen ihrem Sohn und der Therapeutin zu beobachten. Sie sahen daran, daß Peters Reaktionen nicht persönlich genommen werden mußten und sich objektiver Abstand positiv auswirkte.

Es war interessant, festzustellen, daß sich bei Peter in den folgenden Sitzungen kein Widerstand mehr zeigte.

Dreiunddreißigste Sitzung/Familiensitzung: Alle Familienmitglieder

Die Sontags hatten offensichtlich vor der Sitzung eine Auseinandersetzung gehabt. Sie waren verstimmt, wollten die Situation darlegen und wünschten sich von der Therapeutin eine Lösung. Um autonomes Verhalten zu fördern, legte die Therapeutin die Aufgabe der Problemlösung jedoch in die Hände der Familie zurück. Vor diesem Hintergrund entschieden sich alle, *zuerst für sich zu arbeiten; dann sollten alle Produkte zusammen auf einen einzigen Bogen Papier geklebt werden.*

Der *Vater* übernahm die Führung, indem er seine »Beschwerde« über seine Frau, die »zuviel telefoniert«, zuerst aufklebte. Die *Mutter* war der Ansicht, ihr Bild gehöre neben das ihres Mannes, da sie *ein Hühnchen mit ihm zu rupfen* habe. Ihre Collage spiegelte ihre Erregung darüber wider, daß seine Arbeitsstunden das Leben zu Hause schwieriger gestalteten. Sie fühlte sich ganz allein für die Jungen verantwortlich, ohne daß ihr Zeit für sich selbst blieb. In *Peters* Bild drückte sich sein »Ärger« über die Mutter aus, die ihn dazu zwang, »den Abfall auszuleeren und die Garage sauberzumachen«. *Mikie* sagte, sein Bild müsse neben dem von Peter kleben, weil er sich damit darüber beschweren wolle, daß sein Bruder ihr gemeinsames Schlafzimmer in Unordnung bringe.

Die konkreten visuellen Aussagen darüber, wie unzufrieden alle miteinander waren, machten eine Besprechung notwendig, in der über die einzelnen Beschwerden und über mögliche Lösungen zur Verbesserung der Situation gesprochen werden konnte. Nach einer hitzigen und produktiven Auseinandersetzung sahen die Familienmitglieder die Therapeutin an und erwarteten, daß sie als Vermittlerin

Abb. 57: Ein Familienwandbild

auftreten würde. Noch einmal legte die Autorin die Verantwortung in die Hände der Familie zurück und erinnerte alle daran, daß sie mit ihren Schwierigkeiten gut alleine fertig werden konnten; sie entschied sich, für den Rest der Sitzung nicht mehr einzugreifen.

Abschlußphase der Behandlung

Vierunddreißigste Sitzung/Familiensitzung: Alle Familienmitglieder

Um die Fortschritte der Familie im Vergleich zu sehen, bekamen die Sontags die Anweisung, *zusammen ein Bild zu malen, ohne dabei zu sprechen.* (Die Vorgabe war identisch mit der beim ersten Familientreffen.)

Es war Peter, der sich dieses Mal durchsetzte und mit dem Bild begann, indem er einen *voll belaubten Baum* malte. Seine *Mutter* fügte als nächste *Äpfel* dazu. Auch der *Vater* unterstützte Peters Struktur, malte den *Stamm* von Peters Baum *farbig* aus und stellte ein *Haus* daneben. Die Mutter reagierte auf die Zeichnung ihres Mannes, indem sie *Tür* und *Fenster* einsetzte und *herzförmige Blumen* dazumalte. Der Vater wiederum verschönerte diese Blumen mit *Gras.*

Während des gesamten Vorgangs stand Mikie aufmerksam beobachtend dabei. Er wartete auf den Augenblick, in dem sein Beitrag die größte Wirkung erzielen würde. Als er glaubte, daß der richtige Zeitpunkt gekommen war, fügte er *zwei ausladende Büsche* hinzu, die fast ein Drittel des Blattes beanspruchten. Beide Eltern beschäftigten sich gleichzeitig mit Mikies Symbolen und malten je einen Busch farbig aus. Aber als die Familie über den Titel für dieses Wandbild zu sprechen begann, setzte Peter dennoch das letzte Zeichen, indem er eine *Spinne* oben ins Bild malte. Bevor die anderen noch die Gelegenheit hatten, irgendeinen Titelvorschlag zu machen, schrieb er allein nieder: »Wir auf unserer Naturwanderung.« (Abbildung 57)

Fünfunddreißigste Sitzung/Familiensitzung: Alle Familienmitglieder

Um weitere Vergleichsmöglichkeiten in Bezug auf die Behandlungsziele zu erhalten, bekam die Familie dieselben Anweisungen wie in der Erstsitzung: *Bildet Gruppen und malt dann in Paaren weiter, ohne dabei zu sprechen.*

Da sich die Familie allmählich verändert hatte, war es nicht weiter erstaunlich, daß sich die Bündnisse zu Vater/Peter und Mutter/Mikie verschoben hatten. Der Vater und sein älterer Sohn malten abwechselnd an einem *Baseballfeld,* während die Mutter und der jüngere Sohn, ebenfalls abwechselnd, *Essen auf einem Tisch* malten.

Bei der zweiten Vergleichsaufgabe sollte die Familie *zusammen ein Wandbild malen: Dieses Mal darf dabei gesprochen werden.*

Im Gegensatz zur entsprechenden *Familienaufgabe in der Anfangssitzung* wurde jetzt sehr viel besprochen und geplant, bevor der Vater seine Jungen ermunterte: »Fangt an.« Die Sontags hatten sich dafür entschieden, ihre bevorstehenden Ferien zu malen. *Peter* begann mit einem *Flugzeug,* während *Mikie Himmel und Sonne* beisteuerte. Der *Vater* malte *das Haus seiner Eltern in Montana,* und die *Mutter* fügte die *Großeltern, die auf der Veranda auf ihre Gäste warten,* hinzu.

Die Familie arbeitete sehr eifrig und konzentriert und scherzte immer wieder miteinander.

Über den Titel »Unsere Sommerferien« wurde schnell Einigkeit erzielt. Peter schlug vor, daß Mikie »Unsere Sommer...« schreiben sollte, während er »...ferien« ergänzte, weil Mikie dieses Wort noch nicht buchstabieren konnte.

Zur Dynamik

Zeichnerischer Kontakt zwischen verschiedenen Familienmitgliedern wurde aufgenommen von:

1. der *Mutter,* als sie die Großeltern auf das von ihrem Mann gemalte Haus setzte;
2. dem *Vater,* indem er die Buchstaben TWA auf Peters Flugzeug schrieb;
3. *Mikie,* dessen Himmel und Wolken das Flugzeug seines Bruders berührten.
4. *Peter* nahm als einziger keinen Kontakt zu anderen Familienmitgliedern auf und ließ damit seine Autonomie erkennen.

Die Therapeutin präsentierte nun das erste gemeinsam von der Familie gemalte Bild, um einen Vergleich anstellen zu können, und ermunterte die Sontags, über die Gegensätze in beiden Bildern zu sprechen.

Die *Mutter* erinnerte sich daran, daß sie sich beim ersten Familienbild mit dem Malen beeilt hatte, bevor Mikie das ganze Blatt ausfüllen konnte. Sie wußte auch noch, daß ihr Mann ihre Sonne verbessert hatte, wodurch er mit nonverbalen Mitteln zum Ausdruck gebracht hatte, daß sie unzulänglich sei. Frau Sontag lachte verlegen, als sie darüber sprach, daß ihre Linien praktisch im ganzen Bild »allgegenwärtig« gewesen waren. Sie erkannte, daß sie wohl nervös und nicht sehr kontrolliert gewesen war, als die Familie mit der Therapie begonnen hatte.

Dem *Vater* fiel wieder ein, daß er Mikie hatte gewähren lassen, als dieser die Führungsrolle übernahm, eine zentrale Position und den größten Raum beanspruchte. Nachdem er das erste und letzte Wandbild der Familie betrachtet hatte, stellte er fest, daß sich die familiäre Kommunikation ganz erheblich verbessert hatte. Trotzdem wurde er traurig, als ihm sein mangelnder Kontakt zu Peter im ersten Bild auffiel.

Peter ergriff das Wort, um seine Familie daran zu erinnen, daß sie ihn alle miteinander bei der ersten Sitzung beinahe vollständig ausgeschlossen hätten. Sein Vater verbesserte ihn jedoch: »Du hättest dich fast selbst ausgeschlossen.« Lachend fuhr Peter fort: »Das würde heute nicht mehr passieren.« Obwohl Peter die Bedeutung des Tornados nicht bewußt war, wies er eigens auf diesen hin. Als die Therapeutin den Tornado daraufhin als Symbol für den Ausdruck seiner Verärgerung während dieser besonderen Sitzung deutete, konnte er sich wieder an das Gefühl erinnern, das bei diesem Treffen hervorgerufen worden war.

Mikie behauptete, er wisse nur noch sehr wenig, außer daß er glaube, es habe ihm Spaß gemacht, mit den anderen zusammen zu malen.

Die Familie freute sich über die Gelegenheit, die Bilder nebeneinander zu sehen, denn der Vergleich machte es ihr möglich, sich an Vergangenes zu erinnern und ihre Fortschritte zu erkennen.

Sechsunddreißigste Sitzung/Familiensitzung: Alle Familienmitglieder

Ein paar Wochen später sprach Peter das Therapieende an. Für ihn war das Ende der Kunsttherapie gleichbedeutend mit dem Ende seiner Probleme. Nachdem die Familie dieses Thema besprochen hatte, kam sie überein, daß sie die Behandlung beenden würde, wenn sie sich sicherer fühlte, den Status quo aufrecht erhalten zu können. Aber noch wollte sie Zeit, um zu beweisen, daß sich Peters Toilettenbenutzung als Verhaltensmuster etabliert hatte und zu einem natürlichen Vorgang geworden war, der keine besondere gedankliche Aufmerksamkeit mehr von ihm erforderte.

Herr und Frau Sontag berichteten, daß Peter seine Gefühle jetzt sehr viel besser mitteile als früher, und daß die ganze Familie eine Veränderung zum Positiven durchgemacht habe. Erneut erwähnten sie ihr unterschiedliches Vorgehen beim ersten und letzten nonverbal entstandenen Familienbild, in dem sich ihre Interaktion widerspiegelte.

Mikie wurde nach seiner Meinung gefragt, da seine zuvor zentrale Position sich ja verschoben hatte. Er gab zu, daß es ihm nicht gefiel, wenn sein Bruder bestimmte. Er führte ein Beispiel an: »So wie er dem ›Naturwanderungs‹-Bild einfach einen Namen gab, ohne mich sagen zu lassen, was ich wollte.« Mikie fuhr fort: »Aber ich habe mich immer geschämt, weil Peter in die Hose gemacht hat. Die Kinder in der Schule haben mich damit aufgezogen, daß Peter noch ein Baby ist. Ich bin froh, daß er damit aufgehört hat.« Die Familie zeigte sich betroffen, da Mikie bisher nie darüber gesprochen hatte, daß ihm Peters Verhalten peinlich gewesen war. Er sagte noch, er sei auch »froh darüber, daß Peters stinkende Hosen das Zimmer nicht mehr verpesten.«

Siebenunddreißigste Sitzung/Familiensitzung: Alle Familienmitglieder

Die Familie bekam die Aufgabe, etwas *nach freier Themen- und freier Medienwahl* zu gestalten. Peter entschied sich für eine Collage, um eine ganze Reihe von unbewußt ausgewählten Bildern zu zeigen. Alle Bilder zeigten immer wieder eine *Person allein* in verschiedener Umgebung: *im Haus, beim Spazierengehen im Freien* und *beim Ballspielen.* Der Deutung, daß er sich einsam fühle, stimmte Peter zu. Die Therapeutin stellte die Frage, ob dieses Gefühl der Einsamkeit vielleicht mit der baldigen Beendigung der Therapie in Zusammenhang stehe. Peter bestritt das, wie auch die anderen Familienmitglieder, und sagte, sie wüßten schließlich, daß das Ende der Therapie in Sicht sei, und sie könnten »nicht ewig« zur Behandlung kommen. Um der Familie zu helfen, mit dem Thema »Therapieende« umzugehen, sollte sie *zeichnen, welche Gefühle die Vorstellung des baldigen Therapieendes auslöst.* Die Ergebnisse hatten alle wenig mit dem vorgegebenen Thema zu tun und spiegelten damit die Entschlossenheit der Familie wider, das Thema abzublokken.

Achtunddreißigste Sitzung/Paarsitzung: Mutter und Vater

Die Jungen waren zu einer Schulveranstaltung gegangen. Während der Paarsitzung bekamen Herr und Frau Sontag die Aufgabe, *ein Objekt zu schaffen, das etwas über Ihre Beziehung zueinander aussagt.*

Abb. 58: Eine gute Ehe und Sorgen wegen des Sohnes

Abb. 59: Eine harmonische Beziehung

Frau Sontag malte ein *abstraktes Bild,* um ihre »gute Ehe« darzustellen (Abbildung 58). Sie schloß jedoch einen dunklen Bereich ein, der Peter repräsentierte, der bei ihr und ihrem Mann Ängste und Ärger auslöse. *Herr Sontag* schnitt *Musiknoten* (Abbildung 59) aus Tonpapier aus. Er erklärte diese Collage als Symbol für die harmonische Beziehung zu seiner Frau. Aber trotzdem fügte er hinzu: »Was meine Frau sagte, ist wahr – wenn Peter nicht wäre, könnte alles noch viel besser sein.« Die Therapeutin war überrascht, von dieser Unzufriedenheit zu hören, denn das Familienleben der Sontags hatte sich beträchtlich gebessert. Als die Autorin um Klärung dieser verwirrenden Beschwerden bat, erläuterte Frau Sontag ihre Besorgnis: »Peter könnte wieder damit anfangen, seine Hosen zu beschmutzen.« Und: »Er verpetzt in der Schule andere Kinder, widerspricht ständig und streitet mit uns zu Hause, er tyrannisiert Mikie und verlangt, daß sein Zimmer gestrichen wird, und er nörgelt ständig, daß er ohne Begleitung in die Schule gehen will. Er möchte lange schlafen und besteht darauf, seine Kleidung für die Schule selbst auszusuchen.«

Herr Sontag fügte noch eine Liste von Beschwerden hinzu: »Peter macht seine Hausaufgaben nicht fertig, er spielt sich in der Schule auf, er ist nicht so gut in Baseball, wie er sein könnte, verrichtet seine häuslichen Pflichten nicht rechtzeitig, und er schlägt Mikie. Außerdem muß man ihn ständig daran erinnern, daß er noch Gitarre üben muß.«

Herr und Frau Sontag sprachen darüber, wie Peter sich verändert hatte. Sie behaupteten, er sei nicht mehr das ruhige, höfliche Kind wie früher, sondern häufig fordernd und meist anderer Meinung. Das Kind »scheint plötzlich eine eigene Ansicht zu allem und jedem zu haben.« Peter war ihnen lästig und unangenehm. Herr Sontag stellte klar: »Uns gefällt sein Benehmen nicht, und wir werden es nicht dulden.« Seine Frau fügte hinzu: »Ich sehe ihn schon auf der schiefen Bahn, und er ist ein guter Drogenkandidat.« Mit deutlicher Besorgnis meinte Herr Sontag, er sehe für Peters Zukunft »schwarz«. Er spürte, daß er »keinerlei Einfluß mehr auf sein Kind habe«.

Die Therapeutin registrierte die Sorgen der Eltern aufmerksam, obwohl alle diese Informationen ohne jegliche Vorwarnung in vorausgegangenen Sitzungen auf den Tisch kamen. Es schien merkwürdig, daß eine einzige Woche Anlaß zu derart vielen Befürchtungen gegeben hatte. Die Verschiebung der Familienstruktur wurde von

Herrn und Frau Sontag offenbar als Bedrohung empfunden. Peters ausagierendes Verhalten war ein Schritt auf dem Weg zur Individuation, die seine Eltern offenbar schwer akzeptieren konnten. Autonomie war für sie etwas Negatives und weckte Angst in ihnen.

Es war offensichtlich, daß die Aussage, der Junge sei ein »Drogenkandidat«, eine Art von Projektion war. Die Sontags wurden gefragt, ob Peter sie an jemand erinnere. Sie gaben sofort zu, daß ein Junge aus der Nachbarschaft sich als Alkoholiker entpuppt hatte: »Er war immer ein netter Junge gewesen wie Peter, gut in der Schule und im Sport, und er hatte immer viele Freunde – genau wie Peter. Und seine Eltern waren nette Mittelklasse-Leute, die immer in die Kirche gingen, genau wie wir.«

Die Therapeutin warnte Peters Eltern davor, ihre von dem Nachbarjungen ausgelösten Ängste auf Peter zu projizieren. Ihr Sohn sei ein eigenständiger Mensch und dürfe in ihrer Vorstellung nicht mit anderen Leuten »in einen Topf geworfen« werden. Es sei unfair und zugleich gefährlich, ihre Besorgnis über das Nachbarkind auf Peter zu übertragen, denn das sei typisch für eine sich selbst erfüllende Prophezeiung.

Die Sontags wurden wieder zu ihren konkreten Beschwerden über Peter zurückgeführt, und es wurde eine nach der anderen besprochen. Zunächst ging es um Peters Einkoten: Die Therapeutin erinnerte Frau Sontag daran, daß gelegentliche Rückfälle möglich seien. Sie ermutigte sie jedoch, über ihre Gedanken zu der Aussage, »es ist zu schön, um wahr zu sein«, zu sprechen. (Sie hatte diese Worte mehrmals geäußert.) Die zweite Klage, die von beiden Eltern gekommen war, lautete, daß Peter gelegentlich nicht alle seine Hausaufgaben machen wollte. Die Autorin hob Peters Bedürfnis hervor, zu testen, was dann geschehen würde. Wenn ihr Sohn in der Schule schlechtere Noten bekäme, würde er alle seine Hausaufgaben möglicherweise wieder von selbst machen. Die Autorin stellte die Frage in den Raum, ob es sich nicht lohne, abzuwarten, was passieren würde, wenn sie ihn in Ruhe ließen. Der dritte Klagepunkt bezog sich darauf, daß Peter offenbar in der Schule andere Kinder verpetzte. Herr und Frau Sontag bekamen den Auftrag, der ganzen Geschichte nachzugehen, um herauszufinden, ob Peter sich angemessen verhalten hatte oder nicht. Die vierte Beschwerde, Peter sei nicht so gut in Baseball wie er sein könnte, führte zu einer Diskussion darüber, was es eigentlich bedeute, der »beste Spieler« zu sein. Die Frage stellte sich, ob dieses Ziel auf der Erfüllung eines Wunsches des Vaters oder auf Peters Fähigkeiten und Bedürfnissen basierte. Der fünfte Kritikpunkt, der Peters tyrannisches Verhalten (zu Hause) betraf, führte zu der Frage, ob dieses Verhalten seine Art der Selbstbehauptung war, oder ob seine Tyrannei gegenüber Mikie das übliche Machtverhalten ausdrückte, das ältere Brüder häufig an den Tag legen.

Die Autorin schlug vor, daß die Sontags, wenn sie den Wechsel in Peters Verhalten genauer erforschten, daran denken sollten, daß eine Veränderung notwendig gewesen war. Es war jedoch verständlich, warum Peters Selbstbehauptung für sie schwierig zu akzeptieren war. Es wurde ihnen erklärt, daß Rollenwechsel und eine Verschiebung im Familiensystem grundsätzlich neue Einstellungen und Anpassung auf Seiten aller Familienmitglieder notwendig machen.

Bevor Herr und Frau Sontag die Praxis verließen, deutete die Therapeutin ihre so unvermittelt geäußerten Klagen über Peter als Weg, das bevorstehende Ende der Therapie zu verleugnen.

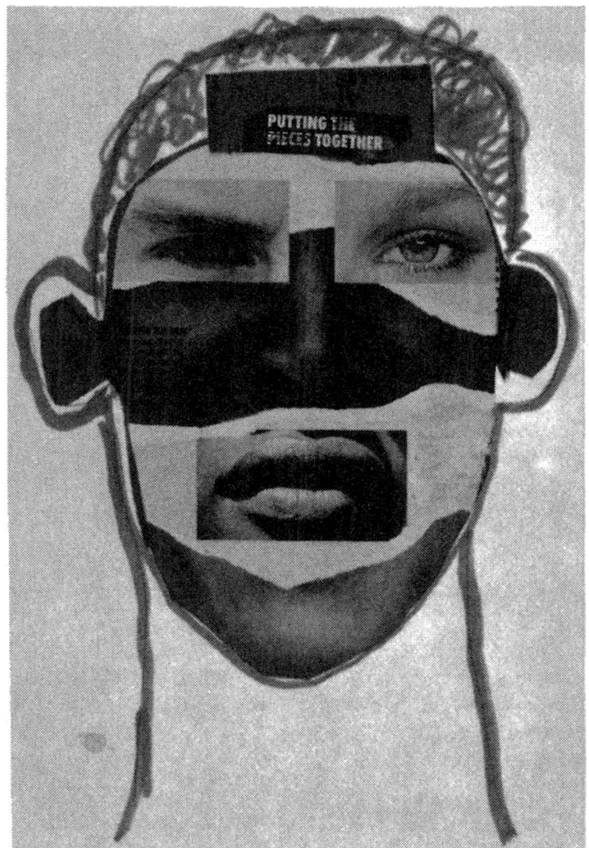

Abb. 60: »Wir schaffen es«

Neununddreißigste Sitzung/Familiensitzung: Mutter, Vater und Peter

Während der Abschlußphase ging es vor allem darum, Familienthemen zu einem Abschluß zu bringen und die Familie auf die Trennung von der Therapeutin vorzubereiten. In Anbetracht des ersten Zieles unterwies die Therapeutin die Familie: *Jeder von euch gestaltet ein individuelles Werk, mit dem er der Familie etwas sagt, was sie wissen soll. Die Medien können frei gewählt werden.*

Der Vater entschied sich für eine Fotocollage, die *aus Gesichtsteilen verschiedener Personen zusammengesetzt* war. Damit wollte er ausdrücken, daß er »stolz auf seine Familie« war, weil sie »es geschafft« habe (Abbildung 60).

Auch *Mikie* entschied sich für ein Illustriertenbild, und zwar das einer *Frau mit blondem Haar* (ähnlich dem Haar der Therapeutin), das er auf Notizpapier der Klinik klebte. Dazu zeichnete er ein *Kleid,* das dem der Therapeutin entsprach. Mikie sagte, damit wolle er seinen Wunsch zum Ausdruck bringen, »die Therapeutin *allein* aufzusuchen« (Abbildung 61).

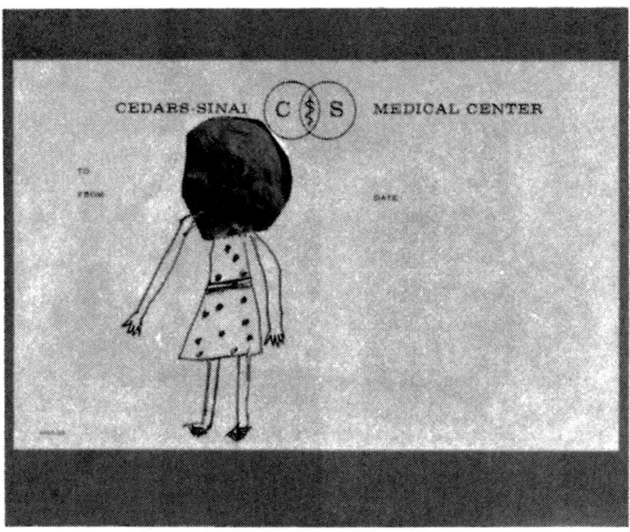

Abb. 61: Der Wunsch nach Einzelstunden bei der Therapeutin

Die *Mutter* hatte aus Knetmasse einen *Apfel* geformt, mit dem sie »die heilsame Einstellung der einzelnen Familienmitglieder zueinander« darstellen wollte. Als sie daran dachte, daß die Therapie ein baldiges Ende haben würde, schob sie den Apfel zur Therapeutin und sagte: »Er ist auch für die Lehrerin gedacht.« (Abbildung 62)

Bevor *Peter* anfing, sich schöpferisch zu betätigen, vergewisserte er sich, daß sich sein Medium von den gewählten Materialien der anderen Familienmitglieder unterschied (ein Hinweis auf seine Individuationsversuche). Er wählte Wasserfarben und stellte damit die *altersbedingten Vorteile* dar, die ihm seine Eltern seit kurzer Zeit gewährten.

Die Autorin wunderte sich über Mikies Wunsch, sie allein aufzusuchen. Das konnte durch einen oder mehrere der folgenden Gründe ausgelöst worden sein: ein durch eine positive Übertragung bedingtes Widerstreben, die Therapie zu beenden; ein Bedürfnis der Familie danach, ein Mitglied mit einem Problem zu haben; oder Konkurrenzneid: zu bekommen, was sein Bruder bekommen hatte, nämlich Einzeltherapie.

Bevor die Therapeutin eine Meinung dazu äußerte, bat sie die Familie, auf Mikies Collage zu antworten. Der erste, der dies tat, war Peter: »Ich habe nichts dagegen. Vielleicht hat Mikie ein Problem, bei dem Sie ihm helfen können.« Herr und Frau Sontag waren überrascht. Der Vater wollte hören, warum Mikie eine Einzeltherapie wünschte, während die Mutter zu Mikie sagte, sie hätte nichts dagegen, sobald Peters Therapie abgeschlossen sei.

Um Mikies Gründe für seinen Wunsch zu klären, wurde er gebeten: *Gestalte etwas, mit dem du zeigst, warum du allein zu mir kommen willst.*

Mikie portraitierte seine Familie, und er sagte dazu: »Um mir bei meinen

Abb. 62: Eine gesunde Einstellung in der Familie

Problemen zu helfen.« Da er jedoch nicht in der Lage war, einen Bereich zu benennen, in dem er sich eine Verbesserung wünschte, interpretierte die Therapeutin seinen Wunsch als Versuch, ihre Aufmerksamkeit auf sich zu ziehen und künstlerische Materialien zur Verfügung zu haben, die er nicht mit dem Rest der Familie teilen mußte.

Als Mikie diese Deutung bestätigte, wurde seine Bitte abgeschlagen. Wenn die Autorin der Ansicht gewesen wäre, er hätte eine Behandlung gebraucht, hätte sie ihn an einen anderen Therapeuten überwiesen. Es war wichtig für Peter, die Therapeutin weiterhin als *seine* spezielle Bezugsperson zu sehen.

Abschluß von Peters Einzeltherapie

Während seines letzten Therapiemonats zeichnete sich Peter bei Themen freier Wahl beim *Baseballspielen* (Abbildung 63), auf *Zeltausflügen* mit Freunden, beim *Übernachten* im Haus von Spielgefährten und bei *Aktivitäten mit seinem Vater* und Bruder. Das Kind stellte fest, daß die Bilder vom »Auswärtsschlafen« nicht möglich gewesen wären, wenn er weiterhin sein Problem mit dem Einkoten gehabt hätte. Peters Bilder spiegelten seine Erfolge bei seiner Selbststeuerung wider, die ihm die Aufnahme von Beschäftigungen, die ihm Freude bereiteten, ermöglicht hatten.

Peters Bilder verrieten, daß sich die physische und emotionale Verstrickung mit seiner Mutter angemessen verringert hatte und seine Identifikation mit dem Vater stärker geworden war. Obwohl Peter immer noch gern »Auslöschen« mit der Therapeutin spielte, ließ die Häufigkeit doch nach, und er wünschte sich öfter »gemeinsame« Bilder mit ihr.

Abb. 63: Das Selbstwertgefühl ist gewachsen

In seiner Abschlußsitzung stellte er alle seine Knetmassenskulpturen in einer Reihe auf und numerierte sie chronologisch. Er bat die Therapeutin, die Werke zu fotografieren und ihm die Aufnahmen zu schicken. Die Therapeutin erklärte sich dazu bereit, denn Fotografien würden Peter als Beleg für seine psychischen Fortschritte dienen und zugleich ein Anreiz sein, auf seinem kreativen und expressiven Weg fortzufahren.

Vierzigste bis zweiundvierzigste Sitzung/Familiensitzungen: Alle Familienmitglieder

In den wenigen letzten kunsttherapeutischen Sitzungen widersetzte sich die Familie den kreativen Aufgaben. Verschiedene Deutungen waren dafür möglich: es konnte eine metaphorische Geste in Bezug auf das Lösen der Bindung zur Therapeutin sein; oder der Wunsch, zu beweisen, daß die Familie mit ihren Gefühlen ausschließlich auf verbaler Ebene umgehen konnte; und eine Möglichkeit, die volle Autorität der Familie ohne jegliche Abhängigkeit von der Therapeutin zu demonstrieren. Aber trotz des Widerstands gegen die künstlerische Betätigung sahen sich die Sontags vor dem endgültigen Abschied noch einmal im Therapieraum um und suchten nach ihren eigenen Bildern und den symbolischen Botschaften, die immer noch zu ihnen sprachen.

Zusammenfassung

Die erfolgreiche Behandlung des neunjährigen, an Enkopresis leidenden Peter bestand aus zwei Teilen: der Familien-Kunsttherapie mit darin eingeschlossenem Selbststeuerungsplan und der begleitenden Einzelbehandlung des designierten Patienten. Obwohl das Hauptaugenmerk auf der Symptombeseitigung lag, war die Therapie gleichzeitig auf die Gewinnung von Einsichten ausgerichtet.

Das Familiensystem wurde eingeschätzt, notwendige Veränderungen wurden herausgestellt und in Gang gebracht. Den infantilisierenden Botschaften der Mutter an Peter wurde Einhalt geboten, Bewußtsein und Kommunikationsfähigkeiten des Vaters wurden verbessert, und der kleinere Bruder Mikie mußte seine zentrale Position verändern, um sie mit Peter zu teilen.

Die kreative Tätigkeit führte Peter auf den Weg zur Selbsterforschung. Er gewann die Fähigkeit, über seine Arbeiten etwas zu erzählen und seine Gefühle auszudrükken. Die Aufgaben machten es dem Jungen möglich, selbstsicherer zu werden und seine passiv-aggressiven Neigungen aufzugeben. Die Arbeit an seiner Autonomie verringerte seinen ödipalen Konflikt, die Abhängigkeit von der Mutter und seine Abwehrhaltung durch Rückzug in sich selbst.

Die ganze Familie kam in größeren psychischen Einklang mit sich und ging klarer und offener miteinander um.

Literaturangaben

Buck, J. *The House-Tree-Person Technique,* revised manual. Los Angeles (Western Psychological Services) 1970.

Machover, K. *Personality Projection in the Drawing of the Human Figure.* Springfield, IL (Charles C. Thomas) 1949.

Empfohlene Lektüre

Alexander, F. *Psychosomatic Medicine: Its Principles and Application.* New York (Norton) 1950. Dt.: *Psychosomatische Medizin: Grundlagen und Anwendungsgebiete.* Berlin, New York (de Gruyter) 1985.

Amsterdam, B. Chronic encopresis. A system-based psychodynamic approach. *Child Psychiatry Human Development, 9*(3), 137–144, 1979.

Andolphi, M. A. Structural approach to a family with an encopretic child. *Journal of Marriage and Family Counseling, 4*(1), 25–29, 1978.

Anthony, J. E. An experimental approach to the psychopathology of childhood: Encopresis. In: Harrison, S. I. & McDermott, J. F. (Eds.) *Childhood Psychopathology.* New York (International Universities Press) 1972, pp. 618–625.

Baird, M. Characteristic interaction patterns in families of encopretic children. *Bulletin of the Menninger Clinic, 38*(2), 144–153, 1974.

Bemporad, J. R., Pfeifer, C. M. & Gibbs, L. Characteristics of encopretic patients and their families. *Journal of the American Academy of Child Psychiatry, 10*(2), 272–292, 1971.

Bemporad, J. R., Kresch, R., Asnes, R. & Wilson, A. Chronic neurotic encopresis as a paradigm of a multifactorial psychiatric disorder. *The Journal of Nervous and Mental Disease, 166,* 472–479, 1978.

Blechman, E. A. Home-based treatment of childhood encopresis. In: Schaefer, C. E. (Ed.) *Therapies for Psychosomatic Disorders in Children.* San Francisco (Jossey-Bass) 1979.

Bornstein, P. H., Sturm, C. A., Retzlaff, P. D., Kirby, K. L. & Chong, H. Paradoxial instruction in the treatment of encopresis and chronic constipation: An experimental analysis. *Behavioral Therapy and Experimental Psychiatry, 12*(2), 167–170, 1981.

Caplan, G. *Principles of Preventive Psychiatry.* New York (Basic Books) 1964.

Davis, H., Mitchell, W. S. & Marks, F. A Behavioural programme for the modification of encopresis. *Child Care Health Development, 2*(5), 273–282, 1976.

Doleys, D. M., Weiler, D. & Pegram, V. Special disorders of childhood: Enuresis, encopresis and sleep disorders. *Psychopathology in Childhood.* In: Lochenmeyer, J. R. & Gibbs, M. S. (Eds.) New York (Gardner Press) 1982, pp. 90–97.

Easson, W. M. Encopresis: Psychogenic soiling. *Canadian Medical Association Journal, 82,* 624, 1960.

Esinan, A. Nocturnal enuresis: Some current concepts. *Journal of the American Academy of Child Psychiatry, 16* 150–158, 1977.

Fritz, G. K. & Armbrust, J. Enuresis and encopresis. *Psychiatric Clinics of North America, 5*(2), 283–296, 1982.

Halpern, W. I. The treatment of encopretic children. *Journal of the American Academy of Child Psychiatry, 16*(3), 478–499, 1977.

Hoag, J. M., Norriss, N. G., Himeno, E. T. & Jacobs, J. The encopretic child and his family. *Journal of the American Academy of Child Psychiatry, 10,* 242–256, 1971.

Hulse, W. C. Childhood conflict expressed through family drawings. *Journal of Projective Techniques, 16,* 66–79, 1952.

Kessler, J. W. *Psychopathology of Childhood.* Englewood Cliffs, NJ (Prentice Hall) 1966.

Kisch, E. Functional encopresis: Psychiatric inpatient treatment. *American Journal of Psychotherapy, 38*(2), 264–271, 1984.

Landman, G. B., Levine, M. D. & Rappaport, L. A study of treatment resistance among children referred for encopresis. *Clinical Pediatrics, 23*(8), 449–452, 1984.

Levine, M. D. Children with encopresis: A descriptive analysis. *Pediatrics, 56*(3), 412–416, 1975.

Levine, M. D. Children with encopresis: Its potentiation, evaluation and alleviation. *Pediatric Clinics of North America, 29*(2), 315–330, 1982.

Levine, M. D. & Bakow, H. Children with encopresis: A study of treatment outcome. *Pediatrics, 58*(6), 845–852, 1976.

Margolies, R. & Gilstein, K. W. A systems approach to the treatment of chronic encopresis. *Int. J. Psychiatry in Medicine, 13*(2), 141–152, 1983–84.

Pinkerton, P. The psychosomatic approach in child psychiatry. In: Howells, J. C. (Ed.) *Modern Perspectives in Child Psychiatry.* New York (Brunner/Mazel) 1965, pp. 306–333.

Schaengold, M. The relationship between father-absence and encopresis. *Child Welfare, 56*(6), 386–394, 1977.

Seymour, F. The treatment of encopresis using behavior modification. *Australian Paediatric Journal, 12*(4), 326–329, 1976.

Shearn, P. R. & Russel, K. R. Use of the family drawing as a technique for studying parent-child interaction. *Journal of Projective Techniques, 33*, 35–44, 1969.

Whitehead, N. Childhood encopresis. A clinical psychologist's approach. *Health Visit, 56*(9), 335–336, 1983.

Wolters, W. H. The influence of environmental factors on encopretic children. *Acta Paedopsychiatrica, 43*(4), 159–172, 1978.

Wolters, W. H. & Wauters, E. A. A study of somatopsychic vulnerability in encopretic children. *Psychotherapy and Psychosomatics, 26*(1), 27–34, 1975.

Wright, L. & Walker, C. E. Treatment of the child with psychogenic encopresis. An effective program of therapy. *Clinical Pediatrics, 16*(11), 1042–1045, 1977.

Wright, L. & Walker, C. E. Case histories and shorter communications: A simple behavioral treatment program for psychogenic encopresis. *Behavior Research and Therapy,16*(3), 209–212, 1978.

Kapitel 6

Eine Familie mit alleinerziehendem Elternteil – Gefühle von Verlassenheit und verdeckte Depressionen

Einleitung

Alle Familien mit alleinerziehendem Elternteil leiden unter der emotionalen Belastung, die die Trennung mit sich bringt. Rollen und Struktur dieser Familien befinden sich in einem chaotischen Wechsel, sowohl der oder die Alleinerziehende als auch die Kinder sind auf der Suche nach einem neuen Funktionssystem, das ihnen helfen soll, ihren Kummer zu überwinden. Diese Neuorientierung ist deshalb ganz besonders schwierig, weil die Demütigung, verlassen worden zu sein, sowohl das Ich des einzelnen als auch das der Familie schädigt.

Neben den komplexen Anforderungen, die die Anpassung an einen neuen Lebensstil stellt, sind vor allem die emotionalen Aspekte für alle Beteiligten von ernstzunehmender Bedeutung. Die Ärgergefühle, die mit dem Verlust durch Tod oder Scheidung verbunden werden, sind noch stärker, wenn ein Elternteil oder Ehepartner sich vorsätzlich dazu entschieden hat, die Familie ohne jede Ankündigung zu verlassen. In solchen Fällen geht die Trauerarbeit, die der Verlust erfordert, zuweilen unter, und eine Depression kann dem Betroffenen unbewußt bleiben.

In diesem Kapitel wird beschrieben, wie eine Mutter mit dreien ihrer Kinder, die von ihrem Mann beziehungsweise Vater verlassen worden waren, mit der Zurückweisung und dem Verlust umgingen, indem sie Zuflucht zu verschiedenen Abwehrmechanismen nahmen. Jedes Familienmitglied hatte seine eigene, schlecht funktionierende Methode, die Situation zu bewältigen: die Mutter, indem sie sich aus der Autoritätsrolle zurückzog; der älteste Sprößling, ein Jugendlicher, indem er ein ausagierendes Verhalten an den Tag legte; das mittlere Kind, im Latenzalter, durch sporadisch bizarres Betragen, indem es zum Beispiel wie rasend im Haus herumrannte und unfähig war, willentlich damit aufzuhören, sowie durch immer wiederkehrende Alpträume; das jüngste Kind, ebenfalls im Latenzalter, indem es sich aus seinen sozialen Beziehungen zurückzog und sich in selektiven Mutismus flüchtete.

Die Symptome konnten innerhalb relativ kurzer Zeit behoben werden. In diesem Kapitel werden die Dynamik der verlassenen Familie und die Faktoren untersucht, die den einzelnen Familienmitgliedern halfen, mit der Situation fertig zu werden, ebenso vorbeugende Maßnahmen und Versäumnisse.

Falldarstellung

Die in dieser Fallgeschichte vorgestellte Familie Akima wurde über einen Zeitraum von drei Monaten kunsttherapeutisch behandelt. Das acht Monate alte Baby war nur während der ersten Familiensitzung dabei, bei den späteren Terminen nicht mehr.

Der Anlaß

Frau Akimas erster telefonischer Anruf klang sehr verzweifelt. Ihr Mann hatte sie und die vier Kinder einige Monate zuvor verlassen. Sie berichtete, daß sie extrem ängstlich und nicht in der Lage sei, ihre Familie zu führen. Obwohl die Therapeutin Frau Akima nicht nach Selbstmordgedanken fragte, sprache diese das Thema selbst an: Sie habe nicht vor, sich umzubringen, obwohl sie den Gedanken allerdings schon gehabt habe. Sie fing an zu weinen und erklärte: »Ich bin am Ende«. Ihr chaotischer Haushalt mache das Leben für ihre Kinder ebenso unerträglich wie für sie selbst. Ihre größte Sorge galt ihrem ältesten Sohn Hugh, der ihrer Ansicht nach mit Selbstmordgedanken spielte. An diesem Morgen hatte er gesagt: »Ich würde am liebsten mit dem Wagen über eine Klippe fahren.« Unter Schluchzen erzählte Frau Akima von dem ständigen Krieg zwischen sich und Hugh. Seine Beschimpfungen und Beleidigungen hatten Ausmaße angenommen, die ihr Angst machten und unerträglich geworden waren. Der Junge, der immer sehr gut in der Schule gewesen war, erbrachte nur noch schlechte Leistungen. Sein Motivationsmangel und der Haß auf die Schule führten allmorgendlich zu einem Kampf, in dem er sich gegen den Schulbesuch auflehnte. Außerdem kommandierte er die beiden kleineren Geschwister ständig herum und schlug sie, worauf diese entrüstet und voller Ärger reagierten.

Erste Sitzung/Einzelsitzung: Frau Akima

Am nächsten Tag ließ die Therapeutin Frau Akima zu sich kommen, um von ihr weitere Informationen zu erhalten. Frau Akima, die sich zunächst auf ihre Kinder konzentrierte, begann mit ihrem ältesten Sohn, dem sechzehnjährigen Hugh. Sie berichtete, daß er immer einer der besten Schüler gewesen sei; als der Schuldirektor sie kürzlich bestellt hatte, um mit ihr über Hughs Leistungsabfall zu sprechen, sei sie daher sehr überrascht gewesen. Als sie Hugh zur Rede gestellt habe, habe er darauf erwidert, er hätte ihr immer schon erzählt, daß die Schule »schrecklich« und die Lehrer »ekelhaft« seien; außerdem könne er seine Mitschüler nicht ausstehen.

Die Streitereien zwischen Mutter und Sohn nahmen kein Ende. Frau Akima beklagte sich aber auch über Hughs Beziehung zu seinen jüngeren Geschwistern, die sich drastisch verändert hatte, seit ihr Mann die Familie verlassen hatte. Früher hatte Hugh sich zärtlich und fürsorglich gegenüber Sissie und Jimmy verhalten. Aber in jüngerer Zeit »nörgle« er ständig an ihnen herum. Nur gegenüber seiner acht Monate alten Schwester Alena zeige Hugh Zuneigung.

Als die Therapeutin Hughs Selbstmordgedanken ansprach, antwortete die Mutter, ihr sei klar geworden, daß sie auf die Bemerkung ihres Sohnes, er wolle mit dem »Wagen über die Klippen fahren«, übertrieben reagiert habe. Sie fügte hinzu: »Ich bin aber froh darüber, denn es veranlaßte mich endlich dazu, therapeutische Hilfe zu suchen.«

Obwohl Hughs Probleme im Vordergrund standen, machte sich Frau Akima auch um ihre achtjährige Tochter Sissie Sorgen, die sich zunehmend in sich zurückzog. Seit einigen Monaten sprach das Kind zu Hause kaum noch und teilte wichtige Gedanken nur noch über Zettel mit, die sie im Schlafzimmer der Mutter hinterließ.

Ebenfalls besorgniserregend waren die Streßsymptome des zehnjährigen Jimmy. Sie äußerten sich in Nägelbeißen, sich wiederholenden Alpträumen und in hyperaktivem Verhalten.

Nach ihren eigenen Selbstmordgedanken befragt, anwortete Frau Akima, sie habe nie eine derartige Absicht gehabt. Wenngleich der Gedanke, »nie mehr aufzuwachen«, ihr gelegentlich als Fluchtmechanismus gekommen sei, seien die Liebe zu den Kindern und ihr Pflichtgefühl ihnen gegenüber so stark, daß sie sie an einer solchen Tat hindern würden.

Die Familiengeschichte

Im Einführungsgespräch ergab sich folgendes:

Herr Akima hatte eine außergewöhnlich starke Bindung an seine Frau gehabt, war für seine Kinder emotional jedoch nicht erreichbar gewesen. Sein Weggehen kam für die Familie völlig überraschend, da sie von seiner Unzufriedenheit nicht das geringste bemerkt hatte. Ohne Ankündigung hatte er sein Zuhause über Nacht verlassen und lebte jetzt auf Hawaii. In den sechs Monaten seiner Abwesenheit hatte Herr Akima die Familie nur zweimal besucht. Er schrieb nicht, und wenn er seine Frau anrief, zeigte er kein Verlangen, auch mit den Kindern zu sprechen. Die ganze Familie hatte über sein Weggehen nie gesprochen, da sie es in heimlichem Einverständnis vermied, sich mit der Trennung und dem Verlust auseinanderzusetzen. Frau Akima hatte ihren Kindern aufgetragen, das Weggehen des Vaters als *Geheimnis* zu behandeln. Sie durften mit niemandem darüber sprechen, weder mit Freunden noch mit Verwandten. Dies geschah aus Schamgefühlen und aufgrund des Wunsches der Mutter, daß ihr Mann bald zurückkehren möge.

Zweite Sitzung/Familiensitzung: Alle Familienmitglieder

Die Akimas waren eine auffallend attraktive asiatische Familie, stellte die Autorin fest, als sie ins Wartezimmer kam, um sie abzuholen. Diese Gruppe ließ sich wirklich als eine »Bilderbuch-Familie« beschreiben. Die Mutter, Hugh, Sissie und das Baby hatten glattes schwarzes Haar, hohe Wangenknochen, einen schön geschwungenen Mund und eine gerade Nase. Ihr hübscher Teint wurde durch die fröhlich-bunte Kleidung noch unterstrichen. Jimmy, ebenso attraktiv, hatte weniger fein geschnittene Züge und etwas Schelmisches in seinem Wesen.

Der sechzehnjährige Hugh gab sich selbstbewußt sportlich. Wenn seine Mutter mit ihm sprach, brauste er auf und reagierte offensichtlich gereizt. Die achtjährige, zartgliedrige Sissie saß zusammengesunken auf ihrem Stuhl und beobachtete furchtsam die Interaktion zwischen Hugh und der Mutter. Das Baby spielte zufrieden neben der Mutter auf der Couch, während der zehnjährige Jimmy nervös immer wieder aus dem Wartezimmer lief. Zwischendurch setzte er sich einen Augenblick lang neben seine Mutter und sprang dann erneut auf, um sich eine Zeitschrift zu holen, die er nach einem flüchtigen Blick wieder beiseite legte. Gleich darauf stand er wieder auf, um einen Augenblick aus dem Fenster zu schauen und wieder neben seiner Mutter Platz zu nehmen. Einige Sekunden später erhob er sich erneut und ging umher. Es war deutlich zu sehen, daß ihm das Stillsitzen sehr schwer fiel.

Zusätzlich zur Einschätzung hatten die Akimas offensichtlich eine »Krisenintervention« nötig, die ihnen während dieser streßreichen Zeit einen Halt gab. Deshalb wurde für diesen ersten Termin mit der Familie die doppelte Zeit, d.h. eine zweistündige Sitzung veranschlagt.

Als die einzelnen Familienmitglieder befragt wurden, wie sie sich fühlten, weil sie fremde Hilfe in Anspruch nahmen, fielen die Antworten unterschiedlich aus. Hugh zeigte sich offen verärgert und gab zu verstehen, daß Therapie seiner Meinung nach etwas für Leute sei, »mit denen etwas *nicht stimmt«*. Dann deutete er mit einem Blick auf seine Mutter an, daß sie und nicht er zu diesen Leuten gehöre. Sissie reagierte völlig anders: Ihr Gesichtsausdruck war wie versteinert, und sie saß starr auf ihrem Platz. Sie zog sich völlig in sich zurück, schrumpfte förmlich auf ihrem Stuhl zusammen und verschwand fast unter dem Arbeitstisch. Im Gegensatz zu seinen Geschwistern reagierte Jimmy positiv: »Wir sind hier, weil Sie (Frau Landgarten) mir helfen können, nicht so nervös zu sein!« Da alle Kinder antworteten, fühlte sich auch Frau Akima, trotz ihrer Furcht und Ängstlichkeit, verpflichtet, eine Meinung zu äußern. Sie erklärte schüchtern, daß eine Freundin, die Sozialarbeiterin sei, sie gedrängt habe, eine Behandlung zu suchen. Sie fügte hinzu: »Alles ist so schrecklich, daß eine Therapie meine einzige Hoffnung für die Familie ist.«

Es war offensichtlich, daß Hugh und Sissie die Ansicht ihrer Mutter, ein »Irrenarzt« könne ihnen helfen, beunruhigte. Sie betrachteten die Therapeutin als »Eindringling«. Dieser Eindruck wurde von der Therapeutin bestätigt, die zugab, daß sie tatsächlich ein Eindringling sei. Da aber alle Familienmitglieder, so die Therapeutin weiter, zu Recht verärgert seien, könnten sie vermutlich einen Außenstehenden gebrauchen, ganz besonders jemanden, der Erfahrung bei der Arbeit mit Familien besaß, die ähnliche Situationen durchlebt hatten. Sie erklärte den Akimas: »Wenn eine Familie verlassen worden ist, geht es allen sehr schlecht, jeder fühlt sich zurückgestoßen, ist wütend und hat Angst. Tatsächlich fühlt sich das älteste Kind meist von der Verantwortung überlastet, andere Kinder ziehen sich in sich zurück und reden kaum noch, wieder andere haben Alpträume oder werden schlecht in der Schule, manche geraten sogar in echte Schwierigkeiten.« Die Therapeutin erläuterte weiter: »Die zurückgewiesenen Elternteile reagieren auf die unterschiedlichste Weise, aber meist haben sie es sehr schwer, sich zusammenzureißen und die Familie mit fester Hand zu führen.« Die Akimas wirkten nach dieser Erklärung entspannter, als sie spürten, daß die Therapeutin ihre Gefühle nachvollziehen konnte. Die Autorin erklärte ihnen dann noch, daß der kunstpsychotherapeutische Ansatz als Instrument fungiere, die Familie und ihre Funktionsweise als Einheit zu verstehen.

Kreative Paaraufgabe ohne Sprechen

Zunächst sollte sich die Familie in *zwei Gruppen* aufteilen. Dann erteilte die Therapeutin die Anweisung, gemeinsam etwas zu malen, ohne dabei miteinander zu sprechen.

Abb. 64: Hugh und die Mutter bilden ein Team

Die Familie hatte große Schwierigkeiten bei der Bildung der beiden Teams. Alle legten Wert auf ihre Individualität und zeigten sich unwillig, ein Bündnis einzugehen. Schließlich entstanden, aufgrund der Sitzordnung, die Paare Mutter/Hugh sowie Sissie/Jimmy.

Das Paar Mutter/Hugh

Ohne ihren Sohn anzusehen, machte sich die Mutter sofort an die Ausführung der Aufgabe. Ihre Zeichnung nahm drei Viertel des Blattes ein und bestand aus großen, *auf ihren Partner gerichteten Pfeilen.* Als Hugh zögerte, fuhr sie fort und zeichnete eine *Ziegelmauer,* womit sie zu erkennen gab, daß sie ihren Sohn ausschließen und aus ihrem Bereich heraushalten wollte. Als Hugh sich beteiligte, blieb er im restlichen Viertel des Blattes und zeichnete einen *Surfer auf einer großen Welle,* wobei die Mutter sorgfältig darauf achtete, daß er ihrem Bildteil fernblieb.

Als Hugh mit seinem Beitrag fertig war, malte Frau Akima wieder weiter: ein *Mädchen, das die Hände in die Hüften gestemmt hatte* und Verwünschungen ausstieß. Später, bei der Erklärung der Bilder, fügte Frau Akima ihrer Zeichnung verärgert Ausrufezeichen hinzu, um ihre Unzufriedenheit noch stärker zu betonen. Ihre Mimik war extrem labil, und auf unangemessene Weise steigerte sich ihr Mangel an verbaler Kontrolle (Abbildung 64).

Das Paar Jimmy/Sissie

Sissie teilte das Blatt in zwei Hälften. Auf ihre Hälfte zeichnete sie einen *Menschen* mit besonderer Betonung des Gesichts. Später, als wieder gesprochen werden

Abb. 65: Jimmy und Sissie bilden ein Team

durfte, sagte sie, dieser Mensch stelle »eine seltsame Person« dar. Da Haar und Kleider »der Person« von derselben Farbe waren wie die der Mutter, schien es naheliegend, daß das Kind damit seine Gefühle diesem Elternteil gegenüber ausdrücken wollte.

Jimmy verdeckte seinen Teil des Bildes beim Zeichnen mit dem Arm, um den Inhalt geheimzuhalten. Er malte ein *Raumschiff, »das Bomben auf einen Menschen fallen ließ«*. Zu einem späteren Zeitpunkt, als Jimmy seine Mutter ansprach und keine Antwort erhielt, kehrte er noch einmal zu seinem Bild zurück und kritzelte den Menschen darauf aus. Obwohl er seine Mutter nicht mit Worten angriff, zeigte er mit dieser symbolischen Geste seine Frustration und Wut (Abbildung 65).

Kreative Familienaufgabe ohne Sprechen

Nachdem die Anweisungen für das *nonverbale Familienwandbild* gegeben waren, entschloß sich die Mutter anzufangen. Sie malte lose *Kritzelformen* und gab nur widerstrebend ab. Die Kinder, offensichtlich verschreckt durch ihre regressiven Aktionen, reagierten darauf mit der Entschlossenheit, etwas Konkretes aus dem Gekritzel zu machen. Hugh verwandelte es zum Teil in ein *Haus*, und Sissie setzte eine *Sonne* in die Ecke. Jimmy reagierte auf das zusammenhanglose Benehmen seiner Mutter, indem er seinen Ärger gegen seine Schwester richtete: Er griff Sissies Sonne mit einem Schwarm *Raumschiffe* an. Die Mutter nahm es lächelnd zur

Kenntnis. Hugh jedoch, der die destruktive Aggression seines Bruders erkannte, griff ein und zeichnete eine Linie, mit der er Jimmy von Sissie trennte. Dann machte er sich daran, das gesamte Bild zu verbessern.

Kreative Familienaufgabe mit Sprechen

Der nächste Schritt bei diesem diagnostischen Interview war das *Familienwandbild,* bei dem die Akimas »miteinander sprechen« durften.

Jimmy war es, der das Wort ergriff und die anderen Familienmitglieder fragte: »Was sollen wir zeichnen?« Bevor noch jemand Gelegenheit zu einer Antwort hatte, begann erneut die Mutter, auf das Papier zu *kritzeln.* Dann wandte sie sich an Jimmy: »Das bist du mit einem Mikrophon.« Jimmy fragte verwirrt zurück: »Was meinst du damit?« Die Mutter ignorierte Jimmys Bedürfnis nach Klarheit, fuhr fort zu schmieren und sagte: »Ich habe Lust, ein großes Chaos zu zeichnen.« Beunruhigt über die mangelnde Kontrolle seiner Mutter, fragte Jimmy sie: »Warum tust du das?« Da er auch darauf keine Antwort erhielt, trat Hugh an das Wandbild, um die chaotischen Kritzeleien seiner Mutter zu verändern und in einen *Berg* und ein *Haus* zu verwandeln. Zweifellos gab er seiner Mutter damit wieder etwas Realitätsbewußtsein. Jimmy fühlte sich durch das Eingreifen seines großen Bruders offensichtlich getröstet, wandte sich an ihn und sagte: »Es ist gut, daß du aus dem Bild etwas Wirkliches gemacht hast.« Dann zeichneten Jimmy und Sissie *Striche auf den Berg,* um dessen Körperhaftigkeit zu verstärken.

Als Jimmy zurücktrat, um das Bild zu betrachten, kam ihm die Idee, eine *Bank* in das Bild einzufügen. Dazu erklärte er laut: »Und darin ist Geld.« Als er mit der Skizze begann, unterbrach ihn seine Mutter mit der Bemerkung: »Die Bank sollte gesprengt werden.« Die Kinder waren bestürzt über diesen auf symbolischer Ebene destruktiven Einwurf, ignorierten ihn aber.

Die Familie betrachtete ihr Werk eine Weile. Als die Mutter erkannte, daß ihr anfängliches Gekritzel in eine an der Realität orientierte Form verwandelt worden war, reagierte sie darauf entsprechend und betitelte diese: »Eine Berghütte«. Das schien den jüngeren Kindern zu gefallen, denn sie beschlossen, die Hütte mit zusätzlichen Einzelheiten zu versehen.

Auf einmal erinnerte sich Jimmy an die Bemerkung seiner Mutter, die *Bank solle gesprengt werden.* Er entschloß sich, einige Bomben in das Bild zu malen. Davon ließ er sich mitreißen und erklärte, er brauche mehr Bomben, um »Sissie zu vernichten«. Es war Hugh, der eingriff, um Jimmy daran zu hindern, seine Schwester auf dem Papier zu zerstören.

Wie die Familie ihre Rollen wahrnahm

Die Therapeutin stellte die Frage: »Gab es einen Anführer oder eine Anführerin, als ihr das Bild gemalt habt? Wenn ja, wer war es?« Hugh behauptete: »Es gab keinen Anführer.« Die Mutter erklärte zum Beweis, daß sie diese wichtige Rolle innegehabt hatte: »Ich habe mit dem Bild angefangen, als ich eine Kritzelform gemacht habe.« Jimmy fühlte sich um die Anführerposition betrogen: »Ja, aber ich habe mit dem Berg geholfen und die großen Bomben gemacht!«

Als Sissie gefragt wurde, was sie dazu meinte, antwortete sie im Flüsterton, daß zwar ihre beiden Brüder den Berg geschaffen hätten, aber daß Jimmy ihn mit seinen

Bomben fast zerstört hätte. Das ließ auf eine gemeinsame Anführerschaft der Jungen schließen.

Sehr behutsam teilte die Therapeutin ihre eigenen Beobachtungen mit:

1. Hugh war der Anführer, da er Veränderungen in das Bild eingeführt und die zusätzlichen Bombardierungen gestoppt hatte, die Sissie vernichtet hätten.
2. Es schien, als habe die Mutter Schwierigkeiten, klare Botschaften zu übermitteln, und sei unfähig, ihre Handlungsweisen zu erklären.
3. Obwohl die Mutter um Vorschläge gebeten hatte, hatte sie Hughs Beitrag ignoriert.

Frau Akima gab zu, daß sie sich dieser Faktoren nicht bewußt gewesen war, und schien ehrlich interessiert an dieser Einsicht. Hugh war erleichtert, daß die Therapeutin seine eigenen Gefühle, nicht beachtet zu werden, bestätigte, und schenkte ihr einen anerkennenden Blick für ihr Verständnis.

Die Therapeutin nahm den Mangel an Kontrolle, den die Mutter beim Malen hatte erkennen lassen, zum Anlaß, den Kindern zu sagen: »Eure Mutter hat das Gefühl, abgewiesen worden zu sein, und das hat sie *verletzlich* gemacht und *verwirrt.*« Vor allem Hugh sagte sie, er solle die Mutter in Ruhe lassen, da sie im Moment nicht in der Verfassung sei, zusätzlichen Druck oder Konfrontation zu ertragen. Hugh konnte diesen Rat annehmen, da er in der Therapeutin mittlerweile eine Verbündete und eine Expertin in der Familienbehandlung sah.

Die Therapeutin erklärte den Akimas, daß sich ihr Familiensystem in einer Krise befinde, da der Weggang des Vaters/Ehemannes eine grundsätzliche Rollenverschiebung zur Folge gehabt habe. Hugh agiere nun als »Haupt der Familie«, während es die Mutter, überfordert durch neue Verantwortung, sehr schwer habe, mit den vielen Bedürfnissen Schritt zu halten, die erfüllt werden wollten. Die Therapeutin wies darauf hin, daß es nicht ungewöhnlich war, daß die jüngeren Kinder auf eine neue Autoritätsfigur mit Groll reagierten, vor allem, wenn es sich dabei um einen älteren Bruder handelte. Es sei ganz verständlich, daß die gegenwärtige Situation bei allen viel Frustration und Ärger auslöse.

Zur Dynamik

Hugh war der Mächtige und Starke hinter dem neu strukturierten Familiensystem. Er spielte die Rolle der *Autoritätsperson.* Das zeigte sich an seiner Fähigkeit, den unreifen Handlungen seiner Mutter Grenzen zu setzen, indem er ihr symbolisch regressives Gekritzel korrigierte und in eine verständliche Äußerung umformte. Auch dem unkontrollierten Zeichnen seines kleineren Bruders gab er Halt.

Zusätzlich zu den durch die kreativen Aufgaben gewonnenen Erkenntnissen über Hugh hielt es die Therapeutin für höchst wahrscheinlich, daß er an unbewältigten ödipalen Konflikten litt, die eskalierten, als der Vater die Familie verließ. Die Rolle als »Mann-im-Haus« unterstützte diese Dynamik und belastete ihn zusätzlich mit Verantwortung. Dazu kam, daß die seinem Alter gemäße Aufgabe der Individuation durch die traumatische Situation der Familie erschwert wurde. Hughs ausagierendes Verhalten war eine Abwehr, hinter der er seine Niedergeschlagenheit und Konflikte verbarg.

Jimmy war derjenige, der *Klarheit in die Familie* brachte und die *Gefühle nach außen zeigte,* die die anderen Familienmitglieder unterdrückten. Seine wesentliche Funktion bestand darin, die Angst der Familie sichtbar zu machen. Bei der Durchführung der kreativen Aufgabe zeigte er seine *klärende Rolle* folgendermaßen:

1. Er fragte, welches Thema das Wandbild haben sollte;
2. er drängte die Mutter, ihren Beitrag zu erklären;
3. er stellte Fragen in dem Versuch, eine Logik zu finden;
4. er half seinem Bruder, die vagen und abstrakten Kritzelformen der Mutter zu konkretisieren;
5. und er gab seinem Bruder positive Verstärkung, indem er die verwirrenden Symbole der Mutter in wirklichkeitsorientierte Ojekte verwandelte.

Als *Zurschausteller der Familiengefühle* wollte Jimmy in das Bild eine Bank »mit Geld« einfügen; damit wies er auf die finanziell unsichere Lage der Familie hin. Er führte auch die destruktiven Wünsche seiner Mutter symbolisch durch das Zeichnen von Bomben aus.

Jimmys drei Symptome waren symbolisch für die Angst der Familie. Zunächst war sein Nägelbeißen ein eindeutig *nervöses* Verhalten, das ihm regressive orale Handlungen erlaubte: die Finger in den Mund zu stecken. Zum zweiten zeigten die Alpträume deutlich, in welchem Zustand sich die Famile derzeit befand. Und zum dritten spiegelten Jimmys »Verrücktheiten« und sein »merkwürdiges Benehmen« das Bedürfnis der Familie wider, einem ihrer Mitglieder eine solche Rolle zuzuschreiben.

Sissie spielte die Rolle des *passiven Mitglieds;* ihre Beteiligung war, verbal wie zeichnerisch, auf das bloße Minimum beschränkt. Dazu war sie die *Empfängerin von Gefühlen der anderen Familienmitglieder,* zum Beispiel von Jimmys verschobenem Ärger und den Schuld- und Schamgefühlen der Mutter.

Sissie, die »Vaters kleines Mädchen« gewesen war, erlebte sich unvermittelt ohne diesen Vater, der für sie sorgte; der Verlust löste sehr viel Ärger in ihr aus. Sie hielt den Mund verschlossen, weil sie fürchtete, sonst löse sich ihre Wut ungewollt.

Die Angst und das schwankende Ich der *Mutter* kamen zum Vorschein durch die Art, in der sie ihre zügellosen, unangemessenen Reaktionen ausdrückte, und zwar künstlerisch wie verbal. Ihr Vorschlag, daß die Bank in dem Bild »gesprengt werden« sollte, ließ auf eine unbewußte, destruktive Wut schließen. Es war die *Ich-Stärke der Kinder, die diesen Elternteil befreite und ihm wieder Wirklichkeitssinn gab.* Die gegenwärtige Rolle der Mutter war einem ständigen Wechsel unterzogen und noch nicht definiert. Die *Rollenumkehr* zwischen der Mutter und ihrem ältestem Sohn versetzte sie in eine Pseudo-Autoritätsposition, während sie in Wirklichkeit abhängig und unselbständig war und Struktur und Parameter nötig hatte.

Dritte Sitzung/Paarsitzung: Mutter und Hugh

Da Jimmy und Sissie krank waren, wurde nur für die Mutter und Hugh eine Paarsitzung abgehalten.

Hugh war offensichtlich wütend, als er den Kunsttherapie-Raum betrat. Ohne jede Anweisung begann er die Fotos in der Collagenschachtel auf dem Tisch durchzusehen. Gleichzeitig berichtete Frau Akima von Hughs unablässigen Klagen über den Schulbesuch. Er drohte mit Schwänzen, wenn sie ihn nicht eine andere Schule besuchen ließ, in der auch seine Freunde angemeldet waren.

Die Therapeutin ließ nicht zu, daß Mutter und Sohn weiter aufeinander herumhackten, und wies sie an, *eine Collage zu machen, die die Vor- und Nachteile von Hughs gegenwärtig besuchter Schule aufzeigen sollte.* Durch diese Vorgabe sollten beide die Möglichkeit bekommen, ihren Standpunkt darzustellen.

Als Hugh sein Werk als erster vorlegen sollte, hielt er es kriegerisch in die Höhe; offensichtlich erwartete er einen heftigen Streit. Die *Vorteile* seiner Schule hatte er durch Bilder von *Ballspielern* ausgedrückt. Für die *Nachteile* hatte er eine *Unterrichtsszene* ausgesucht und dazugeschrieben: »Die anderen sind sehr gescheit; es ist schwer, zu den Besten zu gehören.« Unter das Foto von einer Gruppe Jugendlicher schrieb er: »Die Typen sind eingebildet.«

Erstaunlicherweise hörte Frau Akima ihrem Sohn zu. Und statt Streit zu beginnen, zeigte sie ihm einfach ihre eigene Collage. Zum Ausdruck von *Nachteilen* der Schule, in die Hugh gern gehen wollte, hatte sie das Bild eines *Jungen, der auf den Bus wartet,* einer *Frau und eines Teenagers, die sich anschreien* und von *Tabletten,* mit denen sie auf das Drogenproblem in dieser Schule hinweisen wollte, ausgesucht. Den *Vorteil* illustrierte ein *Buch,* mit dem sie sagen wollte, daß man dort eine »gute Ausbildung« bekam. Hughs Reaktion auf das Bild seiner Mutter war heftiger Widerwille; er war ihrer Einstellung gegenüber nicht aufgeschlossen.

Als Frau Akima die Collage ihres Sohnes genauer betrachtete, wirkte sie überrascht und meinte, sie hätte nicht gewußt, daß er Schwierigkeiten hatte, gute Leistungen zu erbringen. Früher hatte Hugh immer ausgezeichnete Noten bekommen, und erst als der Direktor sie angerufen hatte, hatte sie erfahren, daß ihr Sohn nicht mehr zu den Klassenbesten gehörte. Trotzdem sah sie darin Hughs Arbeitsunwillen und nicht seine Schwierigkeit, mit seinen überdurchschnittlich intelligenten Schulkameraden Schritt zu halten. Sie sprach dieses Thema sehr liebevoll an und begann ein tiefergehendes Gespräch mit ihrem Sohn. Als Hugh spürte, wie ernsthaft sich seine Mutter mit seinen Schulangelegenheiten beschäftigte, vertraute er ihr an, wie schwer er sich mit den schulischen Anforderungen und im Umgang mit seinen Klassenkameraden tat.

Zum Glück verzichtete Frau Akima darauf, auf die ihrer Meinung nach hervorragenden Ausbildungschancen in Hughs jetziger Schule und auf die Drogensituation in der von ihm bevorzugten Schule hinzuweisen. Entscheidend war die Reaktion von Frau Akima auf die Gefühle und Gedanken ihres Sohnes. Hugh sagte später: »Es war das erste Mal, seit Vater weggegangen ist, daß mir meine Mutter wirklich zugehört hat.«

Vierte Sitzung/Familiensitzung: Mutter, Hugh, Jimmy und Sissie

Als die Familie in der folgenden Woche zur Kunsttherapie kam, berichteten die Mutter und Hugh gleichermaßen, daß sich ihre Beziehung zu ihrer Überraschung verbessert habe. Frau Akima erzählte, daß sich ihr Sohn die ganze Woche nicht über die Schule beschwert habe. Dann wechselte sie das Thema und beklagte sich über die ständigen Streitereien zwischen *Jimmy und Sissie.* Deshalb ließ die Therapeutin *Jimmy und Sissie* ein *Team* bilden; sie sollten *zusammenarbeiten, während die Mutter und Hugh als Beobachter fungierten.*

Abb. 66: Ihr fehlt die Freundin

Diese Beobachter-Technik wurde ganz bewußt gewählt, um Frau Akima die Möglichkeit zu geben, die Therapeutin bei der Arbeit mit den streitenden Geschwistern als Rollenvorbild zu erleben. Jimmy und Sissie bekamen dann die Aufgabe, *zusammen aus Tonpapier und Knetmasse eine Szene zu gestalten und dabei kooperativ zu arbeiten.*

Als das Projekt begann, fragte Jimmy seine Schwester, was sie machen wolle. Sissie antwortete nur mit einem Achselzucken, entschied sich aber einige Sekunden später, die Knetmasse zu verwenden. Jimmy fragte seine Schwester: »Was machst du?« Sissie antwortete nicht, modellierte aber ein *kleines Mädchen.* Jimmy, erbittert durch ihren Mangel an Kommunikationsbereitschaft, nahm nun selbst ein Stück Knetmasse und ließ es absichtlich auf Sissies Figur fallen. Sissie war wütend.

Die Therapeutin wies die Kinder an, ihre Handlungen ab dem Punkt *noch einmal zu wiederholen,* wo Jimmy seine Schwester fragte, was sie machen wolle. Nachdem er dies getan hatte, wurde Sissie angewiesen, bitte *ihrem Bruder zu antworten, denn Klärung würde ihn daran hindern, erbittert zu reagieren, und ihm helfen, kooperativ zu sein.* Beim Nachspielen der Szene sah Sissie Jimmy nach dessen Frage, »Was machst du?«, an und sagte: »Ich will Jacqueline aus der Knetmasse machen.« (Das war eine Freundin von Sissie aus der Nachbarschaft, die weggezogen war.) »Vielleicht kannst du eine Puppe für sie kneten,« schlug Sissie dann ihrem Bruder vor. Jimmy freute sich sehr darüber, daß sie ihn zur Mitarbeit eingeladen hatte, und machte sich gleich an seine Aufgabe. Die Therapeutin verzichtete auf weitere Interventionen, während die Kinder modellierten, sich dabei über Jacqueline unterhielten und ihren Wunsch ausdrückten, sie möge noch in ihrer Nachbarschaft leben (Abbildung 66).

Als die Knet*figuren* fertig waren, beschlossen Jimmy und Sissie, aus dem

Tonpapier das *Haus* zu basteln, in dem ihre Freundin gelebt hatte. Dann stellten sie die Figuren von Jacqueline und ihrer Puppe hinein.

Die Intervention der Therapeutin ließ die Mutter einsehen, wie wichtig es war einzugreifen, wenn die Kinder einen Erwachsenen brauchten, der ihnen bei ihrer Interaktion half. Die Therapeutin hob hervor, daß Jimmy Hilfe dabei benötigte, Antworten zu bekommen, um sein destruktives Verhalten zu verhindern, und Sissie jemanden, der ihr die Verständigung erleichterte. Die Kinder erfuhren positive Verstärkung: Sissie wurde dafür gelobt, daß sie ihre Gedanken formuliert, Jimmy, weil er kooperativ darauf reagiert hatte. Die kunsttherapeutische Anweisung hatte den beiden Geschwistern zusätzlich die Gelegenheit gegeben, ein gemeinsames kreatives Unternehmen zu genießen.

Auf die Bitte um weitere Informationen über Jacqueline erklärten die Akimas, daß deren Familie plötzlich, ohne vorherige Ankündigung, weggezogen sei, als Sissie im Ferienlager war. Niemand hatte Sissie etwas davon geschrieben, und sie war sehr verletzt gewesen, als sie bei ihrer Heimkehr festgestellt hatte, daß Jackie für immer weggegangen war! Die Familie gab zu, daß sie mit Sissie über den Verlust nie gesprochen hatte. Die Mutter hatte gemeint, es sei besser so, da sich ihre Tochter zu sehr aufregen würde; insbesondere deshalb, weil die beiden kleinen Mädchen nahezu unzertrennlich gewesen waren. Die Therapeutin erklärte, wie wichtig es sei, sich mit »Verlusten« auseinanderzusetzen: »Vielleicht erinnert ihr euch an Jacqueline auch deshalb, weil sie euch, wie euer Vater, keine Gelegenheit gegeben hat, ›Auf Wiedersehen‹ zu sagen.«

Jimmy dachte eine Weile über die Aussage der Therapeutin nach und überging dann den Zusammenhang zu seinem Vater, indem er erklärte: »Ja, Sissie war sehr lange traurig. Immer wenn ich über Jackie reden will, rennt sie in ihr Zimmer oder schlägt mich.« Die Autorin richtete die Aufmerksamkeit auf Sissie und bat sie, ein »Bild zu malen, wie du dich jetzt gerade fühlst«.

Sissie malte bereitwillig ein *trauriges Mädchen, dem Tränen übers Gesicht liefen.* Nach dessen Bedeutung befragt, identifizierte sie es als Selbstportrait und erzählte, daß sie immer noch von ihrer Freundin träume und daß sie ihr schrecklich fehle (Abbildung 67). Als die Autorin Sissies Träume erneut mit dem Weggang des Vaters

Abb. 67: Sissie ist traurig

in Verbindung brachte, griff die ganze Familie in das Gespräch ein, um die Auseinandersetzung mit diesem Thema zu verhindern; statt dessen sprachen alle von Jacqueline, und was für ein fröhliches, nettes kleines Mädchen sie gewesen war. Sie stellten fest, daß sie ein wenig Aufregung ins Haus gebracht hatte, und sie sprachen von ihren tiefen Gefühlen gegenüber dem Kind.

Da die Familie an ihre Gefühle im Zusammenhang mit der Trennung von dem Nachbarskind gerührt hatte, wurde sie jetzt angewiesen, ihre *Gefühle über den Weggang des Vaters auszudrücken.*

Hughs Verleugnung zeigte sich an einer großen *Null.* Er behauptete, er habe »keine Gefühle«. Er sagte, es mache keinen Unterschied für ihn, ob sein Vater zu Hause oder fort sei. Sissies Meidungshaltung war ähnlich; sie zeichnete *sich selbst* mit einem »normalen Gesicht« und verneinte ebenfalls jegliche Gefühle von Unsicherheit oder Ärger. Die *Herzen* der Mutter standen für ihren nach wie vor bestehenden Wunsch, daß ihr Mann zurückkommen möge. Nur Jimmy brachte seine wahren Gefühle zum Ausdruck, als er das *Foto eines Mannes mit hochstehendem Haar* auswählte und dann den *Körper* dazumalte. Dazu erklärte er: »Ich habe Angst, seit Vater weg ist. Ich mache mir Sorgen.« (Abbildung 68) Die Autorin stellte laut die Überlegung an, ob die anderen Familienmitglieder wohl manchmal so ähnlich empfanden wie Jimmy. Ohne zu zögern, antworteten Hugh und Sissie sofort mit einem nachdrücklichen »Nein«, während ihre Mutter, die offensichtlich an ihren kaum verhüllbaren Abwehrmechanismen festhielt, sich einer Antwort enthielt.

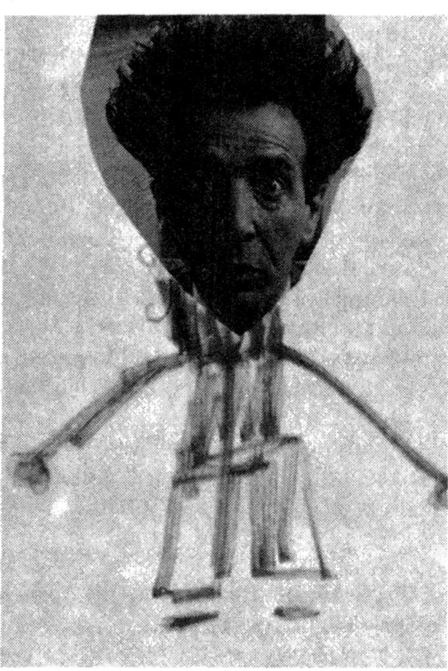

Abb. 68: Jimmy hat Angst

Mit Ausnahme von Jimmy bildete die Familie eine geschlossene Abwehr, die die Auseinandersetzung mit der Tatsache vereitelte, daß sie verlassen worden war. Der Widerstand jedes einzelnen manifestierte sich auf unterschiedliche Weise: bei der Mutter in Form von Wünschen und Phantasien zur Rückkehr des Mannes; beim heranwachsenden Hugh durch ausagierendes Verhalten; und bei Sissie durch ihren selektiven Mutismus. Dieses geheime Einverständnis verhinderte, daß Wut- und Schuldgefühle ausgedrückt und verarbeitet wurden. Da dies jedoch wichtiger war als die Ziele der Familienbehandlung, fällte die Therapeutin die Entscheidung, den Widerstand vorläufig stehen zu lassen und andere Ansätze zu versuchen, um zukünftig mit den unterdrückten Gefühlen umzugehen.

Fünfte Sitzung/Familiensitzung: Mutter, Hugh, Jimmy und Sissie

Als die Familie in den Therapieraum kam und ihre Plätze um den Tisch einnahm, setzte Hugh sich so weit weg wie möglich von seiner Mutter und warf ihr immer wieder verärgerte Blicke zu. Um mit diesen Gefühlen zu arbeiten, bestimmte die Therapeutin, daß *Hugh und seine Mutter ein Team bilden und etwas zusammen gestalten sollten, während Jimmy und Sissie diesmal die Rolle der Beobachter übernahmen.*

Hugh sah seine Mutter an, ob sie eine Anweisung für ihn hatte oder sonst etwas zur Vorgehensweise sagen wollte, aber sie ignorierte ihn, nahm sich ein eigenes Blatt Tonpapier und schnitt eine *weibliche Figur* aus. Hugh rückte mit seinem Stuhl vom Tisch ab und zeigte so, daß er sich zurückgewiesen fühlte. Frau Akima hatte keinen Blick für ihren Sohn, sondern war ganz in ihre Beschäftigung versunken. Hugh war über das Desinteresse seiner Mutter empört und stellte mißvergnügt laut Überlegungen über das Nichtbefolgen von Anweisungen der Therapeutin an.

Etwa zehn Minuten später nahm sich auch Hugh ein eigenes Blatt Papier und begann, etwas auszuschneiden. Dennoch unternahm er noch einen weiteren Versuch, mit seiner Mutter in Kommunikation zu treten, indem er sie fragte, was ihr gemeinsames Thema sein solle. Sie tat, als habe sie ihn nicht gehört, und antwortete nicht. Bei dem Versuch, seine Mutter dazu zu bringen, ihm eine Antwort zu geben, bombardierte Hugh sie mit einer Reihe von Fragen. Aufgerüttelt von den Forderungen ihres Sohnes, hatte Frau Akima offenbar Schwierigkeiten, sich schnelle Antworten zu überlegen. Der Druck, den Hugh auf sie ausübte, schien ihr Angst zu machen. Unfähig zu einer Antwort, saß sie einfach passiv da. Als Hugh spürte, daß seine Kommunikationsversuche fruchtlos waren, gab er auf und wandte sich völlig von seiner Mutter ab. Er konzentrierte sich nur noch darauf, eine *männliche Figur* auszuschneiden.

Als Jimmy und Sissie berichten sollten, was ihrer Beobachtung nach zwischen ihrem Bruder und der Mutter vorgegangen war, kommentierte Sissie: »Mutter hat Hugh keine Antwort gegeben, aber ich finde, sie hätte es tun sollen.« Jimmy fügte hinzu: »Hugh hat Mutter schnell ganz viel gefragt. Er hat ihr gar keine Chance gegeben, ihm zu antworten.«

Die Therapeutin bestätigte diese Beobachtungen und fügte hinzu: »Es muß schwierig sein für Mutter und Hugh, weil es keine normale Unterhaltung ist, bei der mal der eine und dann der andere spricht. Hugh hat wahrscheinlich das Gefühl, daß die Mutter ihn ignoriert, wenn sie auf seine Fragen nicht antwortet, und es ist verständlich, warum ihn das frustriert und er sich ärgert und aufregt. Andererseits

Abb. 69: Mutter und Hugh versöhnen sich

denkt eure Mutter wahrscheinlich langsamer als Hugh. Ich glaube, deshalb wird es ihr einfach zuviel, wenn er sie so mit Fragen überfällt und darauf sofort eine Antwort will.« Frau Akima und Hugh leuchtete die Erklärung ein; sie konnten diese Dynamik jetzt verstehen.

Die nächste kunsttherapeutische Anweisung an Hugh und seine Mutter lautete: *Gestaltet für die beiden ausgeschnittenen Figuren eine Umgebung und gebt dann jeder Figur eine Stimme.* Die Therapeutin fügte hinzu: *Dieses Mal sollst du, Hugh, deiner Mutter nur eine Frage stellen, und die Mutter soll eine Antwort darauf geben. Die ganze Aufgabe hindurch sollt ihr euch mit euren Fragen und Antworten abwechseln.*

Die Therapeutin war überrascht, als Hugh sich diesen Anweisungen nicht widersetzte. Er stellte seiner Mutter die Frage: »Welche Umgebung sollen wir unseren Figuren geben?« Und Frau Akima schlug vor: »Etwas mit einem Ausflug.« Sie fügte hinzu: »Und wo sollte das sein?« Hugh: »Im Gebirge beim Skifahren – einverstanden?« Die Mutter antwortete: »Ja.« Als das Projekt vollendet war, zeigte es *eine männliche und eine weibliche Gestalt, »die sich beim Skilaufen vergnügen«* (Abbildung 69).

Das Beobachter-Team wurde nach seiner Wahrnehmung befragt. Jimmy: »Das war echt gut. Hugh und Mutter haben miteinander geredet. Sie haben sich nicht gestritten und wurden nicht laut.« Sissie nickte zustimmend. Da sie aber zum Sprechen ermutigt werden sollte, wurde sie um einen Bericht darüber gebeten, wie die Szene entstanden war. Sissie erzählte und bemerkte kaum, wie lange alle anderen ihr zuhörten, *was sie zu sagen hatte.* Sie gab einen genauen und lebhaften Bericht von der Interaktion zwischen Hugh und der Mutter.

Die Therapeutin schlug vor, daß Hugh und seine Mutter *versuchen sollten, dieselbe wechselseitige Art der Kommunikation auch zu Hause weiterzuführen.*

Sechste Sitzung/Familiensitzung: Mutter, Hugh, Jimmy und Sissie

Nach der Begrüßung bekam die Familie die Anweisung, *Zeitschriftenbilder auszusuchen, auf denen nette und nicht nette Menschen zu sehen sind.* Die Aufgabe sollte dazu dienen, den Wunsch der Mutter, den Weggang des Vaters geheimzuhalten, zu thematisieren. Wenngleich anzunehmen war, daß dieser Wunsch von ihren Scham- und Schuldgefühlen herrührte, war es notwendig, das Wertesystem der Familie in diesem Zusammenhang zu untersuchen.

Die Collagen von Mutter und Tochter waren sehr aufschlußreich. Für die *netten* Menschen hatten beide Bilder ausgewählt, auf denen *weibliche Personen mit geschlossenem Mund* zu sehen waren. Das Foto der Mutter zeigte einen *brüllenden Chef, der seine Sekretärin mit Arbeit überhäufte.* Die Sekretärin reagierte darauf, indem sie *den Mund zusammenpreßte.* Auf Sissies Bild, vom Konzept her ähnlich, war eine Frau in untergebener Position zu sehen: Ein *Mann gab seiner Frau einen Stapel Kleider zum Waschen, und diese nahm seine Anweisungen mit einem breiten Lächeln entgegen.* Ein *nicht so netter* Mensch war für die Mutter eine *ältere Frau, die mit einem Jungen flirtete* (sie erkannte nicht, daß dieser mit Hugh Ähnlichkeit hatte), und Sissie entschied sich für ein *lachendes Kind mit dem Mund voller Essen.*

Für die männlichen Antworten auf die Bilder *netter Menschen suchte Hugh sich eine Gruppe von Leuten aus, die um einen Konferenztisch saßen und miteinander diskutierten,* Jimmy einen *Mann, der seinen Kindern Eistüten schenkte.* Hughs Bild von einem *nicht netten* Menschen zeigte eine *verführerische Anhalterin,* und Jimmy hatte sich für einen *Jungen, der ein anderes Kind tritt,* entschieden.

Die Collagen führten zu einer lebhaften Diskussion zwischen den einzelnen Mitgliedern der Familie; es ging dabei vor allem um das Verständnis von Frau Akima und Sissie von netten Menschen, die, wenn sie weiblich waren, den Mund hielten und nur als Empfängerinnen und nie als Initiatorinnen handelten. Sissie und ihre Mutter glaubten, beeinflußt von ihrem kulturellen asiatischen Hintergrund, daß Frauen ruhig und höflich zu sein hatten und andere Menschen brauchten, die für sie sorgten.

Die Therapeutin brachte dies mit Sissies selektivem Mutismus als einer extremen Funktion des »Nettseins« in Zusammenhang. Jedoch schien Sissies verbaler Rückzug noch stärker von ihrer Furcht herzurühren, *das Geheimnis vom Fortgehen ihres Vaters zu verraten.* Die Therapeutin erklärte, daß einer der Gründe, warum Sissie angefangen hatte, über Zettel zu kommunizieren, darin zu suchen war, daß sie das für sicherer hielt; diese Art der Botschaftenübermittlung verhinderte, daß sie weitererzählte, was in der Familie geschah.

Während dieser Interpretationen warf Sissie der Therapeutin immer wieder verstohlene Blicke zu. Sie war sich ihrer Gefühle gegenüber dieser Frau, die ihre Empfindungen so richtig erriet, nicht sicher. Konnte sie einem solchen Menschen trauen? Das Kind befand sich in einer Konfliktsituation, da es immer angehalten

Abb. 70: Ein zorniger Stier

worden war, alles in sich zu verschließen. Sie war sich nicht sicher, ob sie gegen das von der Mutter gesetzte Verhaltensmuster handeln durfte, zumal sie von diesem Elternteil allein abhängig war. Sissie stimmte den Schlüssen der Therapeutin weder zu, noch ließ sie Widerspruch erkennen; sie sah die Autorin nur starr an und preßte dabei die Lippen fest zusammen.

Siebte Sitzung/Familiensitzung: Mutter, Hugh, Jimmy und Sissie

In dieser Sitzung erschien Sissie weniger angespannt und furchtsam. Obwohl sie gegenüber der Therapeutin nicht freundlich gestimmt war, wirkte sie doch entspannter als bisher.

Um die Interaktion zwischen den männlichen und weiblichen Familienmitgliedern beobachten zu können, teilte die Therapeutin die Familie in zwei Paare ein: ein Team Mutter/Tochter sowie ein Team der beiden Brüder. Jedes Paar bekam die Anweisung, *eine eigene Skulptur aus Tonpapier zu machen*.

Die Jungen bastelten ein *Haus*, und Hugh übernahm dabei die Führungsrolle. Er baute Jimmys Ideen mit ein, und die beiden arbeiteten kooperativ zusammen. Hugh akzeptierte die Verantwortung, um sicher zu gehen, daß die *Konstruktion* auch solide wurde. Den beiden Brüdern machte die Arbeit offensichtlich Spaß, und sie waren mit dem Endprodukt sehr zufrieden.

Im Gegensatz dazu hatten Sissie und ihre Mutter Schwierigkeiten, als Einheit zusammenzuarbeiten. Beide verwendeten eigenes Material und arbeiteten für sich, ohne die Partnerin zu konsultieren. Als Frau Akima beispielsweise einen *Regenbogen* gestaltete und Sissie einen *Stier* schuf, sagte die Mutter zur Tochter: »Eine Kuh oder ein Kalb wäre besser als ein Stier mit Hörnern.« Sissie preßte die Lippen zusammen und ignorierte den Einwand, in dem sich Unzufriedenheit zeigte. Nach einer Weile bat sie ihre Mutter, »Gras für den Stier zum Fressen« zu machen. Frau Akima schien die Bitte nicht zu hören und konzentrierte sich weiter auf ihren Regenbogen. Obwohl Sissie noch mehrere Vorschläge unterbreitete, nahm die Mutter keinen davon zur Kenntnis. Schließlich schrieb Sissie auf ein Blatt Papier: »Der Stier ist böse.« (Abbildung 70) Die Mutter sah auf das Papier und gab zurück: »Ich weiß nicht, warum dein Tier unbedingt böse sein muß!«

Als beide Paare mit ihrer Arbeit fertig waren, schlug die Therapeutin vor, *alle Arbeiten zu einer Gesamtszene zu vereinen.* Alle waren der Ansicht, daß der Stier neben dem Haus gut wirken würde. Jedoch war es die Position des Regenbogens, die die größte Aufmerksamkeit auf sich zog und zu Reibereien führte. Die Mutter wünschte ihn sich über dem Haus, aber die Jungen waren dagegen. Dann setzte sie ihn über den Stier, aber dieses Mal wehrte Sissie ab, die sich immer noch über die mangelnde Kommunikation mit ihrer Mutter ärgerte. Es wurde zu einem regelrechten Dilemma, was mit dem Regenbogen geschehen sollte. Schließlich erbot sich Jimmy, einige weiße Wolken zu gestalten, so daß seine Mutter ihren Regenbogen darüber plazieren konnte. Dieser Vorschlag schien alle zu besänftigen, und so wurde er ausgeführt.

Anschließend diskutierte die Familie die Interaktionen, die sich während der gemeinsamen Arbeit abgespielt hatten. Das Zwischenspiel zwischen Mutter und Tochter lieferte der Therapeutin dabei noch einen weiteren Anhaltspunkt, um die Gründe für Sissies Mutismus zu deuten. Es war ihr aufgefallen, daß Sissie Zuflucht zu einer geschriebenen Botschaft genommen hatte, als die Mutter ihre verbalen Kommunikationsversuche nicht beachtete. Die mündliche Botschaft wurde nicht anerkannt, während die schriftliche Aufmerksamkeit erregte und deshalb Verstärkung erfuhr. An dieser Stelle ergriff Sissie laut und deutlich das Wort, um zu erklären: »Das ist richtig. Meine Mutter achtet gar nicht auf mich. Ich weiß, wenn ich ihr einen Zettel schreibe, muß sie ihn lesen.«

Das zwang Frau Akima, die Rolle, die sie bei Sissies Stummheit spielte, zu erkennen. Dieser spezielle Vorfall war für die Familie sehr wichtig, und auch in anderen Sitzungen wurde immer wieder Bezug darauf genommen. Er hatte eine wichtige Auswirkung auf die zukünftige Dynamik zwischen Mutter und Tochter.

Achte Sitzung/Familiensitzung: Mutter, Hugh, Jimmy und Sissie

Die Familie berichtete, daß sich ihr häusliches Leben verbessert habe. Sie bekam die Aufgabe, (als weiterführende Arbeit an der Familienkommunikation) *aus Knetmasse irgend etwas zu gestalten.*

Der Bericht über diese kunsttherapeutische Sitzung wird sich ausschließlich auf Sissie konzentrieren, da sie für das Kind von größter Wichtigkeit war. Sissie modellierte als Skulptur nach freier Themenwahl eine »steinerne Schneefrau, die Angst hatte, aber tapfer war«. Die gefrorene Frau schien die Umsetzung von Sissies Wahrnehmung der mütterlichen Unfähigkeit zu sein, emotionalen Trost zu spenden. Als Sissie spürte, was sie damit enthüllt hatte, unterbrach sie sich und behauptete, es sei »nur eine dumme Geschichte« gewesen.

Trotzdem nutzte die Therapeutin diese Erzählung für die Deutung, daß Frau Akima eine *steinerne Schneefrau* sein mußte, um die traumatische Krise, in der sich die Familie befand, zu überstehen. Sissie erfuhr Anerkennung, weil sie verstand, daß ihre Mutter »Angst hatte, aber immer noch eine tapfere Haltung bewies«. Die drei Kinder bekannten, daß sie sich besser fühlten, wenn die Mutter Stärke erkennen ließ, weil sie selbst Angst hätten. Sie gaben zu, es war ihnen doch nicht wohl dabei, wenn Mutter sich »komisch« benahm oder: »...wenn sie viel weint oder sich nicht um uns kümmert.«

Als Frau Akima bewußt wurde, daß ihre mangelnde Kommunikationsfähigkeit ihren Kindern Angst machte und sie frustrierte, bat sie um Einzelbehandlung, zusätzlich zur Familientherapie. Die Therapeutin erklärte sich einverstanden und definierte ihre unmittelbaren Therapieziele: 1) für ihre Familie wieder leichter erreichbar zu sein; 2) den Kindern mehr Struktur und Parameter zu geben; und 3) ihre Kommunikationsfähigkeit zu verbessern. Weitere Punkte, die die Therapeutin nicht aussprach, waren: Stärkung des Ichs, Ausdruck der eigenen Persönlichkeit und die Orientierung an neuen Einsichten.

Neunte Sitzung/Familiensitzung: Mutter, Hugh, Jimmy und Sissie

Zu Anfang der Sitzung sprach die Familie über die Zeiten, als Jimmy »ein komischer Vogel und verrückt« gewesen war. Um dieses Problem in Angriff zu nehmen, sollte die Familie *Jimmy in diesem Zustand zeichnen.*

Das Bild der Mutter zeigte Jimmy, wie er *auf dem Bett auf- und abhüpfte* »wie ein Fisch aus dem Wasser«; Hugh zeichnete seinen *Bruder, wie er durch das Wohnzimmer rannte,* »als ob er an einem Marathonlauf teilnehme«; Sissie stellte ihn dar, wie er *durch das ganze Haus raste,* während Jimmy auf seinem eigenen Bild »wie verrückt« im Kreis »herumwetzte«. Ihm selbst nicht bewußt, hatte er die Hände weggelassen und gab so ein Gefühl von Hilflosigkeit zu erkennen (Abbildung 71).

Über sein Bild sagte Jimmy: »Ich kann nicht dagegen an.« Er gestand, daß ihn sein eigenes Verhalten sehr ängstige, und sprach den Wunsch aus, damit aufhören zu können.

Abb. 71: Mangel an Selbstkontrolle

Die Therapeutin sprach mit der Familie und mit Jimmy im besonderen über ihre Erfolge bei Kindern mit solchen Problemen; das erfordere jedoch die gemeinsame Anstrengung der ganzen Familie: Alle zusammen könnten Jimmy helfen, mit seinem unkontrollierten Verhalten aufzuhören. Dies löste allgemeine Verwunderung aus. Die Familie fand es schwierig zu glauben, daß sie selbst dazu beitragen könnte, das Verhalten eines Mitglieds zu ändern, war jedoch begierig darauf zu hören, wie dieser Beitrag aussehen konnte.

Zunächst einmal wurde den Akimas gesagt, daß sie aufhören sollten, Jimmy als »komischen Vogel und verrückt« zu bezeichnen. Denn, so erklärte die Therapeutin, Menschen, die mit einem Etikett versehen würden, orientierten sich oft daran, so daß es zu einer sich selbst erfüllenden Prophezeiung komme. Mutter und Geschwister fanden dies einleuchtend und erklärten sich bereit, Jimmy in Zukunft nicht mehr so unangemessen zu etikettieren.

Die zweite Verhaltensregel wurde besonders hervorgehoben. Die Mutter und Hugh sollten Jimmy, wenn er anfing herumzurennen, fassen und das Kind ganz fest halten. Dazu sollten sie sagen: *»Ich werde dich beschützen und dir helfen, bei dir zu bleiben.«* Jimmy wurde ausdrücklich darauf hingewiesen, daß es sich dabei nicht um eine Bestrafung handelte, sondern ihm das helfen sollte, sich zu beherrschen. Die Therapeutin betonte noch, wie wichtig es sei, daß es sich hierbei um eine Erfahrung handle, bei der die ganze Familie mithalf, eine unerwünschte Verhaltensweise abzustellen.

Zehnte und elfte Sitzung/Familiensitzungen: Mutter, Hugh, Jimmy und Sissie

In der nächsten Sitzung berichtete Jimmy, daß niemand ihn als »komischen Vogel oder verrückt« bezeichnet habe. Er verkündete stolz, daß er in der ganzen Woche nur zweimal durchs Haus gerast sei. Die Mutter erzählte, daß Jimmy, als sie ihn beim ersten Mal festgehalten und zu ihm gesprochen hatte, sie berichtigt habe: »Du sagst es nicht *genauso wie Frau Landgarten.«* Er erklärte ihr, sie müsse »es *richtig* sagen... *›Ich werde dich beschützen und dir helfen, bei dir zu bleiben‹.«*

In der folgenden Sitzung prahlte Jimmy, offensichtlich stolz auf sich: »Ich habe mich diese Woche nur einmal komisch benommen.« Frau Akima bestätigte das und berichtete von zusätzlichen Verbesserungen: Jimmy hatte durchgeschlafen, ohne von Alpträumen geweckt zu werden, und hatte sein Nägelbeißen unter Kontrolle. Die ganze Familie strahlte vor Stolz auf Jimmy und auch auf sich selbst, weil sie ihm half, seine Probleme zu meistern.

Zwölfte bis vierzehnte Sitzung/Paarsitzungen: Mutter und Jimmy

Zu einigen Familiensitzungen erschien Frau Akima nur mit Jimmy und entschuldigte Hughs und Sissies Fernbleiben damit, daß ihr großer Sohn und ihre Tochter keinen Grund mehr für eine Behandlung sähen. Der Haushalt hatte einen festeren Rahmen, und die Beziehungen untereinander hatten sich sehr verbessert. Die Therapeutin interpretierte den Widerstand von Hugh und Sissie als Weigerung, sich mit dem Thema »Trennung« zu befassen.

Die Paarsitzungen von Mutter und Sohn drehten sich um die Gefühle, die die beiden anderen Familienmitglieder mit ihrer Abwesenheit auslösten. Jimmy ärgerte sich darüber und portraitierte sich in seinen Bildern als abgestempelt als *Kind mit den meisten Problemen,* da er als einziges der Geschwister immer noch in Behandlung war. Mutters Bilder zeigten Ärger, Frustration und Selbstherabsetzung, weil sie unfähig war, Hugh und Sissie zu beeinflussen und davon zu überzeugen, weiter in die Therapie zu kommen. Daneben wurde erforscht, wie Jimmy sein Verhalten steuern konnte. Er schaffte es jetzt, sich zu beherrschen. Seine Zeichnungen ließen ein gewachsenes Selbstwertgefühl erkennen und zeugten von der Fähigkeit, sich aus der Familie zu lösen und als Individuum zu erleben.

Als untersucht wurde, wie sich die Familienrollen verschoben hatten und wie sich dies auf die einzelnen Familienmitglieder auswirkte, zeigte sich, daß die Mutter inzwischen größere Autorität ausübte und für ihre Kinder stärker verfügbar war. Obwohl die Situation immer noch schwierig war, half ihr ihr Selbstverständnis, als Mutter besser zu funktionieren. Jimmy sah seinen Rollenwechsel darin, daß er Aufmerksamkeit für positives und nicht für negatives Verhalten erhielt. Er sagte, es würde nicht mehr »auf ihm herumgehackt«. Tatsächlich verhielt es sich so, daß er aufgrund der Arbeit an seiner Individuation weniger zur Verfügung stand, um die unbewußten Konflikte und Verwirrungen der anderen Familienmitglieder auszuagieren.

Hugh und Sissie nutzten die Möglichkeit, ihren eigenen Rollenwandel selbst zu untersuchen, leider nicht; es hätte ihre sich wandelnde Stellung innerhalb des Familiensystems und die Weise, in der alle davon betroffen waren, geklärt.

Fünfzehnte Sitzung/Paarsitzung: Mutter und Jimmy

Bis zur fünfzehnten Sitzung wurde es offensichtlich, daß es nur die positive Übertragung war, die Jimmy immer wieder in die Kunsttherapie kommen ließ. Die Klinikerin vermutete, daß er seine Besuche bald einstellen würde. Dieser Verdacht bestätigte sich, als die Mutter ihren Sohn dabei unterstützte, einer Sportmannschaft seiner Schule beizutreten. Dieser Beitritt würde seine Teilnahme an der Kunsttherapie verhindern. Um ihre Handlungsweise zu rechtfertigen, schilderten Frau Akima und ihr Sohn das Familienleben (offenbar authentisch) und Jimmys Fortschritte in glühenden Farben.

Obwohl die Mutter sich auf bewußter Ebene wünschte, daß die ganze Familie zur Therapie käme, sagte sie, sie sei unfähig, alle »unter einen Hut« zu bringen, da die Kinder nach der Schule zahlreichen Aktivitäten, z.B. sportlicher oder weiterbildender Art, nachgingen oder gesellschaftliche Verpflichtungen hätten.

Die Autorin bestand darauf, daß sich die ganze Familie noch einmal zur Therapie einstellte, da es, wie sie ausführte, sehr wichtig sei, Hugh und Sissie die Möglichkeit zu geben, sich von ihr zu verabschieden. Sie betonte dies ausdrücklich, denn solch ein formeller Abschied gilt als wesentlicher Schritt in Richtung einer korrektiven Erfahrung. Daß sich die Familie mit dem Therapieende befaßte, war vor allem deshalb notwendig, weil sie nach dem väterlichen Modell der Vermeidung handelte.

Sechzehnte Sitzung/Paarsitzung: Mutter und Jimmy

Frau Akima betonte, daß sie alles versucht habe, die ganze Familie dazu zu bewegen, zur Abschlußsitzung zu kommen. Aber trotz ihrer Anstrengungen sei es ihr nur bei Jimmy gelungen. Sie klärte die Therapeutin darüber auf, daß das Kind in der folgenden Woche mit seiner Sportgruppe beginnen würde. Die Autorin nahm an, daß dies für Frau Akima eine Möglichkeit war, sie noch einmal für sich alleine zu haben. Obwohl sie diese Deutung laut aussprach, stritt Frau Akima deren Richtigkeit ab.

Um Jimmy die letzte Sitzung zu erleichtern, wurden er und seine Mutter gebeten, sich in einer schöpferischen Arbeit mit dem Thema »Lebewohl-Sagen« zu befassen. Frau Akima sollte *dieses Lebewohl in Zusammenhang mit dem Ende der Familientherapie sehen,* Jimmy sollte *seine Gefühle dazu, daß er nicht mehr zur Therapie kommen würde, darstellen.*

Die Therapeutin beteiligte sich auf Jimmys Bitten hin.

Jimmy verwendete die Fotografie eines *traurigen Jungen* und malte den *Körper* und einen *Fußball* dazu. Er sagte, er sei froh, daß die Therapie aufhöre, denn er sei ein »guter Fußballspieler« und liebe das Spiel. Wenn er mit der Behandlung fortführe, könne er nach der Schule nicht mit der Mannschaft trainieren (Abbildung 72). Er verstünde ohnehin nicht, warum er weiter mit seiner Mutter zur Therapie kommen solle, da er mit den »schlimmen Sachen« aufgehört, außerdem »keine Alpträume mehr« habe und der Rest der Familie ohnehin schon lange nicht mehr käme.

Auf der anderen Seite ließ Jimmy seine ambivalente Haltung durch die Bemerkung erkennen, daß er traurig sei, wenn er die Therapeutin nicht mehr sehe. Er fragte, ob er sie zu Hause besuchen dürfe. Die Therapeutin erklärte ihm daraufhin behutsam, welche Rolle Therapeuten spielen. Anschließend zeigte sie Mutter und Sohn ihr *Selbstporträt.* Darin hatte sie ihre Freude über Jimmys positive Fortschritte ausgedrückt, und es zeigte ihren Stolz darauf, daß er sein unerwünschtes Verhalten geändert hatte. Die Therapeutin sagte, sie sei traurig, daß sie sich voneinander verabschieden müßten, aber sie wünsche ihm alles Gute.

Frau Akima wirkte niedergeschlagen und ließ dies auch zu, während Jimmy und die Therapeutin voneinander Abschied nahmen. Sie teilte den beiden ihre Gefühle zwar mit, verstand jedoch nicht, warum sie sie so tief berührten. Die Therapeutin interpretierte sie als die Empfindungen, die mit Trennung und Verlust verbunden waren, und erklärte, sie seien auf die nicht verarbeiteten Gefühle um den Weggang ihres Mannes zurückzuführen. Als Jimmy das hörte, warf er wie zufällig das Bild mit den »traurigen Gefühlen« um. Die Therapeutin erklärte, es sei nicht ungewöhnlich, daß Ärger und Trauer gemeinsam aufträten. Es sei ganz in Ordnung, wenn Jimmy auf seinen Vater wütend sei, weil dieser nicht mehr verfügbar war, um ihnen Liebe und Sicherheit zu schenken. *Durch die Abwesenheit von Hugh und Sissie wurde das gemeinsame Bündnis im Widerstand gegen den Umgang mit dem Verlassenwordensein gesprengt.* Jimmy und Frau Akima begannen beide zu weinen, als sie sich ihren Ärger auf den Vater beziehungsweise Ehemann eingestanden.

Die Therapeutin empfand es als frustrierend, daß sie die Sitzung beenden mußte, als die eigentliche Arbeit gerade erst begonnen hatte.

Als sie das Ende der Sitzung einführte, wollte Jimmy gerne Papier und Kreiden mit nach Hause nehmen und durfte sich, als Abschiedsgeschenk und Übergangsobjekt, zehn Papierbogen und eine kleine Schachtel mit Kreiden aussuchen.

Als er und seine Mutter die Praxis verließen, hörte die Therapeutin Jimmy noch sagen: »Hugh und Sissie wird es leid tun, daß sie dieses Mal nicht gekommen sind.« Sie nahm an, daß diese Bemerkung in Zusammenhang mit dem Geschenk stand; auf psychischer Ebene jedoch hatte Jimmy erkannt, daß er eine therapeutische Umgebung zur Verfügung gehabt hatte, in der ärgerliche Gefühle ausgedrückt und akzeptiert worden waren.

Siebzehnte bis zwanzigste Sitzung/Einzelsitzungen: Mutter

Die Mutter kam danach noch zu einigen Einzelsitzungen, um weiter an ihren elterlichen Fähigkeiten zu arbeiten, in der Hoffnung, daß die Familienbehandlung bald weitergeführt werden konnte. Die Familie verließ Los Angeles jedoch ganz unvermittelt und zog in den Osten zu nahen Verwandten. Damit rissen die Informationen über die Akimas ab.

Anmerkungen

Trotz der bemerkenswerten Fortschritte, die die Akimas in wenigen Monaten machten, betrachtet die Autorin diesen Fall als »Fehlschlag«. Zwar konnte sie den Familienmitgliedern helfen, Kontrolle über ihre Handlungen zu erlangen und Einsicht in das Familiensystem zu gewinnen, aber die Arbeit an den impliziten Ursachen ihres nach außen sichtbaren Verhaltens wurde durch die *Flucht der Kinder in die Gesundheit* blockiert. Das verfrühte Therapieende war in den Augen der Therapeutin ein Fluchtmechanismus. Es hinderte die Familie daran, sich mit den traumatischen Auswirkungen, die das Weggehen des Vaters und Mannes auf die Psyche aller gehabt hatte, auseinanderzusetzen. Ohne Arbeit an Trennung und Verlust war Schaden für zukünftige Beziehungen zu befürchten.

Abb. 72: Ambivalente Gefühle gegenüber dem Therapieende

Zusammenfassung

Der Fortgang des Vaters war ein traumatisches Ereignis, das zu akzeptieren die Mutter sich weigerte. Aufgrund ihrer Verleugnung unterdrückten sie und die Kinder die Gefühle, die durch die unerwartete Trennung verursacht worden waren. Die unausgedrückten Ängste, Wut und Niedergeschlagenheit manifestierten sich auf verschiedene Weise. Die Mutter wurde zum bewegungsunfähigen, untauglichen Elternteil. Ihr ältester Sohn, ein Jugendlicher, etablierte sich selbst als die Autoritätsfigur. Er stritt unablässig mit seiner Mutter, und seine schulischen Leistungen ließen stark nach. Der zehnjährige Junge diente als Spiegelbild für die Ängstlichkeit der anderen Familienmitglieder und äußerte dies durch Nägelbeißen, sich wiederholende Alpträume und eine seltsame, frenetische Art, in Kreisen durchs Haus zu rennen. Das achtjährige Mädchen zog sich in selektiven Mutismus zurück, sprach kaum zu Hause und kommunizierte mit seiner Mutter in Form schriftlicher Nachrichten.

Das Familiensystem war unausgewogen und in einem Stadium des ständigen Wechsels. Verwirrung über die Rollen der einzelnen und Doppelbotschaften vergrößerten das seelische Chaos zusätzlich.

Trotz der Kurztherapie verschwanden die Symptome der Kinder. Nach Ansicht der Autorin waren diese wunderbaren positiven Veränderungen eine *Flucht in die Gesundheit und dienten der Familienabwehr gegenüber dem Umgang mit dem Trauma des Verlassenseins.*

Ohne weiterführende Therapie waren die Veränderungen nach Ansicht der Autorin nur oberflächlicher Natur und zukünftige Beziehungen gefährdet.

Empfohlene Lektüre

Anderson, R. Where's Dad? Paternal deprivation and delinquency. *Archives of General Psychiatry, 18,* 641–649, 1968.

Baittle, B. & Offer, D. On the nature of male adolescent rebellion. In: Feinstein, S. C., Giovacchini, P. L. & Miller, G. A. (Eds.) *Adolescent Psychiatry, Volume I: Developmental and Clinical Studies.* New York (Basic Books) 1971.

Bank, S. P. & Kahn, M. D. *The Sibling Bond.* New York (Basic Books) 1982. Dt.: *Geschwister-Bindung.* Paderborn (Junfermann) 1989.

Biller, H. B. Father absence and the personality development of the male child. *Developmental Psychology, 2,* 181–201, 1970.

Billig, A. L. Fingernail biting: The incipiency, incidence and amelioration. *Genetic Psychology Monographs, 24,* 123–218, 1941.

Bowlby, J. *Attachment and Loss: Volume 2, Separation.* London (Hogarth Press) 1973.

Brown, S. Family therapy. In: Wolman, B. (Ed.) *Manual of Child Psychopathology.* New York (McGraw-Hill) 1972.

Browne, E., Laybourne, P. C. & Wilson, V. Diagnosis and treatment of elective mutism in children. *Journal of the American Academy of Child Psychiatry, 2,* 605–617, 1963.

Davis, D. A Management program for elective mutism. *Journal of Child Psychotherapy, 4*(3), 246–253, 1977.

DiLeo, J. H. *Children's Drawings as Diagnostic Aids.* New York (Brunner/Mazel) 1973.

Douglas, J. Broken families and child behavior. *Journal of the Royal College of Physicians (London), 4,* 203–210, 1970.

Ferri, E. *Growing Up in a One-Parent Family: A Long-Term Study of Child Development.* National Foundation for Education Research. Atlantic Highlands, NJ (Humanities Press) 1976.

Glasser, P. H. & Glasser, L. N. (Eds.) *Families in Crisis.* New York (Harper & Row) 1970.

Hadley, T., Jacob, T., Milliones, J., Caplan, J. & Spitz, D. The relationship between family development crises and the appearance of symptoms in a family member. *Family Process, 13*(2), 207–214, 1974.

Halpern, W. I., Hammond, J. & Cohen, R. A therapeutic approach to speech phobia: Elective mutism re-examined. *Journal of the American Academy of Child Psychiatry, 10*(1), 94–107, 1971.

Harrison, S. I. & McDermott, J. F. (Eds.) *Childhood Psychopathology.* New York (International Universities Press) 1972.

Hayden, I. L. Classification of elective mutism. *Journal of the American Academy of Child Psychiatry, 19*(1), 118–133, 1980.

Hertz, M. R. Projective techniques in crisis. *Journal of Projective Techniques and Personality Assessment, 34,* 449–467, December 1970.

Hesselman, S. Elective mutism in children 1877–1981, *Acta Paedor Psychiatry, 49,* 297–310, 1983.

Hetherington, E. M. & Deur, J. The effects of father absence on child development. *Young Children, 26*, 233–248, 1971.

Kagel, S. A., White, R. M. & Coyne, J. C. Father-absent and father-present families of disturbed and nondisturbed adolescents. *American Journal of Orthopsychiatry, 48*(2), 342–352, April 1978.

Kolvin, I. & Fundudis, T. Elective mute children: Psychological development and background factors. In: Chess, S. & Thomas, A. (Eds.) *Annual Progress in Child Psychiatry and Child Development.* New York (Brunner/Mazel) 1982.

Lamb, M. The effects of divorce on children's personality development. *Journal of Divorce, 1,* 163–174, 1977.

Landgarten, H. B. Art therapy as a primary mode of treatment for an elective mute. *American Journal of Art Therapy, 14,* 121–125, July 1975.

Landgarten, H. B. Individual treatment: Case history of an elective mute. In: *Clinical Art Therapy: A Comprehensive Guide.* New York (Brunner/Mazel) 1981, pp. 91–105. Dt.: Einzelbehandlung – die Fallgeschichte eines Mädchens, das sich in die Sprachlosigkeit flüchtete. In: *Klinische Kunsttherapie: ein umfassender Leitfaden.* Karlsruhe (Gerardi, Verlag für Kunsttherapie) 1990, S. 105–117.

Morawetz, A. & Walker, G. *Brief Therapy with Single-Parent Families.* New York (Brunner/Mazel) 1984.

Marris, P. *Loss and Change.* London (Routledge and Keegan Paul) 1974.

Miller, A. Identification and adolescent development. In: Feinstein, S. & Grovacchini, P. (Eds.) *Adolescent Psychiatry, 2,* New York (Basic Books) 1973.

Morin, C., Ladouceur, R. & Cloutier, R. Reinforcement procedure in the treatment of reluctant speech. *Journal of Behavioral Therapy and Experimental Psychiatry, 13*(2), 145–214, 1982.

Morris, J. V. Cases of elective mutism. *American Journal of Mental Deficiency, 57*(4), 661–668, 1953.

Naumburg, M. *Studies of the »Free« Art Expression of Behavior Problem Children and Adolescents as a Means of Diagnosis and Therapy.* New York (Coolidge Foundation) 1947.

Nolan, J. D. & Pence, C. Operant conditioning principles in the treatment of a selectively mute child. *Journal of Consulting and Clinical Psychology, 35*(2), 256–268, 1970.

Nye, F. Child adjustment in broken homes and unhappy unbroken homes. *Marriage and Family Living, 19,* 356–361, 1957.

Offer, D. & Offer, J. B. *From Teenage to Young Manhood.* New York (Basic Books) 1975.

Putstrom, E. & Speers, R. W. Elective mutism in children. *Journal of the American Academy of Child Psychiatry, 3,* 287–297, 1964.

Reed, G. F. Elective mutism in children: A reappraisal. *Journal of Child Psychiatry, 4,* 99–107, 1963.

Robson, B. *My Parents are Divorced Too. What Teenagers Experience and How They Cope.* Toronto (Dorset) 1979.

Roman, M. & Blackburn, S. *Family Secrets.* New York (Times Books) 1979.

Roman, M. & Wiliam, H. *The Disposable Parent.* New York (Holt, Rinehart and Winston) 1978.

Sprenkle, D. H. & Cyrus, C. L. Abandonment: The stress of sudden divorce. In: Figley, C. R. & McCubbin, H. J. (Eds.) *Stress and the Family: Vol. II, Coping with Catastrophe.* New York (Brunner/Mazel) 1983, pp. 53–76.

Stierlin, H. *Separating Parents and Adolescents.* New York (Quadrangle) 1974. Dt.: *Eltern und Kinder: Das Drama von Trennung und Versöhnung im Jugendalter.* Frankfurt am Main (Suhrkamp) 1988.

Vogel, E. F. & Bell, N. W. The emotionally disturbed child as a family scapegoat. *Psychoanalytic Review, 47*(2), 21–42, 1960.

Wakerman, E. *Father-Loss.* Garden City (Doubleday) 1984. Dt.: *Der verlorene Vater: Töchter sprechen über den Mann, der aus ihrem Leben verschwand.* München (Heyne) 1988.

Wallerstein, J. & Kelly, J. The effects of parental divorce: The adolescent experience. In: Harrison, S. I. & McDermott, J. F. (Eds.) *Childhood Psychopathology.* New York (International Universities Press) 1978.

Wechsler, D. The incidence and significance of fingernail biting in children. *Psychoanalytic Review, 18,* 201–209, 1981.

Wolff, s. *Children Under Stress.* London (Allen Lane) 1969.

Zuk, G. The side-taking function in family therapy. *American Journal of Orthopsychiatry, 38,* 553–559, 1968.

Kapitel 7

Eine intakte Familie mit einer ausagierenden Jugendlichen

Einführung

Die Verwirklichung von Autonomie und einem neuen Selbstkonzept ist die Hauptaufgabe in der Adoleszenz. Aber auch die vor einem »leeren Nest« stehenden Eltern müssen sich in diesem Stadium des Lebenszyklus einer Familie ein ähnliches Ziel setzen. So finden sich beide Generationen gleichzeitig in dem Konflikt Abhängigkeit versus Unabhängigkeit. Die Ambivalenz, die diesen Kampf begleitet, verschärft das Phänomen des gleichzeitigen Fortstrebens und Festhaltens, die widersprüchlichen Botschaften und die Verwirrung bei beiden Parteien.

Junge Menschen im Entwicklungsstadium der Adoleszenz müssen ihre Selbstverantwortlichkeit erweitern. Deshalb ist es wichtig, die Machtverteilung im Familiensystem zu prüfen und neu zu ordnen. Dazu müssen die Eltern ihre Kontrolle zurücknehmen, womit sich die Position des Teenagers verbessert.

Bei ihren Anstrengungen, »erwachsen zu werden« und »eigenständige Menschen« zu sein, nehmen Heranwachsende oft Zuflucht zu Abwehrstrategien, die sich dann in Rebellion manifestieren können. Bei dem Versuch, sich zu lösen, provozieren die jungen Menschen mit ihrem Benehmen häufig, wobei sie dazu neigen, die Verletzbarkeit anderer Menschen auszunützen; ein solches Verhalten läßt die negativen Aspekte des Familienlebens in den Vordergrund treten.

So wie die Teenager sich aus ihren Bindungen zu lösen beginnen, müssen die Eltern in der Lage sein, die Bedürfnisse ihrer Kinder zu erfüllen. MILTON ERICKSON beschrieb diesen Vorgang als eine Notwendigkeit, die Eltern von den Kindern zu »entwöhnen« (in HALEY, 1973). Für Mütter und Väter, die niemals ihre eigene »zweite Individuation« in der Adoleszenz abgeschlossen haben, ist ein Aufgeben der Kathexis (Besetzung) besonders schwierig oder gar unmöglich. *Eltern* mit heranwachsenden Kindern müssen nach Überzeugung der Autorin eine *dritte Individuation* durchlaufen, bevor das Wachstum weitergehen kann und echte Reife möglich wird.

Der Weg zur Autonomie ist schwierig, insbesondere dann, wenn die ganze Familie von *Trennung und Verlust* betroffen ist: Der Jugendliche nimmt Abschied von seiner Kindheit; für die Eltern geht es um den Verlust einer weiteren ständigen Präsenz des Kindes; und alle Familienmitglieder lösen sich aus der früheren Familienstruktur.

Falldarstellung

Im Mittelpunkt dieser Familien-Kunstpsychotherapie steht der Kampf eines Mädchens im Adoleszenzalter um Trennung und Individuation. Insgesamt wurden vierundzwanzig wöchentlich aufeinanderfolgende Sitzungen für die Familie durchgeführt. Der Sohn der Familie besuchte ein College in einem anderen Bundesstaat und konnte an der Therapie nicht teilnehmen. Die Behandlung schloß auch drei Einzeltermine mit der »eigentlichen« Patientin und eine gemeinsame Sitzung für die Eltern ein.

Der Anlaß

Als die siebzehnjährige Ellen innerhalb eines Monats zwei Strafzettel wegen Verkehrsvergehen erhielt, verfügte ein Richter, daß sie eine Verkehrserziehung besuchen und sich psychologisch behandeln lassen müsse.

Ellens Mutter, Frau Sullivan, traf telefonisch einen Termin mit der Therapeutin. Sie erzählte von den gerichtlichen Auflagen und auch von eigenen Sorgen mit der Tochter, die seit kurzem eine Wandlung zum Negativen durchmache, sowohl in ihrem Verhalten als auch in ihren schulischen Leistungen.

Bevor jedoch der Termin vereinbart wurde, machte die Therapeutin klar, daß für die Evaluationsphase eine Familiensitzung erforderlich sei. Frau Sullivan reagierte darauf mit Widerstreben und meinte, es sei fraglich, ob eine solche Familiensitzung zustande käme, da ihr Mann strikt »gegen jede Art von Therapie« sei. Die Therapeutin bestand jedoch darauf, daß die Familiensitzung ein unumgänglicher Teil der Einschätzung sei, und betonte, es sei wichtig, daß *alle* Familienmitglieder daran teilnähmen, also Herr und Frau Sullivan, Ellen selbst ebenso wie ihre fünfzehnjährige Schwester Judy. Der neunzehnjährige Bruder besuchte ein College in einem anderen Bundesstaat und konnte deshalb nicht kommen.

In der darauffolgenden Woche rief Frau Sullivan an, um zu berichten, daß ihr Mann einer Familiensitzung zugestimmt habe, um »es hinter sich zu bringen«. Aufgrund der gerichtlichen Anordnung sah er auch kaum eine andere Möglichkeit. Offenbar war er davon überzeugt, so die Botschaft, die er durch seine Frau übermittelte, daß die Therapeutin ihn nicht erneut würde sehen wollen, sobald er seine Position klargemacht habe.

Erste Sitzung/Familiensitzung: Vater, Mutter, Ellen und Judy

Frau Sullivan, die während des allgemeinen Vorstellens einen netten Eindruck machte, erschien älter als ihre 51 Jahre. Sie wirkte äußerst schlicht, hatte eine blaße Haut, glattes, meliertes Haar und trug kein Make-up.

Herr Sullivan war offensichtlich schlechter Laune, als er die Therapeutin begrüßte. Er war 55 Jahre alt, wirkte aber jünger. Sein tiefschwarzes Haar lenkte die Aufmerksamkeit auf seine großen dunklen Augen und das kräftige Kinn. Er sah aus, als halte er sich viel in einem Fitneßstudio auf und achte sehr auf sein Äußeres. Er war makellos und geschmackvoll gekleidet; Hose, Krawatte, Schuhe und Socken paßten genau zusammen; Jackett und Hemd kontrastierten dazu leicht.

Keine der Töchter hatte mit den Eltern Ähnlichkeit. Ellen war stark geschminkt, und ihre legere Kleidung war sorgfältig gewählt. Sie projizierte das Bild eines zugleich kultivierten wie starken, hartnäckigen Menschen. Wie ihr Vater ärgerte sie sich über die Therapieauflage. Ihre Schwester Judy dagegen machte einen netten Eindruck und war von ruhiger Höflichkeit, als sie der Therapeutin zur Begrüßung die Hand gab. Sie trug nur wenig Make-up, war auf natürliche Weise anziehend und wirkte warm und lebendig.

Noch bevor sich Herr Sullivan setzte, teilte er der Therapeutin mit, wie ihn diese Sitzung ärgere. Auch Ellen beschwerte sich; sie sah nicht ein, daß die ganze Familie hatte kommen müssen. Frau Sullivan war das Gespräch sichtlich peinlich, aber sie griff nicht ein, während Judy versuchte, eine Unterhaltung über den theoretischen Ansatz der Therapeutin in Gang zu bringen.

Der Familie war nicht bewußt gewesen, daß sie von einer »Kunst-Psychotherapeutin« empfangen werden würde, und sie ließ Zweifel an deren Ausbildung und Behandlungsberechtigung erkennen. Obwohl die Antworten in der Hinsicht offenbar zufriedenstellend ausfielen, löste der Bereich »Kunst« weiteres Nachbohren aus. Da die Therapeutin jedoch keine Notwendigkeit sah, ihre in den Augen der Familie vielleicht ungewöhnliche Vorgehensweise zu rechtfertigen, erklärte sie den Sullivans nur: »Dies ist meine Evaluationsmethode. Danach werde ich eine Empfehlung für die Art der Behandlung, also zum Beispiel Einzel- oder Gruppentherapie für Ellen oder auch eine Familientherapie, und für die therapeutisch am meisten versprechende Therapieform abgeben. Sie werden alle die Möglichkeit bekommen, sich zu diesen Vorschlägen zu äußern.«

Obwohl Ellen und ihr Vater sich weiter über ihre Unzufriedenheit ausließen, erklärte die Therapeutin, daß sie jetzt mit dem diagnostischen Interview beginnen werde. Dazu würde die Familie, als Teil des Einschätzungsverfahrens, eine *kreative Aufgabe* gestellt bekommen. Obwohl Herr Sullivan vor sich hin brummte, das sei »eine komische Art, Ellens gerichtliche Auflage zu erfüllen«, kümmerte sich die Therapeutin nicht um seine Bemerkungen und legte einfach zwei Blätter Papier und vier verschiedenfarbige Filzstifte auf den Tisch. Ellen, im Bündnis mit ihrem Vater und wie er voller Widerstand, meinte, allein die Vorstellung irgendeiner Therapie sei »dumm, vor allem, wenn es dabei um Kunst« ginge. Die Therapeutin ging auf ihre Bemerkung nicht weiter ein und gab ihre Anweisung: Die Familie sollte sich *in zwei Gruppen teilen.*

Obwohl der Vater und Ellen erklärten, daß sie ohne den jeweils anderen als Partner besser zurechtkommen würden, entschieden sie, ihre Sitzposition nebeneinander *nicht* zu verändern, und bildeten so ein Paar. Damit bildeten die Mutter und Judy automatisch das andere Paar; beide akzeptierten die Situation bereitwillig und ohne einen weiteren Kommentar.

Kreative Paaraufgabe ohne Sprechen

Alle Familienmitglieder wurden angewiesen, *einen farbigen Filzstift auszuwählen; dann sollte jedes Paar gemeinsam zeichnen, ohne dabei zu sprechen.* Nachdrücklich wurde versichert: *Jede Art von Bild oder Gestaltung dient dem Zweck der Aufgabe.*

Zur Dynamik des Paares Ellen/Vater

Trotz des Widerstrebens, das Ellen und ihr Vater gegenüber der gestalterischen Aufgabe an den Tag gelegt hatten, begannen sie unverzüglich zu zeichnen: beide jeweils auf ihrer Papierhälfte und beide mit einer *Figur des eigenen Geschlechts.* Kaum waren sie damit fertig, standen sie auf, als könnten sie Gedanken lesen, und wechselten, ohne dabei zu sprechen, die Plätze. Das war zweifellos eine eingespielte Verhaltensweise, die ihre verwickelte Beziehung widerspiegelte. Der Vater fuhr fort, indem er ein *Schlafzimmer um Ellens Mädchenfigur* zeichnete. Das konnte auf ein Eindringen in die Privatsphäre seiner Tochter oder auch auf unbewußte oder bewußte sexuelle Gefühle ihr gegenüber hinweisen. Ellen zeichnete ein *kleines Kätzchen auf die männliche Figur.* Da sie es über den Genitalbereich zeichnete, konnte es sexuelle Bezüge haben. Möglich war auch, daß sich Ellen mit dem Kätzchen identifizierte, vielleicht umarmt und gestreichelt werden wollte.

Zunächst schien beiden die gemeinsame kreative Beschäftigung Spaß zu machen. Dies dauerte jedoch nicht lange, denn der Vater ärgerte sich bald über seine Tochter, als diese »schlampig« mit den Farben umging. Obwohl es wie eine unbewußte Handlung wirkte, zeichnete er einen *Hund, der die Katze anbellte.* Der Hund war eine Metapher für den Ärger, den Ellen damit in ihm auslöste, daß sie seinen Erwartungen nicht entsprach. Als die Therapeutin die beiden bat, das Zeichnen einzustellen, zeichneten sie regelwidrig trotzdem weiter. Und obwohl sie angewiesen wurden, den Titel des Bildes gemeinsam zu besprechen, kümmerten sie sich auch darum nicht, sondern beschwerten sich nur über den jeweiligen Beitrag des Partners. Sie kamen nie dazu, ihrem Bild einen Titel zu geben, da die Zeit dafür schließlich nicht mehr ausreichte (Abbildung 73).

Abb. 73: Vater und Ellen bilden ein Team

Zur Dynamik des Paares Judy/Mutter

Judy und ihre Mutter arbeiteten autonom. Sie begannen an den gegenüberliegenden Blattseiten und beschäftigten sich ganz und ausschließlich mit ihren eigenen Gestaltungen. Die Mutter malte eine *Landschaft*, Judy eine *Familie*. Beide hörten sofort zu zeichnen auf, als sie eine entsprechende Anweisung bekamen. Das Verhalten der beiden anderen Familienmitglieder war ihnen peinlich, und sie versuchten, sie zu ignorieren. Der Titel »Eine Familie und ein Haus« entstand durch die Verbindung der beiden Bildthemen, beide jedoch schrieben ihren eigenen Titelbeitrag jeweils auf ihre Hälfte des Bildes.

Partnertausch und kreative Paaraufgabe mit Sprechen

Um die Interaktion der Mädchen mit jedem Elternteil verstehen zu lernen, sollten sie *die Elternpartner wechseln*. Als Judy fragte, ob sie dieses Mal sprechen dürften, überließ die Therapeutin die Entscheidung den beiden Paaren selbst. Alle beschlossen, beim Malen zu reden.

Zur Dynamik des Paares Vater/Judy

Der Vater hielt Judy an, einen Heimcomputer zu zeichnen; er würde dann etwas auf den Bildschirm zeichnen. Judy zeichnete gehorsam sorgfältig einen *Word-Prozessor*. Der Vater freute sich über das Bemühen seiner Tochter und zog eine *graphische Kurve auf den Bildschirm*. Bevor Judy und der Vater Details hinzufügten, machten sie erst eine Pause und bewunderten ihr Werk. Als der Vater Judy nach Fertigstellung ihrer Arbeit nicht konsultierte, sondern automatisch den Bildtitel »Unser Computer« darauf schrieb, schien das Judy nichts auszumachen (Abbildung 74).

Abb. 74: Vater und Judy bilden ein Team

Abb. 75: Mutter und Ellen bilden ein Team

Beide reagierten aufeinander völlig anders als auf ihre vorherigen Partner. Die Interaktion ließ den Vater als unbestrittene Führungsfigur erscheinen. Er wies den Weg, und Judy führte seine Angaben sorgfältig und ordentlich aus. Herr Sullivan gab seiner Tochter positive Verstärkung, und beide zogen Befriedigung aus ihrem gemeinsamen Bild. Bildinhalt und Art seines Entstehens wiesen auf zwanghafte Züge des Vaters hin.

Zur Dynamik des Paares Mutter/Ellen

Ellen wies ihre Mutter an, eine Gebirgskette zu malen. Ohne jede Diskussion gehorchte Frau Sullivan und malte die Berge an die Stellen, die ihre Tochter dafür bestimmt hatte. Nachdem Ellen *Wolken* dazugemalt hatte, trug sie ihrer Mutter auf, *Regen* hinzuzufügen, »um die Landschaft zu bewässern«. Die Mutter führte die Anweisungen aus, und beide zusammen bewunderten das Ergebnis. Ellen entschied, ähnlich ihrem Vater, automatisch über den Bildtitel: »Flucht«. Obwohl die Mutter dessen Bedeutung nicht ganz zu verstehen schien, fragte sie nicht nach (Abbildung 75).

In diesem Team mußte Ellen nicht mit ihrer Mutter um die Führung kämpfen, da ihr Frau Sullivan diese sehr willig überließ. Diese Paarinteraktion war mit ihrer klaren Verteilung der Rollen von Führung und Unterordnung der Dynamik zwischen dem Vater und Judy sehr ähnlich.

Als Ellen ihre Mutter anwies, es regnen zu lassen, war dies vielleicht eine Bitte um die Erfüllung eigener Bedürfnisse nach Zuwendung. Der Titel »Flucht« konnte auf den Wunsch, von zu Hause wegzugehen, hindeuten. Trotzdem: Es schien, als fände Ellen Erleichterung in ihrer Beziehung zur Mutter, da der Vater Schwierigkeiten hatte, Autonomie zuzulassen.

Kreative Familienaufgabe ohne Sprechen

Ohne weitere Diskussion folgte unmittelbar die nächste nonverbale Familienaufgabe. Die Sullivans sollten *Stifte mit derselben Farbe wie zuvor verwenden und zusammen ein Wandbild malen; dabei sollte nicht gesprochen werden.*

Herr Sullivan ging zu dem an die Wand gehefteten Papierbogen und murmelte dabei etwas von den »Kosten« dieser Sitzung. Ellen, gleich hinter ihm, stimmte mit ein: »Reine Zeitverschwendung.« Sie fragte sich, was der Richter wohl sagen würde, wenn er sie bei »diesem Zeug« sehen könnte.

Der Vater und Ellen setzten ihren Beitrag beide in die Blattmitte, der Mutter und Judy blieben die beiden Seiten. Judy belegte sofort die Stelle neben dem Vater, so daß es der Mutter überlassen blieb, sich neben Ellen zu plazieren.

Der Vater begann das Wandbild, indem er unten auf den Bogen eine Grundlinie zeichnete; Ellen antwortete sofort, indem sie einen *Baum* auf diese Linie setzte. Als nächste fügte die Mutter *Blumen* hinzu; aber bevor sie fertig war, unterbrach der Vater sie, um ein Gebäude zu zeichnen, dann einen *Weg,* der von diesem Gebäude zu Ellens Baum führte. Judy prüfte, was auf dem Bild bereits geschehen war, und setzte dann einen *Zaun* vor das Haus ihres Vaters. Herr Sullivan zeichnete peinlich genau Fenster in sein Gebäude, während die anderen ihre eigenen Bildteile mit *Einzelheiten* vervollständigten. Als Ellen den Weg des Vaters ausmalte, hielt er inne, um sie dabei zu beobachten; offenbar wollte er sehen, ob sie ihre Sache ordentlich machte.

Die Therapeutin bat die Familie, mit dem Malen aufzuhören und dem Wandbild einen Titel zu geben. Wie schon zuvor zeichneten Ellen und ihr Vater weiter, während die Mutter und Judy gehorsam zurücktraten. Ohne sich mit seiner Familie zu beraten, entschied Herr Sullivan, das Bild »Das Büro« zu nennen. Seine älteste Tochter fuhr auf und beschuldigte ihn, sich wie ein Diktator zu verhalten: »Wenigstens könntest du die anderen nach ihrer Meinung dazu fragen.« Der Vater ignorierte sie und wandte sich statt dessen an seine jüngere Tochter und bat sie um eine Idee. Judy wagte den Vorschlag: »Das Gebäude im Park«, da dieser Titel ihrer Meinung nach die Beiträge aller Familienmitglieder einschloß. Die Familie war mit ihrer Idee einverstanden, und wieder übernahm es der Vater, den Titel oben quer über das Blatt zu schreiben (Abbildung 76).

Zur Familiendynamik

Die Familie stellte sich in sehr bezeichnender Weise vor der Zeichenwand auf: Vater und Ellen besetzten die zentrale Position, Judy suchte die Nähe des Vaters, die Mutter malte neben Ellen.

Die Dynamik des *Vaters* wurde illustriert durch die von ihm gezeichnete »Grundlinie« – das Fundament, das er der Familie bot. Passend zu seinen vorherigen Bildern zeigte sich an seinem »Gebäude« seine Tendenz zum Konkreten.

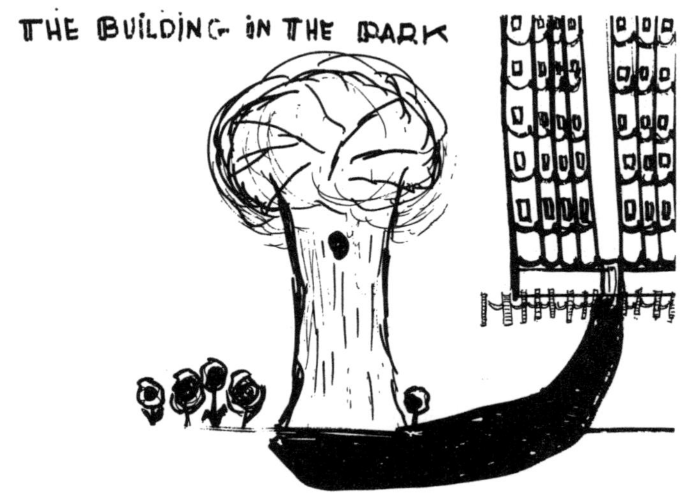

Abb. 76: Ein Familienwandbild

Wieder stellte er eine direkte Verbindung zu Ellen her, indem er von ihrem Baum zu seinem Gebäude einen Weg anlegte. Sein übergenauer Zeichenstil wies ihn auch hier als zwanghaft aus. Die mehrmalige Mißachtung von »Stoppsignalen« der Autorin legte seinen Machtkampf um Autorität bloß. Daß er in allen Situationen der »Boss« sein wollte, wurde weiter dadurch belegt, daß er dem Wandbild einen Titel gab, ohne sich mit seiner Familie zu beraten. Herr Sullivan, verärgert über Ellens dahinzielenden Vorwurf, wies seine Tochter zurück, indem er sie ignorierte und Judy nach ihren Vorschlägen fragte.

Die Dynamik der *Mutter* ließ sie als milden, sanften Menschen erkennen. In ihren Blumen enthüllte sich ihr Abwehrmechanismus durch Verleugnung. Sie mied ihren Mann, indem sie räumlichen Abstand zwischen sich und ihn legte. Selbst ihr Bildbeitrag war von seinem entfernt.

In *Ellens* Dynamik spiegelte sich ein Kampf zwischen Autoritäten wider. Das zeigte sich sowohl an ihrer Konkurrenz zum Vater wie auch an ihrem Unwillen, mit dem Zeichnen aufzuhören oder dem Bild entsprechend der Anweisung der Therapeutin einen Titel zu geben. Daß sie den Weg ihres Vaters ausmalte, ließ auf ihre Verwicklung mit diesem Elternteil schließen.

Judys Dynamik zeigte deutlich, daß sie das reaktive Familienmitglied war: Sie zog zunächst die Beiträge der anderen in Betracht, bevor sie sich selbst einließ. Sie versuchte, ihrem Vater symbolisch Grenzen zu setzen, indem sie Parameter (den Zaun) um sein Gebäude setzte, und sie nutzte seine Aufmerksamkeit für sich, als er Ellen absichtlich ignorierte.

Kreative Familienaufgabe mit Sprechen

Die Familie wurde nun instruiert, *noch ein Bild zusammen zu malen. Dieses Mal durfte dabei gesprochen werden.*

Herr Sullivan nahm die Anweisung wohlwollend auf: »Das Zeichnen zusammen war gar nicht so schlecht.« Allerdings konnte er sich eine weitere sarkastische Bemerkung nicht verkneifen, die die finanzielle Seite betraf. Dieses Mal unternahm Judy einen Versuch, ihn zum Schweigen zu bringen: »Vater, bitte«, während die Mutter eilends vorschlug, mit dem gemeinsamen Projekt zu beginnen.

Herr Sullivan riet zu diesem Zweck seiner Familie: »Fangt an und macht schon einmal einen Plan.« Es war Judy, die das Thema vorschlug: »Auf eine Reise gehen«. Ellen fand die Idee gut und regte an, mit einem »Schiff auf dem Meer« zu beginnen. Bevor noch weiter darüber gesprochen wurde, setzte Herr Sullivan voll Eifer einen *Horizont und Wellen* auf das Blatt, aber als er mit dem Schiff anfangen wollte, griff Ellen ein. Sie protestierte dagegen, daß der Vater »wieder die Führung übernimmt«. In offensichtlicher Verlegenheit zog Herr Sullivan sich zurück und überließ den weiblichen Familienmitgliedern das Feld. Sie zeichneten ein *großes Schiff, quellende Wolken und eine helle Sonne* und waren vom Ergebnis ganz angetan. Der Vater hielt das Bild jedoch noch für unfertig: »Es fehlen noch wichtige Teile«, und wollte mit *Rettungsbooten, Schwimmwesten und einer Flagge* das Wandbild vervollständigen. Da niemand einen Einwand erhob, führte er seinen Vorschlag auch aus. Trotzdem gab Ellen noch symbolisch ihre Gefühle zu erkennen, als sie im letzten Moment einen *Hai* ins Bild malte.

Während alle das gemeinsame Ergebnis bewunderten, übernahm Herr Sullivan erneut die Initiative und schrieb den Titel »Auf eine Reise gehen« ins Bild (Abbildung 77).

Zur Familiendynamik

Diese Aufgabe mit Sprecherlaubnis wurde absichtlich gleich nach der nonverbalen Aufgabe gestellt, um zu erforschen, ob die Familienmitglieder die Gelegenheit zur Kommunikation nutzen würden.

Der *Vater* machte den Anfang, indem er die Familie nach Vorschlägen fragte. Gleichzeitig aber unterband er alle Bemühungen der anderen von vorneherein, als er sich entschied, als erster zu malen. Sein Horizont und die Wellen gaben der Familie eine Grundlage, auf der sie aufbauen konnte. Nach Ellens Vorwurf trat der Vater zurück und machte seiner Familie Platz. Seine Schutzsymbole, Schwimmwesten und Rettungsboote, zeigten seine Furcht vor Trennung und Verlust. Er übernahm erneut die Autoritätsrolle, als er den Titel niederschrieb, ohne sich mit den anderen zu besprechen.

Die *Mutter,* peinlich berührt durch die Klagen ihres Mannes über die Kosten der Kunsttherapie, versuchte, von seinem Verhalten abzulenken, indem sie vorschlug, daß die Familie mit dem Projekt begann. Danach unternahm sie keinerlei Versuch mehr, irgendeine Art von Autorität auszuspielen; statt dessen funktionierte sie nur noch, indem sie die Vorschläge der anderen ausführte.

Ellen, die »eigentliche« Klientin, zeigte sich gegenüber dem Vorschlag ihrer Schwester, als Thema für das Wandbild »Auf die Reise gehen« zu nehmen, aufgeschlossen. Ihre eigenen Ideen brachte sie durch das Schiff auf dem Meer ein.

Abb. 77: Ein Familienwandbild

Wütend auf ihren Vater, beklagte sie sich offen über seine Tendenz, »Projekte zu übernehmen«. Dieser Vorwurf veranlaßte Herrn Sullivan, sich zurückzuziehen und den anderen Familienmitgliedern ihren Beitrag zu ermöglichen. Ellen, die die Rettungseinrichtungen ihres Vaters als Metaphern für seine Überfürsorglichkeit sah, reagierte darauf schweigend, jedoch zeichnerisch aggressiv mit dem Bild eines Hais. Diese feindselige Darstellung war ein Indiz für ihre rebellische Einstellung gegenüber dem Vater.

Judy unternahm einen schwachen Versuch, den Vater daran zu hindern, die Familie durch seine herabsetzende Einstellung zur Kunsttherapie in Verlegenheit zu bringen. Sie nutzte die Gelegenheit zu kommunizieren, indem sie das Bildthema vorschlug; und sie stellte zeichnerischen Kontakt zu Mutter und Schwester her.

Die Rollenwahrnehmungen

Nachdem die vier Aufgaben abgeschlossen waren, begann die Therapeutin ein Gespräch darüber, wie die einzelnen die Rollen der Familienmitglieder wahrgenommen hatten. Dabei nahm sie auf das Wandbild Bezug und fragte: »Wer hat die Führung übernommen?« und »Wer war am wenigsten aktiv?«

Ohne Zögern erklärte Ellen, daß eindeutig ihr Vater der Bestimmende gewesen sei; die Mutter hatte denselben Eindruck. Und obwohl auch Judy zustimmte, verteidigte sie ihren Vater zugleich, indem sie hinzufügte, er habe »das Projekt in Gang« gehalten.

Die Mutter sah sich veranlaßt, ihr eigenes passives Verhalten einzugestehen; Judy empfand ihre Rolle zwar als ähnlich, hielt es aber für positiv, daß sie das Thema des Wandbildes vorgeschlagen hatte.

Obwohl der Vater zunächst die Wahrnehmungen der anderen bestätigte, konnte er doch nicht widerstehen, die einzelnen Farben auf dem Bild zu befingern. Er maß buchstäblich die verschiedenen Beiträge als Beweis dafür, wie aktiv jedes Familienmitglied gewesen war, und ließ sich ausführlich über die Gegensätze der passiven und aktiven Teilnehmer aus. Ellen reagierte darauf mit Ablehnung, frustriert von seiner Zwanghaftigkeit und Weitschweifigkeit.

Die Therapeutin fragte die Sullivans, ob sie bei der letzten Aufgabe irgendwelche Entdeckungen in Hinblick auf ihre Interaktionen gemacht hätten. Der Vater erwähnte den kooperativen Geist, mit dem sich alle an die Aufgabe gemacht hätten, nachdem einmal »ein Plan« gefaßt worden sei. Ellen murmelte, die Ausführung des »Plans« sei aber erst möglich gewesen, nachdem der Vater davon Abstand genommen habe, das Projekt ganz zu übernehmen. Lauter sagte sie: »Das könntest du öfter einmal versuchen!« Ellens Bemerkung ärgerte Herrn Sullivan, und er sah sie böse an. Um die Aufmerksamkeit von der Interaktion der beiden abzulenken, begann die Mutter über das Wandbild zu sprechen: »Es hat Spaß gemacht, weil wir uns nicht gestritten haben.«

Ellen war jedoch immer noch unzufrieden und untersuchte das Wandbild weiter. Dann stellte sie fest: »Die Frauen haben *untergeordnete Rollen* gespielt.« Sie »haben nur etwas *hinzugefügt*, da Vater bereits die Grundlinie gezeichnet hatte.« Sie wies auf das autoritäre Verhalten des Vaters hin, das sich zum Beispiel daran zeige, daß er die ersten und letzten Zeichen auf dem Bild gesetzt habe. Ebenso fand Ellen die Art bemerkenswert, in der ihr Vater aggressiv den Titel ins Bild geschrieben hatte. Sie bestand nachdrücklich darauf, das sei symbolisch für seine Haltung, immer alles zu übernehmen und seine Kinder zu infantilisieren, weil er ihre Fähigkeiten einfach nicht anerkennen wolle und könne. Sie sah Judy um Unterstützung heischend an. Aber obgleich in Judys Miene Zustimmung zu lesen war, widerstrebte es ihr, so hart zu ihrem Vater zu sein, und sie entschuldigte ihn, indem sie ihm den Erfolg des Wandbildes zuschrieb, anstatt sich mit seiner Rolle auseinanderzusetzen.

Einige Minuten lang, in denen die Familie über die Bedeutung ihres Bildes nachdachte, verstummte die Diskussion. Ellen kurbelte sie wieder mit der Bemerkung an: »Vaters Wellen waren unruhig und machten die Reise nicht ganz einfach.« Herr Sullivan fühlte sich angegriffen und wehrte sich, indem er die Aufmerksamkeit auf die von ihm gemalten Sicherheitseinrichtungen wie Schwimmwesten und Rettungsboote lenkte.

Frau Sullivan betonte, daß die Schutzeinrichtungen typisch für ihren Mann seien, da er sehr fürsorglich wäre und gut für seine Familie sorge. Ohne Rücksicht darauf erklärte Ellen, es seien *viel zuviele* Schwimmwesten und Boote vorhanden, und interpretierte dies als symbolisch für die überbeschützende Haltung und mangelnde Motivation des Vaters, seine Kinder »loszulassen«.

Da die Zeit schon fortgeschritten war, mußte die Therapeutin die Diskussion beschneiden und die Sitzung zu einem Abschluß bringen. Obwohl Herr Sullivan die vereinbarte Zeit überschreiten wollte, blieb die Therapeutin fest. Sie bat die Familienmitglieder, über ihre Erfahrungen nachzudenken; nächste Woche würde die Familien-Kunsttherapie fortgesetzt.

Zusammenfassung der Rollen

Der *Vater* fungiert als Machtinhaber der Familie. Frau Sullivan und Judy sind bereit, diese Stellung zu akzeptieren, und profitieren möglicherweise von des Vaters klar definierter, starker Rolle. Seine Angst vor Trennung und Verlust hindert ihn daran, seiner Familie autonomes Funktionieren zu gestatten.

Ellen, die mit ihrer eigenen, ihrem Adoleszenzalter angemessenen Individuationsaufgabe kämpft, wehrt sich gegen das Band, das zwischen ihr und dem Vater bestanden hat. Ihre Konfrontationen mit diesem Elternteil sind Versuche, sich aus der Abhängigkeitsrolle in dieser Beziehung zu befreien. Rebellisches, ausagierendes Verhalten zu Hause und in der Schule sowie im Straßenverkehr durch Verletzen der Regeln könnte eine darunter liegende Depression verbergen.

Die Abhängigkeitsbedürfnisse der *Mutter* werden durch einen beschützenden und kontrollierenden Ehemann erfüllt. Ihre schwache elterliche Position fördert einen Rollentausch zwischen ihr und Ellen.

Judy handelt als »Schlichterin« der Familie und übt einen subtilen Einfluß auf den kontrollierenden Vater aus. Ihre Passivität ist nach dem Verhalten der Mutter modelliert.

Zweite Sitzung/Familiensitzung: Vater, Mutter, Ellen und Judy

Die Sullivans nahmen in der zweiten Sitzung nach der Begrüßung der Therapeutin dieselben Plätze ein wie beim ersten Treffen.

Herr Sullivan sah zur Bildwand hinüber und stellte fest, daß das Familienbild immer noch an seinem Platz hing. Nachdem er neue Kunstmedien auf dem Tisch entdeckt hatte, meinte er scherzhaft: »Sollen wir heute mit anderen Kunstmaterialien in uns gehen?« Statt ihm zu antworten, stellte die Therapeutin Überlegungen über Herrn Sullivans Phantasien an. Mit sarkastischer Stimme sagte er: »Vielleicht werden uns ja die Zeitschriftenbilder sagen können, warum Ellen diese Strafzettel bekommt.« Die Therapeutin ignorierte seinen spitzen Ton und fragte, ob das möglich sei. Herr Sullivan wurde ernst und murmelte: »Ich nehme an, es ist wirklich möglich.« Er konnte es sich nicht verkneifen, mit lauterer Stimme hinzuzufügen: »Das sollte es zumindest, bei den Therapiekosten.« Obwohl die Frauen sich über seine Sticheleien zur kunsttherapeutischen Behandlung ärgerten, schwiegen sie.

Bevor ein therapeutisches Bündnis geschlossen war, war es verfrüht, auf Herrn Sullivans abfällige Bemerkungen einzugehen. Deshalb machte sich die Therapeutin daran, weitere Informationen über die Teilnehmer zu sammeln. Um das Wertesystem der Familie kennenzulernen, stellte sie Collagenmaterial aus Zeitschriften bereit. Die Anweisung, die aus vier Teilen bestand, verlangte von jedem einzelnen Familienmitglied folgendes Vorgehen:

1. *Suche Fotos aus, die dich an etwas aus der Vergangenheit eurer Familie erinnern.*

2. *Suche ein Bild aus, das mit der Gegenwart zu tun hat.*
3. *Wähle ein weiteres Bild aus, das deine Wünsche für die Zukunft repräsentiert.*
4. *Wenn du alle Bilder ausgewählt hast, klebe sie jeweils auf ein eigenes Blatt Papier und schreibe unter jedes Foto, was es bedeutet.*

Als alle fertig waren, sammelte die Therapeutin die Blätter ein und ordnete sie nach dem zeitlichen Bezug: Alle Bilder, die sich auf die *Vergangenheit* bezogen, wurden als eigene Gruppe an die Wand gehängt, ebenso die *Gegenwartsbilder* und die *Zukunftswünsche.*

Diese Anordnung machte es möglich, daß die Familie einen konzentrierten Überblick über ihre Wünsche und Erinnerungen erhielt.

Fotografien zur Vergangenheit

Das von der *Mutter* ausgewählte Foto zeigte *eine Gruppe kleinerer Kinder, die den Kühlschrank plünderten.* Darunter hatte sie geschrieben: »Glücklichere Zeiten, als die Kinder klein waren«. Obwohl die Frau auf dem Foto keineswegs glücklich aussah, schien dies niemand zu bemerken, zumindest sagte niemand etwas dazu (Abbildung 78).

Auf dem Bild des *Vaters* waren die *Silhouette eines Mannes, einer Frau und dreier Kinder* zu sehen. Über ihnen zog sich eine graphische Kurve quer über das Blatt, und *der Mann stemmte die Kurvenlinie über alle Köpfe.* Herr Sullivan hatte die Fotografie als Metapher für »die Energie, die ich in die Fürsorge und den Schutz

Abb. 78: Als die Kinder klein waren

Abb. 79: Schutz für die Familie

meiner Familie stecke« benutzt. Er fügte hinzu: »Ich habe immer gut für sie gesorgt und versucht, sie zu beschützen« (Abbildung 79). Die weiblichen Familienmitglieder bestätigten dies zwar, dennoch glaubte Ellen, daß gerade diese Tatsache Teil ihres Problems sei, denn der Vater schien nicht zu erkennen, daß sie inzwischen erwachsen und für sich selbst verantwortlich war.

Die Therapeutin war betroffen von der Ähnlichkeit der von Ellen und Judy ausgewählten Fotos. Beide hatten sich für Bilder entschieden, auf denen ein Vater mit seinem Kind zu sehen war. *Ellens* Foto zeigte einen *Mann mit einem Kind auf den Schultern:* »Vater, der mich in Disneyland herumträgt. Er hat das immer getan, wenn ich müde war. Ich erinnere mich noch daran, welch wunderbares Gefühl es war, so hoch oben zu sitzen« (Abbildung 80).

Judy hörte ihrer Schwester lächelnd zu. Auch ihre eigenen Erinnerungen drehten sich um schöne Augenblicke mit dem Vater. Sie deutete auf ihr Bild, auf dem ein *Kind auf einer Bank neben dem Klavier saß und vor Vergnügen in die Hände klatschte, während die männliche Figur spielte.* Judy erinnerte sich daran, wie »schön es war, wenn Vater spielte, und wir sangen und tanzten dazu. Wir haben Schönes zusammen erlebt« (Abbildung 81).

Während die Mädchen sich noch an andere Erlebnisse aus ihrer Kindheit erinnerten, wirkte Frau Sullivan niedergeschlagen. Die Therapeutin stellte Überlegungen dazu an, ob sie sich vielleicht »draußen gelassen« fühlte, weil auf den Bildern der Mädchen nur der Vater vertreten war. Aber Frau Sullivan leugnete jedes Gefühl der Vernachlässigung. Auch der Rest der Familie mied dieses Thema lieber.

Fotografien zur Gegenwart

Als der *Vater* erklärte, sein *Gegenwartsbild* von *boxenden Robotern* bedeute, daß »Ellen und ich immer miteinander streiten«, schwiegen die anderen (Abbildung 82). Die Therapeutin interpretierte die Bildauswahl als Eingeständnis des Vaters, daß er besser an seinem negativen Verhältnis zu Ellen arbeiten solle, statt sich auf

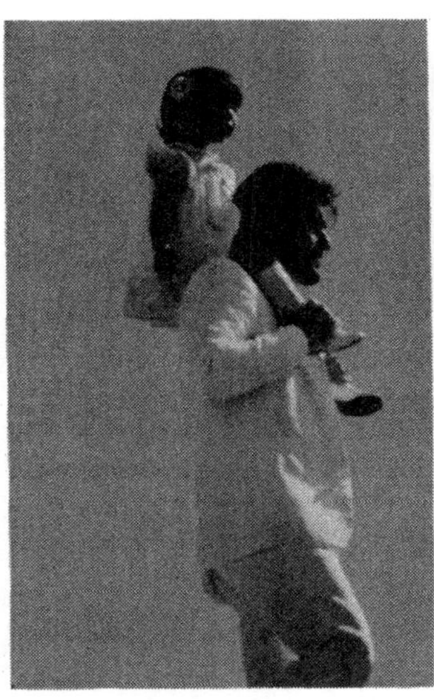

Abb. 80: Auf Vaters Schultern

deren Verkehrsverstöße zu fixieren. Herr Sullivan schien erfreut über die Art, in der die Therapeutin seine Prioritäten erklärte. *Judys* Collage enthielt einen *Mann, der um Hilfe telefonierte,* und sollte darauf hinweisen, daß die »Familie Beratung brauchte« (Abbildung 83). Auch hierzu sagte keiner der anderen Teilnehmer etwas.

Die *Mutter* drückte ihre Gedanken zur *Gegenwart* durch das Bild eines *überarbeiteten Mannes im Büro* aus (Abbildung 84). Dazu erklärte sie, das Bild sei typisch für ihren Mann. Als sie jedoch die Botschaft der Fotografie näher erläutern sollte, hatte sie Schwierigkeiten, das Anliegen der Therapeutin zu verstehen. Diese fragte dann, ob ihre Collage grundsätzlich eine Beschwerde darüber sein sollte, daß Herr Sullivan zuviel Zeit außerhalb des Heims verbrachte, oder ob eine andere Sorge daraus spräche. Frau Sullivan fühlte sich allein durch den Gedanken, sie könne sich »beschweren«, gekränkt und erklärte schnell, sie mache sich Sorgen um die Gesundheit ihres Mannes, weil er »so überarbeitet« sei. Sie berichtete, daß er unter starken Kopfschmerzen leide und infarktgefährdet sei, da sowohl sein Vater als auch seine Geschwister Probleme mit dem Herzen hätten. Auch die Mädchen sahen so aus, als hätten sie Angst um ihren Vater. Aber statt diese Ängste auszusprechen, sprachen sie nur darüber, daß ihr Vater sich vernachlässige.

Auf *Ellens* Bild waren gehende Füße zu sehen. Dazu sagte sie: »Ich bewege mich weiter. Ich gehe in ein paar Monaten in Ferien, dann bin ich weg im College« (Abbildung 85). Der Vater lenkte die Aufmerksamkeit auf die Tatsache, daß Ellens Bild das einzige war, das sie selbst zum Mittelpunkt hatte. Als er über ihre narzißtische Ader sprach, war Ellen gekränkt und reagierte defensiv. Die Therapeutin erklärte Herrn Sullivan, daß das Interesse an der eigenen Person in diesem Entwicklungsstadium der Adoleszenz normal sei, und regte an, einige Reaktionen und Verhaltensweisen seiner Tochter einmal in diesem Licht zu sehen.

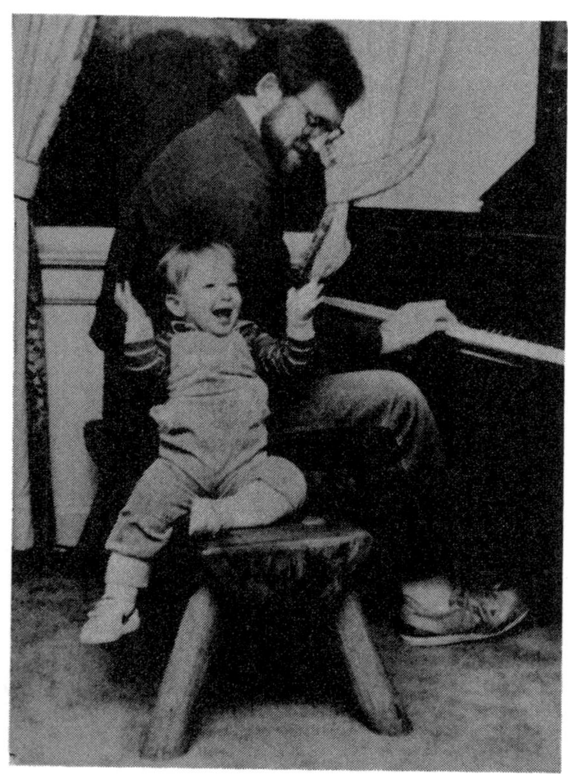

Abb. 81: Eine schöne Zeit

Abb. 82: Streit

Abb. 83: Beratung ist notwendig

Fotografien zu den Zukunftswünschen

Sowohl Judys als auch Frau Sullivans Fotografien drückten die Hoffnung auf verbesserte Familienbeziehungen aus. *Judy* vermittelte ihre Botschaft durch ein Zeitschriftenfoto von *Steckern, die durch eine Schalttafel verbunden* waren. Sie nannte das Bild »Bessere Verständigung für unsere ganze Familie« (Abbildung 86). Die *Mutter* wählte eine *lachende, fröhliche Menschengruppe*, aus der ihr Wunsch sprach, daß ihre Familie einmal wieder so sein würde (Abbildung 87).

Ellen beschäftigte sich wieder nur mit sich. Sie hatte ein Bild mit *Liebespaaren* ausgesucht, in dem ihre Sehnsucht nach einem Freund zum Ausdruck kam (Abbildung 88). Als der Vater wiederum eine Bemerkung darüber machte, daß sie sich vorwiegend für sich selbst interessiere, erinnerte ihn die Therapeutin daran, daß dies für Heranwachsende eines der Hauptanliegen sei. Die Entwicklungsaufgaben in dieser Phase drehten sich um das Thema von Trennung, Individuation und der Suche nach einem passenden Partner.

Die Therapeutin stellte klar, daß Ellens Interesse an jungen Männern in ihrem Alter völlig natürlich sei. Wenn ihr auch die Familie recht gab, kam Herrn Sullivans Zustimmung ohne große Begeisterung. Er konnte es nicht lassen, seine Tochter zu necken: »Such dir am besten einen Freund mit guter Ausbildung, der es sich leisten kann, dir all das zu bieten, woran du gewöhnt bist.« Dies brachte ihm erwartungsgemäß einen bösen Blick seiner Tochter ein.

Der Vater erklärte als letzter sein Foto eines *Mannes, der mit einem Regenschirm*

Abb. 84: Überarbeitet

im Regen spazierengeht. Herr Sullivan sagte, er sei nicht so selbstzerstörerisch, wie seine Familie offenbar glaube. Er hatte dieses Foto ausgesucht, weil er lernen wollte, sich in Zukunft selbst besser zu »schützen« (Abbildung 89). Allein die Tatsache, daß er darüber Betrachtungen anstellte, besänftigte seine Familie. Er antwortete auf die positive Verstärkung, die er von Frau und Töchtern erfuhr, mit der erklärten Absicht, sich *ändern* zu wollen. Er wollte sich in Zukunft nicht mehr so ausschließlich um die Familie kümmern und sein Wohlbefinden nicht mehr in solchem Umfang von ihr abhängig machen.

Obwohl es den Anschein hatte, daß Herr Sullivan sich seiner hemmenden Verwicklung in die Familie und der Notwendigkeit, sich stärker zu distanzieren, bewußt war, sprach er weiter über seine Sorgen um Ellen. Er erzählte von ihren schlechten Schulnoten und davon, daß sie abends spät nach Hause kam und möglicherweise Drogen oder Alkohol konsumierte. Er war nicht sicher, ob ihre Verkehrsverstöße nicht daraus resultierten, daß sie »zu« oder einfach nur leichtsinnig war. Als er begann, Ellen für seine Kopf- und Brustschmerzen verantwortlich zu machen, griff die Therapeutin ein. Sie erlaubte ihm nicht, seine Tochter mit Schuld zu überladen. Deshalb bekam er *Knetmasse* mit dem Auftrag, *ein Symbol herzustellen, das seine Gefühle in dieser Situation ausdrückte.* Zwar war Herrn Sullivan die Intervention der Therapeutin möglicherweise unangenehm, aber er nahm die Knetmasse widerspruchslos entgegen und begann, sie zu formen.

Abb. 85: Sich weiterbewegen

Frau Sullivan hatte die Art, wie die Autorin die Situation mit ihrem Mann gehandhabt hatte, nervös gemacht. Auch Judy wirkte besorgt und bot ihrem Vater schnell an, die Knetmasse für ihn weichzukneten.

Nur Ellen saß einfach da und war nur neugierig darauf, wie ihr Vater mit dieser weiblichen Autoritätsperson umgehen würde, die sanft, aber fest die Regeln der Therapiesitzung bestimmte.

Obwohl Herr Sullivan seine Aufgabe ausführte, konnte er sich die Bemerkung nicht verkneifen: »Wenn ich schon für die Knetmasse bezahle, kann ich genauso gut etwas daraus machen.« Die Therapeutin unterließ es absichtlich, sein Bedürfnis, seine Teilnahme an der Therapie herunterzuspielen, zu deuten, denn er hatte inzwischen ganz deutlich beschlossen, in dieser Sitzung auch etwas für sich selbst herauszuholen.

Herr Sullivan formte sorgfältig eine Reihe von *Ziegelsteinen* und setzte sie zu einer *Mauer* zusammen. Auf die Frage, welches Gefühl die Mauer darstelle, sagte er: »Ich bin nicht sicher, aber mein Kopf und meine Brust fühlen sich wie eine Tonne Ziegelsteine an.« Die Autorin interpretierte die Mauer als seine Art, seine Gefühle *abzublocken* und statt dessen mit körperlichen Symptomen zu reagieren. Herr Sullivan widersprach der Interpretation und zeigte auf eine andere Ziegelsteinmauer im Therapieraum. Er behauptete, er habe nur etwas nachgemacht, was er zufällig gesehen habe. Die Therapeutin wies ihn darauf hin, daß noch andere Gegenstände in seinem Blickfeld gewesen seien, und fragte nach dem Grund,

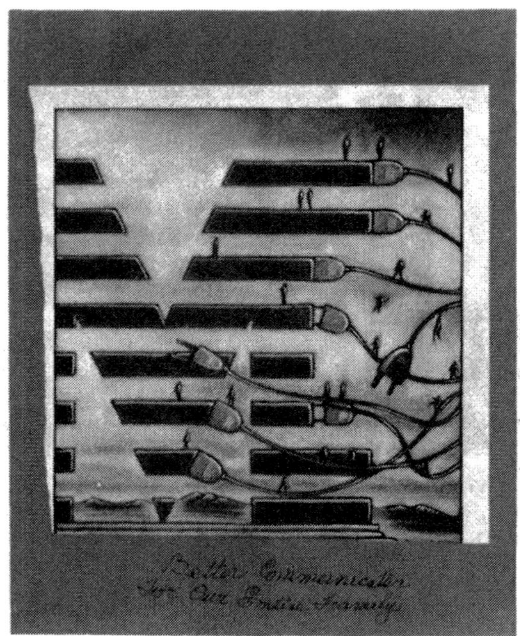

Abb. 86: Verbesserte Kommunikation

warum er wohl ausgerechnet die Mauer als Vorbild gewählt hatte. Als offenkundig wurde, daß keine Antwort kommen würde, erinnerte die Therapeutin ihn daran, daß er seiner Aufgabe, »die Gefühle in der Situation mit Ellen« darzustellen, nicht gerecht geworden war. Diesmal willigte er ein, indem er antwortete: »Da haben Sie irgendwie recht.« Der Rest der Familie wirkte erleichtert, denn dieses Zugeständnis war ein Weg, mit dem er seinen Respekt für die Therapeutin und ihre Methoden ausdrücken konnte.

Gegen Ende der Sitzung teilte die Therapeutin der Familie mit, daß insgesamt sechs oder sieben kunsttherapeutische Sitzungen vorgesehen seien, die als Einschätzungsphase gelten würden. Danach würden Empfehlungen für einen Behandlungsplan und die Therapieform erfolgen.

Bemerkungen

Die Entwicklungsgeschichte des designierten Patienten, die sich gewöhnlich in der ersten oder zweiten Sitzung herauskristallisiert, zeigte sich bei Ellen noch nicht. In diesem Fall, da die Arbeit mit der Familie effektiv und für Ellen vorteilhaft war, hielt es die Autorin nicht für ratsam, den Rhythmus der Familiensitzungen zu unterbrechen.

Abb. 87: Wieder glücklich

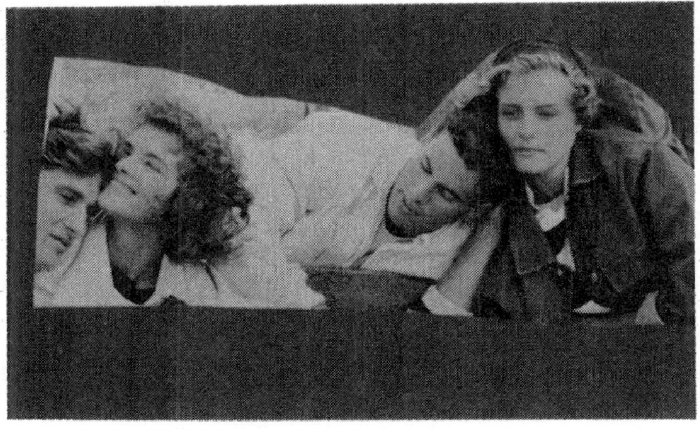

Abb. 88: Sehnsucht nach einem Freund

Abb. 89: Selbstschutz

Dritte Sitzung/Familiensitzung: Vater, Mutter, Ellen und Judy

Nach der Begrüßung nahm die Familie wieder auf denselben Stühlen Platz wie schon zuvor. Der Vater kam sofort zur Sache und berichtete von Ellens schlechtem Betragen seit der letzten Sitzung. Da die Therapeutin Herrn Sullivan nicht die Möglichkeit zu einem Wochenbericht geben wollte, stellte sie der Familie eine Aufgabe, die die Aufmerksamkeit auf ein anderes Thema lenken sollte: Um diese Sitzung mit der letzten zu verknüpfen, sollte jeder *aus Tonpapier ein Symbol ausschneiden, das seine Gefühle zur letzten Familiensitzung ausdrückte.*

Bevor er anfing, bemerkte der *Vater:* »Da wären wir wieder soweit.« Aber er hielt sich an die Anweisung und *riß eine Form aus, die er dann noch einriß und zerknitterte.* Im Gruppengespräch erklärte er dazu: »Ein Teil der Sitzungen war ›gut‹, aber ein Teil hat mich auch in Unordnung gebracht...« Die Therapeutin bezog dies auf seine somatischen Störungen.

Interessant war wieder die sichtbare Ähnlichkeit der Arbeiten von Judy und Frau Sullivan. Beide hatten *runde Formen* ausgeschnitten. Die *Mutter* erklärte dazu, ihre Form stünde für die positive Einstellung der Familie, mit der sie letzte Woche die Therapie verlassen hätte, während *Judys* Bild sich darauf bezog, wie aufschlußreich die Teilnahme an der letzten Sitzung für die Familie gewesen war.

Ellen war diesmal milder gestimmt als beim letzten Mal. Sie hatte eine dreimensionale *Papierskulptur* gemacht und das Tonpapier ziehharmonikaartig gefaltet als Metapher dafür, wie sich jedes Familienmitglied »öffnete und dann wieder zurückzog«. Sie wies darauf hin, daß sich der Vater oft seinen Gefühlen gegenüber verschloß und ihre Mutter und Judy es gewöhnlich »schafften, sich aus jedem Ärger herauszuhalten«. Judy warf sofort ein, daß auch Ellen keinerlei »Risiken« eingegangen sei. Der Vater stimmte ihr zu: »Ja, ich habe letzte Woche auf dem *Schleudersitz* gesessen.« Aber er verfolgte diesen Gedanken nicht weiter und begann Ellen aufzuziehen: »Ich wette, deine Skulptur kann nicht einmal fliegen.« Ellen nahm seine Bemerkung wörtlich und fuhr ihn verärgert an: »Sie ist auch kein Flugzeug, sondern eine Antwort für Frau Landgarten!« Der Schlagabtausch ging eine Weile hin und her, wobei der Vater spöttelte und Ellen ihn voller Feindseligkeit ernst nahm und seine Bemerkungen erwiderte.

Die Therapeutin beschloß, diesen weitschweifigen Streitereien von Herrn Sullivan und Ellen mit einer künstlerischen Aufgabe zu begegnen. Deshalb bekam der Vater die Aufgabe: *Zeichnen Sie ein Symbol, das ausdrückt, was Sie fühlten, als Sie die Bemerkung machten, das Papiergebilde könne nicht fliegen, und ein zweites Symbol für die Antwort oder Reaktion, die Sie von Ellen erwarteten.* Ellen sollte ihrerseits darstellen: *Wie hast du die Bemerkung deines Vaters aufgenommen.* Die Mutter und Judy sollten *ihre eigenen Beobachtungen ausdrücken.*

Der *Vater* schrieb, statt ein Symbol für seine Gefühle zu zeichnen, *Okay* auf sein Blatt. Die Reaktion, die er von Ellen erwartet hatte, drückte er jedoch mit einem *Blitz* aus. Die Therapeutin akzeptierte das »Okay« nicht und forderte ihn auf, nach seinen Gefühlen zu fahnden; sie erinnerte ihn an seine Bemerkung, er habe bei der letzten Therapiestunde auf dem *Schleudersitz* gesessen. Herr Sullivan dachte ein paar Augenblicke nach und sagte dann: »Ich fühlte mich wohl provoziert.« »Und?« fragte die Therapeutin. »Und«, sagte er, »ich war wohl auch etwas verärgert.« Als die Therapeutin dann wissen wollte, was sein Blitzsymbol bedeuten solle, antwortete er: »Ich bekam genau die Art von Antwort, die ich erwartete. Ich wußte, daß ich Ellen mit dieser Bemerkung auf die Palme bringen würde.« Die Therapeutin entschloß sich, einen Kommentar zu dieser deutlichen Formulierung noch aufzuschieben, und richtete die Aufmerksamkeit auf *Ellens* Bildsymbol eines *wellenförmigen, nach unten weisenden Pfeils.* Nach Ellens Aussage bedeutete er, daß sie »die ganze Zeit unterdrückt« werde: »Es macht mich krank, und ich habe es satt!«

Die Therapeutin wollte alle in dieses Thema mit einbeziehen und bat jetzt Frau Sullivan und Judy, über ihre Arbeiten zu sprechen. *Frau Sullivan* hatte *Pennies* gezeichnet und erklärte dazu, die provozierende Spöttelei ihres Mannes mache »keinen Sinn«, da er wisse, daß sie nur Reibereien zwischen ihm und Ellen auslösen würde. *Judy* dagegen hatte eine *Spielkarte mit einem Joker* gemalt und erklärte deren Bedeutung so: »Vater hat nur Spaß gemacht. Ich wollte, Ellen würde nicht darauf reagieren oder einfach mitmachen, wenn er sie aufzieht.«

Die Therapeutin legte die Blätter in folgender Reihenfolge zusammen: Judys *Joker,* Ellens *nach unten gerichteten Pfeil,* Vaters *Blitz* und Mutters *Pennies ohne Sinn.* Dann erklärte sie, daß diese bildlichen Aussagen einen Hinweis auf die Familiendynamik darstellten, die zu Hause vermutlich in der ein oder anderen Weise ausgespielt würde: Der *Vater* agiert als *Joker* oder Spaßmacher gegenüber Ellen, um sich so vor seinen eigenen unbehaglichen Gefühlen zu schützen. *Ellen,* die sich »unterdrückt« fühlt, wie sie in ihrem *nach unten gerichteten Pfeil* erkennen läßt, gibt eine *blitz*ähnliche Antwort. Selbst wenn die *Mutter* darin *keinen Sinn* erkennen kann, streiten sich Ellen und der Vater weiter (Abbildung 90).

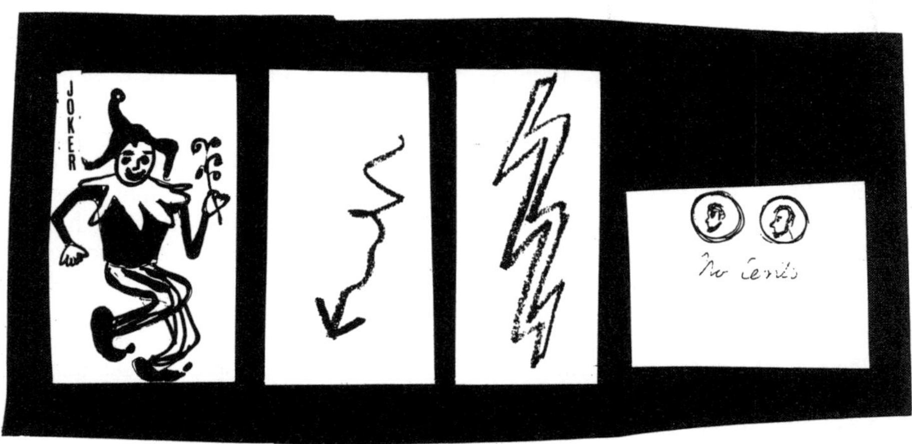

Abb. 90: Die Familiendynamik

Diese Ausführungen der Therapeutin brachten die Familie dazu, über ihre Interaktionen nachzudenken. Nach ein paar Minuten brach Herr Sullivan das Schweigen: »Das scheint mir alles ganz richtig, aber ich muß länger über das nachdenken, was Sie gesagt haben.«

Die Therapeutin beschäftigte sich weiter mit dem Umgangsstil der Familie. So fragte sie Herrn Sullivan, ob er manchmal Wutgefühle ersatzweise auf Ellen übertrüge. Vielleicht gab es ja Zeiten, in denen seine Tochter die Zielscheibe seines Ärgers war, obwohl ihr dieser ursprünglich eigentlich gar nicht rechtmäßig galt? Bevor Herr Sullivan noch antworten konnte, bemerkte Ellen hitzig, daß sie sehr häufig als »Abladestelle« diene. Der Vater wurde nachdenklich und versprach, sich ausführlicher mit diesem Vorwurf zu beschäftigen.

Die Therapeutin zog jetzt Frau Sullivan und Judy in die Diskussion und fragte sie nach ihrer Meinung. Judy erklärte nochmals, daß »Ellen auf den Köder des Vaters nicht immer anbeißen« solle. Die Mutter drückte die Hoffnung aus, daß sich die Spannung in der Familie lockern würde, wenn Ellen mehr Rücksicht auf die Stimmungen des Vaters nähme. Die Therapeutin überlegte dazu laut, ob die Familie wirklich jedes Mal zuerst die Gefühle des Vaters abschätzen müsse, bevor sie mit ihm in eine Interaktion trat. Hieße das nicht, daß der Vater in der Situation keine Verantwortung trug? Die Mutter war durch solche Fragen überfordert und entzog sich einer Antwort. Die Therapeutin schlug vor, daß die gesamte Familie einmal über ihre eigenen Reaktionen gegenüber Herrn Sullivan und die Art, in der es ihm gelang, diese einzubeziehen, nachdenken solle.

Die Sitzung wurde durch die Aufforderung an die weiblichen Familienmitglieder, *ein symbolisches Geschenk für den Vater/Ehemann zu machen,* beendet. Herr Sullivan sollte *etwas machen, was er sich gern selbst schenken würde.*

Als alle fertig waren, bekam Herr Sullivan die »Geschenke« überreicht. Frau Sullivan gab ihrem Mann das Bild von einer *Stirn mit einem Friedenszeichen darauf:* Sie wollte ihm »ein wenig geistigen Frieden« schenken. Judy gab ihrem Vater ein

Herz, das für ihre »Liebe« stand, während Ellen, die sich immer noch als Opfer des Vaters fühlte, *zwei parallele Linien* für ihn gezeichnet hatte: Sie sollten bedeuten, daß sie und ihr Vater nicht mehr in einen Streit verwickelt waren.

Das Geschenk Herrn Sullivans an sich selbst war ein *»durchgestrichenes« Tablettenfläschchen:* er wünschte sich, daß er sich auch ohne Medikamente gut fühlte (Abbildung 91).

Die »Geschenke« milderten die verletzten Gefühle des Vaters. Es war nach dem Stand der Familientherapie noch verfrüht, den Vater aus der Sitzung zu entlassen, ohne seiner Verletzlichkeit irgendeinen Abschluß zu gewähren. In den Frühphasen einer Familientherapie ist es wichtig, nach schwierigen Augenblicken mit den Eltern Erleichterung anzubieten. Abgesehen vom therapeutischen Wert muß auch mit der Möglichkeit gerechnet werden, daß sich die Autoritätsfigur aus der Behandlung zurückziehen oder aber die Familientherapie vollständig sabotieren könnte.

Als die Familie aufbrach, gingen die Mutter und Judy neben Herrn Sullivan, Ellen langsam hinterher. Die Therapeutin hielt es für möglich, daß Ellen mit der Nähe des Vaters besser umgehen konnte, wenn sie sich über ihn ärgerte. Vielleicht weckten positive Gefühle ungelöste ödipale Konflikte und bedrohten sie in ihrem Kampf um Individuation.

Abb. 91: Keine Tabletten mehr

Vierte Sitzung/Familiensitzung: Vater, Mutter, Ellen und Judy

Zu Beginn dieser Sitzung erkundigte sich Herr Sullivan, wie es mit der Familien-Kunsttherapie weitergehen würde. Die Therapeutin teilte ihm mit, daß diese noch drei Sitzungen lang in derselben Weise fortgeführt werden würde, bis die Evaluation abgeschlossen sei; zu diesem Zeitpunkt würde sie sowohl die Therapieform, also Einzel-, Familien- oder Gruppentherapie, als auch die meistversprechende Therapieart vorschlagen.

Frau Sullivan und ihre Töchter äußerten ihren Wunsch, mit der Kunstpsychotherapie fortzufahren. Sie glaubten, daß sich darin die Interaktionen der Familie widerspiegelten und sie ihnen half, einander besser zu verstehen. Obwohl Herr Sullivan seiner Frau und den Mädchen aufmerksam zuhörte, äußerte er sich nicht.

Die Therapeutin teilte Ellen mit, daß sie sie in der folgenden Woche allein empfangen würde, um ihre Anamnese aufzunehmen.

Fünfte Sitzung/Einzelsitzung: Ellen

Die Anamnese zeigte eine normale Kindheit. Ellen hatte alle Entwicklungsstadien ohne Traumata hinter sich gebracht. Als sie nach ihrer Menses befragt wurde, gab sie an, sie fühle sich niedergeschlagen, neige zu starken Kopfschmerzen und werde häufig »fuchsteufelswild«, wie sie berichtete. Im weiteren Verlauf des Gespräches um den Bereich »Sexualität« gab Ellen zu, daß sie im vergangenen Jahr ohne Wissen der Familie schwanger gewesen sei. Sie berichtete, zu dem jungen Mann, von dem sie das Kind erwartet hatte, habe eine lange, feste Beziehung bestanden. Ellen geriet in starke Erregung, als sie über den Schwangerschaftsabbruch sprach. Sie erzählte, daß ihr Freund ihr sehr geholfen habe; er habe unter heftigen Schuldgefühlen gelitten, und das alles habe ihm sehr viel Kummer gemacht. Im letzten Herbst hatten sie sich getrennt, als er an ein auswärtiges College ging. Ellen bat die Therapeutin, ihr Geständnis vertraulich zu behandeln, da außer einer sehr guten Freundin niemand etwas von der Sache wisse.

Die Therapeutin, die über Ellens Vergangenheit nachdachte, stellte fest, daß ihr Leistungsabfall in der Schule und ihr ausagierendes Verhalten in die Zeit des Schwangerschaftsabbruchs gefallen waren. Obwohl Ellen darin mit ihr übereinstimmte, begann sie das Thema zu wechseln.

Um Ellens Aufmerksamkeit bei diesem wichtigen Thema zu halten, wurde ihr die Aufgabe gestellt, *die Umstände um die Abtreibung darzustellen.* Ellen bat um Collagenmaterial und wählte in trauriger Stimmung ein kleinformatiges Foto von *zwei verängstigten Hunden* aus. Sie klebte das Bild auf eine große Unterlage, um so zu zeigen, welche Angst sie und ihr Freund John durchgestanden hatten. Dann drehte sie das Blatt um und begann, es mit *roten Tränen* vollzuzeichnen. Bevor sie noch damit fertig war, begann sie zu weinen, und ihre echten Tränen mischten sich mit den gezeichneten.

Die Therapeutin ermutigte sie, den Fötus und eine Zeit in ihrem Leben zu betrauern, in der sie und John sich geliebt hatten. Da die Vergangenheit nicht zurückgeholt werden konnte, war es wichtig, die Trauer zuzulassen und nicht zu unterdrücken. Die Therapeutin half Ellen, über den Schmerz zu sprechen, den geheimzuhalten sie soviel Kraft gekostet hatte.

Am Ende der Sitzung wurde mit Ellen eine weitere Einzeltherapiestunde vereinbart, bevor die Familiensitzungen wiederaufgenommen wurden.

Sechste Sitzung/Einzelsitzung: Ellen

Um das Thema »Verlust« zu vertiefen, wurde Ellen aufgefordert: *Drücke gestalterisch aus, warum du dich einsam fühlst.*

Ellen faltete ihr Blatt in der Mitte und zeichnete auf eine Seite ein *herzförmiges Medaillon,* auf die andere eine Briefträgerjacke, eine Schallplatte und ein *Banner.* Das Medaillon stand für den Verlust ihres Freundes, die anderen drei Gegenstände für ihren Bruder Junior. Als die Therapeutin mehr über den Bruder wissen wollte, erzählte Ellen, er sei »ein ganz besonderer Mensch, der mit der gesamten Familie auskam«. Junior war warmherzig, liebevoll und fürsorglich. Er hatte vielfältige Interessen, und es machte Spaß, mit ihm zusammenzusein. Ellen meinte, er sei das Familienmitglied, dem sich alle anvertrauten. Als sie so über ihren Bruder sprach, wurde ihr klar, daß die ganze Familie traurig war, seit er im vergangenen Herbst an ein weit entferntes College gegangen war.

Die Therapeutin konnte sich in Ellens Verlust einfühlen und befragte sie weiter nach ihren Gefühlen von Verlassenheit. Aber Ellen wollte nicht tiefer forschen und versuchte, das Thema zu umgehen, indem sie die Aufmerksamkeit auf ihre *Kritzeleien* lenkte. Die Therapeutin wollte sich jedoch nicht ablenken lassen und stellte fest, daß Ellen im gleichen Zeitraum zwei für sie wichtige Menschen, nämlich ihren Freund und ihren Bruder, verloren hatte. Diese Feststellung traf den Kern von Ellens Traurigkeit, und sie begann zu weinen. Unter Schluchzen wurde ihr wohl zum ersten Mal richtig bewußt, daß die Männer, die sie am meisten geliebt hatte, sie beide im letzten Herbst »verlassen« hatten. Die Therapeutin ermutigte sie, bei ihren Gefühlen zu bleiben, und fragte sie, ob sie *sich über das Medium Kunst ausdrücken* wolle. Ellen antwortete zwar nicht verbal, zeigte ihre Zustimmung aber, indem sie nach der Knetmasse griff. Als sie die Masse knetete und drückte, ließ sie trotz der Rationalisierung der Gründe, warum die beiden jungen Männer von ihr gegangen waren, Traurigkeit und Ärger zu.

Als Ellen eine kleine Pause machte, um ihr *abstraktes Gebilde* zu betrachten, bat die Autorin sie, *die Form zu beschreiben, zum Beispiel Positiv- und Negativräume.* Ellen begann, indem sie feststellte: »Sie hat viel Substanz. Sie ist rund und glatt, fühlt sich angenehm an und hat in der Mitte eine Aussparung.« Ellen drehte das Gebilde um: »Den Durchbruch kann man nicht von allen Seiten sehen. Erst wenn man die Form langsam umdreht, merkt man, daß sie nicht solide ist.« (Abbildung 92) Die Autorin bat Ellen, mit der Beschreibung *aufzuhören und aufzuschreiben, was sie gerade gesagt hatte.* Das tat sie bereitwillig; dann las sie immer wieder, was sie geschrieben hatte, und suchte nach einer wichtigen Bedeutung. Gerade als sie aufgeben wollte, fragte sie die Therapeutin, ob das Gebilde vielleicht ihr Gefühl der Leere bestätige, das sie trotz ihrer Ich-Stärke und ihrer positiven Selbsteinschätzung beherrschte. Bevor die Therapeutin noch zustimmen konnte, erklärte Ellen: »Es paßt alles«, und entband die Therapeutin damit von ihrer Antwortpflicht.

Die Sitzung wurde beendet, als die Therapeutin sah, daß Ellen die Trennung und Gefühle von Verlassenheit erkannt und sich bewußt gemacht hatte und ihr das helfen würde, mit den daraus resultierenden Empfindungen umzugehen. Sie erklärte Ellen: »Dein ausagierendes Verhalten war deine Art, den Vorgängen in

Abb. 92: In der Mitte leer

deinem Inneren auszuweichen. Manchmal ist das eine Abwehr und ein Weg, die inneren tieferen Gefühle zu verdecken.« Als Ellen aufstand, um zu gehen, war es offensichtlich, daß in ihr etwas angesprochen worden war, das gründlicherer Erforschung bedurfte.

Siebte Sitzung/Familiensitzung: Vater, Mutter, Ellen und Judy

Die Sullivans begannen die Sitzung, indem sie ihre Versuche ansprachen, »besser miteinander auszukommen«.

Da die Therapeutin noch weitere Informationen über die einzelnen Familienmitglieder und ihre Wahrnehmung der Familie erhalten wollte, stellte sie ihnen die Aufgabe, *ein Haus, einen Baum und eine Person sowie ein Bild der Familie zu zeichnen.*

Einige Familienmitglieder murmelten, ihre künstlerischen Fähigkeiten wären diesem Thema nicht gewachsen. Die Therapeutin ermutigte sie, mit der Arbeit fortzufahren, da ihr illustratives Können völlig nebensächlich sei.

Die fertigen Bilder wurden an die Wand geheftet. Schon auf den ersten Blick wurde deutlich, daß alle Junior in die Mitte gesetzt hatten, obwohl die Positionen der übrigen Familienmitglieder durchaus voneinander abwichen. Die Darstellungen von *Junior* waren in jeder Hinsicht herausragend: Seine Figur war am größten, am farbigsten, wies die meisten Einzelheiten auf und so weiter (Abbildungen 93A und 93B).

Als die Therapeutin die Familie zu diesen Beobachtungen befragte, entspann sich ein engagiertes Gespräch über das abwesende Familienmitglied. Diese Unterhaltung war für die Therapeutin insbesondere deshalb informativ, weil darin von allen sein Aussehen, seine Intelligenz, seine Wärme und so weiter angesprochen

Abb. 93A: Vaters Familienbild

Abb. 93B: Ellens Familienbild

wurden. »Das klingt, als würde er euch allen sehr fehlen«, meinte die Therapeutin, und Ellen antwortete darauf mit: »Ja.« Herr und Frau Sullivan und Judy lenkten die Unterhaltung jedoch von dieser Feststellung ab. Ellen setzte sich zurück und beobachtete die Reaktionen der Eltern und ihrer Schwester. Aber wäre sie nicht schon in der Einzeltherapie gewesen, hätte auch sie es nach Überzeugung der Therapeutin vermieden, sich mit den Gefühlen im Zusammenhang mit der Trennung zu beschäftigen.

Um der Familie zu helfen, sich ihren Gefühlen von Einsamkeit zu stellen, wies die Therapeutin sie an, *eine Collage über die Gefühle, die Juniors Abwesenheit auslöst,* herzustellen.

Die Mutter sah das Collagenmaterial durch und fühlte sich von einem Bild angesprochen, auf dem jemand ein Buch mit dem Titel »Die Kunst, Entscheidungen zu vermeiden« las. Obwohl sie bereits begonnen hatte, es auf ihr Papier zu kleben, legte sie es unvermittelt wieder weg und ersetzte es durch das Bild einer *telefonierenden Person,* die ihren Stolz ausdrückte, daß Junior ein guter Student war und sich immer freute, wenn er von seiner Familie hörte.

Der Vater wählte schnell entschlossen das Bild eines *jungen Mannes, der für sein Studium arbeitete,* und erklärte der Therapeutin: »Mein Sohn fehlt mir, aber in den Sommerferien kommt er nach Hause, und das ist nicht mehr allzu lange.« (Abbildung 94)

Obwohl die Auswahl an Bildern von jungen Männern überreichlich war, entschied sich *Judy,* die ihre Gefühle nicht näher erforschen wollte, für das Bild von einem Junitag und stellte fest, sie könne es kaum erwarten, bis Junior wieder nach Hause käme.

Abb. 94: Er vermißt seinen Sohn

Abb. 95: Gefühle von Einsamkeit und Trauer

Obwohl sowohl Herr und Frau Sullivan als auch Judy sich weigerten, sich mit ihren tieferen Gefühlen auseinanderzusetzen, war *Ellens* Bild von einer *Katze, der eine große Träne übers Gesicht lief,* von dramatischer Wirkung. Die Katze war, wie sie erklärte, eine Metapher für ihre eigenen »Gefühle von Einsamkeit und Trauer«. Ellen berichtete: »Junior war derjenige, der für uns alle da war. Er hat eine Begabung dafür, sich für alle zu interessieren.« (Abbildung 95)

Die Therapeutin nahm das von Frau Sullivan *beiseite gelegte* Bild mit dem Titel des dargestellten Buches »Die Kunst, Entscheidungen zu vermeiden«, strich das Wort »Entscheidungen« aus und ersetzte es durch »Gefühle« (Abbildung 96). Aus dieser Botschaft entspann sich ein Gespräch. Alle waren sich darin einig, daß sie »nicht traurig sein« wollten, weil sie den anderen nicht mit ihren eigenen Gefühlen »zur Last fallen« wollten.

Niemand war überrascht über die Gefühle der anderen, aber alle erkannten, daß es sie erleichterte, wenn sie diese Gefühle ausdrückten. Ellen sprach für die ganze Familie, als sie sagte, das Teilen von Gefühlen gebe ihr Trost, da sie sich dann weniger isoliert und vom Rest der Familie abgetrennt fühle.

An dieser Stelle des Gesprächs nahm Herr Sullivan der Situation etwas von ihrem Ernst, indem er zu witzeln begann: »Wissen Sie, Frau Landgarten, dieser Kunsttherapie-Kram ist gar nicht so übel. Es würde mir nicht einmal etwas ausmachen, die Rechnung zu bezahlen, wenn Sie unsere Familie nicht auf die Reihe bekommen.« Die Therapeutin wies darauf hin, daß Herr Sullivan große

Abb. 96: Die Therapeutin ändert den Text

Schwierigkeiten damit habe, bei den emotionalen Aspekten der Behandlung zu bleiben, und sich oft, um abzulenken, in *Spötteleien* flüchtete. Da die Therapiezeit abgelaufen war, wurde die Sitzung hier beendet.

Die Therapeutin hörte Herrn Sullivan auf dem Weg nach draußen sagen: »Wer hätte gedacht, daß *Kunst Leuten helfen* kann?«

Achte Sitzung/Familiensitzung: Vater, Mutter, Ellen und Judy

Nach der allgemeinen Begrüßung gab die Therapeutin der Familie die folgenden Empfehlungen bekannt:

Da Ellen in etwa vier Monaten in Ferien fahren würde, mußte die Behandlung auf Kurzzeitbasis erfolgen. Unter diesen Bedingungen sei die Weiterführung der Familientherapie am produktivsten, nicht nur für Ellen allein, sondern auch für die anderen Familienmitglieder.

Die Sullivans hatten die Möglichkeit, entweder weiter an der klinischen Kunsttherapie teilzunehmen oder an einen anderen Psychotherapeuten überwiesen zu werden, der sie nach einer klassischen Methode behandeln würde.

Ellen äußerte als erste den Wunsch, weiter bei der Autorin in Therapie zu bleiben: »Sie wissen alles über uns. Mir macht sogar die künstlerische Betätigung Spaß.« Ohne zu zögern, stimmte ihr der Vater bei. Witzelnd fügte er hinzu, er wolle in der Kunsttherapie bleiben, weil er jetzt mit der Arbeitsweise der Therapeutin vertraut sei. Er bemerkte wieder einmal, daß die Therapie »ihr Geld wert« sei. Auch Judy und ihre Mutter waren der Ansicht, daß ihnen bereits geholfen worden war. Sie stellten fest, daß Ellen und der Vater weniger stritten. Aus diesen Gründen entschied sich die Familie dafür, in kunsttherapeutischer Behandlung zu bleiben.

Als über die Behandlungsart Übereinstimmung erzielt war, begann die Therapeutin mit der Arbeit an der Kommunikation, indem sie die *gesamte Familie* anwies, *zusammen ein einziges Werk zu schaffen. Thema und Medien konnten von jedem selbst gewählt werden.*

Der Vater ergriff die Initiative und bat seine Familie um Vorschläge. Als keine Antwort kam, meinte er, es wäre vielleicht eine Idee, verschiedene Kunstmaterialien zu kombinieren. Den Frauen gefiel der Vorschlag, und sie entschieden sich dafür, ihn in einem *abstrakten Muster* zu verwirklichen.

Im Rahmen der Überlegung, wie das Projekt am besten angegangen werden konnte, bot sich Herr Sullivan an, Tonpapier in Streifen zu schneiden, und meinte, die Frauen könnten sie dann zusammenflechten. Er schlug vor, das fertige Stück dann auf einen Hintergrund aufzuziehen oder mitten in der Luft aufzuhängen. Da seine Ideen sehr kreativ klangen, forderten ihn die Frauen auf, doch selbst mit der Ausführung zu beginnen.

Herr Sullivan nahm seine Aufgabe sehr ernst. In seiner gewohnt zwanghaften Art nahm er ein Lineal vom Schreibtisch der Therapeutin, um mit dessen Hilfe sicherzustellen, daß seine Streifen an den Kanten gerade und exakt gleich lang waren. Da der Vater entschlossen war, seine Arbeit gut und genau zu tun, benötigte er sehr viel Zeit. Obwohl beide Töchter und seine Frau ungeduldig wurden, war es schließlich Ellen, die ihn aufforderte: »Mach schon, Vater, komm zu einem Ende. Sonst haben wir gar keine Chance mehr, auch noch etwas zu tun.« Herr Sullivan schenkte ihr keinerlei Beachtung, sondern fuhr mit dem Ausmessen des Papiers fort und begann dann schließlich mit dem Schneiden. Als ihn Ellen weiter drängte, »endlich fertigzuwerden«, verschnitt sich Herr Sullivan aus Versehen bei einigen Streifen. In seiner Frustration drehte er sich um und schrie Ellen an, weil sie »dauernd nörgle«; es sei ihre Schuld, daß er den Fehler gemacht habe, weil sie ihn ständig unterbrochen habe. Ellen, offensichtlich in Verlegenheit gebracht und verärgert, weil er sie vor der Therapeutin so anfuhr, verteidigte sich mit einem Wutausbruch. Herr Sullivan griff seine Tochter trotzdem weiter an und beschuldigte sie, ihr Verhalten sei typisch für ihre übliche Unsensibilität ihm gegenüber. Die beiden stritten weiter, während Frau Sullivan und Judy still dabeisaßen und einen hilflosen Eindruck machten.

Als offenkundig wurde, daß die Familie das Projekt aufgegeben hatte, forderte die Therapeutin sie auf: »Hört auf und überlegt einmal, was in dieser Sitzung eigentlich passiert ist.« Die Dynamik wurde nachvollzogen, indem sich die Aufmerksamkeit von Herrn Sullivan und Ellen auf die Mutter verlagerte, die als erste gebeten wurde, ihre Beobachtungen mitzuteilen. Frau Sullivan begann damit, daß sie ihren Mann verteidigte: »Er versuchte, sein Bestes zu geben, als Ellen ihn drängte.« Als sie jedoch den verletzten Gesichtsausdruck ihrer älteren Tochter sah, fügte sie hinzu: »Obwohl Ellen ihren Vater nicht unter Druck setzen wollte, regte er sich auf. Ich glaube nicht, daß es Ellens Schuld war, daß mein Mann so lange brauchte und es schon spät wurde.«

Als nächste wurde Judy nach ihrer Beobachtung gefragt. Da Ellen ihrer Meinung nach Unterstützung nötig hatte, sagte sie: »Meine Schwester hatte recht, Vater war so penibel und brauchte alle unsere Zeit auf. Wir anderen wären nie mehr an die Reihe gekommen.«

Da wurde Ellen gefragt. Sie reagierte angewidert: »Ach, was soll das schon bringen? Vater wird sich doch nie ändern! Er hört ja nie zu und wird immer gleich wütend.«

Herr Sullivan war das letzte Familienmitglied, das um die Schilderung seiner Wahrnehmung der Dynamik gebeten wurde. Er betonte, daß er keine Hoffnung habe, je zu einer Kommunikation mit Ellen fähig zu sein.

Wesentlich war, daß die Familie ihre Dynamik verstand. Deshalb untersuchte die Therapeutin die Kette von Ereignissen, die zu dem Streit geführt hatten.

1. Der Vater, der in einer früheren Therapiestunde beschuldigt worden war, sich unfair und zu autoritär zu verhalten, bat betont um Vorschläge der anderen Familienmitglieder.
2. Obwohl die weiblichen Mitglieder der Familie Gelegenheit hatten, eigene Ideen einzubringen, nahmen sie diese nicht wahr.
3. Der Vater fragte Frau und Töchter, was sie davon hielten, verschiedene künstlerische Medien miteinander zu kombinieren. Sie willigten ein und steuerten dann ihre eigene Idee eines »abstrakten Musters« bei.
4. Wieder war es der Vater, der versuchte, einen Plan aufzustellen, und der vorschlug, auf welche Weise das Projekt angepackt werden sollte.
5. Die weiblichen Familienmitglieder ermutigten Herrn Sullivan, anzufangen.
6. Er nahm seine Aufgabe vielleicht zu ernst, obwohl das typisch für seine übliche Funktionsweise war.
7. Niemand bot sich an, ihm bei seiner Ausschneidearbeit zu helfen, nachdem er damit begonnen hatte.
8. Alle Frauen waren frustriert.
9. Nur Ellen hatte den Mut, ihre Meinung zu *äußern.*
10. Der Vater sprach seine Frustration darüber, daß er gute Arbeit leisten wollte und sich ungerecht gedrängt fühlte, nicht aus. Statt dessen entschied er sich, Ellen zu ignorieren und fuhr mit seiner Arbeit fort.
11. Ellen fühlte sich von ihm übersehen und wiederholte ihre Bemerkung.
12. Der Vater fühlte sich erneut gedrängt und geriet in Streß.
13. Sein eigener Fehler machte ihn noch wütender.
14. Er richtete den Ärger über sich gegen Ellen.
15. Ellen fühlte sich durch die Abfuhr des Vaters verletzt und zahlte ihm seinen Angriff durch eigene Feindseligkeit heim.
16. Der Vater fühlte sich dadurch gekränkt und rächte sich seinerseits, indem er Ellen wieder herabsetzte.
17. Keiner von beiden sprach seine Gefühle laut aus. Statt dessen griffen sie sich gegenseitig mit Worten an.
18. Judy und die Mutter zogen sich in eine passive Haltung zurück. Sie fühlten sich möglicherweise schuldig, weil Ellen ihren Anteil mitübernommen hatte, als sie ihre eigenen Gedanken dem Vater gegenüber äußerte.
19. Das gesamte Projekt fiel auseinander, und die kreative Aufgabe, die die Familie hätte ausführen sollen, wurde nie vollendet.

Die Therapeutin forderte die Familie auf, über den gerade geschilderten Vorgang nachzudenken und nach Alternativen zu ihren Interaktionen zu suchen. Judy trug ihre Meinung als erste vor: »Wir alle hätten Vorschläge machen können, statt die Ideen alle Vater zu überlassen.« Die Mutter stimmte ihr zu: »Und jemand anders hätte den ersten Schritt tun sollen, die Papierstreifen auszuschneiden, damit es nicht so lange gedauert hätte. Wir kennen ja alle Vaters Hang zur Perfektion.«

Ellen schenkte Schwester und Mutter keine Aufmerksamkeit. Sie sah ihren Vater von der Seite an und behauptete, die weiblichen Familienmitglieder seien von ihm in eine untergeordnete Position gebracht worden, da er das Ausschneiden übernommen hatte und die Frauen seine Papierstreifen dann hätten zusammenflechten sollen. Sie erklärte, das sei typisch für die Art von Arbeit, die Frauen immer zu verrichten hätten, und gab zu, daß diese Aufteilung für sie von Anfang an nicht akzeptabel gewesen sei. Die Therapeutin wies darauf hin, daß Ellen diese Gedanken für sich behalten und dadurch ihren Vater geärgert hatte; daraufhin habe er wiederum ungehalten auf sie reagiert. Dann unterbrach sie diese Schilderungen mit den Worten: »Manchmal ärgern sich Jugendliche über ihre Eltern, weil das für sie der leichtere Weg ist, von ihnen Abstand zu gewinnen. Das wiederum ist notwendig, um die eigene Persönlichkeit zu entwickeln. Es geschieht aus dem Wunsch, autonomer zu werden, bevor die Jugendlichen sich selbstständig machen.«

Die Therapeutin überlegte, ob sie die Familie bitten sollte, ihre gemeinsame Arbeit wiederaufzunehmen, oder sie aus dieser Sitzung ohne formalen Abschluß entlassen sollte. Es erschien ihr schließlich am besten, die Familie in eine Introspektion der Rollen, die alle gespielt hatten, zu führen. Deshalb bat sie: *Seht die Collagenfotos durch und sucht Bilder aus, die eure jeweilige Rolle in der heutigen Sitzung definieren.*

Alle schwiegen und dachten offenbar ernsthaft über ihre Rolle nach. Bei der Durchsicht der Bilder herrschte eine Atmosphäre der Niedergeschlagenheit. Die Therapeutin hielt das für ein Zeichen dafür, daß die Sullivans sich ihren Gefühlen öffneten, anstatt zu ihren üblichen Abwehrmechanismen der Verleugnung oder Vermeidung Zuflucht zu nehmen.

Als die Bilder vorgelegt wurden, waren alle erstaunt darüber, was sie an Persönlichem enthüllten.

Frau Sullivan und die Mädchen waren beispielsweise sehr überrascht darüber, daß der *Vater* sich als Pantomimen sah, der *mit Büroarbeit überlastet war, und als ein Mann mit lächelnder Fassade, während sein Inneres in Flammen* stand. Ein weiteres Bild zeigte ein *Fläschchen mit Tabletten* und sollte auf seine Anfälligkeit für Kopfschmerzen hinweisen. Als Nachgedanken fügte er hinzu: »Ich könnte jetzt eine Tablette gebrauchen.« Er blickte zur Therapeutin und fragte sie, ob sie welche griffbereit habe. Statt ihm darauf direkt zu antworten, fragte sie ihn, ob er von ihr erwarte, daß sie *ihm die Schmerzen nehme.* Er erkannte die Symbolik seiner Botschaft und sagte: »Ich muß mich wohl selbst kurieren.« Trotzdem schrieb er »Frau Landgarten« auf das Tablettenfläschchen (Abbildung 97).

Die Mutter, die sich über ihre Rolle in dem Gruppenprojekt Gedanken gemacht hatte, war über ihren Part traurig. Sie legte mehrere Fotos vor: eines mit einer *japanischen Puppe,* die die Augen geschlossen hatte, und eines mit lebensgroßen *Puppen im Auto.* Frau Sullivan brauchte zu ihren Bildern nichts zu sagen, da diese auf sehr dramatische Weise die Geschichte ihres »Schweigens« darstellten (Abbildung 98).

Abb. 97: Geteilte Gefühle

Judy hatte Schwierigkeiten, Augenkontakt herzustellen, als sie an der Reihe war. Vor allem vermied sie es, Ellen anzusehen. Statt dessen sah sie auf ihre Collage und gestand, daß sie die Rolle eines »hilflosen Kindes, das nur traurig dabeisitzt und alles geschehen läßt« gespielt habe. Mit einem anderen Bild reflektierte sie die Konsequenzen dieser Rolle, indem sie zugab: »Ich fühle mich deshalb schuldig.« Judy gestand, daß sie derartige Gefühle nie zuvor gespürt hatte (Abbildung 99). Bisher hatte sie immer geglaubt, es seien die Streitereien zwischen ihrem Vater und Ellen, die ihr Unbehagen verursachten, aber jetzt erkannte sie, daß es ihr eigenes Schuldbewußtsein darüber war, daß sie diese Streitereien zuließ.

Als letzte war *Ellen* an der Reihe. Sie hielt ihre Collage in die Höhe, die drei bildliche Aussagen enthielt. Auf einem war ein *kleines Mädchen in trotziger Haltung* zu sehen. Ellen gab zu, daß sie sich damit identifiziere: »Ich bin wie das kleine Kind auf dem Bild, das immer nach Streit sucht.« Das zweite Bild zeigte *zwei Ringer,* die für den verbalen Kampf standen, auf den sie und ihr Vater sich häufig einließen. Auf dem letzten Foto *stützte ein verwundeter Soldat einen anderen beim Gehen.* Ellen sah Ähnlichkeiten zwischen sich und den »Soldaten, die schwer verletzt waren und doch genügend Liebe hatten, um zu versuchen, sich gegenseitig zu helfen.« (Abbildung 100)

Alle waren von Ellens Darstellung betroffen, insbesondere Herr Sullivan. In seinen Augen standen Tränen, und er konnte kaum sprechen. Als er seine Stimme wiedergefunden hatte, zog er es vor, die Atmosphäre mit einem Scherz wieder zu lockern: »Ich sehe, daß einer deiner Soldaten am Kopf schwer verletzt ist. Du siehst, du und ich leiden offenbar beide an Kopfschmerzen.« Dann hob er seine eigene Collage hoch. »He«, fügte er hinzu, »vielleicht kann ich deinen Soldaten eine meiner Tabletten geben.« Die Familie lachte und versuchte so, Erleichterung zu finden. Die Therapeutin meinte dazu: »Es ist wohl sehr schwer, sich so schwierigen Themen zu stellen.« Um die Familie daran zu hindern, ihre Gefühle zu verwässern, beendete sie die Sitzung nicht mit einer Abschlußübung, sondern erklärte lediglich, daß die Zeit abgelaufen sei.

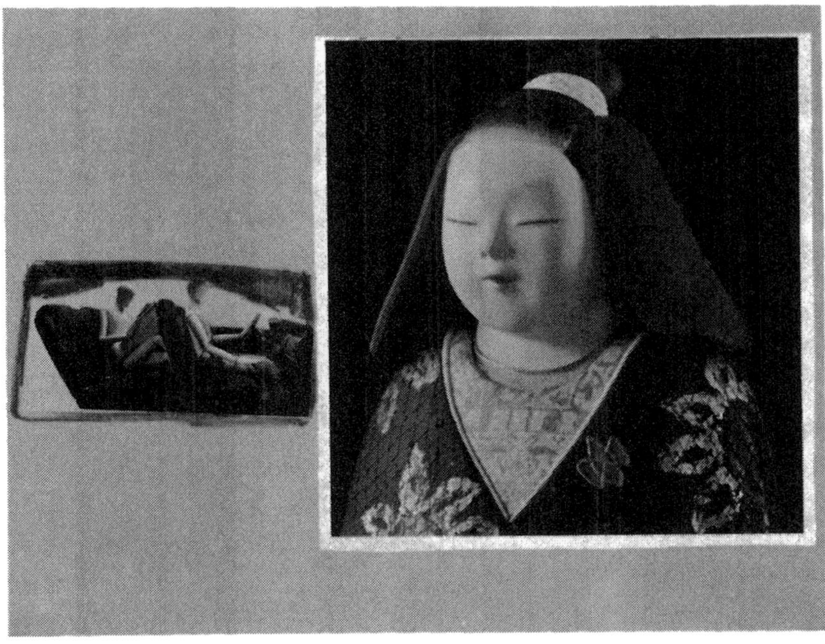

Abb. 98: Passivität

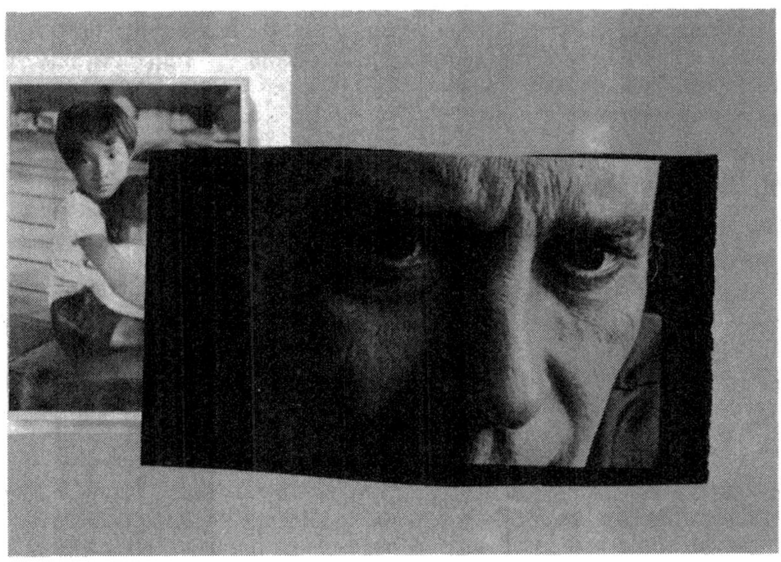

Abb. 99: Gefühle von Hilflosigkeit und Schuld

Abb. 100: A) Trotz; B) Suche nach Streit; C) Die Verletzten helfen sich gegenseitig

Auf dem Weg aus dem Behandlungszimmer drückten Frau Sullivan und Ellen der Therapeutin herzlich die Hand, um zu zeigen, wie wichtig diese Sitzung für sie gewesen war. Herr Sullivan, der ebenfalls seinen Dank ausdrücken wollte, drückte der Therapeutin die Schulter. Nur Judy vermied es, die Therapeutin anzusehen, als sie den Raum verließ.

Neunte Sitzung/Familiensitzung: Vater, Mutter, Ellen und Judy

Da die Familie zum Ende der letzten Sitzung in introspektiver Stimmung gewesen war, wollte die Therapeutin herausfinden, ob sie diesen Weg weiterverfolgen sollte, oder ob die Familie eine Weile »Erholung« brauchte. Deshalb gab sie die Anweisung: *Gestaltet etwas, das illustriert, woran ihr in dieser Sitzung arbeiten wollt.*

Der Vater entschied sich für Knetmasse als Medium. In Erinnerung an seine Ziegelsteine aus einer früheren Sitzung (mit denen er seinen Widerstand gegen seine Teilnahme an der Kunstpsychotherapie ausgedrückt hatte) rollte er eine Anzahl *grüner Kugeln* aus, die dazu, wie er erklärte, einen bewußten Gegensatz bilden sollten; ihre runde Form und die grüne Farbe standen für seine Bereitschaft »weiterzumachen«. Er bekannte sich zu seiner Motivation, sich zu ändern und die Beziehung zu seiner älteren Tochter zu verbessern.

Ähnlich enthielten auch *Ellens abstrakte Figuren* die Botschaft, daß sie die Interaktion mit dem Vater verbessern wollte.

Die *Mutter* machte ein kleines *Haus aus Papier,* das ihre »Hoffnung« ausdrücken sollte, daß die Familienprobleme gelöst werden konnten.

Als einzige mied *Judy* jede Introspektion oder den Ausdruck von Wünschen oder Hoffnungen auf ein besseres Familienleben. Sie hatte einfach nur gekritzelt und dann Freiräume ausgemalt, so wie es Neunjährige in der Schule lernen. Wenngleich die Therapeutin es nicht aussprach, war sie doch davon überzeugt, daß Judy an ihrer kindähnlichen Rolle in der Familie festhielt. Eine Veränderung im Familiensystem bedeutete eine zu große Bedrohung für sie. Da sie von ihrem Status als »braves« Kind bisher profitiert hatte, während Ellen die »Böse« gewesen war, lag ihr daran, daß die Familienhomöostase erhalten blieb.

Nachdem über die einzelnen Arbeiten gesprochen worden war, fragte Herr Sullivan die Therapeutin: »Und was machen wir jetzt?« Statt eine Anweisung zu geben, stellte die Therapeutin eine Gegenfrage: »Was *meinen Sie denn, was gemacht werden sollte?«* Herr Sullivan gab scherzhaft zurück: »He, dafür bezahlen wir *Sie.«* Er erwartete jedoch keine Antwort und wandte sich deshalb an seine Familie um Vorschläge und Ideen. Ellen wollte »etwas ganz anderes« machen und meinte, es könne interessant sein, aus verschiedenartigem Material ein dreidimensionales Objekt zu gestalten. Dem Vater gefiel der Vorschlag, und er fragte seine Frau und die jüngere Tochter, was sie davon hielten. Die Mutter, unversehens im Mittelpunkt, hatte Schwierigkeiten mit der Antwort: »Ellens Vorschlag klingt gut«, brachte sie lediglich heraus, und Judy fügte dem hinzu: »Ich habe nichts dagegen.« Nach Themenvorschlägen für das gemeinsame Werk befragt, paßten die Mutter und Judy erneut.

Damit lag die Entscheidung bei Herrn Sullivan und Ellen. Beide waren ganz zweifelsfrei dieses Mal zu einem positiven Austausch entschlossen. Und so ermutigte der Vater Ellen, ein Thema zu nennen. Sie antwortete darauf: »Nicht das Thema ist wichtig, sondern die Art, wie wir uns dabei verhalten.« Der Vater schien derselben Meinung zu sein, glaubte jedoch, daß ein konkretes Thema der Familie bei der Verwirklichung eines gemeinsamen Projektes helfen würde. Etwa zehn Minuten lang unterhielten sich die Sullivans über mögliche Vorgehensweisen.

Die endgültige Entscheidung traf Ellen: »Vergeßt die Gruppenerfahrung«. Statt dessen schlug sie vor, daß sich die Familie *in zwei Teams teilen sollte. Jedes Paar würde eine Papierskulptur herstellen, dann konnten beide Skulpturen zu einer gemeinsamen Form vereint werden.* Die Mutter und Judy schienen zwar einverstanden, sträubten sich jedoch, einen Partner zu wählen; deshalb entschied sich Ellen für ihre Schwester, so daß ihre Eltern das zweite Team bildeten.

Die Eltern machten sich daran, ein Objekt zu »bauen«, das einem *Haus* ähnelte. Ellen warf einen Blick darauf und sagte zu ihrer Schwester: »Laß uns Papierfiguren von unserer Familie dazu machen.« Die beiden sahen aus wie kleine Mädchen, als sie sich dieser in der Vergangenheit oft geübten Tätigkeit widmeten. Sie witzelten und kicherten bei der Arbeit und regredierten in ihr Kinderverhalten.

Herr und Frau Sullivan sahen ihren Töchtern erfreut »beim Ausschneidespiel« zu. Der Autorin schien es, als habe die ganze Familie einen Schritt zurück in eine Zeit getan, als alle noch glücklich und die Rollen klar verteilt gewesen waren, und als es noch keine Machtkämpfe gegeben hatte.

Die Eltern kamen mit ihrer Papierskulptur schnell und problemlos voran. Der Vater sorgte im wesentlichen für die *Struktur* und den Aufbau auf einem *soliden Fundament;* die Mutter fügte ergänzend und ohne daß es zu Konflikten kam,

Abb. 101: Beide Teams vereinigen sich

Einzelheiten und *ausschmückende Elemente* hinzu. Beide schienen genau zu wissen, wie ihre Rolle aussah.

Die Mädchen fungierten in gleicher Weise wie die Eltern: Ellen sorgte für die *Grundfiguren,* und Judy fügte *Einzelheiten* und *dekorative Elemente* hinzu. Auch hier waren die Rollen klar definiert: die der Führenden und die der Folgenden, die beide individuellen Bedürfnisse befriedigten.

Als beide Paare fertig waren, gab ihnen die Therapeutin ein Plastiktablett. Vater und Mutter stellten ihr Haus darauf, die Mädchen ihre Papierfiguren. Der Vater freute sich, als er sah, daß die »Vaterfigur« die Arme ausgebreitet hatte, und wollte, daß sie vor die Tür gestellt wurde. Die Mutter entschied, daß »sie« neben dem Vater stehen wollte, und Judy fragte, ob sie nicht noch eine Schaukel für das »Baby« machen könnten. Der Vater schnitt eine Schaukel aus und stellte sie neben das Haus; »Baby Judy« wurde dann darauf geklebt. Ellen wollte ihre Figur zwischen den Eltern haben. Damit blieb »Junior« als letzter übrig. Die Familie entschied, »ihn neben das Baby zu stellen.« (Abbildung 101)

Die Sullivans waren sich darin einig, daß ihnen die Aufgabe Spaß gemacht hatte. Die Therapeutin leitete sie in ein Gespräch über ihre Vergangenheit, und alle assoziierten frei über schöne gemeinsame Erlebnisse. Auch Junior wurde ins Gespräch gebracht. Die Therapeutin wollte wissen, welchen Standort sich Junior wohl in der Szene ausgesucht hätte, und welches seine freien Assoziationen gewesen wären. Alle waren der Ansicht, er hätte sich »in die Mitte« gestellt. Die Therapeutin sprach an dieser Stelle die Gefühle um die Trennung vom Sohn/Bruder an: »Vielleicht sehnen sich einige von euch ja nach der vergangenen Zeit, als noch die ganze Familie zusammen war, und trauern darum.«

Der Widerstand der Sullivans gegenüber diesem Thema drückte sich diesmal in Witzen aus. Daher entschloß sich die Therapeutin, mitzuspielen. Denn es erschien ihr auch wichtig, der Familie die Gelegenheit zuzugestehen, in ihrer positiven Stimmung zu bleiben, weil sie bei ihrer gemeinsamen Aufgabe so erfolgreich gewesen war.

Anmerkungen

Da die Therapeutin den richtigen Zeitpunkt noch nicht für gekommen hielt, sprach sie die Ähnlichkeiten in der Funktionsweise von Herrn Sullivan und Ellen noch nicht an. Der Konflikt zwischen beiden lag in ihrem Machtkampf und in Ellens rebellischer Haltung, durch die sie sich als Individuum erleben konnte.

Es schien, als habe es zu Juniors Rolle gehört, die Familie im Gleichgewicht zu halten. Sein Weggehen hatte das Familiensystem aus dieser Balance gebracht. Da sich die Familienmitglieder in neuen Rollen noch nicht etabliert hatten und sich in einem Übergangsstadium befanden, war es notwendig, daß sie sich in einem neuen Funktionsmuster einrichteten.

Die Autorin behielt immer im Gedächtnis, daß auch Ellen in ein paar Monaten aus der Familie weggehen würde. Das bedeutete für die zurückbleibenden Familienmitglieder eine erneute Strukturkrise.

Zehnte Sitzung/Familiensitzung: Vater, Mutter, Ellen und Judy

Die Sullivans kamen mit Neuigkeiten: Sie hatten die Therapeutin im Fernsehen gesehen, als sie über Kunstpsychotherapie als Behandlungsmöglichkeit interviewt worden war, und waren jetzt stolz darauf, von einer »Berühmtheit« behandelt zu werden. Der Therapeutin wäre es allerdings lieber gewesen, sie hätten die Sendung nicht gesehen: Es konnte sich auf die Übertragung auswirken. Sie erkundigte sich bei der Familie, ob diese Tatsache sie die Behandlung in anderem Licht sehen ließe und für sie etwas ändere.

Herr Sullivan antwortete als erster: Als Wirtschaftsprüfer fand er, daß diese von außen kommende Bestätigung »Gültigkeit und Verantwortlichkeit« der kunsttherapeutischen Behandlung erhöhe. Daß das Fernsehen etwas über Kunsttherapie gebracht hatte, stärkte sein Vertrauen in die Behandlung, der sich die Familie unterzog.

Frau Sullivan meinte andererseits, sie habe in bezug auf die Therapie schon ein »gutes Gefühl« gehabt, bevor sie das Interview gesehen hatte, aber jetzt fühle sie sich »als jemand Besonderes«, weil sie kunsttherapeutisch behandelt wurde. Judy erwähnte einen Fall, über den die Autorin in der Sendung gesprochen hatte: Es ging dabei um ein Kind, dem dabei geholfen worden war, »unvollkommen kreativ« zu sein, da es immer nach Perfektion gestrebt und sich mit seinen unrealistischen Ansprüchen selbst behindert hatte. Auf die Frage, warum sie sich gerade für diesen Fall so interessiere, gab Judy zu, daß sie sich mit diesem Kind identifiziert hatte.

Ellen erklärte ohne Scheu, daß sie über die Sendung ganz aufgeregt gewesen sei, und war begeistert, daß sie von einer Therapeutin behandelt wurde, die in ihrem Fach so bekannt war.

Die Therapeutin war über diesen Fall der »galloppierenden Übertragung« nicht

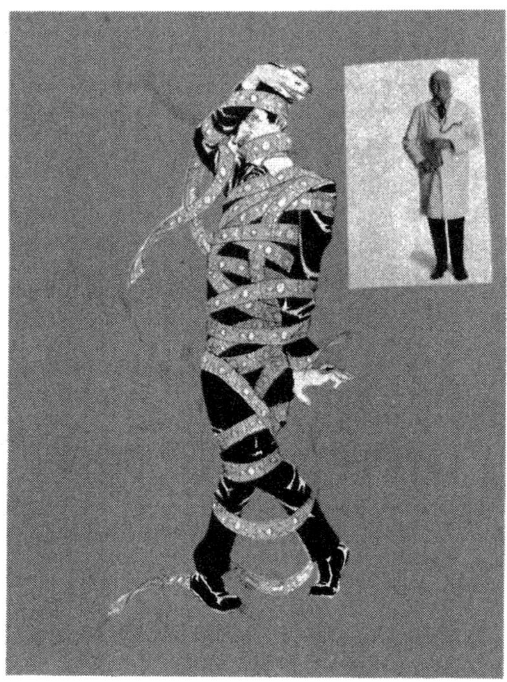

Abb. 102: Der Vater glaubt an seine Heilung durch die Therapeutin

sehr glücklich. Sie hatte ähnliche Erfahrungen bereits in der Vergangenheit gemacht. Da die Sullivans sich einer Kurzzeitbehandlung unterziehen sollten, beschloß die Therapeutin, die Übertragungsphantasien der Familie zu einer weiteren positiven Veränderung zu nutzen.

Sie bat die Familie daher: *Suchen Sie/sucht Zeitschriftenbilder aus, die beschreiben, was ich, die Therapeutin, Ihrer/eurer Meinung nach für die Familie tun kann.*

Als Antwort auf diese Frage schnitt der Vater äußerst sorgfältig das Bild eines *in Klebeband verhedderten Mannes* aus. Er sagte dazu, er glaube, daß die Therapeutin ihm helfen könne, sein Inneres zu »entwirren«. Dazu fügte er das Bild eines *Arztes,* der für die Therapeutin stand: Sie könne möglicherweise seine Kopfschmerzen und seine Magengeschwüre heilen (Abbildung 102). In der Anfangsphase einer Behandlung wählen Patienten oft Arztbilder als Ausdruck ihrer Erwartung an die magische Omnipotenz des Therapeuten.

Die *Mutter* stellte als nächste ihre Collage vor. Diese enthielt mehrere Fotos: eines von einem *Kohlebergarbeiter* für die Fähigkeit der Therapeutin, »ins Innere vorzustoßen«, sowie Geldscheinporträts von *Präsident Lincoln* und *Präsident Washington.* Damit wollte sie zeigen, daß die Therapeutin die Familienprobleme genau untersuche und ihre Beobachtungen ehrlich und wahrheitsgemäß mitteile; auf dem dritten Foto war eine Reihe verschiedener *Telefone* zu sehen, die bedeuten

Abb. 103: Der Glaube an die Kompetenz der Therapeutin

Abb. 104: Die Therapeutin wird die Probleme entwirren

Abb. 105: Die Therapeutin öffnet innere Türen: sie packt Probleme aus

sollten, daß »Frau Landgarten alle möglichen Arten von Kommunikation anzubieten hat.« (Abbildung 103)

Judy schnitt die *Zeitschriftenwerbung* eines Haarwaschmittels aus, auf dem ein augenscheinlich unglückliches kleines Mädchen mit zerzaustem Haar zu sehen war, welches dann mit einem bekannten Babyshampoo gewaschen wurde. Judy glaubte, daß die Therapeutin ein bestimmtes Rezept besaß, mit dem sie »alle Familienprobleme glätten könne« (Abbildung 104).

Als letzte legte *Ellen* ihre Arbeit vor. Sie hatte auf ein Bild mit lauter *Türen* mehrere *Personen* gezeichnet und wollte damit ausdrücken, daß die »Familie die Hand zur Tür von Frau Landgartens Praxistür ausstreckt, bevor sie ihre eigenen inneren Türen aufmachen kann«. Auf einem anderen Bild kam ein *Mann aus einem Koffer.* Voller Stolz erklärte Ellen dazu, die Therapeutin habe der Familie bereits geholfen, aus ihrem Versteck zu kommen und ihre Probleme »auszupacken« (Abbildung 105).

Als alle Collagen gezeigt waren, wies die Therapeutin darauf hin, welch bemerkenswerte Macht jeder ihr zugeschrieben hatte. Gegen die Proteste der Familie erklärte sie jedoch, daß ein Therapeut seinen Klienten lediglich dabei helfen könne, sich selbst zu helfen. Die Familie schien jedoch der Überzeugung zu sein, daß sie dies nur aus Bescheidenheit sagte.

In der Hoffnung, die Eigeninitiative der Sullivans im Rahmen der Behandlung zu verstärken, bat die Therapeutin die Familie: *Schafft ein Symbol, das euren jeweiligen persönlichen Beitrag zur Behandlung ausdrückt.*

Der *Vater* malte *sich in einer Eisen- und Metallwarenhandlung* und gab dazu folgende Erklärung ab: Die Kunsttherapie sei wie dieser Laden, in dem er

Grundbaumaterialien kaufen könne, die er für Reparaturarbeiten brauche; aber es sei ihm klar, wenn er erst einmal das »Grundmaterial« habe, liege es an ihm, die tatsächliche Arbeit zu leisten. Seine Frau und die Töchter waren von diesem Vergleich sehr angetan und lobten seine Kreativität.

Die *Mutter* hatte sich für einen *Schwamm* als Symbol entschieden, der bedeuten sollte, daß sie alles, was vor sich ging, förmlich aufsaugte, und daß es ihre Funktion war, »alles nett und sauber zu machen«. Frau Sullivan schien ihre Stellung im Leben zu akzeptieren.

Judy sah sich ganz realistisch als *Innenarchitektin,* die »kommt und das Heim für die Familie hübscher macht«.

Ellen symbolisierte mit einer *Biene,* daß sie »mit der Arbeit an sich sehr beschäftigt« war und dazu die Hoffnung nährte, »für die Zukunft ein Honiglager« anzulegen.

Aus allen Bildern sprach große Einsicht. Die Therapeutin entschied sich, sie in allen Einzelheiten zu betrachten, um so zu versuchen, die magischen Erwartungen an ihre Person zu zerstreuen. Ausdrücklich würdigte sie die Arbeit, die die Familie in der Therapie leistete, und ihre gemeinsamen Bemühungen, das Familienleben zu verbessern.

Bevor die Sullivans die Praxis verließen, berichtete Ellen noch, daß sie mit ihren Eltern auf dem Weg zur Therapie über eine Kunsttherapie-Einzelsitzung für sich gesprochen habe. Zwar waren Herr und Frau Sullivan damit einverstanden, aber der Vater verlangte, daß Ellens Termine die gemeinsamen Sitzungen der Familie nicht unterbrechen sollten. Ellens Sitzungen sollten zusätzlich stattfinden.

Abb. 106: Ein Traum

Elfte Sitzung/Einzelsitzung: Ellen

Schon beim Hereinkommen erzählte Ellen davon, daß sie eine Reihe von beunruhigenden Träumen, alle ähnlichen Inhalts, gehabt habe. Deshalb wurde sie gebeten: *Zeichne einige der in den Träumen enthaltenen Ereignisse oder Gefühlssymbole. Du kannst eine zusammenhängende Serie von Zeichnungen oder Einzelbilder gestalten; die Bilder können konkret oder abstrakt sein.*

Ellen war emsig bei der Arbeit und produzierte als Bilderserie: ein *Auto,* einen *Führerschein-Prüfungsbogen* und eine *Ampel.* Dazu stellte sie symbolisch ihren *Vater,* ihren *Bruder* und *sich selbst* dar, danach einen *Hammer* (als Metapher für einen Richter) und einen *Polizistenhelm* (Abbildung 106). Als Ellen gebeten wurde, eine Beziehung zu dem ganzen Traum herzustellen, berichtete sie folgendes:

»Ich ging allein aus dem Haus, die Familie blieb zurück. Ich stieg ins Auto und begann zu fahren. Ich war ganz allein und schien gleichzeitig froh und verängstigt zu sein. Dann wechselte im Traum die Szenerie.

Jetzt fuhr Vater den Wagen. Unsere ganze Familie war dabei. Mein Bruder saß auf dem Vordersitz zwischen Vater und mir. Er hatte eine Karte auf dem Schoß und hatte offenbar die Aufgabe, uns zu lotsen.

Dann wechselte der Traum wieder. Ich fuhr allein im Auto und parkte bei einer Parkuhr. Als ich zurückkam, hatte ich einen Strafzettel bekommen und regte mich sehr darüber auf, weil ich nicht verstand, warum.

Plötzlich war ich im Verkehrsgericht. Der Richter sagte, ich müsse einen Test machen.

Ich machte die schriftliche Führerscheinprüfung. Ich wußte, daß grünes Licht ›Freie Fahrt‹ und rotes Licht ›Halt‹ bedeutet, aber ich wußte nicht sicher, was ›Gelb‹ heißt. Ich regte mich auf, weil ich immer gute Noten in Kunst hatte.

Auf einmal saß ein Polizist mit Helm neben mir. Ich war mir nicht sicher, ob es eine Frau oder ein Mann war, wegen des ungewöhnlich blonden Haares. Ich fragte mich, ob es vielleicht Cagney oder Lacey* aus dem Fernsehen waren.

Im Traum wußte ich, daß ich die Verkehrserziehung mit dem Polizisten oder der Polizistin neben mir bestehen würde.

Ich ging hinaus und stieg ins Auto. Ich merkte, daß das Auto nicht unserer Familie gehörte, und dachte, ich hätte mich vertan; aber als ich mich umsah, fand ich mein Notizbuch.

Dann wachte ich auf.«

Die Therapeutin bat Ellen um freie Assoziationen zu den Symbolen in ihrem Traum. Da die Klientin deren Bedeutung verwässerte, indem sie erklärte, in welchem Zusammenhang sie auftauchten, wurde sie erneut gebeten, sich darauf zu konzentrieren, was sie bedeuten sollten. Mit Hilfe der Therapeutin analysierte Ellen folgende Metapher:

1. Das Verlassen des Hauses steht für *Ellens Versuch, autonom zu werden.*
2. Die Autofahrt mit dem Vater bedeutet, daß sie den *Konflikt mit dem Vater noch unter Kontrolle* hat.

---

* Zwei Polizeibeamtinnen aus einer bekannten amerikanischen Fernsehserie (Anmerkung der Übersetzerin)

3. Junior hat eine Karte auf den Knien und lotst während der Fahrt. Er hat die wichtige Rolle, Vater und Schwester zu *helfen, ihr Leben in die richtigen Bahnen zu lenken.*
4. Die Autofahrt allein ist der Versuch der *Individuation.*
5. Der Strafzettel heißt, *daß Ellen »bezahlen« muß, denn das Weggehen von zu Hause bringt sie in eine verletzliche Position.*
6. Der Richter steht für die *Therapeutin, die Autoritätsfigur,* die wünscht, daß Ellen »ihre Lektion lernt«. (Die Autorin ist auch Professorin und hatte kürzlich an einer akademischen Abschlußfeier teilgenommen. Ellen hatte auf dem Schreibtisch der Autorin zufällig deren Foto in Barett und Talar gesehen, wenn sie auch behauptete, sie darauf nicht erkannt zu haben.)
7. Das grüne Signal »Freie Fahrt« und das rote Stopplicht repräsentieren Ellens *Ambivalenz gegenüber dem Erwachsenwerden.*
8. Das »gelbe« Licht, das Zeichen zum »Langsamerwerden vor dem Anhalten« oder »Fertigmachen zum Losfahren«, ist bei Ellen blockiert. Darin zeigt sich ihr *Konflikt mit der Individuation.*
9. Die »guten Noten« in Kunst weisen auf Ellens *Wunsch hin, in der kunsttherapeutischen Behandlung zu brillieren.*
10. Der Polizist oder die Polizistin (Autorität) mit den blonden Haaren (wie die Therapeutin) wird mit Cagney oder Lacey identifizert, fiktiven Polizeibeamten aus einer Fernsehserie. Ellen verband dies mit dem *Auftritt der Autorin im Fernsehen ein paar Wochen zuvor.*
11. Ellen fühlt sich bei der Prüfung unterstützt *(Erwachsenwerden), wenn sie den Polizisten oder die Polizistin (die Autorin) neben sich hat.*
12. Die Halte- und Freie-Fahrt-Signale weisen darauf hin, daß Ellen *ihrem ausagierenden Verhalten ein Ende setzen und in ihrem Leben fortfahren* könnte.
13. Ellen steigt in einen Wagen, der nicht der Familie gehört. Zuerst glaubt sie, im falschen Wagen zu sein (da er ihr nicht vertraut ist); dann jedoch, als sie ihr Notizbuch findet, erkennt sie, *daß sie die Führung ihres Lebens selbst in die Hand nimmt.*

Zwölfte Sitzung/Familiensitzung: Vater, Mutter, Ellen und Judy

Da die Familie mit der Autorin ein therapeutisches Bündnis eingegangen war, war es nun wichtig, den Sullivans dabei zu helfen, sich ihre Gefühle über Juniors Abwesenheit einzugestehen.

Zunächst wollte die Therapeutin von der Familie wissen, ob sie an etwas Bestimmtem arbeiten wollte. Als kein Vorschlag kam, stellte sie die Aufgabe: *Stellen Sie/stellt mit beliebigen Medien Ihre/eure Gefühle über Juniors Abwesenheit von zu Hause dar.*

Der *Vater* schnitt eine *Phantasieform aus Tonpapier* aus: Die eine Seite war akurat und gerade mit der Schere ausgeschnitten und sollte seine positiven, vom Verstand beeinflußten Gefühle darstellen, die andere Seite hatte er *zackig ausgerissen,* um zu zeigen, wie schmerzhaft er es empfand, einen lieben Menschen so weit weg zu wissen.

Die *Mutter* wollte ihre Arbeit gleich als nächstes besprochen haben: Sie wollte ihrem Mann zeigen, daß sie seine Gefühle teilte. Zu einem Bild von einem *weinenden Menschen* erzählte sie, daß sie oft traurig sei, weil ihr das Haus ohne Junior so still erschien. Früher hatte ihr Sohn es mit Leben erfüllt: mit seinem Lachen, seiner Trompete, mit Musik und den vielen Freunden, die zu ihm nach Hause kamen. Als Frau Sullivan die Aktivitäten ihres Sohnes aufzählte, konnte man die Vitalität, mit der Junior das Haus erfüllt hatte, förmlich spüren. Die übrigen Familienmitglieder erschienen niedergeschlagen, als sie an den fehlenden Sohn und Bruder dachten.

Ellen arbeitete mit kompensatorischen Bildern. Sie modellierte aus Knetmasse Symbole vergangener gemeinsamer Erlebnisse: *Mitternachtsimbisse, Tennisspielen und Plattenhören.* Das größte Stück war ein *Herz,* denn am meisten fehlte Ellen Juniors Wärme.

Auch für *Judy* war der Bruder eine wichtige Bezugsperson gewesen; sie unterstrich dies, indem sie *sich beide* dabei zeichnete, wie sie »über wichtige Sachen« sprachen.

Wenngleich die Therapeutin anerkannte, was den Mädchen mit ihrem Bruder fehlte, wies sie doch darauf hin, daß sie ihre Gefühle über seine Abwesenheit nicht ausgedrückt hatten. Deshalb sollten Ellen und Judy *mittels Zeichnungen auf spezifische Weise illustrieren: Welche Gefühle löst es in euch aus, daß Junior weggegangen ist.*

Dieses Mal zeichnete *Ellen* eine große *Null,* mit der sie ausdrücken wollte, daß sie sich oft leer und deprimiert fühlte, aber sich dann nach Möglichkeit beschäftigte und nicht »Trübsal blies«. *Judy* zeichnete einen *leeren Raum,* an dem sich ihre Traurigkeit und ihr Gefühl der Leere zeigte.

Die gesamte Familie wurde ermuntert, weiter über ihre Gefühle und ihre Reaktionen auf die visuellen Äußerungen der anderen zu sprechen.

Im Anschluß stellte die Therapeutin den Sullivans die Aufgabe, *mit den Mitteln der Kunst zu erzählen: Was TUN Sie/was TUT ihr mit Ihren/euren Gefühlen von Traurigkeit und Einsamkeit.*

Der Vater mußte nicht lange nachdenken. Er zeichnete schnell einige *Tabletten* und ein *Arzneifläschchen* und erklärte seiner Familie dazu, daß ihm durchaus bewußt sei, daß seine psychosomatischen Beschwerden manchmal von seinen Verlustgefühlen und den nicht ausgedrückten Emotionen herrührten.

Ellen stimmte ihrem Vater zu, konnte es sich aber nicht verkneifen, hinzuzufügen: »Außerdem hackst du auf mir herum, wenn dir Junior fehlt. Mir ist schon aufgefallen, daß du mich, wenn du aus seinem Zimmer kommst, fragst, warum ich meine Hausaufgaben nicht mache oder mein Zimmer nicht aufräume.« Ellens Beobachtungen überraschten Herrn Sullivan, und er versprach, in Zukunft auf diese Dynamik zu achten.

Der *Mutter* gelang es nicht, etwas zu malen oder zu zeichnen, sondern sie schrieb stattdessen in Druckbuchstaben AUSVERKAUF auf ihr Blatt. Sie gestand, daß ihre Methode, Verlustgefühle zu ignorieren, die »Jagd nach Sonderangeboten« sei. Judy unterbrach ihre Mutter mit der Ankündigung, daß sie ab Herbst früher Schulschluß habe. Damit wollte Judy es nach Ansicht der Therapeutin umgehen, sich mit den Einsamkeitsgefühlen ihrer Mutter auseinanderzusetzen. Die Therapeutin machte sie darauf aufmerksam, daß die Mutter sich ihren Gefühlen stellen und lernen mußte, mit ihnen umzugehen, so gut sie konnte. Damit wollte sie Judy entlasten, die glaubte, daß sie dafür verantwortlich war, die Zeit der Mutter auszufüllen.

Auch *Ellen* bekannte sich zu ihrem Bedürfnis, ihren Gefühlen zu entgehen, nur waren ihre Mittel anders als die der Mutter: Sie floh aus dem Haus, traf eine Verabredung, fuhr schnell oder trank gelegentlich. Ihr wurde klar, daß sie früher als Grund dafür immer »Langeweile« oder »Angst« angenommen hatte. Nie zuvor hatte sie erkannt, daß sie in Wahrheit ihre Einsamkeit ignorieren wollte. Sie meinte, daß diese Selbsterkenntnis durch die Bereitschaft der Familie, sich der Quelle ihrer Gefühle zu stellen und sie miteinander zu teilen, sehr unterstützt worden sei.

Judy zeichnete eine *Kassette:* Sie vertrieb ihre Gefühle des Unbehagens mit Musik. Die Familie sprach weiter über die Art und Weise, in der jeder von ihnen Zuflucht zu seinen eigenen Abwehr- oder Bewältigungsmechanismen nahm, und alle Familienmitglieder zeigten sich erstaunt über diesen tiefgehenden »Erfahrungsaustausch«; sie waren besonders freundlich zueinander und stützten sich gegenseitig.

Als sie gingen, waren sie noch ganz erfüllt von ihrer Selbsterforschung und dem neugewonnenen Verständnis.

Dreizehnte Sitzung/Familiensitzung: Vater, Mutter, Ellen und Judy

Die Familie berichtete, daß sie alle in der vergangenen Woche mehrmals über die letzte Sitzung gesprochen hatten. Um die Erforschung der Gefühle um Trennung, Verlassenheit und Verlust fortzusetzen, gab die Therapeutin die Anweisung: *Gestalten Sie ein Objekt, das den Teil der letzten Sitzung repräsentiert, der Ihnen am deutlichsten in Erinnerung ist.*

Die *Mutter* zeichnete ein *aufgeschlagenes Buch* als Metapher für Ellens »Sich-Öffnen«. Obwohl sie ihre Tochter in der Vergangenheit des ausagierenden Verhaltens beschuldigt hatte, war sie sich doch nie ganz sicher gewesen und hatte sich deswegen häufig schuldig gefühlt. »Aber jetzt bin ich erleichtert. Jetzt können wir der Situation wenigstens ins Gesicht sehen, weil Ellen uns ins Vertrauen gezogen hat.«

Judy malte eine *Brille.* Sie war beeindruckt, daß Ellen erkannt hatte, wie der Vater seine Ärgergefühle verzerrte und verschob. Sie war zwar an sein Verhalten gewöhnt, hatte es jedoch nie verstanden. Bisher hatte sie ihren Vater immer damit entschuldigt, daß er »alt werde«.

Ellen drückte mit einer *Glühbirne* aus, daß sie Einsicht in ihr eigenes Verhalten erlangt hatte. Dieses neuerlangte Bewußtsein machte sie sehr stolz.

Mit einem ausgeschnittenen *Blitz* stellte der *Vater* symbolisch seine Überraschung über die Entdeckung dar, daß er seiner ganzen Familie in den Rücken gefallen war. Er gestand ein, daß er sich früher seinen Gefühlen nie so direkt gestellt habe. Als sie sich zu Hause über die letzte Sitzung unterhalten hatten, waren seiner Frau und den Töchtern noch mehrere Vorfälle eingefallen, bei denen er ohne Grund auf ihnen herumgehackt hatte.

Frau Sullivan war beispielsweise klar, daß ihr Mann ihr ihre »Jagd auf Sonderangebote« vorwerfen würde, obwohl sie wußte, daß ihn eigentlich etwas ganz anderes bedrückte. Manchmal hatte sie gedacht, es sei seine einzige Möglichkeit, Kontakt zu ihr herzustellen, wenn er sich über Kleinigkeiten beklagte. Judy berichtete, daß ihr Vater sie oft grundlos »anmeckere«, wenn sie sich in ihrem Zimmer einschloß und Schallplatten mit traurigen Liedern hörte.

Anhand dieser Beispiele erklärte die Therapeutin der Familie, daß jeder seine eigene Art von Abwehr gegenüber Verlustgefühlen habe. Wenngleich dieses

Abwehrverhalten der Versuch war, unangenehme Empfindungen zu vertreiben, resultierte es doch in Mißverständnissen und Ärger untereinander. Die Therapeutin stellte die Frage, ob die Familie wohl je direkt Ärger über Junior empfunden hatte, weil er weggegangen war.

Zunächst schien diese Frage die Sullivans zu überfordern, und alle antworteten spontan mit: »Nein, natürlich nicht.« Jeder fand eine Rechtfertigung dafür, daß Junior die günstige Gelegenheit ergriffen hatte, ein Stipendium an einem guten College anzunehmen, und sicherlich machte man ihm nicht zum Vorwurf, daß er etwas aus seinem Leben mache. Und obwohl die Therapeutin sagte: »Verlust wird häufig von Ärger begleitet«, kamen immer noch Entschuldigungen. Die Therapeutin wunderte sich über die emotionale Beherrschung der Familie: »Ist es denn etwas Schlimmes, wenn man auf jemanden ärgerlich ist, ohne daß von diesem eine direkte Provokation ausgegangen ist?« Diese Frage gab der Familie Stoff zum Nachdenken und »erlaubte« es ihr, ihre tieferliegenden Gefühle zu erforschen.

Ellen hatte während des gesamten Gesprächs herumgekritzelt. Als die Therapeutin sie nach den Symbolen auf ihrem Blatt befragte, sagte sie, sie hätten keine Bedeutung, sondern seien eben nur typisches Gekritzel. Als sich die Therapeutin nicht damit zufrieden gab und nachhakte, malte Ellen ein großes »X« über ihr Gekritzel und sagte: »Jetzt denken Sie sicher, das ›X‹ bedeutet, daß ich meine Gefühle nicht untersuchen will?« Sie machte eine kurze Pause, dann meinte sie: »Sie denken wahrscheinlich, daß ich Junior die Schuld daran gebe, daß sich die ganze Familie verändert hat? Aber nur weil wir früher gut miteinander auskamen und jetzt dauernd streiten, heißt das nicht, daß Junior schuld ist! Außerdem, warum sollte ich wütend auf ihn sein? Er ist ein großartiger Bruder.«

Da die Mutter befürchtete, Ellens Feindseligkeit könne die Therapeutin verletzen, unterbrach sie ihre Tochter mit der Bemerkung, daß Junior und Ellen sich immer sehr nahegestanden hatten.

Die Therapeutin fragte Frau Sullivan, ob sie generell dazu tendiere, Auseinandersetzungen abzufangen, und sie gab sofort zu, daß ihr Streit unangenehm sei und sie es für ihre »Aufgabe« halte, dafür zu sorgen, daß alle friedlich seien.

Als die Sitzung sich ihrem Ende näherte, schlug die Therapeutin vor, daß alle Familienmitglieder einmal in Erwägung ziehen sollten, ob sie nicht für sich ein kunsttherapeutisches Tagebuch führen und ihre Gefühle im Zusammenhang mit täglichen Ereignissen oder Interaktionen zeichnerisch festhalten wollten; wenn sie Lust dazu hätten, könnten sie die jeweilige Bedeutung dazuschreiben, so wie sie es auch in den Therapiesitzungen taten.

Bei diesem Vorschlag hatte die Therapeutin vor allem Ellen im Sinn, da ihr ein solches Tagebuch als Übergangsobjekt und Sublimationsträger dienen konnte.

Vierzehnte Sitzung/Familiensitzung: Mutter, Vater, Ellen und Judy

Die Familie leistete gleich zu Beginn der Sitzung extrem starken Widerstand gegen jegliche künstlerische Betätigung. Ellen und Judy machten in der ein oder anderen Weise klar, daß sie *nur reden* wollten. Da die Therapeutin sich nicht auf einen Machtkampf einlassen wollte, ließ sie den Widerstand zu.

Die Sullivans bestritten den größten Teil der Sitzung mit »Berichten«, deren Bedeutung der Therapeutin unklar blieb. Es schien möglich, daß die Familie, indem sie die Sitzung bestimmte, größere Verantwortung für ihre Therapie übernahm.

Oder vielleicht bewegte sie sich auf deren Abschluß zu und begann, autonomer zu werden; vielleicht war ihr auch ihre Abhängigkeit von der Therapeutin unangenehm, und sie begann deshalb, sich zu lösen.

Als die Sullivans bereits im Gehen begriffen waren, erwähnten Herr Sullivan und seine Töchter, daß sie mit ihren kunsttherapeutischen Tagebüchern angefangen hätten; sie wollten wissen, ob sie diese mit in die Sitzungen bringen sollten, oder wie es sonst weitergehen solle? Anstatt irgendwelche Instruktionen zu geben, erklärte die Therapeutin, daß die Entscheidung darüber bei ihnen selbst liege. Mit dieser Antwort war die Familie nicht zufrieden und verabschiedete sich verstimmt.

Fünfzehnte und sechzehnte Sitzung/Familiensitzungen: Vater, Mutter, Ellen und Judy

Auch in den beiden nächsten Sitzungen widersetzte sich die Familie allen kreativen Aufgaben; statt dessen benutzte sie als Abwehrmechanismus »Berichte« über ihre verbesserten Beziehungen und eine positive Veränderung in Ellens Verhalten. Jedoch vermied sie es, sich mit irgendwelchen verborgenen Anliegen zu beschäftigen. Die Therapeutin bekam Zweifel, ob sie das Thema »Trennung« nicht zu früh angegangen war. Vielleicht erlebten die Familienmitglieder den Trauerprozeß gemeinsam und wollten verhindern, daß die Therapeutin sich mit ihren Gefühlen befaßte, weil sie sich überfordert fühlten. Möglicherweise hatte die Familie auch ein Plateau erreicht. Die frühere Familiendynamik während der kreativen Arbeit hatte gezeigt, daß der Vater den anderen gegenüber rücksichtsvoll geworden war. Er klammerte sich nicht mehr so sehr an seine Autoritätsstellung, weil er sich von der Möglichkeit, die Führung könne ihm genommen werden, nicht mehr so bedroht fühlte. Obwohl die Familienmitglieder begriffen hatten, wie sie während der kreativen Aufgaben erfolgreich zusammenarbeiten konnten, erforderte die Integration solcher Interaktion ins Alltagsleben fortdauernde Bewußtheit und Übung.

Statt den Sullivans zu erlauben, von ihren Auseinandersetzungen zu berichten, wies die Therapeutin die Familie an, *unbefriedigende Vorfälle zu Hause gestalterisch* während der Sitzung *darzustellen*. Die Aufgaben waren zu diesem Zeitpunkt darauf *beschränkt, zu untersuchen, wie die Familienmitglieder sich auf negative Weise ineinander verstrickten.*

Diese ereignislosen Sitzungen werden hier absichtlich erwähnt, da sich dem Leser, würden sie verschwiegen, ein verzerrtes Bild des Behandlungsverlaufs bieten würde. Die Autorin jedenfalls dachte über diese Sitzungen viel nach und untersuchte frühere Erfahrungen. Dabei kam sie zu dem Schluß, daß es Zeiten gibt, die produktiver sind, wenn *kein neues Material auftaucht.* In solchen Perioden nutzen die Klienten die Behandlungszeit, um die bisher erlebten Prozesse zu erforschen. Dieser Faktor ist in der Familienarbeit, wenn sich die Rollen in einem Stadium des Übergangs befinden, von wesentlicher Bedeutung.

Bei der Betrachtung des Falles Sullivan machte die Therapeutin sich klar, daß die Familie in relativ kurzer Zeit sehr viel erreicht hatte: Das Verhalten der eigentlichen »Patientin« hatte sich verbessert; der Vater war bereit, sich zu ändern; und das Familiensystem war in einer Phase der Neustrukturierung. Der Wunsch der Therapeutin nach weiteren Fortschritten war Selbstzweck und unrealistisch. Es war notwendig, die Familie in einem ihr angemessenen Tempo arbeiten zu lassen.

Siebzehnte Sitzung/Familiensitzung: Vater, Mutter, Ellen und Judy

Die beiden Mädchen teilten der Autorin mit, daß sie an der nächsten Sitzung nicht teilnehmen würden, weil sie Junior besuchen wollten. Außerdem wollte sich Ellen verschiedene Universitäten im Osten (der USA)* anschauen. Aufgrund dieser Umstände fragten Herr und Frau Sullivan, ob sie zu zweit zu einer Paarsitzung kommen könnten. Die Töchter wurden gefragt, was sie davon hielten, und beide ermunterten die Eltern, den Vorteil zu nutzen, »Frau Landgarten ganz für euch zu haben«.

Um den gegenwärtigen Behandlungsgrund erneut ins Bewußtsein zu rufen, wurden die Sullivans angewiesen, ihre *Therapieziele* darzustellen.

Der *Vater* arbeitete bei der Umsetzung wieder peinlich genau, und man sah ihm das Vergnügen beim Betrachten des Ergebnisses an. Er hatte ein *Haus aus Tonpapier* gemacht. Herr Sullivan erklärte, es stelle ihn selbst dar: Er wolle seine Arbeit an sich selbst fortsetzen und werden wie dieses Gebäude: *allein stehend, ohne sich an jemanden anzulehnen.* Er versuche, die Verantwortung für seine Gefühle und Handlungen zu übernehmen, und glaube, daß er schon einen entscheidenden Erfolg errungen habe, da er nicht mehr unbedingt den anderen die Schuld gab, wenn er selbst frustriert oder verärgert war. Er sei jedoch trotz der Klagen seiner Familie keineswegs dazu bereit, seinen Perfektionismus aufzugeben: Er arbeite eben gern ordentlich und gut, weil ihn das befriedige.

Die Therapeutin erinnerte an eine früher entstandene Collage von Herrn Sullivan, auf der er eine schützende Linie über seine Familie gezogen hatte, und an seine »Geschenk-Collage« an Ellen, mit der er seinen Wunsch ausgedrückt hatte, an seiner Beziehung zu ihr zu arbeiten. Jetzt, stellte die Therapeutin heraus, hatte er den Schwerpunkt auf die eigene Veränderung verlagert. Diesmal ging es ihm nicht um die Beziehung zu seiner Familie, im besonderen zu Ellen, sondern um ein umsetzbares Versprechen an sich selbst.

Das Therapieziel der *Mutter* waren neue Interessen und Lebensinhalte. Frau Sullivan erkannte, daß sich ihr Leben immer um die Familie gedreht hatte. Sie zeichnete *sich bei der Arbeit, in Volkshochschulkursen, beim Golfunterricht.* (Diese Beschäftigung war etwas, das sie mit ihrem Mann gemeinsam betreiben konnte.) Sie war sich darüber klar geworden, daß es nicht mehr lange dauern würde, bis ihr »Nest leer« sein würde.

Alle waren überrascht von *Judys* »Ziel-Plastik«. Sie hatte einen Hammer modelliert, mit dem sie ihren *Wunsch, für sich selbst einzustehen*, ausdrückte. Die Familie war verblüfft und fragte Judy nach ihren Motiven. Alle stimmten darin überein, daß sie unkompliziert war. Erstaunt wurde konstatiert, daß ihre Gefühle im Familiensystem offensichtlich untergegangen waren. Nach Ansicht der Therapeutin waren in ihrem Hammersymbol Elemente von Aggression und Wut enthalten, und sie fragte Judy, ob es sie ärgere, in einem Haushalt zu leben, in dem sie ihre eigenen Gedanken und Gefühle zurückhielt. Statt darauf zu antworten, wiederholte Judy ihren Wunsch nach mehr Bestimmtheit im Auftreten. Die Therapeutin holte Judys *Geschenk-Collage* hervor und fragte sie, ob das Foto mit der um Hilfe telefonierenden Person vielleicht ihre eigenen Bedürfnisse ausdrücke. Das stritt Judy ab und behauptete, das Bild sei an ihren Vater und ihre Schwester gerichtet. Dennoch war

* Anmerkung der Übersetzerin

sie in der Familientherapie zu der Erkenntnis gelangt, daß ihr ihre Rolle als *Friedensstifterin* nicht gefiel!

Ellen hatte ihr Therapieziel mit einem nach oben gerichteten *Pfeil* dargestellt. Die Zeichnung paßte zu ihrer *Geschenk-Collage* der sich vorwärts bewegenden Füße. An Ellens Wunsch, ein neues Leben zu führen, hatte sich nichts geändert.

Die nächste Anweisung lautete: *Gestaltet etwas, das zeigt, in welcher Weise es euch berührt, wenn die anderen ihre Behandlungsziele erreichen.*

Die *Mutter* zeichnete ein *frohes Gesicht* und sagte dazu, nichts würde sie glücklicher machen, als wenn ihre Familie diese Ziele erreiche.

Der *Vater* modellierte eine *Gliederkette* aus Knetmasse. Er glaubte, daß er sich besser und ohne die üblichen Ablenkungen auf sich selbst konzentrieren könne, wenn Ellen »sich weiterentwickle«. Zu Judys Wunsch nach Selbstbehauptung malte er ein *Fragezeichen.* Herr Sullivan gab zu, daß er nicht sicher sei, was er davon halten würde, wenn Judy sich zu einer fordernden und stärker auf sich bezogenen Person entwickeln würde. Als Reaktion auf die Wünsche seiner Frau zeichnete er eine *Null,* da er nicht annahm, daß er davon irgendwie berührt werden würde.

Mit einem *Herz* brachte *Judy* ihre Freude über mögliche positive Veränderungen in der Familie zum Ausdruck, während *Ellen* mit einem *lächelnden Gesicht* ausdrückte, wie sehr sich sich freuen würde, wenn jeder sich weiterentwickeln würde.

Die Familie begann eine lebhafte Diskussion darüber, daß es viel leichter sei, über »Veränderungen« zu sprechen, als sie tatsächlich zu schaffen. Dennoch war der Tenor der Sitzung positiv. Die Aussicht auf Veränderungen gab der Familie offenbar Hoffnung.

Die abschließende Anweisung an die Familie lautete: *Macht zusammen eine Szene aus Tonpapier.* Der Vater stellte Überlegungen an, ob es nicht vielleicht am besten sei, wenn jeder etwas für sich mache; am Ende könne man dann alles zu einer Einheit zusammenstellen. Als Frau Sullivan sich nicht einverstanden zeigte, verteidigte ihr Mann seine Idee damit, daß er sich soviel Zeit nehmen könne, wie er brauche, ohne jemanden zu verärgern, wenn jeder autonom handelte. Er war davon überzeugt, daß das für alle von Vorteil war. Seine Frau und die Töchter fanden sein Argument einsichtig und stimmten seinem Vorschlag zu.

Ellen stellte ihre *abstrakte* ausgeschnittene *Form* als erste in die Mitte des Tisches.

Dann folgte *Judy* mit ihrer *Schachtel* aus Tonpapier direkt neben dem Gebilde ihrer Schwester.

Jetzt wäre der Vater an der Reihe gewesen, aber er winkte die *Mutter* vor, um so klarzumachen, daß er sich nicht vordrängen wolle. Frau Sullivan stellte ihren *Papierbaum* neben Judys Schachtel.

Als letzter plazierte der *Vater* seinen *Roboter* an den Tischrand und erklärte dazu, er habe seinen Frauen absichtlich die Platzwahl überlassen.

Die Therapeutin teilte den Familienmitgliedern mit, sie dürften ihre Arbeiten noch *verschieben,* wenn sie wollten. *Wenn ihr den Standort wechselt, dann gebt den Grund dafür an.*

Judy erklärte unverzüglich, daß sie die zentrale Position mit Ellen teilen wolle. Sie konnte dies jedoch nur, wenn ihre Schwester ihr Gebilde entsprechend bewegte. Ellen machte ihrer Schwester bereitwillig lächelnd Platz. Aus Judys Gesichtsausdruck war nicht zu ersehen, was sie empfand.

Abb. 107: Ein Familienprojekt

Die Mutter erklärte sich mit der Stellung ihres Baumes zufrieden, während der Vater gutmütig erklärte, er wolle seinen Roboter nicht bewegen, da er sich absichtlich auf die Seite gestellt hatte, um so seinen neuen Funktionsstil zu symbolisieren (Abbildung 107).

Die Familie sprach bis zum Ende der Sitzung über das Projekt.

Achtzehnte Sitzung/Paarsitzung: Herr und Frau Sullivan

Gleich zu Beginn der Sitzung erklärten Herr und Frau Sullivan, sie wollten auf künstlerische Betätigungen verzichten. Die Therapeutin zeigte sich einverstanden und erkundigte sich, ob sie etwas anderes, Bestimmtes im Sinne hätten. Hauptsächlich wollten beide über die finanziellen Schwierigkeiten sprechen, die auf sie zukamen, wenn zwei ihrer Kinder das College besuchen würden. Obwohl beide sich definitive Antworten dazu wünschten, wie sie mit den zusätzlichen Geldausgaben für Ellen zurechtkommen sollten, interpretierte die Therapeutin ihre Fragen als ihre Art und Weise, ihre Unsicherheitsgefühle im Zusammenhang mit Ellens Weggehen zu thematisieren.

Die Therapeutin bereute, daß sie auf die kreativen Aufgaben verzichtet hatte, da sie damit die Abwehrmechanismen hätte durchbrechen können. Das Reden diente dem Zweck, die Angst vor der Trennung zu überdecken, und ließ keinen Raum, um daran zu arbeiten.

Trotzdem erschienen Herr und Frau Sullivan zufrieden, als sie die Praxis verließen, da sie die Gelegenheit gehabt hatten, die ungeteilte Aufmerksamkeit der Therapeutin für sich zu genießen. Die Therapeutin hatte den Verdacht, daß sie sich prophylaktisch ihre Unterstützung für den Zeitpunkt sichern wollten, wenn auch Ellen das Haus verließ.

Neunzehnte Sitzung/Familiensitzung: Vater, Mutter, Ellen und Judy

Als die Mädchen nach ihrer Reise gefragt wurden, berichteten sie begeistert von ihrem Besuch bei Junior und der aufregenden Atmosphäre im College. Ellen sprühte vor Vorfreude auf ihr bevorstehendes Collegeabenteuer. Aber die Ambivalenz der Eltern war deutlich spürbar. Um ihnen zu helfen, ihre widerstreitenden Emotionen zu erforschen, sollten alle *zeichnen, was gut und was schlecht daran ist, daß Ellen weggeht, um das College zu besuchen.*

Judy legte als erste das »Gute« daran vor: eine Zeichnung von *sich selbst, die das größere Schlafzimmer* übernehmen würde, das im Augenblick noch ihrer Schwester gehörte. Die »schlechte« Seite stellte sie durch ein Bild von *sich selbst* dar, auf dem sie *einsam und traurig* aussah.

Ellen zeichnete sich selbst einerseits als *glücklich im College,* »negativ« waren Angst und Schuldgefühle, weil sie von zu Hause wegging. Das stellte sie durch einen *leeren Schrank* dar: »Es macht mir Angst, meine Sachen auszuräumen. In gewisser Weise komme ich mir vor, als ließe ich meine Familie im Stich.«

Die *Mutter* zeichnete *Ellen mit lächelndem Gesicht* und meinte dazu, sie wäre sicher, ihre Tochter käme im College gut zurecht. *Ein trauriges Gesicht, in dem Tränen standen,* sollte dagegen ihre Gefühle von Einsamkeit ausdrücken.

Der *Vater* machte nur ein einziges Bild: von Ellen und sich im Streit miteinander. Der »gute« Aspekt an Ellens Fortgang war für ihn, daß sie nun nicht mehr mit ihm streiten konnte. Der »negative« Teil war jedoch die Kehrseite der Medaille, denn dann war sie auch nicht mehr für »gute Auseinandersetzungen« verfügbar. Herr Sullivan erklärte noch, daß ihre letzten Meinungsverschiedenheiten alle »normal« verlaufen seien, ohne irgendwelche Rachegefühle.

Der Inhalt der Arbeiten wirkte als Katalysator für weitere Nachforschungen. Es war klar geworden, daß die Gefühle aller gemischt waren. Die Familie erkannte, daß es »sicher« war, über das zu sprechen, was unter der Oberfläche verborgen lag, und daß sie diese verdeckten Gefühle nun leicher akzeptieren konnten. Es war Ellen, die konstatierte: »Wenigstens können wir darüber reden, daß ich weggehe. Als Junior ging, konnten wir es nicht oder wußten nicht, wie.« Diese Bemerkung war der Anstoß für Judys Geständnis, daß es für sie hart werden würde, wenn Ellen auch ging. Sie fand es schwer zu ertragen, von Bruder und Schwester zurückgelassen zu werden, und machte sich Gedanken darüber, wie schwer sie es als einziges und letztes Kind zu Hause haben würde. Herr und Frau Sullivan hatten nicht geahnt, daß ihre Tochter sich solche Sorgen machte. Sie reklamierten, daß sie ihnen nicht einen einzigen Anhaltspunkt für derlei Vermutungen gegeben hatte. Aber trotz ehrlicher Beunruhigung zeigte sich an der Antwort der Eltern doch ihr Mangel an Sensibilität gegenüber Judy, denn sie ermunterten ihre Tochter nicht, weiter über sich zu sprechen. Deshalb stellte die Therapeutin die Aufgabe, daß *jeder ein Symbol schafft, das zeigt, was er sich in diesem Moment von der Familie wünscht.*

Judy formte aus Knetmasse ein *Gebilde mit einer beweglichen kleinen Tür* und sagte dazu, sie wünsche sich, daß ihre Familie sich keine Sorgen mache oder verlegen würde, wenn sie sich mehr öffne. Sie hoffte, sie könne öfter zeigen, *was in ihr vorging* (Abbildung 108).

Ellen, die sich in dieser Sitzung besonders wohl zu fühlen schien, formte einen *Mund* und erklärte dazu, ihr gefiele, was die anderen beitrügen; sie wolle, daß sie »weiterredeten« (Abbildung 109).

Abb. 108: Der Wunsch, sich zu öffnen

Abb. 109: Weiter miteinander reden

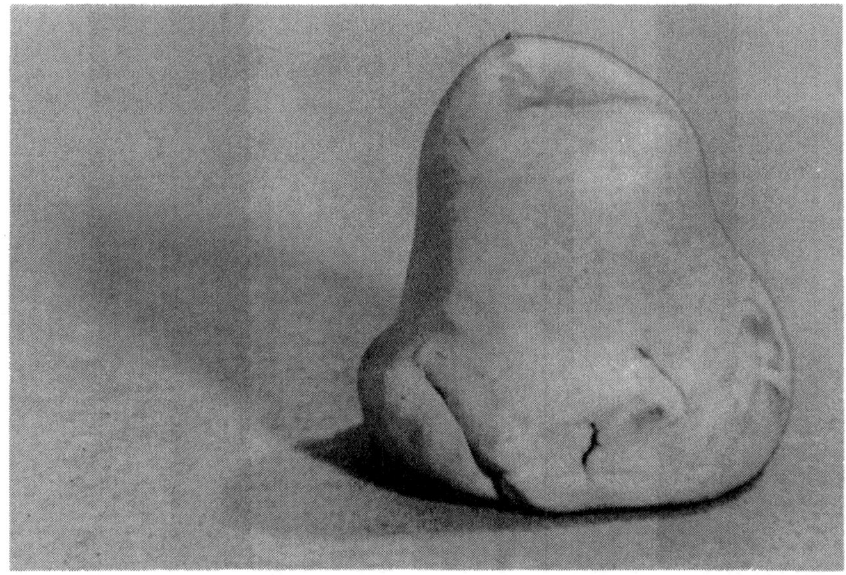

Abb. 110: Frei sprechen können

Der *Vater* modellierte zum Ausdruck seines Wunsches, jeder möge sich »frei äußern«, eine *kleine Freiheitsglocke* (Abbildung 110).

Die *Mutter* hatte, im Gegensatz zu ihrer Familie, Wünsche, die emotional bestimmt waren. In einer *Decke* aus Knetmasse, die sie auf ein *Spielzeugbett* legte, drückte sich ihr Wunsch aus, »warme Gefühle« von der Familie zu erhalten (Abbildung 111).

Wieder einmal wurden die künstlerischen Arbeiten der Teilnehmer zum Probierstein für einen weiterführenden Dialog. Ihr intensives Gespräch ermutigte zu einem liebevollen Austausch.

Zwanzigste Sitzung/Familiensitzung: Vater, Mutter, Ellen und Judy

Die Familie war beim Betreten der Praxis offensichtlich verstimmt. Bevor alle noch Platz genommen hatten, berichtete der Vater, daß Judy aufgebracht sei, weil sie private Fahrstunden nehmen wolle. Herr Sullivan erklärte, er könne sich ein paar hundert Dollar sparen, wenn sie bis zum Herbst warten und den Fahrkurs in der Schule machen würde. Aber Judy warf ein, sie könne nicht einsehen, warum sie noch warten sollte, da ihre Schwester auch schon mit fünfzehneinhalb Jahren hatte fahren dürfen. Da der Streit offenbar nicht lösbar war, sollte Judy *eine Collage machen, die zeigt, was ihr das Fahren bedeutet,* und die anderen sollten *Bilder aussuchen, die Alternativen aufzeigen.*

Judy wählte das Foto eines *Vogels* und *klebte es auf ein Auto.* Damit wollte sie ausdrücken, daß das Fahren für sie größere Freiheit bedeutete: Auf vier Rädern käme sie mehr herum und könnte ihre gesellschaftlichen Aktivitäten erweitern.

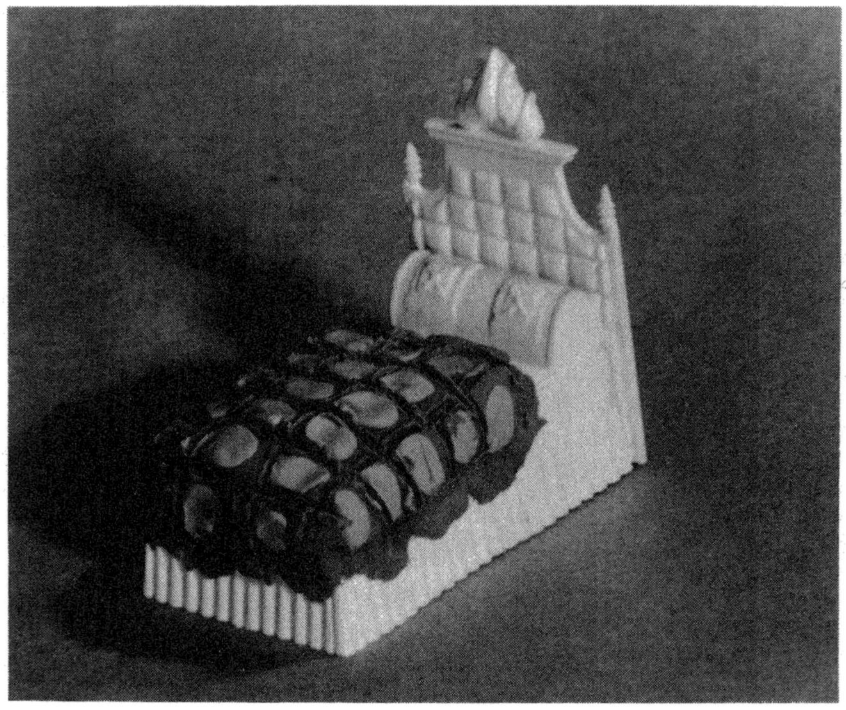

Abb. 111: Wärme empfangen

Die *Mutter* hatte Reklamefotos von *Lebensmitteln* aus Zeitschriften ausgeschnitten: Sie war bereit, beim Haushaltsgeld zu sparen, um etwas für Judys Fahrstunden zurückzulegen.

Die Familie war über das *leere Blatt* des *Vaters* enttäuscht. Er erklärte, er sehe keine Alternative.

Ellen legte ihre Collage als letzte vor. Unter das Bild eines *Jugendlichen neben einem Auto* hatte sie geschrieben: »Ich werde Judy das Autofahren beibringen.«

Judy freute sich über das Angebot der Schwester. Nachdem sich die Familie eine Weile darüber unterhalten hatte, welche Vorteile es hatte, wenn Ellen als Judys Lehrerin fungierte, erklärten sich alle mit diesem Arrangement einverstanden. Die Therapeutin wunderte sich darüber, daß diese einfache Lösung nicht schon zu Hause gefunden worden war. Allerdings verlassen sich Familien in dem Moment, in dem sie beginnen, sich mit dem Therapieende zu beschäftigen, oft auf den Therapeuten, wenn sie ein Problem zu lösen haben.

Einundzwanzigste bis fünfundzwanzigste Sitzung/Familiensitzungen: Mutter, Vater, Ellen und Judy

Mehrere Sitzungen hindurch arbeitete die Familie zusammen an verschiedenen kreativen Aufgaben. Meist suchte sie sich ihre Themen selbst, und im allgemeinen drückte sich darin ihre Zufriedenheit aus.

Ellens schulische Leistungen hatten sich verbessert, motiviert auch dadurch, daß sie die Aufnahme in ihr Wunschcollege schaffen wollte. Ihre psychosomatischen Beschwerden hatten abgenommen und traten jetzt nur noch vor der Menstruation auf. Auch Herr Sullivan litt nicht mehr so häufig an Spannungskopfschmerzen bzw. Brustschmerzen, und er schien entschlossen, das Leben mehr zu genießen.

Judy behauptete sich, wenn auch immer noch zurückhaltend, erfolgreicher als früher, während die Mutter im wesentlichen dieselbe geblieben war.

Die Interaktion zwischen den Familienmitgliedern hatte sich erheblich verbessert. Auch wenn Herr Sullivan und Ellen sich nach wie vor zankten, hatten ihre Streitereien (von beiden Seiten) keine Straffunktion mehr.

In dieser letzten Behandlungsphase begann die Familie zu spät zu ihren Terminen zu kommen. Ihre Entschuldigungen waren auf bewußter Ebene durchaus ehrlich gemeint, aber die Autorin glaubte, daß sich die Familienmitglieder unbewußt bereits auf das Ende der Therapie vorbereiteten. Da alle Kurzziele erreicht worden waren, war es angemessen, die Familienbehandlung zu beenden. Für die Zukunft plante die Therapeutin eine »Politik der offenen Tür«, falls Judy oder die Eltern eine Fortsetzung der Behandlung wünschten.

In einer der hier dargestellten Sitzungen kam Judy besonders gut gelaunt zur Therapie und erzählte gleich von ihren Fahrstunden. Auch die Mutter freute sich darüber, da sie ebenfalls davon profitierte: Judy fuhr für sie zum Supermarkt, in die Reinigung und so weiter. Sie gab zu, daß Judys Bereitschaft, ihr einige Aufgaben abzunehmen, ihr das Leben leichter machte.

Im Anschluß an diese Eingangsbemerkung begann die Familie eine ausführliche Unterhaltung über Judys Fahrkünste. Die Autorin fragte sich, was da vor sich ging. Um die Hintergründe zu verstehen, fragte sie die Familie, woran sie weiterarbeiten wolle. Den Sullivans fiel kein bestimmtes Thema ein, sie bestanden darauf, daß sie nichts zu »beklagen« hätten. Statt dessen erzählten sie alle, wie zufrieden sie seien.

Um sie therapeutisch zu engagieren, beschloß die Therapeutin, nach einem neuen Ansatz vorzugehen: Sie teilte der Familie mit, daß sie ein *Experiment* plane. Ein Gruppenmitglied, das sich freiwillig meldete, sollte *als Kunstpsychotherapeut agieren.* Die Familie spürte die Herausforderung und fand den ungewöhnlichen Vorschlag aufregend. Eine engagierte Diskussion über Vor- und Nachteile jedes Familienmitglieds in der Therapeutenrolle kam in Gang.

Der Vater wollte sich von vornherein ausschließen; er meinte, diese Rolle sei seiner bestehenden Autoritätsrolle zu ähnlich. Als die Mädchen die Mutter dazu aufforderten, weigerte auch sie sich strikt. So blieben Ellen und Judy, die sich untereinander berieten. Ellen wollte ihre Schwester ermutigen, sich weiter zu behaupten, und zog sich ebenfalls zurück. So fiel die Rolle der Therapeutin auf Judy.

Judy nahm ihre Aufgabe sehr ernst und bat die Therapeutin, mit ihr den Platz zu tauschen. Im Grunde hatte die Autorin *keinen vollständigen Rollentausch im Sinn gehabt* und eher beabsichtigt, die *Beobachterin* zu spielen. Trotzdem hielt sie Judys Idee für ganz erfolgversprechend und ging auf den Platztausch ein. Judy gab die Anweisung: *Die Familie soll eine Collage zusammen machen. Jeder sucht ein Bild aus. Dann werden die Bilder nebeneinandergelegt, und jedes bekommt einen kurzen Bildtext.* Der Gruppe gefiel die Aufgabe, und sie machte sich gleich an die Auswahl der Bilder.

Begeistert wählte *Ellen* ein Bild mit einer Anzahl von *Autokennzeichen-Schildern* aus verschiedenen Staaten, die *Mutter* das Bild eines *jungen Paares mit drei Kindern* (einem Jungen, zwei Mädchen), und der *Vater* entschied sich für eine *Hand, die ein Dollarzeichen zwischen Daumen und Zeigefinger hielt.* Die *Therapeutin* schnitt *in der Rolle von Judy* aus einer Anzeige das Foto mit einem *sich entfernenden Radfahrer* aus. Die einzelnen Bildtexte wurden in untenstehender Ordnung zusammengestellt und lauteten:

Die *Autokennzeichen* (von Ellen) bedeuten, daß es »gut ist, wenn jemand auszieht, um die Welt zu sehen«. Das Bild der *jungen Familie* (von der Mutter) erzählt: »Wenn die Familie jung ist, tut sie alles zusammen. Aber wenn die Kinder groß werden, sollten sie hinausziehen, mit ihren Freunden zusammensein und Spaß haben.« Die *Hand mit dem Dollarzeichen* (vom Vater) erinnert daran, daß das »alles Geld kostet, aber der Vater sein Bestes tut, für seine Familie zu sorgen«. Das Bild des *Radfahrers* (von der Therapeutin) sagt uns: »Auf Dauer gesehen ist jeder allein. Wenn eine Situation aufhört, fängt die nächste an.« (Abbildung 112)

Abb. 112: Eine »Familiengeschichte«

Judy antwortete in der Rolle der Therapeutin mit folgenden Worten: »Das war sehr gut. Ihr habt alle sehr schön zusammengearbeitet. Dein Bild, Ellen, sagt mir, daß du dich darauf freust, von zu Hause wegzugehen. Frau Sullivan, helfen Sie Ihren Mädchen, erwachsen zu werden. Sie, Herr Sullivan, sorgen sich offenbar darum, daß Sie nicht genug Geld verdienen, um Ihre Kinder glücklich zu machen. Und du, Judy (gespielt von Frau Landgarten), möchtest weg und erwachsen werden.«

Judy fuhr in der Rolle von Frau Landgarten fort: »Und jetzt sagt mir, was *ihr* über eure Collagen denkt.« Aber statt darauf zu antworten, machten ihr Herr und Frau Sullivan sowie Ellen das Kompliment, wie gut sie die Therapeutin darstelle.

Für Judy war dies eine sehr positive Erfahrung; sie gab ihr die Chance, eine Führungsrolle zu spielen, ihre Fähigkeiten unter Beweis zu stellen, im Mittelpunkt der Aufmerksamkeit zu stehen und positive Verstärkung zu erhalten, weil sie ihre Aufgabe so gut erfüllte. Nachdem Judy ihren Part abgeschlossen hatte, wollte die Therapeutin auf das Thema *Ende der Therapie* zu sprechen kommen. Als sie nach dem Foto des Radfahrers griff, fiel ihr auf, daß dieser auf dem Rücken das Wort »Herausforderung« trug, und sie assoziierte damit die Art und Weise, in der die Sullivans ihrer eigenen Herausforderung, der Behandlung, begegnet waren. Da diese Feststellung jedoch ungeeignet war, um auf das bevorstehenden Ende der Therapie überzuleiten, näherte sie sich dem Thema auf andere Weise und fragte: »Möchte sonst jemand den Therapeuten spielen, während wir das Thema ›Therapieende‹ behandeln?« Sofort erklärte sich Ellen dazu bereit. Sie übernahm die Leitung der Sitzung und wies die Gruppe an: *Zeigt, wie es euch bei dem Gedanken daran geht, daß ihr bald nicht mehr hierherkommen werdet.*

Der *Vater* drückte mit *Mond* und *Sonne* als Skulptur aus Knetmasse seine gemischten Gefühle aus: »Der Mond«*, meinte er scherzend, »bedeutet, daß mir Frau Landgarten als Vermittlerin zwischen den Familienmitgliedern fehlen wird.« Die »Sonne« stand dafür, wie glücklich er darüber war, daß die Familie in ihrem Leben »weiterkommt« (Abbildung 113). Ellen antwortete in ihrer Therapeutenrolle: »Ich kann Ihre Gefühle verstehen, Herr Sullivan.«

Frau Sullivan formte aus Pfeifenreinigern ein *trauriges Gesicht.* Sie brachte damit ihre Bindung an die Therapeutin zum Ausdruck und meinte, ihr würden die Therapiebesuche fehlen (Abbildung 114). Ellen als Therapeutin dazu: »Ja, ich weiß, daß Sie hier Zuspruch fanden, aber ich bin ganz sicher, daß es Ihrer Familie auch dann gutgehen wird, wenn Sie nicht mehr hierherkommen.«

Judy malte zwei *Augen.* Damit wollte sie ausdrücken, wie sehr sie es schätzte, daß ihr die Therapeutin Raum gegeben hatte, sich auszudrücken. Sie betonte, welche Einsicht und auch welches Ventil für ihre Gefühle ihr die kreative Tätigkeit in der Therapie gegeben habe (Abbildung 115). Judy gestand, daß ihr der Gedanke an das Ende der Therapie sehr schwer falle. Sie wandte sich wie zufällig an die Autorin und berichtete ihr, daß sie ein kunsttherapeutisches Tagebuch führe, seit dieser Vorschlag gefallen war.

Wieder antwortete Ellen in der »Landgarten-Rolle«, indem sie feststellte: »Nun, laß uns sehen, vielleicht kannst du weiter herkommen. Es wäre doch eine gute Sache, wenn ein junges Mädchen einen Ort hat, an dem es seinen Gedanken und Gefühlen Ausdruck geben kann.«

---

* engl.: moon = Mond; to moon = sich sehnen nach (Anmerkung der Übersetzerin)

Abb. 113: Ambivalenz

Abb. 114: Ein Verlust

Dieser Wortwechsel zwischen Judy und der Therapeutendarstellerin hatte deutliche Wirkung auf Herrn und Frau Sullivan sowie ihre jüngere Tochter. Sie zogen diesen Vorschlag offensichtlich tatsächlich in Betracht.

Die *Therapeutin, Frau Landgarten,* formte *in der Rolle von Ellen* ein *großes Auto mit einer Träne darauf.* Die Träne stand für Traurigkeit und Bedauern über das Ende der Therapiebesuche; da jedoch das Therapieende andererseits seinen Grund darin hatte, daß Ellen aufs College gehen würde, war sie gleichzeitig glücklich darüber.

Ellen (als Therapeutin): »Nun, Ellen, du wirst mir auch fehlen!« Offensichtlich wünschte sich Ellen eine solche Versicherung am Ende der Therapie.

Bevor die Familie ging, fragten Herr und Frau Sullivan, ob sie in der nächsten Sitzung auch in die Therapeutenrolle schlüpfen dürften, und die Therapeutin versicherte ihnen, daß jeder, der dies wünsche, Gelegenheit bekäme, die Sitzung zu leiten.

Der Rollentausch hatte sich für diese bestimmte Familie im letzten Therapieabschnitt als positiv erwiesen. Judy und Ellen freuten sich darüber, daß sie als Autoritätspersonen handeln durften, und gleichzeitig gab ihnen das die Gelegenheit zu enthüllen, was sie sich von der Therapeutin während der Abschlußphase wünschten. Die Therapeutin wußte, daß Judys *kunsttherapeutisches Tagebuch* wichtig war, denn es diente einem therapeutischen Prozeß, und sie beschloß, einen Einzeltermin mit Judy anzusetzen, um dessen Inhalt kennenzulernen.

Abb. 115: Gewonnene Einsicht

Sechsundzwanzigste Sitzung/Familiensitzung: Mutter, Vater, Ellen und Judy

Herr Sullivan hatte einen braunen Umschlag unter dem Arm, als er das Beratungszimmer betrat. Sobald jeder seinen Platz eingenommen hatte, äußerte er den Wunsch, *die Rolle des Therapeuten zu spielen.* Alle waren einverstanden, und er tauschte mit der Therapeutin den Platz.

Zunächst fragte Herr Sullivan, wie es der Familie ginge. Nach einem kurzen Wortwechsel öffnete er seinen Umschlag und legte Zeitschriftenbilder aus, die er zu Hause sorgfältig ausgeschnitten hatte. Ohne zu zögern forderte er die Gruppe auf, daraus *Bilder auszusuchen, die zeigen: Was habt ihr selbst oder was hat eure Familie eurer Meinung nach durch die Therapiebesuche gewonnen?* (Die Therapeutin war sehr beeindruckt von der Aufgabenstellung und der Art, wie Herr Sullivan mit dem Thema »Therapieende« umzugehen beschlossen hatte.)

Die *Mutter* verwendete mehrere Bilder, um ihre in der Therapie erreichten Ziele aufzuzählen: Mit einem *an einem Schreibtisch arbeitenden, nervös aussehenden Mann* stellte sie dar, daß ihr Mann einmal so gewesen sei, in den letzten Monaten aber nicht mehr so gereizt und frustriert sei; mit dem Bild einer *glücklichen älteren Frau* stellte sie ihre eigenen guten Gefühle über die verbesserte Beziehung zwischen ihrem Mann und Ellen dar.

Der Vater (in seiner Therapeutenrolle) meinte, es sei schön, daß dies ein »Ergebnis der Familientherapie« sei.

Judy wählte ein ungewöhnliches Bild: *Männerhände, die aus einem Computer kamen.* Jede Hand hielt einige Gegenstände. Judy meinte, das Bild symbolisiere, wie ihr Vater früher gewesen sei. Im Gegensatz dazu zeigte ihr zweites Bild nur *eine Hand mit einem Spruch:* »Eines nach dem anderen«. Damit wollte sie ausdrücken, daß sich ihr Vater bemühe, »sich nicht mehr zu überlasten – und uns auch nicht«.

Außerdem hatte *Judy* noch das Bild eines *jungen Mädchens neben einem telefonierenden Mann* ausgesucht. Es sollte aussagen, daß ihr Vater sie jetzt wie einen erwachseneren Menschen behandelte: »Er scheint jetzt eher zu merken, daß ich kein kleines Mädchen mehr bin.«

Der Vater darauf: »Es scheint, als verändere sich dein Vater, nicht nur für sich selbst, sondern er setzt sich jetzt auch damit auseinander, daß du erwachsen wirst.« Es war ganz offensichtlich, daß es Herrn Sullivan sehr gut tat, von seiner Tochter Bestätigung über seine Fortschritte zu erhalten.

Ellen hatte ein anrührendes Bild eines *kleinen Mädchens* gewählt, das seine *Krücken ablegt.* Damit wollte sie ausdrücken, daß sie nicht vorhabe, sich selbst »lahmzulegen«, und sich jetzt vor allem darum kümmere, ins College zu kommen. Mit dem Bild eines *kriegerischen Kindes* stellte sie dar, wie sie sich meist gefühlt hatte. Ellen bekannte, daß sie sich eigentlich das Bild ausgewählt hatte, das Judy dann verwendete – das von dem jungen Mädchen und dem telefonierenden Mann. Sie glaubte, daß es die verbesserte Kommunikation zwischen ihrem Vater und ihr selbst gut ausgedrückt hätte. Ellens letztes Bild von einem *glücklichen Menschen* ließ ihre positivere Einstellung erkennen.

Herr Sullivan erklärte Ellen in seiner Rolle als Frau Landgarten, daß es ihn froh mache, daß aus der Therapie soviel Gutes entstanden sei. Er erinnerte daran, daß Ellen als eigentliche Patientin betrachtet worden war, und dann habe die ganze

Familie von der Behandlung profitiert. Dann nahm er Frau Landgartens Collage (die sie »als Vater« gemacht hatte), die aus mehreren Zeitschriftenbildern bestand: Das erste zeigte ein *Männergesicht hinter einem zersplitterten Fenster.* Als Herr Sullivan das Bild zu Hause ausgeschnitten hatte, hatte er die Bildunterschrift darunter stehengelassen: »Alte Sicherheitsvorstellungen zerschlagen«. Die *Therapeutin (in der Rolle Herrn Sullivans)* dazu: »Ich versuche, alte Vorstellungen und Handlungsweisen aufzugeben.« Auf dem zweiten Bild war ein *nett aussehender Mann* zu sehen, der aussagen sollte, daß »ich mich insgesamt besser fühle und ein sehr gutes Gefühl habe in bezug auf meine Versuche, mich zu ändern«. Das dritte Bild, *»glückliche Menschen«,* symbolisierte die allgemeine Haltung der Mädchen. Zusätzlich konnte die Autorin nicht widerstehen, aus Herrn Sullivans Collagenschachtel ein Bild mit *Dollarscheinen mit dem Porträt von Donald Duck* darauf* auszusuchen. In der Rolle von Herrn Sullivan erklärte die Therapeutin deren Bedeutung: »Die Therapie war ihr Geld wert, denn ich habe mich nicht vor der Arbeit an mir selbst gedrückt.« (Abbildung 116)

Darüber mußten alle lachen. Aber Herr Sullivan wurde wieder ernst und kam auf die Bilder zurück. Das Bild des Mannes hinter der zersplitterten Scheibe schien ihn zu überwältigen. Das aussagestarke Bild wirkte bedrohlich (Abbildung 117). Vielleicht brachte er es mit seiner unausgedrückten Wut in Zusammenhang. Es schien, als hätte er vergessen, daß *er selbst es gewesen war, der all die* in der Sitzung verwendeten *Bilder ausgewählt und ausgeschnitten hatte.* Deshalb war es wichtig, daß die Therapeutin Herrn Sullivan versicherte, daß sie das Bild als Symbol seiner *positiven Veränderung* ausgesucht hatte.

* engl.: to duck = sich drücken (Anmerkung der Übersetzerin)

Abb. 116: Er hat sich nicht vor der Therapie gedrückt

Abb. 117: Bedrohung

Da nicht mehr genug Zeit war, um auch die Mutter die Rolle der Therapeutin übernehmen zu lassen, wurde bestimmt, daß sie in der folgenden Woche an der Reihe sein würde.

Bevor die Familie ging, deutete die Therapeutin die Tatsache, daß Herr Sullivan sein eigenes Collagenmaterial mitgebracht hatte, als möglichen Hinweis darauf, daß er sich bereit machte, die *völlige Kontrolle* zu übernehmen, besonders angesichts des baldigen Therapieendes. Obwohl der Vater darüber nicht bewußt nachgedacht hatte, gab er zu, daß das wohl stimme.

Siebenundzwanzigste Sitzung/Familiensitzung: Mutter, Vater, Ellen und Judy

Bevor sich die Familie noch setzen konnte, berichtete Ellen bereits aufgeregt, daß ihre Eltern ihr erlaubt hatten, eine Studienreise nach England mitzumachen. Der Abreisetermin stand fest, die Reise begann bereits in zwei Wochen. Das bedeutete, daß sich die Familienbehandlung verkürzen würde. Ellen erwähnte, daß in dieselbe Zeit auch noch der Schulabschluß fiel, und daß sie eine »tolle Verabredung« für die Abschlußfeier habe. Ihr Leben sei sehr »ausgefüllt«, erzählte sie und schrieb es der Therapeutin zu, daß sie »Gutes geschehen lassen« konnte. Die Therapeutin wies auf Ellens Selbsthilfe hin, aber Ellen beharrte auf der wichtigen Rolle der Therapeutin. Den Eltern als Zeugen dieses Gespräches war es anzusehen, daß sie stolz auf ihre Tochter waren, weil sie soviel Wärme und Dankbarkeit zeigte.

Frau Sullivan wurde gefragt, ob sie bereit sei, in dieser Sitzung die Therapeutin zu spielen. »So bereit, wie ich je sein werde«, antwortete sie. Als ihr die Leitung der Sitzung übergeben wurde, zeigte sich, daß sie ihre Anweisungen vorbereitet hatte. Sie nahm sich die Freiheit, einen Karton aus dem Materialienregal zu verwenden, stellte ihn auf den Tisch und wies die Familie an, *etwas aus dem Karton zu machen und dabei zu erklären, was es bedeuten soll.*

Ellen schlug vor, den Karton mit Tonpapier zu umhüllen, da das Projekt dadurch einen ganzheitlichen Eindruck bekommen würde. Judy meinte, ein abstraktes Muster rund um den Karton könne interessant sein. Der Vater stimmte zu, obgleich er noch Zweifel hatte. Er glaubte, es würde die Angelegenheit allerdings vereinfachen, wenn jeder zuerst auf einen eigenen Bogen Tonpapier malte und dann alle Bilder auf den Karton geklebt würden. Die Mutter erinnerte in ihrer Rolle als Frau Landgarten die Gruppe daran, daß *das Muster eine Bedeutung haben* müsse.

Als erste war *Judy* mit ihrem Werk fertig. Sie klebte ihren Beitrag auf den Karton und erklärte, daß die *vielfarbigen Linien* bedeuteten, daß die Atmosphäre zu Hause friedlicher geworden sei.

Ellen folgte ihr mit einer *Sonne* mit Strahlen, die sie in eine Ecke gemalt hatte. Damit wollte sie ausdrücken, wie glücklich sie über ihren Schulabschluß, die Reise und die bevorstehende Collegezeit war.

Frau Landgarten malte *in der Rolle der Mutter* einen Blumenstrauß, der ihre Mädchen und ihren Stolz auf sie darstellen sollte.

Als letzter war der *Vater* fertig. Er erklärte, daß seine Arbeit keine besondere Bedeutung habe. Er habe einfach ein *abstraktes Muster* gezeichnet, um seinen Anteil an der Gruppenarbeit zu erfüllen (Abbildung 118). Die von der Mutter gespielte Therapeutin erklärte ihm, daß nicht alles, was man produziere, eine »Botschaft« enthalten müsse.

Die Familie und die Therapeutin freuten sich darüber, wie gut Frau Sullivan ihre Rolle gespielt hatte. Davon ermutigt, bot sie in Fortsetzung ihrer Rolle eine zweite

Abb. 118: Vaters Beitrag zum Gruppenprojekt

Abb. 119: Das Abschiedsgeschenk der Mutter

Anweisung an. Dieses Mal jedoch sollte der Vorgang anders ablaufen: Frau Sullivan wollte zunächst die Anweisungen geben, dann aber aus der Spielsituation aussteigen. Mit anderen Worten: Sie wollte als sie selbst *ihre eigene Anweisung ausführen.*

Die Therapeutin erklärte sich einverstanden, und Frau Sullivan stellte folgende Aufgabe: *»Ich möchte, daß ihr alle etwas für Frau Landgarten macht,* da wir ab nächste Woche nicht mehr in die Therapie kommen werden.«

Die Autorin mußte über das Geschick, mit dem Frau Sullivan die Familie als Therapeutin in die Auseinandersetzung mit dem Therapieende führte, insgeheim lächeln.

Die *Mutter* machte *Blumen* aus Tonpapier, um damit »Helen alles Gute zu wünschen« (Abbildung 119).

Eine *Pralinenschachtel* war Judys Abschiedsgeschenk.

Ellens Skulptur war ohne Erklärung schwer zu verstehen: Sie hatte *vier blaue Quadrate aus Knetmasse* gemacht; *in der Mitte jeden Quadrates befand sich ein kleiner roter Kreis.* Ellen erklärte, daß die Quadrate ihre Familie darstellen sollten und die Kreise die Therapeutin; damit wolle sie symbolisch ausdrücken, daß von der Therapie immer etwas bleiben würde (Abbildung 120).

Das letzte Geschenk war ein *Schmuckkästchen* von *Herrn Sullivan*, »ein wertvolles Geschenk für einen wertvollen Menschen«. Die Frauen freuten sich sehr über dieses offene Kompliment, das er der Therapeutin machte. Obwohl er seine Achtung für sie schon vorher in vieler Hinsicht gezeigt hatte, war seine direkte Vorgehensweise für Frau und Töchter verblüffend und zugleich schön. Die Autorin nahm die Geschenke der Familie an und bedankte sich aufrichtig. Alle empfanden Wärme und waren traurig zugleich. Sie waren dankbar über ihre Fortschritte, aber die Trennung wurde trotzdem als schmerzhaft empfunden.

Die Therapeutin kündigte der Familie an, daß sie in ihrer letzten Sitzung in der folgenden Woche die Möglichkeit bekommen würde, alle ihre künstlerischen Produkte noch einmal anzuschauen. So konnten sie selbst den Behandlungsverlauf noch einmal nachvollziehen und ihre Erfolge bildlich sehen.

Achtundzwanzigste Sitzung/Abschlußsitzung: Mutter, Vater, Ellen und Judy

Als die Familie zu dieser Doppelsitzung in die Praxis kam, freute sie sich schon darauf, alle ihre Arbeiten noch einmal zu sehen. Die Therapeutin hatte die Bilder auf einem Tisch ausgelegt, die dreidimensionalen Arbeiten waren auf Regalen zusammengestellt. Die Reihenfolge richtete sich nach dem Entstehungsdatum.

Abb. 120: Ellens Abschiedsgeschenk

Bestimmte künstlerische Produkte enthielten für die Sullivans immer noch deutliche Botschaften. Manche reizten sie zum Kichern oder Lächeln oder lösten Blicke voller Zuneigung aus, andere machten sie noch immer traurig.

Obwohl der Familie klar war, daß sie nicht alle ihre Ziele erreicht hatte, waren sich alle einig, daß sie sich über ihre Fortschritte freuten und stolz darauf waren.

Zusammenfassung

Die siebzehnjährige Ellen aus einer intakten Familie begann plötzlich ein ausagierendes Verhalten an den Tag zu legen. Das manifestierte sich an ihrem negativen Verhalten zu Hause, an einem Abfall ihrer schulischen Leistungen und daran, daß sie Verkehrsregeln brach.

Per Gerichtsbeschluß wurde ihr eine Therapie auferlegt. Während der Evaluations- und Behandlungsphase erwies sich eine Familien-Kunstpsychotherapie sowohl für die »Patientin« wie auch für die anderen Familienmitglieder als wirksames Verfahren.

Die kreativen Aufgaben lieferten Hinweise auf ein fehlerhaftes Familiensystem. Der Vater wurde mit seinem übermäßig kontrollierenden Verhalten konfrontiert. Er und seine ältere Tochter Ellen behandelten sich gegenseitig voller Feindseligkeit. Ihr Konflikt wurde in Beziehung gebracht zu dem Kampf der Heranwachsenden um Individuation und des Vaters Angst vor dem Verlust der engen Beziehung, in die sie beide verstrickt waren.

Die Ausrichtung der Therapie auf das Gewinnen von Einsichten sensibilisierte die Familie gegenüber ihren offenen und verdeckten Botschaften und Handlungen. Als sich Herr Sullivan zu ändern begann, ließ er zu, daß seine Tochter autonomer funktionierte, und es kam zu einer Verschiebung der Familienrollen und des Familiensystems.

Judy, Ellens jüngere Schwester, erkannte, wie unbefriedigend ihre Passivität war, und sie begann sich zu behaupten und nach mehr Unabhängigkeit zu streben.

Obwohl die Rolle der Mutter statisch blieb, war sie sich dieser Tatsache bewußt; sie wollte jedoch nicht von ihrem Verhaltensmuster abweichen.

Das Thema »Trennung« und die damit verbundenen Gefühle beanspruchten einen ganz wesentlichen Teil der Familienbehandlung.

Literaturangaben

Haley, J. *Uncommon Therapy*. New York (Norton) 1973.

Empfohlene Lektüre

Bandura, A. & Walter, R. H. *Adolescent Aggression: A Study of the Influence of Child Training Practices and Family Interrelationships*. New York (Ronald) 1959.

Blood, R. O. & Wolfe, D. M. *Husbands and Wives: The Dynamics of Married Living*. New York (Free Press of Glencoe) 1960.

Bloom, M. V. *Adolescent Parental Separation.* New York (Gardener Press) 1980.

Blos, P. *On Adolescence.* New York (The Free Press) 1962. Dt.: *Adoleszenz: eine psychoanalytische Interpretation.* Stuttgart (Klett-Cotta) 1989.

Blos, P. *The Young Adolescent.* New York (The Free Press) 1970.

Brown, S. L. Family therapy for adolescents. *Psychiatric Opinion, 7*(1), 8–15, 1970.

Dragastin, S. & Elder, G. H. *Adolescence in the Life Cycle.* New York (Halstead Press).

Esman, A. H. (Ed.) *The Psychiatric Treatment of Adolescents.* New York (International Universities Press) 1983.

Ginott, H. G. *Between Parent and Teenager.* New York (Macmillan) 1969. Dt.: *Eltern und Teenager. Ihre Konflikte und Probleme, ihre Fragen und Antworten.* Ravensburg (Maier) 1972.

Glaser, K. Masked depression in children and adolescents. *American Journal of Psychotherapy, 21,* 563–574, 1976.

Glasser, P. N. & Glasser, L. Role reversal and conflict between aged parents and their children. *Marriage and Family Living, 24,* 46–51, 1962.

Hadley, T. R., Jacob, T., Milliones, J., Caplan, J. & Spitz, D. The relationship between family development crisis and the appearance of symptoms in a family member. *Family Process, 13*(2), 207–214, 1974.

Harkins, E. G. Effects of empty nest transition on self – Report of psychological and physical well-being. *Journal of Marriage and the Family, 40,* 549–556, 1978.

Hess, B. B. & Waring, J. M. Changing patterns of aging and family bonds in later life. *Family Coordinator, 27,* 303–314, 1978.

Howells, J. G. (Ed.) *Modern Perspectives in Adolescent Psychiatry.* New York (Brunner/Mazel) 1971.

Impey, L. Art media: A means to therapeutic communication with families. *Perspectives in Psychiatric Care, XIX*(2), 70–77, 1981.

Ishikawa, G. Some therapeutic effects of family drawings: With special reference to the adolescent patients. *Psychiatria et Neurologia Japonica, 84*(9), 681–705, 1982.

Kaplan, L. J. *Adolescence: The Farewell to Childhood.* New York (Simon & Schuster) 1984. Dt.: *Abschied von der Kindheit: eine Studie über die Adoleszenz.* Stuttgart (Klett-Cotta) 1988.

Kidwell, J., Fischer, J. L., Dunham, R. M. & Baranowski, M. Parents and adolescents: Push and pull of change. In: McCubbin, H. I. & Figley, C. R. (Eds.) *Stress and the Family: Coping with Normative Transitions.* New York (Brunner/Mazel) 1983, pp. 74–90.

Leader, A. L. Intergenerational separation anxiety in family therapy. In: Howells, J. G. (Ed.) *Advances in Family Psychiatry, II.* New York (International Universities Press) 2, 1980.

Lowenthal, M. F. & Chiribuga, D. Transition to empty nest: Crisis, challenge, or relief? *Archives of General Psychiatry, 26,* 8–14, 1972.

McArthur, A. Developmental tasks and parent-adolescent conflict. *Marriage and Family Living, 24*(May), 189–191, 1962.

McPherson, S. R., Brackelmanns, W. E. & Newman, L. E. Stages in family therapy of adolescents. *Family Process, 13*(1), 77–95, March 1974.

Malmquist, C. P. *Handbook of Adolescence.* New York (Jason Aronson) 1985.

Marmor, J. *The Crisis of Middle Age.* Annual Meeting of the American Orthopsychiatric, Washington, D. C., March 1967.

Meeks, J. *The Fragile Alliance.* Baltimore (Williams & Wilkens) 1971.

Meissner, W. W. Family process and psychosomatic disease. In: Howells, J. G. (Ed.) *Advances in Family Psychiatry, I.* New York (International Universities Press) 1979.

Miller, D. *The Age Between: Adolescence and Therapy.* New York (Jason Aronson) 1983.

Ravenscroft, K. Normal family regression at adolescence. *American Journal of Psychiatry, 131*(3), 31–35, 1974.

Schildkrout, M. S., Shenker, I. R. & Sonnenblick, M. *Human Figure Drawings in Adolescence.* New York (Brunner/Mazel) 1972.

Stierlin, H. *Separating Parents and Adolescents.* New York (Quadrangle) 1974. Dt.: *Eltern und Kinder: das Drama von Trennung und Versöhnung im Jugendalter.* Frankfurt am Main (Suhrkamp) 1988.

Stierlin, H. Countertransference in family therapy with adolescents. In: Sugar, M. (Ed.) *The Adolescent in Group and Family therapy.* New York (Brunner/Mazel) 1975, pp. 161–178.

Stierlin, H. Family therapy with adolescents and the process of intergenerational reconciliation. In: Sugar, M. (Ed.) *The Adolescent in Group and Family Therapy.* New York (Brunner/Mazel) 1975, pp. 194–205.

Stierlin, H. & Ravenscroft, K. J. Varieties of adolescent separation conflicts. *British Journal of Medical Psychology, 45,* 299–313, 1972.

Wadeson, H. S. Art techniques used in conjoint marital therapy. *American Journal of Art Therapy, 12,* 147–164, 1973.

Williams, F.S. Family therapy: Its role in adolescent psychiatry. In: Feinstein, S. C. & Giovacchini, P. G. (Eds.) *Adolescent Psychiatry, Development and Clinical Studies, 2.* New York (Basic Books) 1973.

Winnicott, D. W. Transitional objects and transitional phenomena. *Collected Papers.* New York (Basic Books) 1961.

Wood, B. & Talmon, M. Family boundaries in transition: A search for alternatives. *Family Process, 22,* 347–357, 1983.

Kapitel 8

Die Behandlung einer Mehrgenerationenfamilie mit einer todkranken Großmutter

Einleitung

In jüngerer Zeit behandeln Psychotherapeuten, Ärzte und Seelsorger einen sterbenden Patienten mit größerer Sensibilität und mit mehr Offenheit als früher.

Wer als Therapeut mit todkranken Menschen arbeitet, muß ihnen dabei helfen, ihre Gefühle und Gedanken auszudrücken. Es ist wichtig für sie, über den bevorstehenden Tod zu sprechen, Abschied zu nehmen und, falls sie es wünschen, über ihren Besitz zu verfügen. Gleichzeitig erhält die Familie Hilfe dabei, dem sterbenden Verwandten offen und unterstützend zuzuhören. Die Familieneinheit mit ihrem etablierten, aufeinander eingespielten Kommunikationsystem wirkt darauf hin, die psychischen Schmerzen des Sterbenden und seiner Familienangehörigen in dieser Phase der Trennung, des Vortrauerns und des Kummers zu erleichtern.

Die psychotherapeutische Behandlung von Familien in einer solchen Krise ist kompliziert, da die einzelnen Familienmitglieder unterschiedlich mit der Situation umgehen. Während es Angehörige gibt, die sich der Realität stellen, bevorzugen es andere, sich in den Abwehrmechanismus der Verleugnung zu flüchten, um die Krise zu bewältigen, und sie funktionieren mit der Illusion einer falschen Hoffnung. Diese beiden einander entgegengesetzten Umgangsweisen führen oft zu Konflikten und verstärken den Druck auf alle Beteiligten noch zusätzlich. Deshalb ist es wesentlich, daß die Familie akzeptiert, daß das Leben des Todkranken bald ein Ende finden wird, und daß sie sich mit dieser Tatsache auseinandersetzt.

Der Therapeut erleichtert dem Sterbenden seine Situation, indem er das Tempo der Kommunikation steuert, in der abschließende Aussagen gemacht werden und zu Antworten ermutigt wird. Viel zu häufig hindern besorgte Familienmitglieder in geheimem Einverständnis miteinander den Patienten daran, ihnen entgegenzugehen, um Abschied zu nehmen. Sie glauben, durchaus wohlmeinend, daß sie den Patienten schützen, indem sie eine trügerische Fassade aufbauen. Die Angst, das Ableben des Todkranken zu beschleunigen, wenn sie sein unausweichliches Schicksal direkt ansprechen, ist eine der möglichen Phantasien. Unglücklicherweise führt diese Verschleierung der Realität nur dazu, daß der Betroffene die Würde verliert, die jedem Menschen angesichts seines Todes zusteht.

Die Behandlung mehrerer Generationen bezieht daher alle Familienmitglieder in die Arbeit mit ein. Auch wenn diese Erfahrung gleichermaßen von allen geteilt wird, geht jede Generation mit dem Material entsprechend ihrer eigenen Entwicklungsstufe um. Für den Partner ist der Gedanke an den bevorstehenden Verlust nicht nur schmerzlich, sondern auch bedrohlich. Die Generation »dazwischen« muß die behagliche Situation, Kind und Eltern zugleich zu sein, bald aufgeben. Das bedeutet für sie, daß sie sich ihrem eigenen Ende einen Schritt nähert. Gleichzeitig wird die dritte Generation mit der Unbeugsamkeit des Todes konfrontiert und muß sich mit dem Thema »Sterblichkeit« auseinandersetzen. Aus diesen Gründen ist es von therapeutischem Vorteil, wenn die gesamte Familie zur Behandlung kommt. Hier bekommt sie die Gelegenheit, sich dem Verlust zu stellen, und die Chance, sich gegenseitig auf einer neuen, intimen Ebene kennenzulernen.

Gegenseitige Unterstützung des Sterbenden und der vom Verlust Bedrohten kann eine äußerst wertvolle Lebenserfahrung sein, denn die dadurch entstandene größere Nähe in der Familie bringt den Zurückbleibenden Trost, der lange andauert.

Falldarstellung

In der hier vorgestellten Fallgeschichte geht es um die Behandlung einer Familie, bei der drei Generationen einbezogen waren. Im Mittelpunkt steht die Auseinandersetzung mit der tödlichen Krankheit der Großmutter. Die gesamte Familie besuchte die sieben Sitzungen, die in unregelmäßigen Abständen über einen Zeitraum von vier Monaten abgehalten wurden.

Der Anlaß

Ursprünglich suchte Hinde Belmont eine Krisentherapie für sich selbst. Dabei ging es im wesentlichen um die tödliche Krebserkrankung ihrer Mutter und deren bevorstehenden Tod. Nach einigen Sitzungen erklärte Frau Belmont der Therapeutin in höchster Erregung, daß ihre ganze Familie zu »zerfallen« scheine. Frau Belmont erzählte, ihr Vater flüchte unter jedem möglichen Vorwand vor seiner Frau. Ihr Mann rege sie damit auf, daß er ständig wiederholte: »Die Ärzte wissen auch nicht alles«, und ihre Töchter schienen den größten Teil der Zeit gereizt. Trotzdem galt ihre Hauptsorge dem neuen Rückzug ihrer Mutter in sich selbst. Frau Belmont war der Überzeugung, daß es ihre Aufgabe sei, »alles im Gleichgewicht« zu halten.

Als die Therapeutin nachfragte, ob es ihr helfen würde, wenn die ganze Familie zur Therapie käme, griff Frau Belmont diese Anregung auf. Sie war sicher, daß ihr Mann, ihre Eltern und die Kinder einverstanden waren, da sie noch heute gelegentlich über die guten Erfahrungen sprachen, die sie vor einiger Zeit mit einer Kunstpsychotherapie gemacht hatten.

Erste Sitzung/Familiensitzung: Alle Familienmitglieder

Hinde Belmont war offensichtlich ängstlich angesichts der ersten Familiensitzung. Sie führte ihre Eltern, Herrn und Frau Rosen, ihren Ehemann Andy und die beiden jungen, aber schon erwachsenen Töchter Leda und Diane in den Therapieraum. Herr Rosen schien erregt und schlecht gelaunt, als er sich über Parkplatzprobleme beklagte. Herr Belmont und die Mädchen begrüßten die Autorin dagegen freundlich; Leda und Diane hingen einige Minuten lieben Erinnerungen an ihre frühere Familien-Kunsttherapie nach. Obwohl Frau Rosen sagte, sie freue sich, die Therapeutin wiederzusehen, wirkte sie dabei erschöpft und deprimiert.

Als die Therapeutin die Familie bat, über den »Grund« dieser Sitzung zu sprechen, hatten alle große Schwierigkeiten damit, Frau Rosens unheilbare Krankheit anzusprechen. Jedesmal wenn jemand an das schmerzliche Thema rührte, wurde das Gespräch sabotiert.

Um der Familie bei der Klärung des Therapiezieles zu helfen, wurde jeder angewiesen: *Machen Sie eine Collage, die zeigt, was Sie durch die Kunsttherapie erreichen wollen.* Die Familie, erleichtert, daß sie nicht mehr sprechen mußte, machte sich eifrig daran, das Angebot an Zeitschriftenbildern durchzusehen.

Als alle mit ihrer Aufgabe fertig waren, ermunterten die Enkelinnen ihre Großmutter, ihre künstlerische Arbeit als erste vorzuzeigen. Sie hielt ihre Collage hoch, die aus zwei Fotos bestand: Eines zeigte eine *Gruppe von Leuten, die Geschenke austauschten,* das andere *eine Familie, die sich liebevoll umarmte und küßte.* Frau Rosen erklärte stockend, was sie hatte symbolisieren wollen: Es ging ihr um ihren sehnsüchtigen Wunsch, ihre Lieben sollten sich »rücksichtsvoll und liebevoll« einander gegenüber verhalten. Tatsächlich stiegen ihrer Familie bei diesen Worten, die wie ein Flehen klangen, Tränen in die Augen. Alle waren von dieser dringlichen Bitte gerührt. Frau Rosen wandte sich dann an ihren Mann und forderte ihn auf, seine Collage als nächste vorzulegen.

Herr Rosen zeigte seine Arbeit, die das ganze Blatt ausfüllte. Sie enthielt *ein fliegendes Flugzeug, ein älteres Paar, das Hand in Hand miteinander spazierenging, ein Theaterzelt und vier Leute beim Bridgespielen.* Er sagte dazu, das alles seien Beschäftigungen, denen er und seine Frau nachgingen. Und er fügte entschlossen hinzu: »Und wir werden ihnen auch in Zukunft nachgehen!«

Da Herr Rosen erwartet hatte, daß sich seine Frau über seine Aussagen freuen würde, war er über ihre ausbleibende Reaktion enttäuscht. Frau Rosen, die in einem äußerst verletzlichen Zustand war, wünschte sich jedoch die Unterstützung der Familie, keine Verleugnung. Sie wirkte sehr traurig und mied absichtlich den Blickkontakt mit ihrem Mann. Die anderen Familienmitglieder, die den Austausch der beiden verfolgt hatten, verstummten.

Hinde, beunruhigt durch den Mangel an Interaktion zwischen ihren Eltern, glaubte, ihren Vater mit der Realität der Situation konfrontieren zu müssen. Sie erklärte, daß die Mutter ihre gesellschaftlichen Aktivitäten sehr bald würde aufgeben müssen. Ihr Mann Andy unterbrach sie und lenkte die Aufmerksamkeit auf seine eigene Collage: die Zeichnung eines Glases mit *Eistee und das Foto eines Babys, das seine ersten Schritte tut.* Er sagte, er hatte gehofft, daß »die Kunsttherapie der Familie helfen wird, einen kühlen Kopf zu bewahren, und es ihr möglich macht, einen Schritt nach dem anderen zu tun.« (Abbildung 121) Er wandte sich an Hinde und meinte: »Vielleicht *ist* ja einiges, was Vater möchte, noch möglich. Wenn Mutter schwächer wird, dann werden die Pläne natürlich mit der Zeit geändert werden müssen.« Das klang vernünftig, denn damit wollte er sagen, daß für jede Krankheitsphase neue Parameter aufgestellt werden mußten.

Leda (die ältere der beiden Enkelinnen) bot sich an, ihre Collage als nächste zu zeigen. Darauf war eine Fotografie von *Israel* zu sehen. Leda glaubte, daß die Kunsttherapie ihren Großeltern die Chance geben werde, das Leben so lange wie möglich zu genießen. Auf ähnliche Weise hatte Diane etliche Aktivitäten, an denen ihre Großeltern teilnehmen konnten, in ihrer Collage vereint.

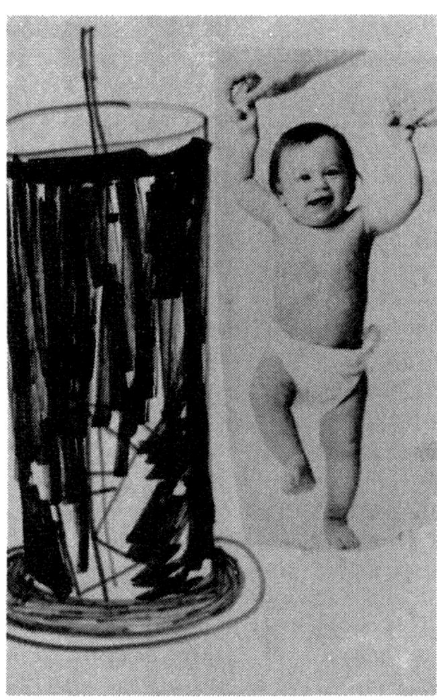

Abb. 121: »Cool« bleiben und einen Schritt nach dem anderen tun

Frau Rosen, die wußte, daß sie der Ausführung all dieser Vorschläge körperlich nicht mehr gewachsen war, saß stumm und deprimiert dabei. Ihr Mann bemerkte, wie sich seine Frau zurückzog, begann zu husten und entschuldigte sich, um sich »ein Glas Wasser« zu holen. Als er zurückkam, deutete die Therapeutin sein Verhalten als Hinweis auf seinen Schmerz und seinen Widerstand, sich mit dem bevorstehenden Tod seiner Frau zu beschäftigen. Sie fügte hinzu, daß im übrigen der Großteil der Familie Probleme damit zu haben scheine, längerfristige Pläne zu besprechen. Leda wollte diesen Gedanken nicht akzeptieren und intervenierte, indem sie die Partei ihres Vaters ergriff: »Daddy hat recht: Wenn sich Großmutter nicht sehr gut fühlt, dann werden wir zu diesem Zeitpunkt neu beschließen, was wir tun.« Hinde Belmont unternahm trotz dieser Feststellung noch einen Versuch, die Familie dazu zu bringen, über die letzten Tage ihrer Mutter zu sprechen. Um diese noch verfrühte Diskussion zu umgehen, bat die Therapeutin sie: *Gestalten Sie etwas, das Ihr Bedürfnis ausdrückt, gerade zu diesem Zeitpunkt über das letzte Krankheitstadium Ihrer Mutter zu sprechen.* Der Rest der Familie wurde gebeten, *irgend etwas nach eigener Wahl zu gestalten.*

Andy entschloß sich, den Anfang zu machen, und zeigte seine in Mischtechnik entstandene Arbeit. Sie stellte eine *Frau mit Brille* dar. Er drückte seinen Wunsch aus, seine Frau möge sich mehr um ihn kümmern; er fühlte sich seit einiger Zeit vernachlässigt (Abbildung 122). Obwohl er das vorher nie geäußert hatte und sich immer sehr verständnisvoll gezeigt und sie unterstützt hatte, war Hinde Belmont

Abb. 122: Der Wunsch nach mehr Aufmerksamkeit

nicht überrascht. Sie sah ihren Mann voller Liebe und Verständnis an. Niemand sprach, da dies als Eindringen in die Privatsphäre der Eheleute empfunden worden wäre. Nach einigen Momenten entschied sich Frau Belmont, mit ihrer Aufgabe weiterzumachen. Sie hielt eine *Spielkarte* aus Knetmasse und einen *goldenen Stern* hoch und erzählte der Gruppe, damit wolle sie ihr Bedürfnis darstellen, über den sich rapide verschlechternden Gesundheitszustand ihrer Mutter zu sprechen. Hinde meinte, es sei notwendig, die »Karten auf den Tisch« zu legen, und sie wußte, sie würde sich »besser fühlen, wenn Pläne gemacht« würden. Mit zitternder Stimme sagte sie ihrer Familie: »Ich gehöre zu den Menschen, die handeln müssen; ich hasse es, dazustehen und einfach nur zuzuschauen. Ich möchte etwas Konstruktives tun.« Dann sprach sie über den *goldenen Stern,* eine Erinnerung an ihre Kindheit: Ihre Mutter hatte immer goldene Sterne auf einen Karton geklebt, wenn sie »brav« gewesen war und sich »gut benommen« hatte. Hinde glaubte, wenn die Familie entschieden hatte, wie mit dem, was auf sie zukam, umgegangen werden sollte, würde sie alle Pläne »wie ein braves Mädchen« ausführen.

Leda war über diese Mitteilung ihrer Mutter sehr überrascht. Sie hielt deren Selbstinteresse für unangemessen und erwiderte heftig: »Mutter, vielleicht sollte jetzt Großmutter die Sterne bekommen, nicht du!« Aber Frau Rosen, von dieser Bemerkung beunruhigt, verteidigte ihre Tochter und meinte: »Nein, sie will etwas tun. Und sie will das Beste für mich. Das weiß ich.« Sie wandte sich an Hinde: »Wenn ich so weit bin, werden wir darüber sprechen, Liebes. Mach dir keine Sorgen.« Die

Familie zeigte sich von Frau Rosens Verständnis und der Art und Weise, wie sie ihre erwachsene Tochter in Schutz nahm, beeindruckt und mied jede weitere Konfrontation.

Am Ende der Sitzung fragte die Therapeutin alle Teilnehmer, ob sie wiederkommen wollten. Nach einer kurzen Besprechung meinten sie, es helfe ihnen sicher, zu einer Therapeutin zu kommen, die sie kannte und die ihre Umstände verstand. Es wurde entschieden, mit der Kunstpsychotherapie fortzufahren.

Zweite Sitzung/Familiensitzung: Alle Familienmitglieder

Auf dem Weg in den Therapieraum erwähnten einige Mitglieder der Familie, daß sich die letzte kunsttherapeutische Sitzung kommunikationsfördernd ausgewirkt habe. Als alle Platz genommen hatten, berichtete Andy Belmont, seine Frau grüble jetzt nicht mehr so viel und kümmere sich wieder mehr um ihn. Herr Rosen teilte von sich aus mit: »Ich war mit Leda gestern abend im Kino.« Die jüngere Enkelin berichtete, daß sie der Großmutter einen Kasten mit Wasserfarben gegeben und sie ermuntert habe, zu malen, wie sie es früher so oft getan hatte.

Die Therapeutin fragte die Familie, ob jemand über ein bestimmtes Thema sprechen wolle. Alle Familienmitglieder sagten, sie fänden es schön, in solch kommunikativer Atmosphäre zusammensein zu können. Dennoch fiel ihnen nichts ein, das sie besprechen wollten. Da niemand die Führung übernehmen und einen Anstoß geben wollte, ließ die Therapeutin sie Paare aus den jeweiligen Generationen bilden. Jedes Paar bekam eine Schachtel und die Anweisung, daraus *etwas zu gestalten, das eine Aussage über die Probleme der jeweiligen Generation macht.*

Herr und Frau Rosen sprachen während der gemeinsamen Arbeit nicht. Herr Rosen machte ein *zweistöckiges Haus* aus der Schachtel, seine Frau fügte *Vorhänge, einen Baum und Blumen* aus Tonpapier hinzu (die sie schräg setzte, ohne daß es ihr bewußt war; das wies darauf hin, wie schwach ihr Lebenslicht schon war). Als sie dann über ihre gemeinsame Arbeit sprachen, fiel Frau Rosen erstaunlicherweise auf, wie sehr sie Strukturen vermieden hatte. Sie verstand das als einen Ausdruck ihrer Krankheit. Als Herr und Frau Rosen über das Produkt sprachen, entschieden sie, daß das Haus die Energie repräsentiere, mit der sie ihr Kind und ihre Enkelkinder an sich banden; für sie sei es immer sehr wichtig gewesen, in einer »eng verwobenen Gemeinschaft« zu leben.

In Übereinstimmung hatten auch Herr und Frau Belmont *ein Haus* kreiert. Ihre Konstruktion war einstöckig und hatte vier Türen, auf jeder Seite eine. Andy Belmont erklärte dazu, seine Generation sei daran gewöhnt, »eigenen Interessen nachzugehen; deshalb hat das Haus vier Türen, und jeder kann kommen und gehen, wie es ihm gefällt. Eine Tür für jeden bedeutet, daß jeder ein eigenständiger Mensch ist.«

Auch Leda und Diane hatten sich während ihres gemeinsamen Projekts unterhalten. Sie beklagten sich darüber, daß sie sich eine einzige Schachtel teilen mußten, und lösten dieses Problem, indem sie sie zerschnitten.

Diane nutzte ihre Hälfte für eine symbolische Aussage über den *Feminismus:* Frauen ihrer Generation hätten drei Mauern um sich, die sie »teilweise einmauerten«; die vierte, offene Seite repräsentiere jedoch »neue Möglichkeiten für Frauen« (sie studierte Recht). Ihre Schwester Leda benutzte ihre Schachtel, um das Thema eines Generationsproblemes zu umgehen, und machte aus ihrer Schachtelhälfte einen *Gymnastikraum.* Sie sagte, es sei wichtig, gesund zu sein und Sport zu treiben. Körperliches und seelisches Wohlbefinden waren ihrer Meinung nach nicht zu trennen.

Die einzelnen Gebilde wurden nun als Grundlage für Familienbeobachtungen und Interaktionen benutzt. Frau Belmont fiel auf, in welcher Reihenfolge die einzelnen Beiträge aufgereiht waren: zunächst kam das Haus ihrer Eltern; dann das von ihrem Mann und von ihr selbst, und am Schluß kamen die Schachtelhälften der Mädchen. Frau Belmont stellte fest, daß die nach Generationen aufgestellten Gebilde deutliche strukturelle Unterschiede aufwiesen.

Hinde wies darauf hin, daß ihr Haus *zwischen* zwei Generationen stand, und meinte: »Das symbolisiert meine Verantwortung gegenüber Eltern und Kindern.« Sie fügte hinzu, die Seitentüren an ihrem Haus bedeuteten den »Zugang zu zwei Generationen«. Leda hörte aus der Bemerkung ihrer Mutter eine Art Beschwerde heraus und warf ein: »Aber du willst es ja so.« Das war offensichtlich richtig, denn niemand widersprach. Die Familie schien sich etwas unbehaglich zu fühlen und wandte sich jetzt lobend dem Haus der Großeltern zu. Leda sah ihre Großmutter an und sagte ihr, daß ihr enger Familienverbund allen ermöglicht habe, Freude und Kummer intensiver miteinander zu teilen. Verlegen lenkte Andy Belmont ab: »Hinde, es ist interessant, daß du die vier Türen in unserem Haus jetzt ganz anders siehst. Ursprünglich hatten wir doch entschieden, daß sie die Individualität in unserer Familie symbolisieren sollten. Dann hast du frei assoziiert und bist mit deinem Verantwortungsgefühl gekommen.«

Hinde Belmont faßte dies als Kritik auf und gab zurück, daß sie einerseits zu diesem engen Familienverband gehöre, sich andererseits aber durchaus auch für autonom halte. Sie fragte sich laut, ob sie wohl in ihrer Jugend wirklich versucht habe, sich dem elterlichen Einfluß zu entziehen, um ihre eigene Identität etablieren zu können.

Diesen Konflikt verstanden die Mädchen und sahen ihre Mutter liebevoll an. Unter den Frauen schien ein besonderes Einverständnis zu herrschen, während die Männer als Beobachter fungierten; oder vielleicht wollten sie auch nicht in diese Frauenbeziehungen eindringen.

Als die Sitzung sich ihrem Ende näherte, meinte Frau Belmont, diese beiden ersten kunsttherapeutischen Sitzungen hätten ihr viel bedeutet. Trotzdem sah sie für sich selbst keine Notwendigkeit, in der folgenden Woche wiederzukommen; sie hoffte jedoch, daß die gesamte Familie sich zu einem weiteren Besuch entschlösse, wenn sich der Gesundheitszustand der Mutter weiter verschlechterte. Die Therapeutin war durchaus aufgeschlossen für diesen Vorschlag und fragte die anderen nach ihrer Meinung dazu. Nach einiger Diskussion kam die Familie zu dem Entschluß, wieder zur Behandlung zu kommen, wenn sie es für dringender als zum augenblicklichen Zeitpunkt halte.

Dritte Sitzung/Familiensitzung: Alle Familienmitglieder

Nach einigen Monaten setzte sich Frau Belmont erneut mit der Autorin in Verbindung. Sie berichtete, daß ihre Mutter zunehmend schwächer werde. Frau Rosen verbrachte jetzt einen Großteil der Zeit im Bett; ihr Energiepegel veränderte sich von Tag zu Tag. Nach Aussage des Arztes hatte sie noch etwa drei Monate zu leben. Der Familie war klar geworden, daß sie sich mit dem näherkommenden Tod der Großmutter auseinandersetzen mußte, und sie bat um weitere kunsttherapeutische Behandlung.

Zur Lockerung stellte die Therapeutin in der Sitzung, mit der die Therapie wiederaufgenommen wurde, folgende Aufgabe: *Jeder stellt eine eigene Plastik aus Knetmasse her, die irgendeinen Aspekt von ihm selbst enthüllt.* Wie schon zuvor nahm es die Familie mit Erleichterung auf, daß sie sich künstlerisch betätigen »durfte« und nicht sprechen »mußte«. Als alle mit ihrer Aufgabe fertig waren, zeigte Herr Rosen freiwillig als erster seine Plastik *zweier solider Füße* vor. Er beschrieb sie als Symbol seines Verhaltens in letzter Zeit, in der er in der Nähe seiner Frau blieb (im Gegensatz zu seiner früheren Haltung, bei der er sich immer von ihr entfernt hatte) (Abbildung 123). Diese Aussage rührte Frau Rosen, und sie präsentierte ihre Skulptur als nächste: einen *halben Granatapfel mit Kernen.* Er stand für die vielen »Samen«, die sie in ihrem Leben »gepflanzt« hatte: Tochter und Schwiegersohn, Enkelinnen, Beiträge innerhalb der Gemeinde, gute Freundschaften, Schulkinder, die sie unterrichtet hatte, und so weiter. Traurig meinte sie, es gäbe noch so viele Samen, die sie gern eingesetzt hätte, wozu ihre Zeit aber nicht nicht mehr reiche; diese Erkenntnis war »schwer anzunehmen« (Abbildung 124).

Nach einer langen Pause schob Frau Belmont ihre Skulptur einer Krake in die Mitte des Tisches, wobei sie feststellte, er stünde für einiges: für den Versuch, für ihre Mutter zu sorgen und zu Hause die Dinge zu tun, die getan werden mußten, und in ihrem Teilzeitjob zu arbeiten. Sie fügte hinzu: »Es steht auch für das, was ich von meiner Familie und von meinen Freunden aufnehme. Seit wir letztes Mal bei Ihnen waren, sind wir alle sensibler einander gegenüber geworden, obwohl ich glaube,

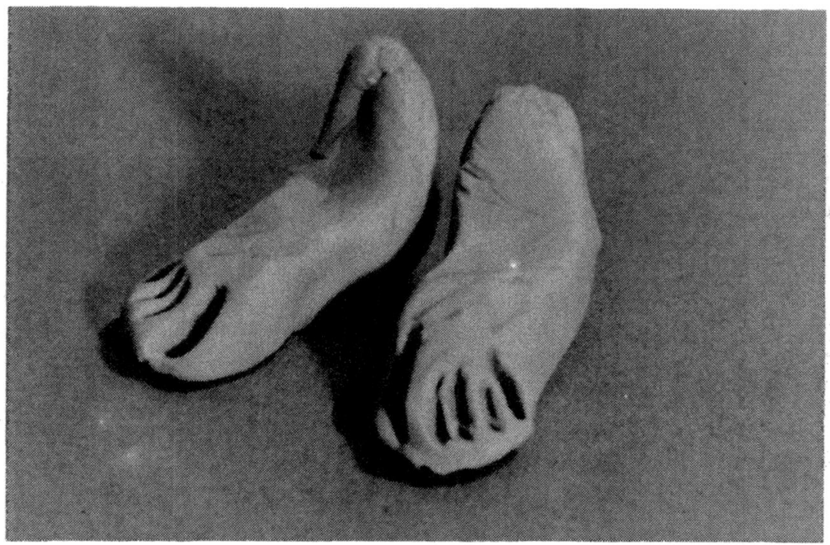

Abb. 123: Nahe beieinander bleiben

was Mutters Zustand betrifft, treten wir sehr leise. Ich fürchte, wir lassen Mama nicht über das sprechen, was sie beschäftigt. Immer wenn sie das Thema »Sterben« berührt oder auf ihr Testament anspielt, haben wir Angst, ihr ins Gesicht zu sehen, und tendieren dazu, das Thema zu wechseln.« (Abbildung 125)

Andy, der mit ihr einer Meinung war, nahm die Gelegenheit wahr und zeigte sein *Selbstporträt mit nur einem Ohr und einem Auge* und sagte dazu: »Es ist zu schwer zu akzeptieren, wie Mama ihr Schicksal so ruhig hinnimmt und sich nicht beklagt. Ich weiß, sie fühlt sich schrecklich.« (Abbildung 126) Die Familie, die offensichtlich eine Periode der Vortrauer durchlitt, konzentrierte ihre Aufmerksamkeit nun auf Ledas *Zopf*, der für ihre Großmutter, ihre Mutter und sie selbst stand, die ineinander verwoben waren; vor kurzem war ihr die Erkenntnis gekommen, daß sie sehr viele ähnliche Charaktereigenschaften hatten. Leda führte Beispiele an: »Daß wir alle gern im Auto singen, daß wir auf effiziente Weise kochen und aufräumen, unsere Liebe zur Kunst. Ich erkenne immer mehr, wieviel ich mit Mutter und Großmutter gemeinsam habe.«

Diane schien das Gefühl zu haben, keinen Platz in dieser Gemeinschaft zu haben. Gleichzeitig erklärte ihre *Buch*skulptur den Grund: »Ich merke, daß ich mich völlig ins Studium gestürzt habe. Teilweise, um dabei den Gedanken an Großmutters Leiden zu entfliehen; teilweise, um gute Leistungen zu erzielen, um meine Großeltern und Eltern stolz auf mich zu machen.«

Die Familie wurde zu einem weiterführenden Gespräch über die Gefühle ermuntert, die ihre Arbeiten untereinander auslösten. Anschließend legte die Therapeutin einen großen Papierbogen auf den Tisch und forderte alle auf, *ihre individuellen Skulpturen auf dem Bogen zu plazieren; wo, stünde jedem frei.*

Abb. 124: Verbliebene Samen

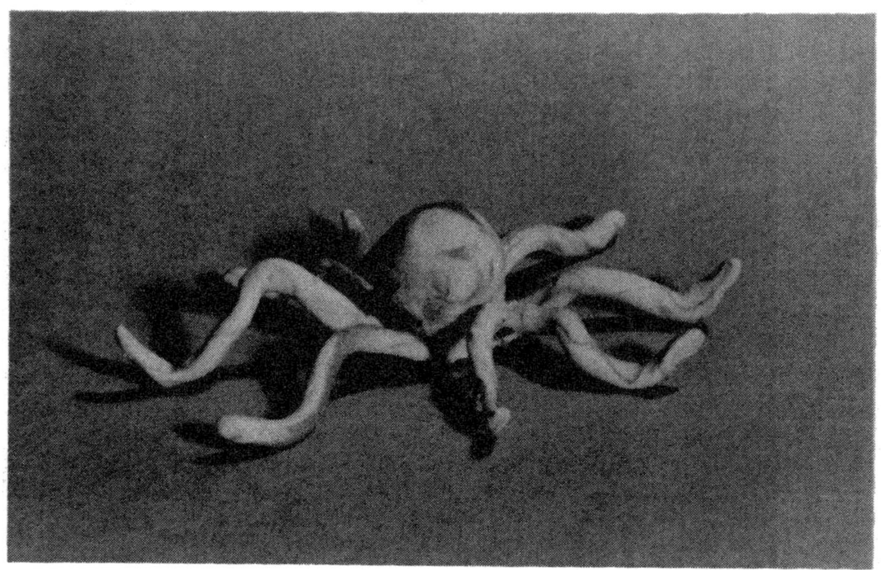

Abb. 125: Geben und nehmen

Abb. 126: Schwer zu beobachten

Zunächst zögerten alle und warteten darauf, daß die Großmutter den Anfang machte. Frau Rosen, die sah, was von ihr erwartet wurde, stellte ihren *Granatapfel* in die Mitte; ihre Tochter plazierte ihren *Tintenfisch* neben die Plastik ihrer Mutter, wie auch ihr Mann sein *Selbstporträt* neben das Kunstwerk seiner Schwiegermutter stellte. Herr Rosen folgte und plazierte seine Plastilin-*Füße* neben den Granatapfel seiner Frau. Zu diesem Zeitpunkt zeigte sich, daß Frau Rosens Stück umringt wurde, und die Mädchen folgten, um dieses Gestaltungsprinzip zu vollenden.

Dann sollte die Familie *verändern, was sie verändern wollte.* Frau Rosen nahm ruhig einige Samen von ihrem Granatapfel und pflanzte einen auf jede der Skulpturen ihrer Familie. Herr Rosen schob seine Füße noch näher zur Skulptur seiner Frau, bis die beiden Stücke sich berührten. Aber ohne daß ihm dies bewußt war, war ein Fuß in der Mitte und berührte seine Frau, während der andere außerhalb stand (vielleicht als Bestätigung für die Nähe zu seiner Frau und als Symbol dafür, daß für ihn das Leben weiterging). Hinde, Andy und Leda Belmont behielten ihre Positionen im wesentlichen bei, wenn sie auch alle ihre Figuren ein Stückchen näher zu Frau Rosens Skulptur schoben. Wieder war es Diane, die bis zum Schluß wartete. Als sie an der Reihe war, bewegte sie ihre Buch-Skulptur so weit, bis sie mit einer Seite an der ihrer Großmutter lehnte, während die andere die Figuren ihrer Eltern berührte.

Alle betrachteten die Gruppenskulptur stumm. Diane sprach als erste. Sie sagte, sie wolle ihrer Großmutter nahe sein, habe in letzter Zeit aber erkannt, daß Sterblichkeit auch ihre Eltern betreffe: Der Gedanke, daß auch sie sterben könnten, sei ihr nicht mehr gekommen, seit sie klein war. Schweigen breitete sich aus, während alle frei zu Dianes bedrohlicher Aussage assoziierten. Leda brach das Schweigen: Sie wisse, was Diane meine. Dann flocht sie einen vierten *Strang* in ihren *Zopf,* um ihre Nähe und Zuneigung zur Schwester auszudrücken.

Nach Ledas Geste entschloß sich Hinde Belmont, die Fangarme ihres Tintenfisches so zu verlängern, daß sie jeden anderen berühren konnte.

Die Familie, die von dieser Erfahrung sehr berührt war und sie als bedeutungsvoll empfand, betrachtete die Gruppenarbeit; jeder hing seinen eigenen Gedanken nach. Die Therapeutin respektierte den privaten Charakter der Introspektion und beendete die Sitzung daher.

Vierte Sitzung/Familiensitzung: Alle Familienmitglieder

Als die Familie in der folgenden Woche wiederkam, erklärten alle, wie ergiebig und wertvoll die letzte kunsttherapeutische Sitzung gewesen sei. Sie hatte allen viel Stoff zum Nachdenken gegeben. Diane sagte, sie »fühle sich gut«, weil sie fähig sei, Gefühle zu zeigen, die üblicherweise unausgedrückt blieben, und weil ihre Familie es zuließe, daß diese Gefühle ausgedrückt würden, ohne daß es »peinlich« wurde. Eltern und Großeltern seien viel zu beschützend gewesen. Diane fügte hinzu: »Mit ihren Handlungen schienen sie mir sagen zu wollen, daß ich allein nicht zurechtkam; daß ich vielleicht zu zerbrechlich oder sonstwie inkompetent sei.« Eltern und Großeltern protestierten und bestanden darauf, daß Diane sie falsch interpretiere. Aber Leda, als objektive Beobachterin, gab ihrer Schwester recht: Vorwände, alles Negative wegzuerklären, schlössen auch die Botschaft ein, daß solche Gefühle »schlecht« seien. Diane warf Leda einen dankbaren Blick für die Bestätigung ihrer Wahrnehmung zu.

Nach diesem Austausch stellte die Therapeutin, auch als Rückführung in die gegenwärtige Sitzung, die Aufgabe, *nach einem selbstgewählten Thema etwas Kreatives zu machen.*

Herr Rosen entschied sich für ein *Fernsehgerät* aus Tonpapier: Er hatte vor, ein neues Farbfernsehgerät zu kaufen, daß im Schlafzimmer seiner Frau aufgestellt werden sollte.

Während Hinde Belmont ihrem Vater zuhörte, wühlte sie in der Collagenschachtel herum und pickte das Foto einer *Frau mit einer Krankenschwester neben ihrem Bett* heraus; dazu sagte sie, sie habe inzwischen Informationsmaterial über »einen häuslichen Krankenpflegedienst« erhalten (Abbildung 127). Frau Rosen, die von dieser Neuigkeit überrascht war, äußerte Ärger über ihre Tochter, weil diese die kunsttherapeutische Sitzung benütze, um ihr solche Informationen »unterzuschieben«. »Warum hast du mir das nicht zu Hause gezeigt?« wollte sie wissen. Frau Belmont entschuldigte sich bei ihrer Mutter und gab zu, daß sie »zu feige gewesen sei, um das Thema anzusprechen«. Die Autorin schlug vor, daß sich Herr und Frau Rosen, der Arzt und Hinde Belmont zusammensetzen und Nutzen und Zweck dieses Pflegeplanes besprechen sollten. Alle waren der Meinung, daß dies der richtige Weg war.

Leda meldete sich als erste wieder zu Wort: »Nach dieser Unterhaltung über das häusliche Pflegeprogramm erscheint mir mein Bild ziemlich lächerlich.« Sie machte ihre Zeichnung herunter, die eine *Gruppe von Frauen* darstellte, *die für eine bessere Bezahlung abstimmten.* Die Therapeutin hielt ihr Bild für ein Zeichen von Verleugnung und von Ledas Widerstreben, sich mit der tödlichen Krankheit der Großmutter auseinanderzusetzen. Dennoch sprach sie diese Deutung nicht laut aus. Frau Rosen, die nicht zulassen wollte, daß ihre Enkelin sich schuldig fühlte, sagte jetzt: »Dein Bild ist überhaupt nicht lächerlich. Ich freue mich über dein Engagement für die Frauenbewegung. Ich wollte, ich hätte mehr für die Stellung der

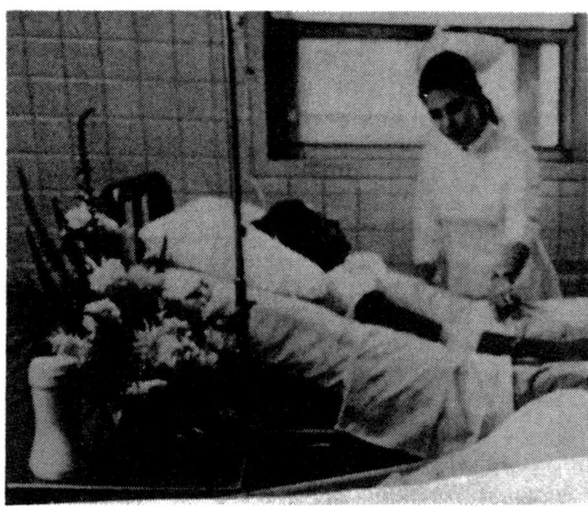

Abb. 127: Häusliche Krankenpflege

Abb. 128: Sonnenuntergang

Frau getan.« Als Frau Belmont sich darüber beunruhigt zeigte, daß ihre Mutter etwas »bereute«, wiesen die Mädchen sie schnell darauf hin, daß ihre Großmutter das Recht habe, zu glauben, sie habe etwas nicht vollendet, und Reue zu empfinden.

Die Familienmitglieder unterhielten sich darüber, daß man anderer Menschen Gedanken und Gefühle tolerieren müsse. Anschließend legte Diane ihr Wasserfarbenbild von einem *Sonnenuntergang* vor. Obwohl sie beim Malen nichts Bestimmtes im Sinn gehabt hatte, erinnerte sie das Bild jetzt an eine gemeinsame Kreuzfahrt mit der ganzen Familie. Auch andere Familienmitglieder mußten jetzt an diese mit so schönen Erinnerungen verbundenen Ferien denken. Die Autorin wies darauf hin, daß die »untergehende Sonne« noch eine andere Bedeutung haben könnte: daß sich das Leben der Großmutter »seinem Ende zuneige«. Diane sah traurig aus, als sie dieser Deutung zustimmte (Abbildung 128).

Andy hatte seine *Schwiegermutter im Bett sitzend* gezeichnet, als Zeichen dafür, daß er ihre Krankheit akzeptierte. Dianes Wasserfarbenbild hatte ihn an Frau Rosens künstlerische Begabung erinnert. Er wandte sich an seine Schwiegermutter und sagte: »Wenn es dir gut genug geht, wünsche ich mir von dir ein Aquarell für mein Büro. Damit würdest du mir eine große Freude machen.« Frau Rosen lächelte über die Bitte ihres Schwiegersohnes, offensichtlich geschmeichelt von seiner Zuneigung und seiner respektvollen Haltung gegenüber ihrer Kunst.

Als letzte legte Frau Rosen ihr Bild vor. Es zeigte einen *Mond* in der Mitte und mehrere *Ringe darum herum.* Der erste Ring enthielt fünf große Sterne; ein zweiter, weiter außen plazierter Ring enthielt fünf kleinere Sterne. Über den Rest des Blattes

Abb. 129: Loslassen

waren winzige Sterne verteilt. Frau Rosen erklärte ihr Bild: »Der Mond bin *ich*. Der erste Ring mit den *fünf Sternen* seid *ihr alle*. Der zweite Ring mit den *kleineren Sternen* soll heißen, daß *ihr euch wegbewegt*. Und so sollte es sein. *Nähe ist gut. Zuviel Nähe ist nicht so gut*. Die winzigen, verstreuten Sterne zeigen, wie es sein sollte, wenn ich tot bin. *Ihr müßt Euer Leben weiterleben und tun, was ihr tun müßt.*« (Abbildung 129)

Einige Familienmitglieder begannen zu kritzeln, um so ihrer Gefühle Herr zu werden. Herr Rosen begann zu schluchzen, beugte sich dann zu seiner Frau, hob ihre Hand und küßte und tätschelte sie sehr zärtlich und liebevoll.

Die Wirkung von Frau Rosens Botschaft sollte nicht verwässert werden. Es schien in klinischer Hinsicht wichtig, die Familie *nicht* in eine Diskussion zu führen, sondern es jedem möglich zu machen, *Betrachtungen über seine eigene Philosophie von Leben und Tod anzustellen*.

Anmerkungen

Obwohl sich die Familiendynamik ständig selbst enthüllte, wurde sie wegen des Therapiezieles dieser Familienbehandlung weder gedeutet, noch wurde damit gearbeitet. Die Therapeutin verfolgte ihren Plan weiter, der Familie zu helfen, sich mit den Gedanken und Gefühlen, die vor Frau Rosens Tod ausgedrückt werden mußten, auseinanderzusetzen.

Fünfte Sitzung/Familiensitzung: Alle Familienmitglieder

Frau Rosens Gesundheitszustand begann sich rapide zu verschlechtern. Sie konnte das Haus nicht mehr verlassen und verbrachte den größten Teil ihrer Zeit im Bett. Es wurde vereinbart, daß die Therapeutin die Behandlung mit Hausbesuchen fortsetzen würde. Die hier beschriebene Sitzung fand zwei Wochen nach dem vierten Treffen statt.

Die Therapeutin glaubte, daß ein »positiver Lebensrückblick« mit Hilfe von Fotoalben der Familie Trost bringen und ihr helfen würde, sich der Zukunft zu stellen. Während eines Telefongesprächs erzählte die Klinikerin Frau Rosen von ihrem Plan und bat sie, vorhandene Fotos bereits einmal durchzusehen. Wenn die Fotografien nicht eingeklebt waren, sollte sie sie in eine chronologische Ordnung bringen. Obwohl Frau Rosen zu Beginn des Telefonats einen schwachen und deprimierten Eindruck gemacht hatte, schien ihr diese Idee zu gefallen, und die Aussicht, Familienschnappschüsse durchzusehen, gab ihr Auftrieb.

Während der kunsttherapeutischen Sitzung drängten sich alle um Frau Rosen, die am Kopf des Eßtisches saß und die Fotoalben vor sich ausgebreitet hatte. Sie sagte, die Alben *in Ordnung* zu bringen, wäre eine wunderbare Aufgabe für sie und ihren Mann gewesen. Daß die Therapeutin damit erreichen wollte, daß sie in symbolischer Form *ihr Leben geordnet abschloß,* schien ihr bewußt zu sein, und sie erwähnte, daß sie viele Bilder von Menschen, die ihren Nachkommen unbekannt waren, beschriftet und viele Schnappschüsse weggeworfen hatte.

Im Hinblick auf die Therapie hatte sie sich die Mühe gemacht, bestimmte Albumseiten mit besonders wichtigen Bildern zu markieren.

Das chronologisch zusammengestellte Album begann mit Frau Rosens Kindheit, eingeschlossen waren Bilder ihrer eigenen Eltern, von ihr selbst und ihren Geschwistern. Es folgten ein Foto von Herrn und Frau Rosen aus ihrer Jugendzeit als Studenten, Bilder aus der Zeit ihres Werbens umeinander und von ihrer Heirat, dann von Hinde als Baby, beim Heranwachsen und schließlich von deren Hochzeit. Im letzten Teil des Albums tauchten die Enkeltöchter auf. Alle Anwesenden verloren sich in Erinnerungen. Andy Belmont sagte, er würde gern eine Videokamera ausleihen, um seine Mutter von ihrem Familienhintergrund erzählen zu lassen und dabei aufzunehmen. Die Mädchen fanden seine Idee »großartig« und wollten mitgefilmt werden.

Nach der Durchsicht der Fotoalben wurde den Teilnehmern die Aufgabe gestellt, *ein Wandbild zu malen, das auf positiven Erinnerungen an die Vergangenheit beruht,* um weiter mit den Gefühlen, die im Raum standen, zu arbeiten.

Die Familie drängte Frau Rosen, bei dem Wandbild die Führung zu übernehmen. Bevor mit der Zeichnung begonnen wurde, fragte sie nach Vorschlägen und faßte dann alle Ideen zusammen. Der Titel des Bildes sollte lauten: »Erinnerungen an Familienfeiern«. Der Reigen begann mit einem Bild von *Herrn und Frau Rosen bei ihrer Hochzeit, unter einem weißblauen Stoffhimmel.* Eine andere Szene stellte *Hinde und Andy Belmonts Hochzeit* dar, dann folgten die *zwei Kinderbettchen von Leda und Diane.* Für den nächsten Teil wurden Zeitschriftenfotos für eine Fotocollage benutzt, die eine *Familie am Eßtisch beim jährlichen Passahfest* (einem traditonellen jüdischen Feiertag, zu dem ein Abendessen gehört) zeigte. Alle halfen bei der Zeichnung eines *Hochzeitskuchens mit der Zahl 45 darauf* mit: Die Rosens hatten kürzlich Hochzeitstag gefeiert (Abbildung 130).

Abb. 130: Familienfeiern

Das Wandbild hatte eine bittersüße Wirkung auf die Familienmitglieder. Am Ende der Sitzung erklärten Herr und Frau Rosen, daß sie trotz einiger schwieriger Zeiten »ein schönes Leben zusammen« geführt hätten.

Sechste Sitzung/Familiensitzung: Alle Familienmitglieder

Die Therapeutin erschrak über Frau Rosens körperlichen Verfall seit der vergangenen Woche. Da sie fürchtete, daß das Ende sehr bald bevorstand, hielt sie die Zeit für das Abschiednehmen für gekommen. Deshalb begann die Sitzung mit der Anweisung: *Gestalten Sie etwas, das ausdrückt, was Sie Ihrer Frau/Mutter/Großmutter sagen wollen. Frau Rosen sollte statt dessen Botschaften, die noch nicht vollendet waren oder die sie Ihrer Familie übermitteln wollte,* künstlerisch darstellen.

Herr Rosen war einverstanden, die Auseinandersetzung aufzunehmen, indem er ein *Herz* aus Tonpapier hochhielt. Er betonte, es stünde für die Liebe, die er für seine Frau empfand (Abbildung 131). Hinde hatte eine *Schüssel mit Hühnersuppe mit Klößchen* gezeichnet und sagte ihrer Mutter dazu: »Du hast mir immer gegeben, was ich brauchte – du warst eine liebevolle, wunderbare Mutter.« (Abbildung 132) Nachdem sie ihr Bild erklärt hatte, ging sie zu ihren Eltern, um sie zu umarmen und zu küssen. Ihr Mann schien den Tränen nahe, als er sein *Bild von einer Familie am Eßtisch* vorlegte. Darauf hatte er die ausgeschnittenen Worte *Eine Familie* geklebt. Er sah Frau Rosen an und sagte: »Mama, ich habe dich immer wie meine richtige Mutter empfunden.« (Abbildung 133) Leda zögerte, bevor sie ihre *Figur mit offenen Armen* vorzeigte. Sie schaute ihre Großmutter an, als sie sagte: »Du warst immer für mich da. Ich wußte immer, daß ich zu dir kommen kann, wenn ich mich über Mutter oder Vater geärgert hatte. Du hast mir zugehört, hast mir Süßigkeiten gegeben, mir das Gesicht gewaschen, mich umarmt und meine Eltern angerufen und ihnen erklärt, sie hätten Glück, so ein Kind wie mich zu haben.« (Abbildung 134)

Abb. 131: Liebe

Abb. 132: Zuwendung

Diane hatte ein *Schild mit der Aufschrift »100 %«* gemalt, das sie so erklärte: »Großmutter, auf dich konnte man immer zählen. Du hast nie ein Versprechen gebrochen. Ich hatte immer das Gefühl, daß ich in deinen Augen nichts falsch machen kann!« Sie machte eine kleine Pause und fügte dann hinzu: »Großmutter, ich kann mir ein Leben ohne dich nicht vorstellen.« Unfähig, weiterzusprechen, brach sie in Tränen aus. Der Vater legte den Arm um seine Tochter und ließ sie sich an seiner Schulter ausweinen.

Frau Rosen hörte sich die Bekenntnisse aller unbewegt an. Dann legte sie tapfer ihre eigene Arbeit vor. Es war ein Aquarell von einem *Regenbogen mit einem*

Abb. 133: In die Familie integriert

Abb. 134: Immer da

Herzen in der Mitte: »Jede Regenbogenfarbe steht für ein Familienmitglied. Alle zusammen bilden sie etwas besonders Schönes, aber auch allein sind sie noch schön.« Sie wies darauf hin, daß sie die Farben nicht genau plaziert hatte: »Ich habe nicht mehr lange zu leben. Es hat immer Zeiten gegeben, in denen ich mich geärgert habe oder verletzt war. Nicht immer ist alles vollkommen, aber insgesamt bin ich sehr glücklich gewesen. Ja, sehr glücklich. Ich möchte, daß ihr das alle wißt.« (Abbildung 135)

Das Abschiednehmen hatte alle erschöpft. Da das Hauptziel der Therapie erreicht war, würden sich etwaige zukünftige Sitzungen um den Abschluß drehen.

Siebte Sitzung/Familiensitzung: Alle Familienmitglieder

Zu Beginn der Sitzung berichtete Frau Rosen, daß der häusliche Pflegedienst die Arbeit bereits aufgenommen hatte. Sie erklärte: »Ich habe das Gefühl, daß ich weggleite.«

Die Familienmitglieder wurden angewiesen: *Gestalten Sie etwas, das Sie Frau Rosen gern geben würden; Frau Rosen, sie können dasselbe für ihre Familie tun.*

Die Trauerarbeit hatte bereits begonnen, und die Stimmung unter den Familienangehörigen war von großer Traurigkeit bestimmt. Die kreative Aufgabe gab der Familie die Gelegenheit, ihre zurückgehaltenen Gedanken freizusetzen. Herr Rosen sah sich um und nahm dann einen Pappteller, auf den er einige *Tabletten* zeichnete. Dazu sagte er, er würde seiner Frau gern das Geschenk der »Schmerzfreiheit« machen: »Wenn ich dich nur von den Schmerzen befreien könnte! Ich würde sie gern *auf* mich nehmen.« Frau Rosen lächelte schwach und sagte ihrem Ehemann, das wisse sie.

Hinde gab ihrer Mutter das Bild eines *Mandala,* das »geistigen Frieden« darstellen sollte. Dazu versprach sie ihr, daß all ihre Wünsche und Verfügungen ausgeführt werden würden. Andy schnitt ein *Kissen* aus; damit wollte er seiner Schwiegermutter sagen, daß er es ihr gern *bequemer machen* würde. Diane drückte mit einem

Abb. 135: Eine Metapher für die Familie

Ohr aus Tonpapier ihren Wunsch aus, »heraushören, was immer Großmutter sagen wollte«, und Leda gab ihr die Zeichnung eines *bunten Phantasiemusters* als Metapher dafür, daß sie versuchen wollte, etwas Schönheit in Großmutters Leben zu bringen.

Frau Rosen sagte, ihre Familie mache ihr viel Freude; die Geschenke seien gut überlegt und gingen äußerst sensibel auf ihre Bedürfnisse ein. Da sie sich physisch und emotional erschöpft fühlte, entschuldigte sie sich, daß sie nicht selbst kreativ wurde. Es schien, als hätte Frau Rosen ihrer Familie schon soviel gegeben, wie sie konnte.

In den Gesichtern der Familienmitglieder standen Zuneigung und Kummer. Die Therapeutin sah keine Notwendigkeit für irgendwelche Schlußworte, da die Familie selbst schon für einen Abschluß gesorgt hatte.

Die folgende Woche

Frau Belmont rief an und berichtete, daß ihre Mutter dem Tode nahe sei und unter starkem Medikamenteneinfluß stehe. Frau Rosen starb in der darauffolgenden Woche.

Einige Monate später

Die Autorin erhielt einen Anruf von Hinde Belmont, die fragte, ob sie die Kunsttherapie-Bildermappe einmal habe könnte, da ihre Familie sie noch einmal durchgehen wolle. Die Therapeutin ging gerne auf diese Bitte ein und hoffte, daß das die Trauerarbeit ein Stück weit erleichtern konnte.

Wenige Wochen später

Frau Belmont rief die Therapeutin noch einmal an, um zu berichten, daß dieses Ereignis sehr schmerzlich, aber auch befriedigend gewesen sei. Sie sagte, die Familie wäre sehr froh über die Rolle, die sie in den letzten Lebenstagen von Frau Rosen gespielt hatte und die ihr selbst und der Kranken über die schwere Zeit hinweggeholfen habe. Hindes letzte Aussage gegenüber der Therapeutin war: »Wir fühlen uns Mutter sehr nahe, wenn wir unser ›Erbe‹ sehen.« Damit meinte sie die visuellen Botschaften, die Frau Rosen hinterlassen hatte.

Frau Rosen hinterließ auch der Autorin ein Vermächtnis: das Privileg der Arbeit mit einer außergewöhnlichen Klientin und deren Familie, an die sie sich oft und gern erinnerte.

Zusammenfassung

In diesem Fall galt die Kunsttherapie mehreren Generationen einer Familie. Therapiegrund war der bevorstehende Tod der Großmutter. Die Therapieziele waren folgende: 1) der sterbenskranken Patientin und ihrer Familie dabei zu helfen, sich dem bevorstehenden Tod zu stellen; 2) den Umgang mit ihren Gefühlen zu erleichtern; 3) ein System offener Unterstützung zu schaffen; und 4) Zeit zu geben, in der die Familie Abschied nehmen konnte.

Die Sitzungen beinhalteten Hausbesuche und einen positiven Rückblick auf das Familienleben.

Es zeigte sich, daß die kreativen Arbeiten für die Hinterbliebenen auch nach der Behandlung wertvoll waren, da sie sie darin bestärken konnten, daß sie mit ihrer Erfahrung ehrlich, würdevoll und liebevoll umgegangen waren.

Empfohlene Lektüre

Aldrich, G. K. The dying patient's Grief. *Journal of American Medical Association, 184,*, 109–111, 1963.

Beatman, F. L. Intergenerational aspects of family therapy. In: Ackerman, N. W. (Ed.) *Expanding Theory and Practice in Family Therapy.* New York (Family Service Association of America) 1967, pp. 29–38.

Blazer, D. G. Working with the elderly patient's family. *Geriatrics, 33,* 117–123, 1978.

Boszormenyi-Nagy, I. & Spark, G. M. *Invisible Loyalties: Reciprocity in Intergenerational Family Therapy.* New York (Harper & Row) 1973. (Reprinted by Brunner/Mazel, New York, 1984.)

Brink, T. L. Family counseling with the aged. *Family Therapy, 3,* 163–169, 1976.

Cameron, P. The generation gap: Time orientation. *The Gerontologist, 12*(2), 117–119, 1972.

Carp, F. Some components of disengagement. *Journal of Gerontology, 23,* 382–386, 1968.

Feifel, H. Death. In: Farberow, N. L. (Ed.) *Taboo Topics* New York (Atherton Press) 1963.

Hammer, E. F. *The Clinical Application of Projective Drawings.* Springfield, IL (Charles C. Thomas) 1971.

Headly, L. *Adults and Their Parents in Family Therapy.* New York (Plenum Press) 1977. Dt.: *Erwachsene und deren Eltern in gemeinsamer Therapie: Ziele, Methoden, Lösungen.* München (Pfeiffer) 1979.

Herr, J. J. & Weakland, J. H. *Counseling Elders and Their Families: Practical Techniques for Applied Gerontology.* New York (Springer) 1979. Dt.: *Beratung älterer Menschen und ihrer Familien: die Praxis der angewandten Gerontologie.* Bern, Stuttgart, Toronto (Huber) 1988.

Hinton, J. *Dying.* Baltimore (Pelican Books) 1972.

Horowitz, L. Treatment of the family with a dying member. *Family Process, 14*(1), 95–107, March 1975.

Junge, M. The book about Daddy Dying: A Preventative art therapy technique to help families deal with the death of a family member. *Art Therapy, 2*(1), 4–10, March 1985.

Killer, M. R. *Families: A Multigenerational Approach.* New York (McGraw-Hill) 1974.

Kimmel, D. C. *Adulthood and Aging.* New York (Wiley) 1974.

Kübler-Ross, E. *Living with Death and Dying.* New York (Macmillan) 1980. Dt.: *Verstehen, was Sterbende sagen wollen: Einführung in ihre symbolische Sprache.* Stuttgart (Kreuz) 1982.

Landgarten, H. B. Art psychotherapy for depressed elders. *Clinical Gerontologist: The Journal of Aging and Mental Health, 2*(1), 45–55, Fall 1983.

Neugarten, B. L. *Middle Age and Aging.* Chicago (University of Chicago Press) 1967.

Peterson, J. A. Marital and family therapy involving the aged. *Gerontologist, 13,* 27–31, 1973.

Pincus, R. *Death and the Family.* New York (Random House) 1974.

Reilly, D. M. Death propensity, dying and bereavement: A family systems perspective. *Family therapy, 5,* 35–55, 1978.

Schulz, R. *The Psychology of Death, Dying and Bereavement.* Reading (Addison-Wesley) 1978.

Seelbach, W. C. Correlates of aged parents' filial responsibility expectations and realizations. *Family Coordinator, 27,* 341–350, 1978.

Schneidman, E. S. *Death.* Palo Alto (Mayfield) 1984.

Siegler, I. C. & Blazer, D. G. (Eds.) *Working with the Family of Older Adults.* Reading (Addison-Wesley) 1981.

Soulen, R. *Care for the Dying.* Atlanta (Knox) 1975.

Spark, G. M. & Brody, E. M. The aged are family members. *Family Process, 9,* 195–210, 1970.

Spark, G. M. Grandparents and intergenerational family therapy. *Family Process, 12*(2), 225–239, 1974.

Stoddard, S. *The Hospice Movement.* New York (Vintage) 1978. Dt.: *Leben bis zuletzt: die Hospiz-Bewegung; ein anderer Umgang mit Sterbenden.* München, Zürich (Piper) 1989.

Weisman, A. *On Dying and Denying.* New York (Behavioral Publications) 1972.

Worden, J. W. *Personal Death Awareness.* Englewood Cliffs, NJ (Prentice-Hall) 1976. Dt.: *Leben ohne Todesangst.* Köln (Bachem) 1977.

Zuk, G. H. *Family Therapy: A Triadic Based Approach.* New York (Behavioral Publications) 1971. Dt.: *Familientherapie: Interventionen und therapeutische Prozesse.* Freiburg im Breisgau (Lambertus) 1978.

Abbildungen

Epilog

Als ich die Fallgeschichten für dieses Buch niederschrieb, fiel mir in starkem Maße auf, daß sich jede Familientherapie in irgendeiner Weise auch mit dem Thema *Trennung und Verlust* befaßt. Da ich heute mehr denn je erkannt habe, daß solche schmerzlichen Erlebnisse Wachstum verlangsamen oder umlenken können, bin ich dankbar für die Möglichkeiten der Kunsttherapie, sich solchen Themen in Form von Metaphern anzunähern, wenn ein direktes Vorgehen verfrüht ist oder Widerstand erzeugt.

Mein Beruf als Familien-Kunstpsychotherapeutin hat mir viel Freude und Befriedigung gebracht. Familien haben gezeigt, daß sie willens und in der Lage sind, ihre Haltung, ihr System und die Art, wie die einzelnen Familienmitglieder einander wahrnehmen, zu verändern. Immer wieder bekomme ich Jahre später Informationen von Patienten, die sich einer Kurztherapie zur Krisenintervention unterzogen hatten. Eine zweite Kunsttherapie erweist im allgemeinen, daß die Veränderungen Bestand hatten. Patienten, die nach ihrer ersten Therapie geheiratet und Kinder bekommen haben, berichten, daß sie immer noch von den Einsichten profitieren, die sie im Rahmen einer Therapie mit ihrer Ursprungsfamilie erlangt haben.

Wichtig ist, daß der Leser erkennt, daß der Familien-Kunsttherapeut *in zwei Bereichen gleichzeitig kreativ sein* muß; er muß sich psychisch auf seine Klienten einstellen und zugleich unmittelbare Entscheidungen über die angemessene künstlerische Aufgabe treffen, die einem therapeutischen Ziel dienen soll. Diese doppelte Herausforderung ist es, die mich nicht so schnell »ausbrennen« läßt und mir in meinem Beruf nach wie vor Spannung und Befriedigung bringt.

Es ist ein weiterer Vorteil der Kunsttherapie, der zuweilen übersehen wird, daß sie bei Arm und Reich gleichermaßen *wirksam* ist, für die psychologisch nicht Vorgebildeten ebenso wie für die, die Psychologieliteratur auswendig kennen.

Ebenso macht diese Therapieform, wie im vorliegenden Buch deutlich wird, dem Familien-Psychotherapeuten zahlreiche Behandlungsansätze möglich, ob sie sich nun an der Gewinnung von Einsicht, an Kommunikation, Interaktion, Symptomabbau oder einem anderen Ziel orientiert.

Die wachsende Zahl von Büchern zur Familientherapie läßt erkennen, daß die Arbeit mit Familien an Bedeutung gewinnt. In vielen Institutionen findet man heute Familien-Kunstpsychotherapeuten in Team, und ich bin davon überzeugt, daß ihre Zahl überall da noch zunehmen wird, wo die Behandlung von Familien angeboten wird. Familien-Kunstpsychotherapie ist sicher kein Allheilmittel, aber sie ist ein psychotherapeutisches Werkzeug, das heilen kann, wenn man es mit Sinn, Wissen und Können einsetzt.

Weiterführende Literatur

Abel, T. M. Figure drawing and facial disfigurement. *American Journal of Orthopsychiatry, 23,* 253–264, 1953.

Ackerman, N. W. Family psychotherapy and psychoanalysis: The implications of difference. In: Ackerman, N. W. (Ed.) *Family Process.* New York (Basic Books) 1970 (a).

Ackerman, N. W. (Ed.) *Family Therapy in Transition.* New York (Little, Brown) 1970 (b).

Albee, G. W. & Hamlin, R. M. An investigation of the reliability and validity of judgments of adjustment inferred from drawings. *Journal of Clinical Psychology, 5,* 389–392, 1949.

Alexander, F. The psychoanalyst looks at contemporary art. In: Lindner, R. (Ed.) *Explorations in Psychoanalysis.* New York (Julian Press) 1955.

Alschuler, R. & Hattwick, L. W. *Painting and Personality.* Chicago (University of Chicago Press) 1 & 2, 1947 (rev. ed. 1969).

Ames, L. B., Metraux, R. W., Rodell, J. L. & Walker, R. N. *Child Rorschach Responses.* New York (Brunner/Mazel) 1974.

Ames, L. B., Metraux, R. W. & Walker, R. N. *Adolescent Rorschach Responses.* New York (Brunner/Mazel) 1971.

Anastasi, A. & Foley, J. P. An analysis of spontaneous drawings by children in different cultures. *Journal of Applied Psychology, 20,* 689–726, 1936.

Anderson, C. M. & Stewart, S. *Mastering Resistance: A Practical Guide to Family Therapy.* New York (Guilford Press) 1983.

Anderson, F. & Landgarten, H. B. Art therapy program in the mental health field. *Studies in Art Education, 15*(5), 1973–74.

Andolfi, M. *Family Therapy: An Interactional Approach.* New York (Plenum Press) 1979. Dt.: *Familientherapie: das systemische Modell und seine Anwendung.* Freiburg im Breisgau (Lambertus) 1988.

Aponte, H. J. Psychotherapy for the poor: An eco-structural approach to treatment. *Delaware Medical Journal,* March 1974.

Ard, B. & Ard, C. (Eds.) *Handbook of Marriage Counseling.* Palo Alto, CA (Science & Behavior Books) 1969.

Arieti, S. *The Intrapsychic Self.* New York (Basic Books) 1967.

Arieti, S. *Creativity: The Magic Synthesis.* New York (Basic Books) 1976.

Arnheim, R. *Visual Thinking.* Berkeley (University of California Press) 1969. Dt.: *Kunst und Sehen: eine Psychologie des schöpferischen Auges.* Berlin, New York (de Gruyter) 1978.

Auerbach, J. G. Psychological observations on »doodling« in neurotics. *Journal of Nervous and Mental Disorders, III,* 304–332, 1950.

Bandler, R., Grinder, J. & Satir, V. *Changing with Families.* Palo Alto, CA (Science & Behavior Books) 1976. Dt.: *Mit Familien reden: Gesprächsmuster und therapeutische Veränderung.* München (Pfeiffer) 1987.

Bandura, A. Psychotherapy based upon modeling principles. In: Bergin, A. E. & Garfield, S. L. (Eds.) *Handbook of Psychotherapy and Behavior Change.* New York (Wiley) 1971.

Bandura, A. & Walter, R. H. *Adolescent Aggression: A Study of the Influence of Child-Training Practices and Family Interrelationships.* New York (Ronald) 1959.

Bank, S. P. & Kahn, M. D. *The Sibling Bond.* New York (Basic Books) 1982. Dt.: *Geschwister-Bindung.* Paderborn (Junfermann) 1989.

Barker, P. *Basic Family Therapy.* Baltimore (University Park Press) 1981.

Barnes, M. & Berke, J. *Mary Barnes.* New York (Ballantine Books) 1971. Dt.: *Meine Reise durch den Wahnsinn.* Frankfurt am Main (Fischer) 1989.

Barten H. & Barten, S. *Children and Their Parents in Brief Therapy.* New York (Behavioral Publication) 1973.

Beck, H. S. A study of the applicability of the H-T-P to children with respect to the drawn house. *Journal of Clinical Psychology, II,* 60–63, 1955.

Beels, C. & Ferber, A. Family therapy: A view. *Family Process, 8,* 280–332, 1969.

Bell, N. & Vogel, E. *A Modern Introduction to the Family.* Glencoe, IL (Free Press) 1960.

Bell, N. W. & Vogel, E. F. *The Family.* Glencoe (Free Press) 1960.

Bender, L. (Ed.) *Child Psychiatric Techniques.* Springfield, IL (Charles C. Thomas) 1952.

Benedek, T. The emotional structure of the family. In: Anshen, R. N. (Ed.) *The Family: Its Functions and Destiny.* New York (Harper) 1949, pp. 202–225.

Bertalanffy, L. von *General Systems Theory: Foundation, Development, Applications.* New York (Brazillier) 1968.

Betensky, M. *Self-discovery Through Self-expression.* Springfield, IL (Charles C. Thomas) 1973.

Betensky, M. Patterns of visual expression in art psychotherapy. *Art Psychotherapy, 1*(2), Fall 1973.

Bing, E. The conjoint family drawing. *Family Process, 9*(2), June 1970.

Bloch, D. *Techniques of Family Psychotherapy, A Primer.* New York (Grune & Stratton) 1973.

Blos, P. *The Adolescent Personality.* New York (Appleton-Century-Crofts) 1941.

Boszormenyi-Nagy, I. & Ulrich, D. N. Contextual family therapy. In: Gurman, A. S. & Kniskern, D. P. (Eds.) *Handbook of Family Therapy.* New York (Brunner/Mazel) 1981, pp. 159–186.

Boszormenyi-Nagy, I. & Framo, J. L. *Intensive Family Therapy: Theoretical and Practical Aspects.* New York (Harper & Row) 1965. Dt.: *Familientherapie: Theorie und Praxis.* Reinbek bei Hamburg (Rowohlt), Teil 1 & 2, 1975.

Bowen, M. The use of family theory in clinical practice. *Comprehensive Psychiatry, 9,* 1966.

Bradley, S. & Sloman, L. Elective mutism in immigrant families. *Journal of the American Academy of Child Psychiatry, 14,* 510–514, 1975.

Brant, R. S. T. & Tisza, V. B. The sexually misused child. *American Journal of Orthopsychiatry, 47*(1), 80–90, 1977.

Broderick, C. B. Beyond the five conceptual frameworks: A decade of development in family theory. In: Broderick, C. B. (Ed.) *A Decade of Family Research and Action.* Minneapolis (National Council on Family Relations) 1971.

Bross, A. *Family Therapy.* New York (Guildford Press) 1982.

Brown, S. L. Dynamic family therapy. In: Davanloo, H. (Ed.) *Short-term Dynamic Psychotherapy.* New York (Jason Aronson) 1980.

Burns, R. C. *Self-growth in Families. Kinetic Family Drawings (KFD): Research and Application.* New York (Brunner/Mazel) 1982.

Burns, R. C. & Kaufman, S. H. *Kinetic Family Drawings.* New York (Brunner/Mazel) 1970.

Cane, F. *The Artist in Each of Us.* New York (Pantheon) 1951.

Cath, S. H., Gurwitt, A. R. & Ross, J. M. (Eds.) *Father and Child: Developmental Perspectives.* Boston (Little Brown) 1982.

Cohn, F. W. Art Therapy: Psychotic Expression and Symbolism. *The Arts in Psychotherapy, 8*(1), 1981.
Corfman, E. et al. *Families Today.* Rockville, MD (U.S. Department of Health, Education and Welfare) Vol. I, 1979.
Coser, R. *The Family, Its Structure and Functions.* New York (St. Martin's Press) 1964.
Cutter, F. Art and the Wish to Die. Chicago (Nelson Hall) 1982.
Davanloo, H. (Ed.) *Short-term Dynamic Psychotherapy.* New York (Jason Aronson) 1980.
Dax, E. C. *Experimental Studies in Psychiatric Art.* London (Faber & Faber) 1953.
DeFrancis, V. Protecting the child victims of sex crimes committed by adults. *Fed. Prob., 35,* 15–20, 1971.
Dell, P. J. Beyond homeostasis: Toward a concept of coherence. *Family Process, 21*(1), 21–41, 1982.
Dicks, H. V. *Marital Tensions: Clinical Studies Towards a Psychological Theory of Interaction.* London (Routledge & Kegan Paul) 1967.
DiLeo, J. H. *Young Children and Their Drawings.* New York (Brunner/Mazel) 1970.
DiLeo, J. H. *Child Development: Analysis and Synthesis.* New York (Brunner/Mazel) 1977.
Duhl, B. S. *From the Inside Out and Other Metaphors.* New York (Brunner/Mazel) 1983.
Duvall, E. M. *Marriage and Family Development* (5th ed.) New York (Lippincott) 1977.
Ehrenzweig, A. *The Psycho-Analysis of Artistic Vision and Hearing.* New York (George Braziller) 1967.
Eisler, R. M. & Hersen, M. Behavioral techniques in family-oriented crisis intervention. *Archives of General Psychiatry, 28,* 111–116, 1973.
Engel, G. A life setting conducive to illness – the giving up/given up complex. *Annals of Internal Medicine, 69,* 293–300, 1968.
Epstein, N. B. & Bishop, D. S. Problem-centered systems family therapy. *Journal of Marital Therapy, 7*(1), 23–32, 1981.
Erickson, G. D. & Hogan, T. P. (Eds.) *Family Therapy: An Introduction to Theory and Technique.* (2nd ed.) Monterey, CA (Brooks/Cole) 1981.
Feather, B. W. & Rhoads, J. M. Psychodynamic behavior therapy: II. Clinical aspects. *Archives of General Psychiatry, 26,* 503–511, 1972.
Feder, E. & Feder, B. *The Expressive Art Therapies.* Englewood Cliffs, NJ (Prentice-Hall) 1981.
Ferrira, A. J. Family myths and homeostasis. *Archives of General Psychiatry, 9,* 457–463, 1963.
Fischer, R. Art interpretation and art therapy. In: Jakab, I. (Ed.) *Psychiatry and Art.* Basel (Karger) 1969, p. 33.
Ford, F. R. & Herrick, J. Family rules: Family lifestyles. *American Journal of Orthopsychiatry, 44,* 61–69, 1974.
Framo, J. L. (Ed.) *Family Interaction: A Dialogue Between Family Researchers and Family Therapists.* New York (Springer) 1972.
Framo, J. Family origin as a therapeutic resource for adults in marital and family therapy: You can and should go home again. *Family Process, 15,* 193, 210, 1976.
Frazier, E. F. The Negro family. In: Anshen, R. N. (Ed.) *The Family: Its Function and Destiny.* New York (Harper) 1949, pp. 142–158.
Frazier, E. F. Problems and needs of Negro children and youth resulting from family disorganization. *J. Negro Educ., 19,* 269–277, 1950.
Freud, A. *The Psychoanalytical Treatment of Children.* New York (Schocken) 1964.
Freud, S. *On Creativity and the Unconscious: Papers on the Psychology of Art, Literature, Love, Religion.* New York (Harper & Row) 1958.
Fried, E. *Artistic Productivity and Mental Health.* Springfield, IL (Charles C. Thomas) 1964.
Fromm, E. *The Forgotten Language.* New York (Grove Press) 1951. Dt.: *Märchen, Mythen, Träume: eine Einführung in das Verständnis einer vergessenen Sprache.* Reinbek bei Hamburg (Rowohlt) 1988.

Furman, E. *A Child's Parent Dies: Studies in Childhood Bereavement.* New Haven (Yale University Press) 1974. Dt.: *Ein Kind verwaist: Untersuchungen über Elternverlust in der Kindheit.* Stuttgart (Klett-Cotta) 1977.

Gardner, H. *Art, Mind and Brain: A Cognitive Approach in Creativity.* New York (Basic Books) 1982.

Gardner,.H. *The Arts and Human Development.* New York (Wiley) 1973.

Ghiselin, B. (Ed.) *The Creative Process.* Berkeley (University of California Press) 1952.

Glaser, K. Masked depression in children and adolescents. *American Journal of Psychotherapy, 21,* 563–574, 1976.

Glasser, P. H. & Glasser, L. N. (Eds.) *Families in Crisis.* New York (Harper & Row) 1970.

Glick, I. D. & Kessler, D. R. *Marital and Family Therapy.* New York (Grune & Stratton) 1974.

Goldenberg, I. & Goldenberg, H. *Family Therapy: An Overview.* Monterey, CA (Brooks/Cole) 1980.

Goldstein, J., Freud, A. & Solnit, A. *Beyond the Best Interests of the Child.* New York (The Free Press) 1975. Dt.: *Diesseits des Kindeswohls.* Frankfurt am Main (Suhrkamp) 1982.

Golombek, H. The therapeutic contract with adolescents. *Canadian Psychiatric Association Journal, 14,* 497–502, 1969.

Goode, W. *The Family.* Englewood Cliffs, NJ (Prentice-Hall) 1964. Dt.: *Soziologie der Familie.* München (Juventa) 1976.

Goodman, N. *Languages of Art.* (2nd ed.) Indianapolis (Hackett) 1976. Dt.: *Sprachen der Kunst: ein Ansatz zu einer Symboltheorie.* Frankfurt am Main (Suhrkamp) 1973.

Greenburg, L. Therapeutic grief work with children. *Social Casework, 56,* 396–403, 1975.

Greenspoon, D. Case study: The development of self-expression in a severely disturbed adolescent. *American Journal of Art Therapy, 22*(1), October 1982.

Gurman, A. S. & Kniskern, D. P. (Eds.) *Handbook of Family Therapy.* New York (Brunner/Mazel) 1981.

Guerin, J. P. (Ed.) *Family Therapy: Theory and Practice.* New York (Gardner Press) 1963.

Haley, J. *Strategies of Psychotherapy.* New York (Grune & Stratton) 1963. Dt.: *Gemeinsamer Nenner Interaktion: Strategien der Psychoanalyse.* München (Pfeiffer) 1987.

Haley, J. Family therapy. In: Sager, C. & Kaplan, H. (Eds.) *Progress in Group and Family Therapy.* New York (Brunner/Mazel) 1972. Dt.: *Handbuch der Ehe-, Familien- und Gruppen-Therapie.* München (Kindler) 1973.

Haley, J. *Uncommon Therapy.* New York (Norton) 1973. Dt.: *Die Psychotherapie Milton H. Ericksons.* München (Pfeiffer) 1978.

Haley, J. & Hoffmann, L. *Techniques of Family Therapy.* New York (Basic Books) 1967.

Hanes, K. M. *Art Therapy and Group Work: An Annotated Bibliography.* Westport (Greenwood Press) 1982.

Harris, J. & Joseph, C. *Murals of the Mind.* New York (International Universities Press) 1973.

Hatterer, L. J. *The Artist in Society: Problems and Treatment of the Creative Personality.* New York (Grove Press) 1965.

Havelka, J. *The Nature of the Creative Process in Art.* The Hague (Martinus Nijhoff) 1968.

Heinicke, C. M. & Westheimer, I. J. *Brief Separations.* New York (International Universities Press) 1965.

Herjanic, B. & Wilbois, R. P. Sexual abuse of children: Detection and management. *Journal of the American Medical Association, 239,* 331–333, 1978.

Herr, J. & Weakland, J. H. *Counseling Elders and Their Families: Practical Techniques for Applied Gerontology.* New York (Springer) 1979. Dt.: *Beratung älterer Menschen und ihrer Familien: die Praxis der angewandten Gerontologie.* Bern, Stuttgart, Toronto (Huber) 1988.

Hill, A. *Art Versus Illness.* London (George Allen and Unwin) 1945.

Horowitz, M. J. *Image Formation and Cognition.* New York (Appleton-Century-Crofts) 1970.

Howells, J. G. (Ed.) *Theory and Practice of Family Psychiatry.* London (Oliver & Boyd) 1968.

Howells, J. G. (Ed.) *Modern Perspectives in International Child Psychiatry.* New York (Brunner/Mazel) 1971.

Howells, J. G. (Ed.) *Advances in Family Psychiatry.* New York (International Universities Press) Vol.I (1979), Vol. II (1980).

Jackson, D. D. Family interaction, family homeostasis, and some implications for conjoint family psychotherapy. In: Masserman, J. (Ed.) *Individual and Family Dynamics.* New York (Grune & Stratton) 1959.

Jackson, D. The marital quid pro quo. In: Zuk, G. & Boszormenyi-Nagy (Eds.) *Family Therapy for Disturbed Families.* Palo Alto, CA (Science & Behavior Books) 1966.

Jackson, D. *Human Communication.* Vols. I & II. Palo Alto, CA (Science & Behavior Books) 1967.

Jackson, D. D. (Ed.) *Communication, Family and Marriage.* Palo Alto, CA (Science & Behavior Books) 1968.

Jackson, D. D. (Ed.) *Therapy, Communication and Change.* Palo Alto, CA (Science & Behavior Books) 1968.

Jacobi, J. Pictures from the unconscious. *Journal of Projective Techniques, 19,* 264–270, 1955.

Jakab, I. (Ed.) *Psychiatry and Art.* New York (Karger) I (1968), II & III (1971), IV (1975).

Jolles, I. A study of the validity of some hypotheses for the qualitative interpretation of H-T-P for children of elementary school age. Sexual identification. *Journal of Clinical Psychology, 8,* 113–119, 1952.

Jung, C. *Man and His Symbols.* New York (Doubleday) 1964. Dt.: *Der Mensch und seine Symbole.* Olten, Freiburg im Breisgau (Walter) 1988.

Junge, M. The book about Daddy dying: A preventative art therapy technique to help families deal with the death of a family member. *Art therapy, 2*(1), 4–9, March 1984.

Junge, M. & Maya, V. Women in their forties: A group portrait and implications for psychotherapy. *Women and Therapy, 4*(3), Fall 1985.

Kaffman, M. Short-term therapy. *Family Process, 2,* 216–234, 1963.

Kahana, R. J. & Levin, S. Aging and the conflict of generations. *Journal of Geriatric Psychiatry, 4,* 115–135, 1971.

Kellog, R. *The Psychology of Children's Art.* New York (Random House) 1967.

Kestenberg, J. S. *Children and Parents.* New York (Jason Aronson) 1975.

Kiell, N. *Psychiatry and Psychology in the Visual Arts and Aesthetic: A Bibliography.* Madison (University of Wisconsin Press) 1965.

Koestler, A. *The Art of Creation.* New York (Macmillan) 1964. Dt.: *Der göttliche Funke.* Bern, München (Scherz) 1968.

Kramer, E. *Art Therapy in a Children's Community.* Springfield (Charles C. Thomas) 1958.

Kramer, E. *Art as Therapy with Children.* New York (Schocken Books) 1971. Dt.: *Kunst als Therapie mit Kindern.* München, Basel (Reinhardt) 1978.

Kreitler, H. & Kreitler, S. *Psychology of the Arts.* Durham, NC (Duke University Press) 1972. Dt.: *Die Psychologie der Kunst.* Stuttgart, Berlin, Köln, Mainz (Kohlhammer) 1980.

Kris, E. *Psychoanalytic Explorations in Art.* New York (International Universities Press) 1952. Dt. *Die ästhetische Illusion: Phänomene der Kunst aus der Sicht der Psychoanalyse.* Frankfurt am Main (Suhrkamp) 1977.

Kubie, L. *Neurotic Distortion of the Creative Process.* Lawrence, KN (Universities of Kansas Press) 1959. Dt.: *Neurotische Deformationen des schöpferischen Prozesses.* Reinbek bei Hamburg (Rowohlt) 1966.

Kubie, L. Psychoanalysis and marriage: Practical and theoretical issues. In: Eisenstein, V. (Ed.) *Neurotic Interaction in Marriage.* New York (Basic Books) 1956.

Kübler-Ross, E. *Death: The Final Stage of Growth.* Englewood Cliffs, NJ (Prentice-Hall) 1975. Dt.: *Reif werden zum Tode.* Stuttgart (Kreuz) 1988.

Kübler-Ross, E. *On Death and Dying.* New York (Macmillan) 1969. Dt.: *Interviews mit Sterbenden.* Stuttgart (Kreuz) 1989.

Kurelek, W. *Someone with Me.* Toronto (McClelland and Stewart) 1980.

Lamb, D. *Psychotherapy with Adolescent Girls.* San Francisco (Jossey-Bass) 1978.

Landgarten, H. B. Lori: Art therapy and self-discovery. 16 mm. Sound film in color. Los Angeles (Art Therapy Film Distributors).

Landgarten H. B. Mutual task-oriented family art therapy. *Proceedings of the American Art Therapy Association,* 24, 1974.

Landgarten, H. B. Adult art psychotherapy. *International Journal of Art Psychotherapy, 2*(1) 1975.

Landgarten, H. B. Art therapy as a primary mode of treatment for an elective mute. *American Journal of Art Therapy, 14*(4) July 1975.

Landgarten, H. B. Group art therapy for mothers and their daughters. *American Journal of Art Therapy. 14*(2), 1975.

Landgarten, H. B. Changing status of art therapy in Los Angeles. *American Journal of Art Therapy, 15*(4) 1976.

Landgarten, H. B. *Mutual Task-Oriented Family Art Therapy: Creativity and the Art Therapist's Identity.* American Art Therapy Association, 1977.

Landgarten, H. B. My struggle with maintaining a dual professional identity: Artist and art psychotherapist. *Proceedings of the American Art Therapy Association,* 38–39, 1977.

Landgarten, H. B. Competency based education. *Art Therapy Education,* Series I, 1978.

Landgarten, H. B. Status of art therapy in Greater Los Angeles, 1974: Two-year follow-up study. *International Journal of Art Psychotherapy, 5*(4), 1978.

Landgarten, H. B. *Clinical Art Therapy: A Comprehensive Guide.* New York (Brunner/Mazel) 1981. Dt.: *Klinische Kunsttherapie: ein umfassender Leitfaden.* Karlsruhe (Gerardi, Verlag für Kunsttherapie) 1990.

Landgarten, H. B. Hanna Kwiatkowska's legacy. *Personality of the Therapist.* Pittsburgh, PA (American Society Psychopathology of Expression) 1981.

Landgarten, H. B. Lori finds herself, In: Feder, E. & Feder, B. (Eds.) *Expressive Arts Therapy.* Englewood Cliffs, NJ (Prentice-Hall) 1981, pp. 104–112.

Landgarten, H. B. Art psychotherapy for depressed elders. *Clinical Gerontologist, 2*(1/2). New York (Haworth Press) 1983.

Landgarten, H. B. Burnout and the role of art psychotherapist. *Clinical Gerontologies, 2*(2) New York (Haworth Press) 1983.

Landgarten, H. B. Visual dialogues: The artist as art therapist, the art therapist as artist. *Art Therapy Still Growing.* Alexandria, VA (American Art Therapy Association) 1983.

Landgarten, H. B. Ten year follow-up survey on art therapy in Los Angeles. *Art Therapy, 1*(2). Alexandria, VA, 1984.

Landgarten, H. B. & Anderson, F. Survey on the status of art therapy in the midwest and southern California. *American Journal of Art Therapy, 13*(2) January 1974.

Landgarten, H. B. & Harriss, M. Art therapy as an innovative approach to conjoint treatment: A case study. *International Journal of Art Therapy, 13*(2), January 1974.

Landgarten, H. B., Junge, M., Tasem, M. & Watson, M. Art therapy as a modality for crisis intervention. *Clinical Social Workers Journal, 6*(3), Fall 1978.

Lange, A. & van der Hart, A. *Directive Family Therapy.* New York (Brunner/Mazel) 1983.

Langsley, D. G. & Kaplan, D. M. *The Treatment of Families in Crisis.* New York (Grune & Stratton) 1968.

Lantz, J. E. *Family and Marital Therapy: A Transactional Approach.* New York (Appleton-Century-Crofts) 1978.

Laquer, H. P., LaBurt, H. A. & Morong, E. Multiple family therapy. In: Masserman, J. (Ed.) *Current Psychiatric Therapies, 4,* 150–154, New York (Grune & Stratton).

Lewis, H. P. (Ed.) *Child Art: The Beginnings of Self-Affirmation.* Berkeley (Diablo Press) 1973.

Lewis, J. M. et al. *No Single Thread.* New York (Brunner/Mazel) 1976.

Lidz, T., Fleck, S. & Cornelison, A. *Schizophrenia and the Family.* New York (International Universities Press) 1965. Dt.: *Die Familienumwelt der Schizophrenen.* Stuttgart (Klett-Cotta) 1979.

Linderman, E. W. *Invitation to Vision: Ideas and Imaginations for Art.* Dubuque, IA (William C. Brown) 1967.

Lowenfeld, V. *The Nature of Creative Activity* (2nd ed.). London (Routledge and Kegan Paul) 1952. Dt.: *Vom Wesen schöpferischer Gestaltung.* Frankfurt am Main (Europäische Verlagsanstalt) 1960.

Lowenfeld, V. & Brittain, W. L. *Creative and Mental Growth* (6th ed.). New York (Macmillan) 1975.

Luthe, W. *Creativity Mobilization Technique.* New York (Grune & Stratton) 1976.

Luthman, S. *The Dynamic Family.* Palo Alto, CA (Science & Behavior Books) 1974. Dt.: *Familiensysteme: Wachstum und Störungen; Einführung in die Familientherapie.* München (Pfeiffer) 1977.

Macgregor, R., Richie, A., Serrano, A. & Schuster, F. *Multiple Impact Therapy with Families.* New York (McGraw-Hill) 1964.

Malone, A. J. & Massler, M. Index of nailbiting in children. *Journal of Abnormal Psychology, 47,* 193, 1952.

Marshall, S., Marshall, H. H. & Lyon, R. P. Enuresis: An analysis of various therapeutic approaches. *Pediatrics, 51,* 813–817, 1973.

Martin, P. *A Marital Therapy Manual.* New York (Brunner/Mazel) 1976.

McHugh, A. F. Children's figure drawings in neurotic and conduct disturbances. *Journal of Clinical Psychology, 22,* 219–221, 1966.

McNiff, S. *The Arts and Psychotherapy.* Springfield, IL (Charles C. Thomas) 1981.

McNiff, S. The effect of artistic development on personality. *Art Psychotherapy, 3*(2), 1976.

McNiff, S. Cross-cultural psychotherapy and art. *Art Therapy, 1*(3), October 1984.

Meares, A. *Hypnography.* Springfield, IL (Charles C. Thomas) 1957.

Meares, A. *The Door of Serenity.* London (Faber & Faber) 1958.

Meares, A. *Shapes of Sanity.* Springfield, IL (Charles C. Thomas) 1960.

Miller, D. *The Age Between.* New York (Jason Aronson) 1983.

Milner, M. *On Not Being Able to Paint.* New York (International Universities Press) 1967. Dt.: *Zeichnen und Malen ohne Scheu.* Köln (DuMont Schauberg) 1986.

Milner, M. *The Hands of the Living God.* New York (International Universities Press) 1969.

Minuchin, S., Montalvo, B., Guerney, B., Rosman, B. & Shumer, F. *Families of the Slums: An Exploration of their Structure and Treatment.* New York (Basic Books) 1967.

Mizushima, K. Art therapies in Japan. *Interpersonal Development, 2*(4), 213–222, 1971/72.

Moore, R. W. *Art Therapy in Mental Health.* Washington, D.C. (National Institute of Mental Health) 1981.

Moustakas, C. E. *Creativity and Conformity.* New York (Van Nostrand Reinhold) 1967.

Naevestad, M. *The Colors of Rage and Love: A Picture Book of Internal Events.* London (White Friars Press) 1979.

Napier, A. Y. & Whitaker, C. A. *The Family Crucible.* New York (Harper & Row) 1978. Dt.: *Die Bergers: Beispiel einer erfolgreichen Familientherapie.* Reinbek bei Hamburg (Rowohlt) 1988.

Napier, A. Y. The marriage of families: Cross-generational complementarity. *Family Process, 10,* 373–395, 1971.

Naumburg, M. *Psychoneurotic Art: Its Function in Psychotherapy.* New York (Grune & Stratton) 1953.

Naumburg, M. *Schizophrenic Art: Its Meaning in Psychotherapy.* New York (Grune & Stratton) 1953.

Neumann, E. *Art and the Creative Unconscious: Four Essays.* New York (Princeton University Press) 1969. Dt.: *Umkreisung der Mitte. Aufsätze zur Tiefenpsychologie der Kultur.* 3. Kunst und schöpferisches Unbewußtes. Zürich (Rascher) 1954.
O'Hare, D. (Ed.) *Psychology and the Arts.* New Jersey (Humanities Press) 1981.
Papp, P. (Ed.) *Family Therapy: Full-Length Case Studies.* New York (Gardner Press) 1977.
Paul, N. L. & Grosser, G. Operational mourning and its role in conjoint family therapy. *Community Mental Health Journal, 1*(4), 339–345, 1965.
Paul, W. The use of empathy in the resolution of grief. *Perspect. Biol. Med., II,* 143–155, 1967.
Peckman, M. *Man's Rage for Chaos: Biology, Behavior and the Arts.* New York (Schocken Press) 1965.
Perkins, D. & Leondor, B. (Eds.) *The Art and Cognition.* Baltimore (Johns Hopkins University Press) 1977.
Pfister, O. R. *Expressionism in Art, Its Psychological and Biological Basis.* London (Kegan Paul, Trench, Trubner and Co.) 1922. Dt.: *Der psychologische und biologische Untergrund expressionistischer Bilder.* Bern (Bircher) 1920.
Phillips, W. (Ed.) *Art and Psychoanalysis.* Cleveland (World Publishing Co.) 1963.
Pickford, R. W. *Psychology and Visual Aesthetics.* London (Hutchinson) 1972.
Pickford, R. W. *Studies in Psychiatric Art: Its Psychodynamics, Therapeutic Value and Relationship to Modern Art.* Springfield, IL (Charles C. Thomas) 1967.
Pinney, E. L. & Slipp, S. *Glossary of Group and Family Therapy.* New York (Brunner/Mazel) 1982.
Plank, E. N. & Plank, R. Children and death: As seen through art and autobiographies. In: Eissler, R. S. et al. (Eds.) *Psychoanalytic Study of the Child,* Vol. 33, New Haven (Yale University Press) 1978.
Plokker, J. H. *Art from the Mentally Disturbed.* Boston (Little Brown) 1965.
Prinzhorn, H. *Artistry of the Mentally Ill: A Contribution to the Psychology and Psychopathology of Configuration.* New York (Springer) 1972. Dt.: *Bildnerei der Geisteskranken.* Heidelberg, New York (Springer) 1972.
Progroff, I. *The Symbolic and the Real.* New York (Julian Press) 1963.
Rabin, A. I. & Haworth, M. R. (Eds.) *Projective Techniques with Children.* New York (Grune & Stratton) 1960.
Rank, O. *Art and the Artist.* New York (Knopf) 1932.
Rees, H. E. *A Psychology of Artistic Creation.* New York (Bureau of Publications, Teachers College, Columbia University) 1942.
Reitman, E. *Psychotic Art.* London (Routledge and Kegan Paul) 1950.
Reusch, J. *Therapeutic Communication.* New York (Norton) 1961.
Rhodes, S. & Wilson, J. *Surviving Family Life.* New York (G. P. Putnam's Sons) 1981.
Rhyne, J. *The Gestalt Art Experience.* Palo Alto, CA (Science & Behavior Books) 1962.
Robson, B. *My Parents are Divorced Too. What Teenagers Experience and How They Cope.* Toronto (Dorset) 1979.
Roman, M. & Blackburn, S. *Family Secrets.* New York (Times Books) 1979.
Roman, M. & Haddad, W. *The Disposable Parent.* New York (Holt, Rinehart & Winston) 1978.
Rubin, J. A. *Child Art Therapy: Understanding and Helping Children Grow Through Art.* (2nd ed.) New York (Van Nostrand Reinhold) 1984.
Sachs, H. *The Creative Unconscious: Studies in the Psychoanalysis of Art.* (2nd ed.) Cambridge, MA (Sci-Art Publishers) 1951.
Sager, C. J. et al. *Marriage Contracts and Couple Therapy.* New York (Brunner/Mazel) 1976.
Sager, C. J. *Treating the Remarried Family.* New York (Brunner/Mazel) 1983.
Satir, V. *Peoplemaking.* Palo Alto, CA (Science & Behavior Books) 1972. Dt.: *Selbstwert und*

Kommunikation: Familientherapie für Berater und zur Selbsthilfe. München (Pfeiffer) 1989.

Schachtel, E. G. On color and affect. *Psychiatry, 6,* 393–409, 1943.

Schachtel, E. G. Projection and its relation to character attitudes and creativity in the kinesthetic response. *Psychiatry, 13,* 69–100, 1950.

Schaefer-Simmern, H. *The Unfolding of Artistic Activity.* Berkeley (University of California Press) 1948.

Schmidl-Washner, T. Formal criteria for the analysis of children's drawings. *American Journal of Orthopsychiatry, 2,* 95–103, 1942.

Schneider, D. E. *The Psychoanalyst and the Artist.* New York (Farrar, Straus & Co.) 1950.

Sechehaye, M. A. *Symbolic Realization.* New York (International Universities Press) 1960. Dt.: *Die symbolische Wunscherfüllung: Darstellung einer neuen psychotherapeutischen Methode und Tagebuch des Kranken.* Bern, Stuttgart (Huber) 1955.

Shore, M. F. (Ed.) *Red is the Color of Hurting.* Bethesda, MD (National Institute of Mental Health) 1967.

Silver, R. A. *Developing Cognitive and Creative Skills in Art.* Baltimore (University Park Press) 1948.

Simos, B. G. *A Time to Grieve.* New York (Family Service Association) 1979.

Skynner, A. *Systems of Family and Marital Psychotherapy.* New York (Brunner/Mazel) 1976.

Smith, N. R. & Franklin, M. P. (Eds.) *Symbolic Functioning in Childhood.* Hillsdale, N. J. (Lawrence Erlbaum Associates) 1979.

Speck, R. & Attneave, C. *Family Networks.* New York (Phantom Books) 1973. Dt.: *Die Familie im Netz sozialer Beziehungen.* Freiburg im Breisgau (Lambertus) 1983.

Spiegel, J. P. *Transactions: The Interplay Between Individual, Family and Society.* New York (Science House) 1971.

Steinhauer, P. D. & Rae-Grant, Q. (Eds.) *Psychological Problems of the Child in the Family.* New York (Basic Books) 1983.

Stewart, R. H., Peters, T. C., March, S. & Peters, M. J. An object-relations approach to psychotherapy with marital couples, families and children. *Family Process, 14,* 161–178, 1975.

Stierlin, H. *Psychoanalysis and Family Therapy.* New York (Jason Aronson) 1977.

Stierlin, H. & Ravenscraft, K. J. Varieties of adolescent separation conflicts. *British Journal of Medical Psychology, 45,* 299–313, 1972.

Sugar, M. *The Adolescent in Group and Family Therapy.* New York (Brunner/Mazel) 1975.

Textor, M. *Helping Families with Special Problems.* New York (Jason Aronson) 1983.

Tymchuk, A. *Parent and Family Therapy.* New York (Spectrum) 1979.

Ulman, E. & Dachinger, P. (Eds.) *Art Therapy in Theory and Practice.* New York (Science Books) 1975.

Ulman, E. & Levy, B. L. Judging psychopathology from paintings. *Journal of Abnormal Psychology, 72,* 1967.

Van Krevelen, D. On the use of the family drawing test. In: Howells, J. G. (Ed.) *Advances in Family Psychiatry, Vol. I.* New York (International Universities Press) 1979.

Wadeson, H. *Art Psychotherapy.* New York (Wiley) 1980.

Washner, T. S. Interpretations of spontaneous drawings and paintings. *Genetic Psychology Monographs,* 33, 70, 1946.

Waelder, R. *Psychoanalytic Avenues to Art.* New York (International Universities Press) 1965.

Walsh, F. (Ed.) *Normal Family Process.* New York (Guilford Press) 1982.

Watzlawick, P., Weakland, J. H. & Fisch, R. *Change.* New York (Norton) 1974. Dt.: *Lösungen: zur Theorie und Praxis menschlichen Handelns.* Bern, Stuttgart, Toronto (Huber) 1988.

Weakland, J. The double bind hypothesis of schizophrenia and three-party interaction. In: Jackson, D. D. (Ed.) *Studies in Schizophrenia.* New York (Basic Books) 1960.

Williams, F. S. Family therapy: A critical assessment. *American Journal of Orthopsychiatry, 37*(5), 912–919, 1967.

Williams, F. Family therapy: Its role in adolescent psychiatry. In: Feinstein, S. C. & Giovacchini, P. G. (Eds.) *Adolescent Psychiatry, Development and Clinical Studies, 2,* New York (Basic Books) 1973.

Williams, G. H. & Wood, M. M. *Developmental Art Therapy.* Baltimore (University Park Press) 1977.

Willmuth, M. & Boedy, D. The verbal diagnostic and art therapy combined: An extended evaluation procedure with family groups. *Art Psychotherapy, 6*(1), 1979.

Winner, E. *Invented Worlds: The Psychology of the Arts.* Cambridge (Harvard University Press) 1982.

Winnicott, D. W. Why children play. In: *The Child, the Family and the Outside World.* Middlesex, England (Penguin Books) 1964, pp. 143–146. Dt.: *Kind, Familie und Umwelt.* München, Basel (Reinhardt) 1984.

Winnicott, D. W. *Therapeutic Consultations in Child Psychiatry.* New York (Basic Books) 1971. Dt.: *Die therapeutische Arbeit mit Kindern.* München (Kindler) 1973.

Worden, W. J. *Grief Counseling and Grief Therapy.* New York (Springer) 1982. Dt.: *Beratung und Therapie in Trauerfällen: ein Handbuch.* Bern, Stuttgart, Toronto (Huber) 1987.

Zeligs, R. *Children's Experience with Death.* Springfield, IL (Charles C. Thomas) 1974.

Zuk, G. H. Family therapy. In: Haley, J. (Ed.) *Changing Families: A Family Therapy Reader.* New York (Grune & Stratton) 1971.

Zuk, G. & Boszormenyi-Nagy, I. *Family Therapy and Disturbed Families.* Palo Alto, CA (Science & Behavior Books) 1969.

Index